国外语言学译丛·经典教材

Doing Optimality Theory
Applying Theory to Data

学做优选论
——从理论到语料

〔美〕约翰·J.麦卡锡　著

马秋武　译

The Commercial Press

2016 年·北京

© 2008 by John McCarthy

BLACKWELL PUBLISHING

350 Main Street, Malden, MA 02148-5020, USA

9600 Garsington Road, Oxford OX4 2DQ, UK

550 Swanston Street, Carlton, Victoria 3053, Australia

The right of John McCarthy to be identified as the author of this work has been asserted in accordance with the UK Copyright, Designs, and Patents Act 1988.

First published 2008 by Blackwell Publishing Ltd.

Doing optimality theory: applying theory to data/John J. McCarthy.

All Rights reserved. Authorised translation from the English language edition published by John Wiley & Sons Limited. Responsibility for the accuracy of the translation rests solely with The Commercial Press Ltd. and is not the responsibility of John Wiley & Sons Limited. No part of this book may be reproduced in any form without the written permission of the original copyright holder, John Wiley & Sons Limited.

国外语言学译丛编委会

主　编：

沈家煊（中国社会科学院语言研究所）

编　委：

包智明（新加坡国立大学）

胡建华（中国社会科学院语言研究所）

李　兵（南开大学）

李行德（香港中文大学）

李亚非（美国威斯康星大学）

刘丹青（中国社会科学院语言研究所）

潘海华（香港城市大学）

陶红印（美国加州大学）

王洪君（北京大学）

吴福祥（中国社会科学院语言研究所）

袁毓林（北京大学）

张　敏（香港科技大学）

张洪明（美国威斯康星大学）

朱晓农（香港科技大学）

总　　序

商务印书馆要出版一个"国外语言学译丛",把当代主要在西方出版的一些好的语言学论著翻译引介到国内来,这是一件十分有意义的事情。

有人问,我国的语言研究有悠久的历史,有自己并不逊色的传统,为什么还要引介西方的著作呢? 其实,世界范围内各种学术传统的碰撞、交流和交融是永恒的,大体而言东方语言学和西方语言学有差别这固然是事实,但是东方西方的语言学都是语言学,都属于人类探求语言本质和语言规律的共同努力,这更是事实。西方的语言学也是在吸收东方语言学家智慧的基础上发展起来的,比如现在新兴的、在国内也备受关注的"认知语言学",其中有很多思想和理念就跟东方的学术传统有千丝万缕的联系。

又有人问,一百余年来,我们从西方借鉴理论和方法一直没有停息,往往是西方流行的一种理论还没有很好掌握,还没来得及运用,人家已经换用新的理论、新的方法了,我们老是在赶潮流,老是跟不上,应该怎样来对待这种处境呢? 毋庸讳言,近一二百年来西方语言学确实有大量成果代表了人类语言研究的最高水准,是人类共同的财富。我们需要的是历史发展的眼光、科学进步的观念,加上宽广平和的心态。一时的落后不等于永久的落后,要超过别人,就要先把人家的(其实也是属于全人类的)好的东西学到手,至

I

少学到一个合格的程度。

还有人问,如何才能在借鉴之后有我们自己的创新呢?借鉴毕竟是手段,创新才是目的。近一二百年来西方语言学的视野的确比我们开阔,他们关心的语言数量和种类比我们多得多,但是也不可否认,他们的理论还多多少少带有一些"印欧语中心"的偏向。这虽然是不可完全避免的,但是我们在借鉴的时候必须要有清醒的认识,批判的眼光是不可缺少的。理论总要受事实的检验,我们所熟悉的语言(汉语和少数民族语言)在语言类型上有跟印欧语很不一样的特点。总之,学习人家的理论和方法,既要学进去,还要跳得出,这样才会有自己的创新。

希望广大读者能从这套译丛中得到收益。

沈家煊

2012 年 6 月

译者前言

一

《学做优选论》是美国著名语言学家约翰·J.麦卡锡教授于 2008 年撰写出版的介绍和指导运用优选论解决语言实际问题的一部导论性著作,它是麦卡锡教授继 2002 年出版《优选论主题指南》一书之后的又一部力作。翻看优选论的这两部力作,我们不难发现两部著作虽然都是介绍和阐释优选理论的,但它们的写作特点、阐述的视角则彼此有别,各具特色。《优选论主题指南》一书更关注优选论的理论性问题,而《学做优选论》一书则更倾向于说明优选论的应用与操作问题。两部专著堪称一对极佳的姊妹篇。

优选论是 20 世纪 90 年代初创立的,迄今已走过了 25 个年头。25 年来,优选论一直占据着世界主流音系学理论地位,这在音系学的百年发展史上是极为罕见的。25 年来,优选论经受了多方面的挑战与批评。但始终占据音系学的主流理论地位。这可以从两个方面得到印证。一方面,从学术期刊上发表论文的数量上看。例如,剑桥大学出版社出版的一年三期的《音系学》期刊,是国际公认的最有影响的音系学专刊。统计一下上面发表的论文,便会发现上面发表的论文绝大多数都是优选论方面的。另一方面的例子是保罗·德·莱西(Paul de Lacy)于 2007 年主编并出版的近

700页的《剑桥音系学手册》(*The Cambridge Handbook of Phonology*),该书力求反映当下音系学领域研究的现状。该书出版之后,法国音系学家托比亚斯·希尔(Tobias Scheer)于2010年在《语言学刊》上撰文对该书只收录介绍优选论方面的论文表示不满,并指出既然该书名为"音系学手册",那么即使现在音系学领域75%是优选论的研究,也不可以用优选论来概指整个音系学领域的研究。优选论不等同于音系学,音系学不全是优选论。希尔的批评是有道理的,这就好像虽然汉族人在我们中国人口当中占95%以上,然而却不可以把汉族人与中国人划等号是一个道理。但换个角度看,保罗·德·莱西的手册和托比亚斯·希尔的书评也从一个侧面反映了优选论在当今音系学研究领域中的主流地位。

优选论影响之大、之广、之久,在音系学百年发展史上极为罕见,但与此同时对优选论的误解也是非常严重的。诚然,优选论并非尽善尽美,也非有些人所说的那样一无是处。任何极端的说法都是不可取的。但这从对它的一些批评和应用的文章中可以略见一斑,诸如"优选论对音系推导问题避而不谈""优选论不注重结构描写"等之类的无端指责、妄议之言,表明了有些人对它的误解之深,另外也在某种程度上亟待出版一部普及性的优选论著作。正是出于这一原因,麦卡锡应出版社之约,撰写了这部深入浅出、详实有趣、娓娓道来的优选论入门之作——《学做优选论》。

麦卡锡在撰写《学做优选论》一书时,我恰巧在马萨诸塞大学安城校区语言学系做访问学者,参加了语言学系音系小组专为该书写作举办的头脑风暴活动,亲历了该书的写作过程。现在看来,麦卡锡真正实现了他当初定下的写作目标:**浅显易懂,讲出优选论**

分析中未曾或未能明说的许许多多技术细节。我从事优选论研究已经很多年了，但在研读和翻译此书的过程中，也深深地被优选论背后所蕴藏的精密设计和严谨推理所吸引。相信该书中译本的出版一定会有助于国内读者认识和体会到优选论的精妙之处。

为使读者更好地读懂本书、学好优选论，我在这里先就优选论做一番简明扼要的介绍，然后谈一谈自己翻译过程中的一些认识和感受。

二

1. 优选论是一种语法制约原则交互作用的理论

特别需要注意是：优选论不是一种音系表征理论，而是一种语法制约原则交互作用的理论（Kager 1999：xii）。那些指责"优选论不注重结构描写"的人，显然是没有研读过或认真看过优选论。在没有认真看过或了解过某个语言学理论的情况下，就撰文对这个理论大肆批评和指责，既没有学者应有的社会责任，也缺少学者应有的基本学术素养。

有关这一点，很多导论性的优选论著作都能找到这方面的明确说明和阐释，本书也不例外。麦卡锡教授在书中不止一处指出：优选论本身并非一定要求坚守某种特征理论，或某种线性或非线性音系表征理论等，甚至是经典优选论所采用的并行分析模式。优选论的核心思想是：**每一种语言或语法都是由各种彼此冲突的力量构成的一个系统**，这些"力量"是通过"制约条件"体现的，每一条制约条件都是对语法输出形式的某一方面提出的要求。制约条件彼此冲突，即满足一个制约条件就意味着对另一个制约条件的违反。既然任何形式都不可能同时满足所有的制约条件，那么就一定有某种机制从违反条件的各种形式中选择出违反制约条件最少的形式。这种选择机制便是对制约条件的"等级排列",如等级高的制约条件优先于等级低的制约条件。制约条件是普遍性的,而等级排列则不是普遍性的,它因语言的不同而不同。等级排列上的不同,正是语法之间或语言之间变异的原因之所在。

2. 优选论是经典生成音系学理论的最新发展

优选论是从生成音系学发展而来的,它一直坚守或从未放弃过经典生成音系学理论所恪守的输入项到输出项的映射机制。只不过经典生成音系学理论是以改写规则为基础的串行处理模式,即由改写规则驱动的、从底层输入项开始分步骤地映射到表层输出项,而优选论的标准理论模式是以制约条件为基础的并行处理模式,即一种由制约条件驱动的、从输入项到输出项的单步骤映射模式。

这里需要指出的是,优选论的制约条件事实上与经典生成音系学的改写规则存在着一定的相关性。我们知道,改写规则(rewrite rule)是驱动输入项映射到输出项的最为关键因素,其形式是:A→B/X __ Y。该规则表示:当 A 出现在 X 与 Y 之间时,A 变成 B,即要求输入形式 XAY 变成输出形式 XBY。

优选论摒弃了改写规则,改以制约条件为核心的语法分析模式。优选论中的制约条件旨在体现语法中存在着的各种彼此冲突的力量。优选论把这些冲突的力量划分为两大类:一类叫作"标记性制约条件(markedness constraint)",它要求语法输出形式应符合结构合格性的标准,即输出项应避免出现某种结构形式;另一类叫作"忠实性制约条件(faithfulness constraint)",它要求输出项应保持输入项原有的结构形式。以上述改写规则为例,斜线后的部分(即 X ＿ Y)是结构描写部分,即当出现 XAY 形式时,该形式便会发生改变,用优选论的术语说,XAY 形式不符合表层结构合格性的标准,即它违反了标记性制约条件*XAY。斜线后的部分(即 A→B)是结构变化部分,即指定 A 一定要变为 B。在这一点上,优选论就没有采取改写规则那种命令性的做法,而是让生成器为 A 生成出一个可供选择的候选项集合。至于为 A 选择哪种候选项形式,则是交由该语言的语法来决定,即交由该语言所具有的制约条件等级体系来决定。

　　由此可见,优选论在解决实际语言问题时比经典生成音系学理论要难很多。这是因为经典生成音系学不提出任何原因或理由就可以直接指定 A 变成 B;而优选论则不可以,它必须通过排定的制约条件等级体系在众多的候选项集合中来为 A 选择出 B。这也就是为什么经典生成音系学很容易解决的各种语言问题,而到了优选论之中,这些问题反而变成棘手的大难题。但反过来说,不分理由地指定音变的结果,常常让我们无法看到存在于语言问题背后的真相。例如,正是由于优选论在分析中遇到了"过多解决方案问题",才让我们认识到表面看上去的一次性音变(如 pamta→panta),其实很有可能是经过了某种中间阶段的音变(比如,音节尾鼻音 m 先是因 CODA-COND 的作用失去部位性特征,变成无部位特征鼻音 N,而后被 t 音逆向同化,变成 n 音,即:pamta→paNta→panta)。因为优选论,我们才发现存在这样的问题,而将这一问题归咎于发现问题的优选论,显然是有失公允的。

3. 优选论的映射模式:从单步骤到多步骤

　　优选论迄今已有 25 年的发展历程。麦卡锡在本书中提出优选论的发展经历了三个阶段:第一阶段是由普林斯和斯莫伦斯基于20世纪90年代初所构建的经典理论阶段(Prince and Smolensky 1993/2004);第二阶段是标准理论阶段,这一阶段的优选论与前一阶段的不同之处主要在于忠实性理论方面,即采用了对应忠实性制约条件;第三阶段是优选论在标准理论阶段之后所产生的各种理论变化。很显然,优选论在前两个阶段均采用的是并行处理模式,即所谓的P-OT理论模式。进入21世纪,麦卡锡重新提起普林斯和斯莫伦斯基在其优选论奠基之作中提到的关于并行与串行两种处理模式的划分方法(Prince and Smolensky 1993/2004:94),并就串行处理模式进行了深入研究,从中取得了很多未曾想到的一些重要发现,由此提出并创立了和谐串行理论(Harmonic Serialism)——一种新的OT理论。

和谐串行理论是一种带推导的OT理论,它与经典生成音系学理论的相同之处是:(1)都主张间接性映射的推导模式,(2)都对每一步推导中所产生的音变数量加以限制。除此之外,二者截然不同:经典生成音系学是以改写规则为基础的,一种语言的语法是由特定语言所具有的改写规则构成的,其底层形式到表层形式的映射是由改写规则的应用逐步实现的;而HS则是以可违反的普遍性制约条件为基础的,一种语言的语法是对这些普遍性制约条件的一种等级排列方式,这一制约条件的等级排列方式在对各种的候选项进行评估后为其输入项选择一个最优的输出项。

HS不是唯一的带推导的OT理论,先前的多层级优选论(Stratal OT)(Bermúdez-Oteroto 2006;Kiparsky 2000;Rubach 2000等)、候选项链理论(OT with Candidate Chains)等都是比较有影响的推导型OT理论。多层级优选论是通过推导将两个或两个以上的OT语法串联在一起,其中的每个语法可以具有不同的制约条件等级排列方式。由于每个层级上的制约条件等级排列彼此有所不同，因此不可能在推导过程提升和谐性。这是它与 HS 本质上的不同之处。另外，由于多层级优选论的每个层级上的制约条件等级排列有所不同，因而无法像 HS 那样对语言类型变化做出预测。

HS 与候选项链理论有诸多相同之处，比如都需要满足渐变性和局部优化原则等。二者不同之处主要在于：HS 是一种音系推导型理论，而不是（起码现在还不是）一种处理音系不透明现象的普遍理论。如何将 HS 用于描写和解释音系不透明现象，现仍是一项有待深入探讨的课题。但从 HS 的理论属性和应用情况上看，该理论的发展潜力都是值得特别关注的。正因为此，在本书翻译过程中，麦卡锡特向本人提出希望在这本书中加入有关和谐串行理论方面的文字介绍，这也让我们中国读者有幸能最先看到这一理论的概貌。

4. 优选论是一种语言类型学理论

麦卡锡先是在他的《优选论主题指南》一书中提出：优选论本质上是一种语言类型学研究，而后又在本书中专设一章论述优选论的语言类型学意义，并明确提出：优选论是一种语言类型学理论（见原书 245 页）。

优选论的语言类型学预测源自它的制约条件集合（CON）。CON 是普遍性的，它的排列组合界定了人类语言语法所允许的整个变异范围。现有的每一种语言均是由 CON 的等级排列方式构成的一种语法。假设 CON 中有 n 个制约条件，那么 n 个成分的排列数量等于是 n 的阶乘数量（n!），我们把 CON 所预测的虚拟语法称作它的阶乘类型学（factorial typology）。

有 n! 个可能的语法,并不意味着存在 n! 种可能的语言。在下列四种情况中,等级排列的制约条件并不能产生语言类型上的变化:(1)CON 中的所有制约条件彼此之间并不一定都会发生交互作用,因此对于那些制约条件彼此之间没有发生交互作用的等级排列来说,不会产生语言类型上的变化,即它们之间的等级排列不会产生不同的语言类型。(2)有些排列方式事实上是不存在的:假设所有的忠实性制约条件的等级均排在标记性制约条件之前,即 $\forall F \gg \exists M$,那么这种语言显然一定没有音系;假设所有的标记性制约条件均先于忠实性制约条件,即 $\forall M \gg \exists F$,那么这种语言便因缺乏语言对立的形式而失去存在的意义。(3)下面这种情况也在不同程度上减少了制约条件等级排列所产生的类型变化。相邻的两个制约条件 C1 和 C2,如果 C1 违反的制约条件一定是 C2 违反的制约条件的真子集,那么 C1 和 C2 两条制约条件无论如何等级排列,都会产生同样的结果。那么可以说制约条件 C2 比制约条件 C1 更紧要,二者构成了一种"紧要关系(stringency relation)"。(4)有些制约条件的等级排列是固定不变的,即无类型变化的。普林斯和斯莫伦斯基(Prince and Smolensky 1993/2004)最早注意到这种现象,提出了有关基于诸如普遍性音段响度顺序的固定等级排列的制约条件,由此得出音段的音节化普遍性制约条件固定等级排列体系(fixed constraint hierarchy)。显然,普遍性固定等级排列体系会极大地削减任意等级排列所产生的类型变化。

  优选论在语言类型学上具有很好的预测能力,本书第五章专论优选论的这方面研究,有兴趣的读者可仔细阅读此章,相信一定会有很多的收获。

三

以上对优选论的基本思想做了简明扼要的介绍，希望读者从中能够对优选论有比较准确的了解和认识。接下来，我想在这里谈一谈翻译此书过程中的一些感想。

很多人都会以为语言学类著作的翻译应该是比较容易的。其实，这要看怎么说。现代语言学源自西方，属于外来的东西，把它们翻译成中文，肯定会遇到种种问题和麻烦。首先遇到的应该是术语问题。术语要准确，要有区别性，要符合汉语的习惯，还要像术语。其次是语言表述问题，即如何使用地道的话语或行话问题。当然，也会遇到一般翻译工作所遇到的信、达、雅等问题。这里，我只谈一谈术语的翻译问题。

每诞生一个新的理论，都会预示着产生一批新的概念或术语。优选论也不例外。怎么把新产生的术语翻译准确，其实并非易事。在很多情况下，你觉得自己译得已经非常准确了，殊不知，细究起来就会发现一大堆的问题。举个很简单的例子：汉语的"语音学"是否对应于英语的"phonetics"？答案是否定的。汉语学界使用的"语音学"是广义上的语音学，它不仅包括跨学科性质的生理、声学和感知语音学部分，也包括语言学性质的音系学部分；而国外语言学界使用的"phonetics"则是狭义上的语音学，它不包括语言学性质的音系学部分。这也就是为什么大卫·克里斯托尔（David Crystal）所编写的、在国际语言学界影响很大的现代语言学词典的原文书目是 *A Dictionary of Linguistics and Phonetics*（《语言学与语音学词典》）。这样一来，汉语学界使用的术语"语音学"，对应的英语不是"phonetics"，而是"phonetics and phonology"。但要知道这也有问题,因为汉语的"语音学"常与"音韵学"并列使用,而"音韵学"则是指音系学中的历时部分。更为准确地说,汉语学界使用的"语音学"是指西方语言学界所使用的"phonetics(语音学)"和"synchronic phonology(共时音系学)"两部分,不包括历时音系学(即音韵学)部分。

显然,影响术语翻译准确性程度的不只是语言本身问题,还有很多背后的因素。即便是语言本身,也有许多需要我们注意的问题。当然,我们在术语翻译时应尽可能地采用国内语言学学界比较通用的一些译法,但有时则需要译者创用一些新的译法。譬如,*winner* 与 *loser* 是优选论里常用的两个术语,以往我们都是把前者译成"优选项",把后者译成"非优选项"。但在实际的使用中,我们常会遇到"制约条件青睐 winner 而非 loser"这样的说法。如果仍采用 *loser* 一词上面提到的通常译法,即译为"非优选项",那么就会出现"青睐优选项而非非优选项"这样让人费解的话语。因而,我在此提出将 *loser* 一词改译为"败选项",以便于我们实际的使用。

其实,学习优选论在一定程度上也是学习它的一些术语过程。譬如,*correspondence theory* 是麦卡锡最早提出的,它是指输出项与输入项的对应关系问题,因此我把它译成了"对应理论"。后来麦卡锡创建的 *sympathy theory*,也指的是一种对应关系,但它不是输出项与输入项的对应关系,而是某个起中间调节作用的败选项分别与输入项和输出项的对应关系。要知道:这不是什么心理学中的"共感"或"同情"关系,而是物理学中的一种"和应现象"。故此,我主张把它译成"和应理论"。其次,"和应理论"的这种译法,还可以提醒人们它与"对应理论"存在着某种关联性。

四

　　译完《学做优选论》一书之后，自己有很多的感触。我于 2008 年 8 月应聘到同济大学外国语学院工作，到现在为止已有八年之久。这八年间，自己绝大部分时间都被各种各样的行政事务性工作、文山会海占去了，而花在自己专业上的时间变得越来越少。这些年，我其实并没有少写东西，为学院起草了一个又一个的规章制度，制订和撰写了一本又一本的学科规划和条例。现在，学院不仅已有了描述自己形象和作为的话语及话语方式，也在各个方面发生了根本性的变化，即从一个名不见经传的外语学院到现在跻身于上海市乃至全国颇具影响力的外语学院之中。这应该算是我自己人生道路上的一次体验。

　　但反过来，自己失去的实在也是太多太多。你做出的任何贡献，有时并不会得到人家的认可；你失去的宝贵时间和精力，有时也不会得到任何人的同情。这就是社会！你现在需要的是：抓紧时间，勤奋努力，做好自己的研究工作。这才是正道，才是自己应该走的道路。感悟人生，认识自己，走自己应该走的道路。

　　我感谢在我人生的道路上一直给予我各种支持帮助的老师、同学、朋友、同事和自己的学生！这里，特别需要一提的是我的中学同窗好友、南开大学文学院张培锋教授，无论何时，无论何地，他都会给予我最及时、最有力的支持与帮助。我现在虽然离开了自己的家乡——天津，但天津的很多老同学、老朋友都还一直通过各种渠道给予我支持与帮助，感谢他们的支持和帮助！

　　我也要感谢上海外语界的很多老师和朋友！他们在我来沪工作八年期间，无时无刻不给予我个人和单位各方面的支持，使我身在异乡却能感受到家乡的温暖。我还要感谢张德禄教授、梁洁教授等我的同事！他们对我的工作一直给予了强有力的支持，使我在繁忙的行政工作之余还能做那么一点点的学术研究工作。本书的译稿，还曾发给我的学生，请他们提出意见。他们的许多意见非常中肯，也颇具建设性。感谢他们对我的支持！本书的出版还得到了商务印书馆戴文颖女士的大力支持与帮助，在此向她表示我最诚挚的谢意！另外，还要特别感谢原书作者约翰·J.麦卡锡教授！他不仅很高兴地接受我的请求，为中译本撰写序言，还将他未曾发表的最新研究成果发给我，让我把它们翻译出来，分别加到书中的不同地方。这不仅极大地提高了中译本的学术价值，也让中译本读者能够有机会最先看到优选论的最新发展。

最后，我还要特别感谢我的父母！你们虽已离我而去，但我无时无刻地不在想念着你们！

马秋武

同济大学外国语学院

2016年5月

中 文 版 序

　　我初次获知优选论,是在加州大学圣克鲁兹分校举办的、由艾伦·普林斯和保罗·斯莫伦斯基主讲的"1991年美国语言学会暑期学校"的一门课上,那时它还没有现在的名称。我很不服气。现在回想起我当时为什么持怀疑态度,能想到的原因有两点:首先,我没有真正理解制约条件是可违反的这一条信息。我还记得自己当时困惑不解的是,既然他加禄语没有音节尾,那么 NO-CODA 又怎么能引发他加禄语的中缀音变呢(见本书第四章习题 8)? 其次,我的注意力被一些无关紧要的问题搅乱了。那时候,忠实性制约条件确实只用于整个音段的删除和增加(见 4.6.4 节),所以优选论似乎无法解决诸如同化之类的音系音变。我当时并没有领悟到:最为重要的是普林斯和斯莫伦斯基有关忠实性的**想法**,而不是它的**用法**。

　　几个月后,我的态度发生了改变。那是我在给几名后来在这一领域取得辉煌成就的优秀研究生教授音系学的研讨班上。1991年10月7日,我给他们留了一项作业,其中有秘鲁阿拉瓦克语——阿克辛宁卡坎帕语里一套完整的复杂型重叠词的语料。作业要求一周左右后完成。在临近交作业之时,我坐下来仔细琢磨课上要讲哪些东西。任何从未教过书的人都会对所发生的事情惊讶不已:我发现自己做不出来自己留的作业。我忧心忡忡地研究着语料，而后才逐渐地认识到：采用彼此冲突的输出制约条件这种方式进行分析，确实是很有道理的（见 McCarthy and Prince（1993b）所做的分析）。我把我的分析讲给了班上的学生，他们的反应跟我当初对优选论的反应一模一样，根本就不信。但那无关紧要，因为我信了（而且最终他们也信了）。

从这里学到的最重要的东西是：我们要在做中学，而不要在读或听中学。此外，我们只有在新的观点被证实确实在我们自己的研究中是有用的，才能够相信它们是有道理的。《学做优选论——从理论到语料》这本书反复多次使用这种教法。你可以在其他地方读到有关优选论的东西，但如果你不真正付诸实践，那就不可能掌握它。人们在知识学习方面，不是被动的，而是主动的。《学做优选论》让你投身到主动学习之中。

做好任何一件事情，都需要有切实可行的建议以及自己的亲身体验。《学做优选论》一书中有许多切实可行的建议。我自己在优选论的研究过程中偶尔出错或惨遭误解，并且看到别人在研究中有时也犯同样的错误，遭受类似的误解。这本书里有对这些常见错误的明示与忠告，还向你详细说明优选论的做法：如何呈现分析，如何提出和验证新的制约条件，以及发现和修正错误等。总而言之，《学做优选论》中有许许多多的习题和思考题，它们挑战你的能力、考验你的知识水平。

我很高兴借此机会把马秋武教授所译的我的《学做优选论》这本书介绍给您。我写这本书的目的是向世界各地学习音系学的人讲解优选论，马秋武教授的翻译将会大大增加阅读此书的受惠人数。马教授本身就是一位优秀的音系学家，他无疑是翻译此书的理想人选。

中文版序

我在本书适当的地方加入了一些段落章节,介绍和说明和谐串行理论——一种近来引起极大关注的优选论的推导理论。此书的中译本读者,将受益于英文原书中没有的这些新增的文字材料。

希望您能像我享受这本书的写作一样,享受这本书的阅读和使用。

约翰·J.麦卡锡
大学杰出教授
马萨诸塞大学安城校区
负责研究生教育的副教务长兼研究生院院长
2015年3月23日

目 录

致谢 …………………………………………………… i
请先阅读以下内容！………………………………… iii
缩略语 ………………………………………………… v
第一章　优选论导论………………………………… 1
　1.1　优选论是如何开始的 ……………………… 1
　1.2　为什么制约条件一定是可违反的 ………… 10
　1.3　优选论制约条件的性质…………………… 17
　1.4　候选项集合：优选论的生成器组件 ……… 21
　1.5　候选项评估：优选论的评估器组件 ……… 25
　1.6　制约条件的作用程度……………………… 29
　1.7　语言之间的差异…………………………… 34
　1.8　本书讨论的 OT 版本 ……………………… 36
　1.9　推荐延伸阅读书目………………………… 37
第二章　如何构建分析……………………………… 39
　2.1　从何开始…………………………………… 39
　　　2.1.1　选择研究问题 ……………………… 39
　　　2.1.2　拟定描述性概括 …………………… 43
　　　2.1.3　由概括转入分析 …………………… 48
　　　2.1.4　小结 ………………………………… 51

2.2	如何等级排列制约条件 ············	54
2.3	全程体验音系分析 ···············	69
2.4	等级排列论证的局限性 ············	84
2.5	等级排列论证中的候选项 ···········	93
新1	和谐串行理论及分析 ·············	105
2.6	和谐限定 ···················	119
新2	和谐串行理论中的和谐限定 ·········	123
2.7	等级排列论证中的制约条件 ·········	126
2.8	等级排列论证中的输入项 ···········	132
2.9	全程体验句法分析 ···············	144
2.10	找出并解决分析中的问题 ···········	155
	2.10.1 怎样查找分析中的问题 ·······	155
	2.10.2 问题一：等级排列无效论证问题 ··	160
	2.10.3 问题二：等级排列中的悖论问题 ··	163
	2.10.4 问题三：处理基础丰富性问题 ···	167
2.11	用演算法和计算机进行制约条件等级排列 ··	170
新3	使用OT助手，助力和谐串行理论分析 ····	181
2.12	制约条件等级排列中的逻辑式及其用途 ····	187

第三章 如何将分析写成论文 ················ 201
  3.1 引言 ····················· 201
  3.2 论文如何组织和编排 ············· 202
  3.3 怎样呈现优选论分析 ············· 208
  新4 和谐串行理论分析论文写作技巧 ······ 220
  3.4 学术研究的职责 ··············· 222
  3.5 如何把论文写清楚 ·············· 228

3.6 关于研究课题的一般性建议 ………………………… 234
第四章 发展新的制约条件 ……………………………………… 239
4.1 引言 ………………………………………………… 239
4.2 何时需要修改制约条件集合 ………………………… 240
4.3 如何发现新的制约条件 ……………………………… 245
4.4 如何定义新的制约条件 ……………………………… 250
4.5 标记性制约条件的属性 ……………………………… 252
　　4.5.1 标记性制约条件如何赋予违反标记 ………… 252
　　4.5.2 梯度评估的制约条件 ………………………… 259
　　4.5.3 和谐同界衍生的制约条件 …………………… 266
[新5] 和谐串行理论对量级型制约条件的影响 ………… 278
4.6 忠实性制约条件的属性 ……………………………… 280
　　4.6.1 对应理论 ……………………………………… 280
　　4.6.2 特征忠实性 …………………………………… 286
　　4.6.3 位置忠实性 …………………………………… 291
[新6] 和谐串行理论对忠实性理论的影响 ……………… 298
　　4.6.4 优选论早期文献中的忠实性制约条件 ……… 303
4.7 证明制约条件的合理性 ……………………………… 308
　　4.7.1 证明制约条件合理性的三种方式 …………… 308
　　4.7.2 形式上证明制约条件的合理性 ……………… 309
　　4.7.3 功能上证明制约条件的合理性 ……………… 318
4.8 常用音系标记性制约条件的分类清单 ……………… 323
[新7] 和谐串行理论与同化制约条件 …………………… 333
第五章 语言类型与普遍现象 …………………………………… 334
5.1 阶乘类型学 ………………………………………… 334

5.2	语言普遍现象及其优选论的解释	335
5.3	探究制约条件集合的阶乘类型学	339
5.4	用阶乘类型学验证新的制约条件	349
5.5	不完全了解 Con 时的阶乘类型学	353
5.6	如何由类型学走入制约条件	358
新8	和谐串行理论的类型学意义	363

第六章 目前研究中的某些疑难问题 ·········· 369
6.1	引言	369
6.2	语言是怎样变异的？	369
6.3	语言是如何习得的？	374
6.4	优选论需要推导吗？	378
新9	和谐串行理论与音系不透明现象	384
6.5	如何说明不合乎语法性？	390
6.6	忠实性就够了吗？	395
新10	和谐串行理论与过多解决方案问题	400

后记 ·········· 403

参考文献 ·········· 404

制约条件索引 ·········· 432

语言索引 ·········· 437

主题索引 ·········· 440

致　　谢

　　本书是十五年来我在马萨诸塞大学安城校区和两个语言学院(1997年在康奈尔大学和2005年在麻省理工学院)给本科生和研究生讲授优选论的成果。其中一些内容最初是以制作成的优选论教学讲义汇编光盘形式流传(McCarthy 1999)。多年来,我教授过很多学生,他们极大地影响着我,成就了这部书的出版。

　　我的同事乔·佩特(Joe Pater)和我共同承担马萨诸塞大学音系学导论这门课程的教学工作,他同约翰·金斯顿(John Kingston)和丽莎·塞尔扣克(Lisa Selkirk)一样,都深深地影响了我。艾伦·普林斯(Alan Prince)就讲授和应用优选论过程中遇到的各类挑战,跟我进行过多次的深入讨论,我从他那里学到了很多东西。他对本书第二章部分内容的评议很有价值,并促使我在内容的陈述上做了多处重大修改。

　　非常感谢我们每周音系学小组会议的各位成员,他们为我召开专门的会议,一次是帮我就这本书所涉及的内容发动了头脑风暴,另一次是帮我审阅了全部的书稿。他们是利亚·贝特曼(Leah Bateman)、迈克尔·贝克尔(Michael Becker)、蒂姆·比齐(Tim Beechey)、约安娜·齐托兰(Ioana Chitoran,达特茅斯学院)、艾米丽·埃尔夫纳(Emily Elfner)、凯瑟琳·弗莱克(Kathryn Flack)、埃琳娜·英纳斯(Elena Innes)、嘉雅·亚罗斯

i

（Gaja Jarosz）、凯伦·杰斯尼（Karen Jesney）、迈克·基（Mike Key）、温德尔·金珀（Wendell Kimper）、凯瑟琳·普瑞特（Kathryn Pruitt）、马秋武（南开大学）、内森·桑德斯（Nathan Sanders，威廉姆斯学院）、艾伦·西蒙（Ellen Simon，根特大学）和马特·沃尔夫（Matt Wolf）。此外，我还从乌比拉塔·基克霍费尔·阿尔维斯（Ubiratã Kickhöfel Alves）、约安娜·齐托兰、嘉雅·亚罗斯和川原繁人那里收到很多很有价值的书面建议。我在巴西阿雷格里港市举办的"第三届音系学国际专题研讨会"上讲授了一门课程，课上的学生以评论和提问的方式，给了我很多很好的反馈意见。

凯瑟琳·弗莱克通读了全书，给我提出了上百条凿实有用并有见地的建议，这些均已为我所用。我也非常感激安娜·奥克斯伯里（Anna Oxbury）她对手稿精湛的编辑工作。

谨将此书献给我的侄子和侄女迈克尔·麦卡锡、杰克·麦卡锡和肯尼迪·麦卡锡。

请先阅读以下内容！

本书旨在阐释优选论的理论原则和分析方法。优选论的很多基本假设都与其他语言学理论迥然不同，这也就意味着优选论将采用全新甚至陌生的方式提出和论证分析，乃至把所做的分析撰写成文。此外，优选论的前沿研究并没有离开基础知识体系的核心。鉴于这些原因，任何一位研究者甚至新手都有可能很快发现他或她已经有能力就普遍语法提出自己的见解了。

本书处处都能找到切实可行的意见或建议——做这个，不做那个！这些意见或建议以最普通的方式提出，并结合具体的实例进行诠释。这些实例不需要预先具备很多的背景知识，需要时会附带一些(方框文字中的)解释性说明。本书预期的读者对象是第一次接触优选论或具备更高水平的读者。鉴于本书注重实用性，我的另一本书《优选论主题指南》(McCarthy 2002)更多涉及理论化、争辩性问题，因而两书构成一对很好的姊妹篇。

第一章简明扼要地阐述了优选论的核心概念，优选论的初学者需要仔细阅读本章的内容。第二章论述构建、论证和测试分析的方法。第三章是第二章在阐释分析方面的一个很好的补充；它不仅给出有关论文撰写方面的各种宝贵建议，还提供一个很好的范例，即如何以一种清晰且具有说服力的方式把优选论分析撰写成文。第三章中有很多语言学写作方面的建议实际上与优选论并无关系，所以即使读者对优选论不太感兴趣，也能从中受益。

在优选论研究中，有时需要提出新的普遍性制约条件，或者对以往的制约条件进行修改，这一特殊职责便是第四章的主要内容。然而，提出一条新的制约条件将改变类型学上的预测，所以第五章将就此问题进行论述。最后，第六章介绍了一些这一研究领域新近的情况。

每隔几页便有标记为"习题"和"问题"的部分。在以理论为主的章节（第一章和第六章）里问题多于习题，在以应用为主的章节（第二章至第五章）里则习题多于问题。这些"习题"需要你用笔和纸写出来（或用电脑和键盘打出来），它们是很好的练习，适合作为家庭作业。还有一些"问题"也可以作为家庭作业，但大多数是较开放的，它们意在激发大家去思考和讨论。我把习题和问题分散到全书的各个部分，而不是把它们全都放到每一章的末尾，这样做主要是为了激励读者在进入下一部分之前能熟练掌握每个概念和分析方法，以保证读者能跟上课本的进度，并能够很好地和老师、同学交换意见和看法。

缩　略　语

制约条件名称的缩略语见于制约条件索引部分。

C	辅音
C_{ON}	优选论的制约条件组件
ERC	元素性等级排列条件(Elementary Ranking Condition)
E_{VAL}	优选论的评估器组件
GB	管辖与约束理论(Chomsky 1981)
G_{EN}	优选论的生成器组件
HS	和谐串行理论
OT	优选论
RCD	递归性制约条件降级演算系统(Recursive Constraint Demotion Algorithm)
ROA	罗格斯优选文档,http://roa.rutgers.edu
SPE	《英语音系》(Chomsky and Halle 1968)
t	句法语迹
UG	普遍语法
V	元音
XP	短语范畴

第一章 优选论导论

1.1 优选论是如何开始的

1990年前后,艾伦·普林斯(Alan Prince)和保罗·斯莫伦斯基(Paul Smolensky)开始就人类语言的一种新理论进行合作研究,并在极短的时间内便推出了足有一部书那么厚的手稿——《优选论:生成语法中的制约条件交互作用》。手稿的影印本随后被广泛流传,虽然这一手稿在十年之后才得以正式出版(Prince and Smolensky 1993/2004),但它对语言学领域产生的影响是惊人的。优选论已经而且还将继续对音系学领域产生巨大影响,除此之外它还引发了句法学、语义学、社会语言学、历史语言学等其他领域中的一些重要研究。优选论已成为任何人所列举的、生成语法历史中的三大进展之一。

普林斯和斯莫伦斯基提出优选论的目标之一是要解决音系学领域中长期存在着的一大难题。以乔姆斯基和哈勒(Chomsky and Halle 1968)合著的《英语音系》(SPE)为传统的音系学理论是建立在改写规则之上的,改写规则 A →B/C ＿＿ D 描述了输入结构 CAD 和应用于它的转换组件 A →B。改写规则可以描写许多现象,但不能很好地解释音系何以组合在一起。(有关优选论主要假设的简要说明,请参看本节末尾方框内的文字。)

为说明起见,我们来看一下来自加州佩纽蒂语系约库特语(Yokuts)中一种几近灭绝的方言——亚韦尔玛尼语(Yawelmani)的一些语料(Newman 1944)①。在这种语言里,音节的最大上限是 CVC(辅音-元音-辅音),各种音系变化均受到对这一音节最大上限的限制。例如,亚韦尔玛尼语里有条删除词尾元音的音变规则,如(1)中的(a)项所示。(符号".表示两音节之间的边界。)但(b)项则表明词尾元音前面出现辅音丛时却未被删除。对(a)项与(b)项之间存在的差异,其解释是:删除辅音丛后的元音,会使音节变得超大,或者留下一个未被音节化的辅音:*[xatkʔ]②。

(1) 亚韦尔玛尼语的词尾元音删除

    底层形式   表层形式
 a. /taxa:-kʔa/ [ta.xakʔ] '带来!'
   /taxa:-mi/ [ta.xam] '已带来'
 b. /xat-kʔa/   [xat.kʔa] '吃!'
   /xat-mi/   [xat.mi] '已吃'

在亚韦尔玛尼语里还有一条元音插入规则,这条规则用于词中出现的三辅音丛。(参见(2):(a)项中的语料说明了三辅音丛的插音现象,(b)项中的语料说明了少于三辅音丛不发生插音的情况。)如果没有发生插音音变,那么会再次出现一个超大音节,或会

---

① 现在,约库特语的这一方言首选名称是约乌卢姆尼语(Yowlumne),我仍沿用先前的名称,是因为这一名称更为大多数语言学家所熟知。

② 根据纽曼(Newman 1944:29)及其后来的大多数学者的分析和研究,词尾元音删除仅限于像/-kʔa/和/-mi/之类的 CV 后缀。我认为更为准确的说法是:显性交替音变仅限于这些后缀,因为更长或更短的后缀无法提供交替音变的机会。

留下一个无法被音节化的辅音：*［ʔilk. hin］。

(2) 亚韦尔玛尼语的元音插音

	底层形式	表层形式	
a.	/ʔilk-hin/	［ʔi. lik. hin］	'唱歌（非将来式）'
	/lihm-hin/	［li. him. hin］	'跑（非将来式）'
b.	/ʔilk-al/	［ʔil. kal］	'唱歌（怀疑式）'
	/lihm-al/	［lih. mal］	'跑（怀疑式）'

我们当然可以采用 SPE 方式提出的改写规则来说明亚韦尔玛尼语里的这两个音变过程，V →Ø/VC ＿＿# 和 Ø →i/C ＿＿CC 两条规则很好地描述了上述音变过程。但是，正如基斯伯斯（Kisseberth 1970）最先指出的那样，这些改写规则未能体现出表层结构制约在两条规则中所起的特殊作用这一普遍规律：词尾元音删除规则不允许产生表层不合格的音节，增音规则的存在旨在消除表层不合格的音节。基斯伯斯采纳了哈吉·罗斯（Haj Ross）的建议，把这一情形称为**共谋**（conspiracy）问题。

当两个或两个以上的改写规则涉及共谋问题时，它们直接或间接地证实了存在着某个对表层形式的制约条件。在亚韦尔玛尼语里，存在着对音节上限 CVC 大小以及不允许出现未音节化辅音的相关制约条件。当词尾元音删除的应用**可能**产生诸如*［xatk[2]］这种不能被全部分析为最大的 CVC 音节的表层形式时，该规则的应用将被**阻断**（block）。**触发**（trigger）增音的应用，以用于修补可能无法被分析为 CVC 音节音序的需要。在每个共谋问题中，都存在着某种对表层形式的制约条件。既然它是对语法输出形式的评价，那么我们不妨更为明确地把它称为输出制约条件。另外,还有一种受输出制约条件阻断的同时还/或者受其触发的混合型音系音变。

共谋问题常见于世界各种语言里,所以,值得关注的是以改写规则为核心的 SPE 理论无法对其做出解释。一条改写规则,本质上只是对输入形式以及应用其上的音系操作的描写,而共谋问题则与之完全不同:它指向输出形式,涉及多个不同的音系操作,它们根据具体情况或以应用或以不应用参与共谋。分析者在采用改写规则对共谋现象进行描写时,肯定会像我在前面段落中所做的那样,不得不使用一些反事实的陈述:"当它**将要**产出……时,应用被**阻断**","修补**可能**无法被分析的音序"。这类陈述表明人们在分析时清楚语言里的真实存在,但在基于规则应用方式的 SPE 理论中是没有反事实条件的。当音系学家给出类似"增音规则确保了该语言只有无标记音节"的说法时,他或她是在描写音系是如何运作的一种直觉。但是那种直觉一定要在理论自身框架内以形式化手段表达出来,否则我们只能是自说自话了。

音系学家开始逐渐认识到输出制约条件的重要性。大致与此同时,句法学家也有了类似的发现。例如:在西班牙语里,要求第二人称附着成分先于第一人称的输出制约条件触发附着成分的移位(Perlmutter 1971)。这就是为什么直接宾语和间接宾语在 Te_{IO} me_{DO} presento '我向你介绍一下我自己'和 Te_{DO} me_{IO} presentas '你把自己介绍给我'中以不同排序出现。又如:在英语里,当特殊疑问词直接从标句语 that 后移出并在原位留下语迹时,该移位将被阻断(Chomsky and Lasnik 1977):*Who did you say that t left? (比较:Who did you say t left? 你说谁离开?)。这些句法方面的例子类似于亚韦尔玛尼语里音系方面的例子:西班牙语里输出制约条件触发附着成分的移位现象很像亚韦尔玛尼语里触发的增音现象,英语里特殊疑问词移位被阻断现象也同样很像亚韦尔玛尼语里词尾元音删除被阻断现象。

乔姆斯基和拉斯尼克(Chomsky and Lasnik 1977)提出的输出制约条件理论及其功能已经(而且继续)在句法领域中产生了巨大影响,他们的主要思想是:所有改写规则,即句法中的转换规则,在技术上都是选择性的,语法的输入项可以进行部分或全部转换操作,也可以不进行任何转换操作,任意进行转换操作产生一组表层形式候选项。这些候选项要受到被称之为"过滤器"的输出制约条件的核查,有些被过滤器标记为不合乎语法的。譬如:wh-移位的转换规则是选择性应用的,产生 Who did you say that t left? 和 You said that who left? 两种候选的表层结构。that-语迹过滤器把第一个标记为不合乎语法的,因此只有第二个是合乎语法的。在接下来的论述中,我把乔姆斯基和拉斯尼克提出的理论称为"**过滤器模式**(filters model)"。

过滤器模式在解释输出制约条件似乎何以能触发或阻断转换规则的应用上表现不俗。转换规则严格地说是选择性的,所以,如果有进行转换操作 T 的表层候选结构,那么也同样有从同一个深层结构推导而来的未进行转换操作 T 的表层候选结构。如果过滤器把应用 T 的结果标记为不合乎语法的,那么过滤器事实上已经阻断了 T,因为应用 T 的推导不能产生合乎语法的输出形式;如果过滤器把未应用 T 的结果标记为不合乎语法的,那么过滤器事实上已经触发了 T,因为没有应用 T 的推导不能产生合乎语法的输出形式。过滤器确实不是触发或阻断 T 的——它不可以,是因为它甚至不像 T 一样以语法组件形式应用的——但过滤器看上去是通过把应用或不应用 T 的表层结构排除掉来阻断或触发 T 的。

过滤器模式的目的之一是把解释句法类型的主要责任从转换理论转给过滤理论,从而可以使转换变得更简单、更普遍。在管辖与约束(GB)理论(Chomsky 1981)中,转换理论几乎萎缩殆尽,只留下**移位**α这一条转换规则。

句法中的过滤器模式是在音系学发现共谋问题之后不久出现的,但是,那时过滤器模式对音系学领域的影响却微乎其微。原因有两点:在我看来,原因之一是,倘若输出制约条件是不可违反的,而且那个时期的人们总是以为制约条件是不可违反的,那么过滤器模式便不能作为像亚韦尔玛尼语里出现的共谋问题的一种解释。这一点,我将在下一节中具体说明。

另一个原因是,那个时期的音系学领域深受 SPE 的影响。SPE 的核心假设是:规则越简单,就越自然。也就是说,它们就越有可能在语言里出现,表达具有语言学意义的普遍规律。按照这一假设,SPE 理论提供了让可以推定为自然的规则能简单表述的简约手段。在共谋问题中,输出制约条件正是使规则自然之所在——输出制约条件是那种将不同的规则合为一体的普遍规律。所以,一种纳入 SPE 总体研究框架内的共谋理论需要利用输出制约条件来简化参与共谋问题的规则表述。

正是沿着这一思路,基斯伯斯(Kisseberth 1970)提出了一种阻断效应理论。他假定亚韦尔玛尼语里有一条输出制约条件 *CC{C,#},即词中连续有三个辅音或词尾连续有两个辅音便违反了这一制约条件。根据这一假设,如果规则直接输出的形式违反了这一制约条件,那么它的应用将被阻断。假设还允许将词尾元音删除规则从 V →∅/VC ＿＿# 简化为 V →∅/＿＿#。由于在 SPE 的假设下简化的规则更自然,输出制约条件的存在在某种意义上已经说明了词尾元音删除规则在辅音丛后应用被阻断的理由。

凯巴斯基(Kiparsky 1973b:77—78)对上述提议提出了几点批评意见。一个问题是:在没有输出制约条件 *CC{C,#}的语言里,规则 V →∅/＿＿# 这么如此地简单,因此也应当这么如此地自然。但是,一种语言里如果没有输出制约条件,也就没有共谋问题,假如共谋问题促成自然度,那么没有共谋问题的语言,就应该**不那么自然**。这一提议的另一问题是它只是为了阻断效应。输出制约条件触发的规则未能得到更为简单的表述。例如,无法利用输出制约条件来简化增音规则的表述,如无法用 ∅ →i/＿＿C 简化 ∅ →i/C＿＿CC。∅ →i/＿＿C 的问题是它会在每个单辅音前插入[i]。那个时期的理论缺少某种经济性机制以确保增音规则只在需要时应用。

自 20 世纪 70 年代中期开始,音系学研究朝丰富(包括音节和其他结构在内的)音系表征理论方向发展。随着音系表征形式的丰富,便有可能考虑提出一种几乎没有任何规则的音系学理论,其中自动满足对音系表征的普遍性制约尤为重要。戈德史密斯(Goldsmith 1976a,1976b)和普林斯(Prince 1983)就是沿着这一思路进行研究,分别提出了自主音段音系学和节律音系学。但这项研究碰到了另外一个问题:所提出的普遍性制约条件并不总是适用于每一种语言。这就是为什么随后的自主音段音系学和节律音系学的文献(如 Pulleyblank 1986 和 Hayes 1995)又转向把特定语言具有的改写规则作为主要分析机制。

到 20 世纪 80 年代末,音系学界在输出制约条件的重要性上毫无疑问形成了共识,但也还有些尚待解决的涉及这些制约条件性质和作用程度的主要问题。普林斯和斯莫伦斯基(Prince and Smolensky 1993/2004:2)所称的"音系核心思想中的概念危机"一时还不被人们广泛认可,但其后却很难回避。这就是优选论创立时所处的学术背景的一大特点。

说明:*SPE* 理论及其与优选论音系学的关系

SPE 假定每一个语素在词库中都有一个独有的底层表征形式,这个底层表征形式包含了语素所有的不可预知的语音特征。例如,亚韦尔玛尼语的祈使式后缀表层有交替形式[-k$^?$a]和[-k$^?$],非将来式后缀有交替形式[-mi]和[-m](见(1)),它们的底层表征形式是/-k$^?$a/和/-mi/。(底层表征形式不可能是/-k$^?$/和/-m/,因为无法很好地解释为什么这个词缀里插入[a]而那个词缀里插入[i]。)

底层到表层的映射,是通过施用一系列排序好的改写规则实现的。例如,/taxa:-k$^?$a/到[ta.xak$^?$]的映射过程需要有两条规则:首先删除词尾元音,得到[ta.xa:k$^?$],然后把长元音变为短元音,产生表层形式[ta.xak$^?$]。如文中所提到的那样,改写规则 A→B/C____D 便是一种把任何 CAD 音序改写成 CBD 的表达式。优选论中没有改写规则,也没有与其相似的任何形式。

SPE 里还有表征理论,每个语音均是由[鼻音性]、[圆唇性]等一束偶值的普遍性区别特征组成的。20 世纪七八十年代,较

第一章 优选论导论

为简单的 SPE 表征理论得到了极大的强化。譬如，SPE 的表征中没有音节，但其后的研究把[ta. xa:kʔ]→[ta. xakʔ]的映射分析为以辅音结尾的音节中元音缩短的音系音变。

优选论的音系研究大多是以 SPE 有关底层表征形式、区别特征理论以及其后的许多强化音系表征结构的观点为前提的。然而，重要的是我们要认识到优选论本身并没有要求一定要坚守任何以上的这些观点。

问题

1 当几个不同的转换规则都可以应用时，过滤器模式如何运作？当一条转换规则在句子中几个不同的位置都可以应用时又会怎样？当一条转换规则适用于它自己的输出形式时又会怎样？

2 文中承诺将在下一节中给出在制约条件不可违反的情况下过滤器模式无法解释共谋问题的理由。请试着在阅读下一节之前想出其中的理由。（提示：要确保在/taxa:-kʔa/→[ta. xakʔ]的映射过程中词尾元音得到删除，就需要一条输出制约条件。）

习题

3 亚韦尔玛尼语有限定最大音节为 CVC 和要求彻底音节化的输出制约条件。在亚韦尔玛尼语里，这些制约条件触发增音以及阻断词尾元音删除。你能否想出另一种拥有相同输出制约条件但阻断和/或触发其他音系音变的语言吗？虚构的例子也可以，没必要非得找到真实的语言。

1.2 为什么制约条件一定是可违反的

我在前面一节中提到的两点原因之一,即音系学为什么不发展类似于句法中过滤器模式的一种"选择性规则+输出制约条件"的理论呢?主要障碍是那个时期的通行假设是,输出制约条件是从来不可以被违反的。

假定我们把过滤器模式应用于亚韦尔玛尼语。(读完这一段,可能有助于你理解(3)中的表格。)既然这种语言里有增音音变,那么转换组件就必须有一条选择性增音规则。已知/ʔilk-hin/是转换组件的输入项,那么这一转换组件的输出项将包括已发生增音音变的[ʔi.lik.hin]以及未发生增音音变的音节化词的各种形式,如*[ʔilk.hin]和*[ʔil.k.hin]。(我使用符号".k.",意在表示[k]是左右音节之外,未被音节化。)然后,这三种形式受到过滤器的核查。一个我把它叫作*C^{unsyll}的过滤器阻止掉了未被音节化的辅音,它把*[ʔil.k.hin]标记为不合乎语法的;另一个过滤器把*[ʔilk.hin]标记为不合乎语法的,因为这个词中有一个超过CVC音节上限的超大音节。(我把这个过滤器称作*COMPLEX-SYLLABLE③。)由于*[ʔilk.hin]和*[ʔil.k.hin]均被两个过滤器给排除掉了,那么,[ʔi.lik.hin]便是唯一一个由这个输入项获取的合乎语法的输出项。从语法输出项的角度看,过滤器*C^{unsyll}和*COMPLEX-SYLLABLE好像触发了增音音变。(有关音节结构在音

---

③ 首字母用大写,后面的用字母小大写形式,是优选论惯用表示制约条件的方法。这里,"复杂音节"前面打上了星号"*",表示这是不能接受的或是不合乎语法的形式。其他地方,与此相同。——译者

第一章 优选论导论

系音变中的作用,请参见本节末尾方框内的文字说明。)

(3) 应用于亚韦尔玛尼语输入项 /ʔilk-hin/ → [ʔi.lik.hin] 的过滤器模式

输入项	转换组件（都是选择性的）	转换组件的输出项	过滤器组件	过滤器组件的输出项
/ʔilk-hin/	音节化 增音音变	[ʔi.lik.hin] [ʔil.k.hin] [ʔilk.hin]	* C^{unsyll} * COMPLEX-SYLLABLE	[ʔi.lik.hin] 对应 * [ʔil.k.hin] * [ʔilk.hin]

因为亚韦尔玛尼语里还有词尾元音删除音变,转换组件也必须有一条供选择应用的删除词尾元音规则。这条规则操作的结果是,转换组件的输出项中既有 [ta.xakʔ],也有 * [taxaː-kʔa]。由于 * [taxaː-kʔa] 是不合乎语法的,某个过滤器必须把它排除出去。那么,是哪个过滤器呢? 显而易见的办法是,设立一个禁止词尾元音出现的过滤器,我们可以把它称为 * V#。

然而,当我们试图把这一分析延伸到输入项时,便遇到了麻烦。(请看着(4)来读。)转换组件的输出项中有:[xat.kʔa](正确的输出项)、[xat.kʔ](内有个未被音节化的辅音)和 [xatkʔ](音节超大)。不巧的是,包括正确的输出项的所有这些形式都违反了某个过滤器。形式 [xat.kʔ] 和 [xatkʔ] 因分别违反了过滤器 * C^{unsyll} 和 * COMPLEX-SYLLABLE 被标记为不合乎语法的。我们想要的形式 [xat.kʔa] 也被标记为不合乎语法的,因为它违反了 [ta.xakʔ] 要求把词尾元音删除的过滤器 * V#。唯一未被标记为不合乎语法的形式 * [xa.tikʔ],却是错误的形式。

11

(4) 应用于亚韦尔玛尼语——输入项/xat-kʔa/→错误输出项——的过滤器模式

输入项	转换组件 （都是选择性的）	转换组件 的输出项	过滤器组件	过滤器组件 的输出项
/xat-kʔa/	音节化 增音音变 词尾元音删除 音变	[xat.kʔa] [xat.kʔ] [xatkʔ] [xa.tikʔ]	*C^{unsyll} *COMPLEX- SYLLABLE *V#	[xa.tikʔ] 对应 *[xat.kʔa] *[xat.kʔ] *[xatkʔ]

上述分析之所以失败，是因为它基于过滤器从不可以被违反这一错误的假设。假若过滤器是输出项不可违反的制约条件，既然亚韦尔玛尼语有像[xat.kʔa]这类以元音结尾的单词，那么这种语言显然是不可能有过滤器*V#的！当然，我们可以通过采用更为具体的过滤器*VCV#代替*V#来绕过这个问题，然而，这么做就等于承认了失败。过滤器*VCV#明确规定了我们的分析真正应该要解释的内容：词尾元音删除规则在应用于[xat.kʔa]时被阻断，这是因为让它应用所产出的音节或是超大，或内有一个未被音节化的辅音。我们如果不能解释这一点，那么就无法真正解释亚韦尔玛尼语的共谋问题了。

过滤器*C^{unsyll}和*COMPLEX-SYLLABLE 单独说来都是必需的，真正的解释需要从词尾元音删除规则不能应用于[xat.kʔa]中获得。其想法是这样的：虽然[xat.kʔa]违反了*V#，但是其交替形式[xat.kʔ]更糟，因为它违反了*C^{unsyll}，而*C^{unsyll}比*V#**更具优先性**(priority)。换种方式说，*V#触发词尾元音删除，但制约条件*C^{unsyll}有时会阻断对*V#的满足。*COMPLEX-SYLLABLE 的情况也一

第一章 优选论导论

样:它也比 *V# 更具优先性,因此也可以阻断对 *V# 的满足。(你将要在第二章习题 17 中解决 [xa.tikʔ] 这个问题。)

虽然制约条件优先性关系偶尔在优选论之前的文献中被提及(如 Burzio 1994),但通行的假设是所有输出项制约条件是不可违反的,因而也就无所谓优先性。另一方面,优选论的核心主张是:制约条件是等级排列的,也是可违反的。制约条件的优先次序是这一理论的基础(Prince and Smolensky 1993/2004)。[xat.kʔa] 和 *[xat.kʔ] 之间的比较,显露出 *V# 和 *C^{unsyll} 之间存在着某种**制约条件的冲突**(constraint conflict):即某个形式服从了这条制约条件,它就会违反另外一条制约条件(见(5))。如果 *V# 占先,那么结果是以牺牲违反 *C^{unsyll} 而服从 *V# 的 *[xat.kʔ] 就会胜出;如果 *C^{unsyll} 占先,那么结果则是服从 *C^{unsyll} 但违反 *V# 的 [xat.kʔa] 就会胜出。由于 [xat.kʔa] 是我们想要的形式,因而优先性给予了 *C^{unsyll}。

(5) /xat-kʔa/:发生制约条件冲突的例子

	*C^{unsyll}	*V#
*[xat.kʔa]	服从	违反
*[xat.kʔ]	违反	服从

用优选论的术语,更具优先性的制约条件**统制**(dominate)不具优先性的制约条件。在亚韦尔玛尼语的语法里,*C^{unsyll} 一定统制 *V#。我们把它写成:*C^{unsyll} ≫ *V#。*COMPLEX-SYLLABLE 也统制 *V#。这就意味着:只有在要求输出项不带有未被音节化的辅音或没有超大音节的时候,*V# 才能得到满足。当输入项是

13

/xat-k²a/时,这些制约条件提出了冲突的要求,等级排列高的制约条件是决定性的,它们阻断了元音的删除。但当输入项是/taxa:-k²a/时,因为删除词尾元音,不会有产出未被音节化的辅音或超大音节的风险(见(6))。在此情况下,*C^{unsyll}与*V#之间没有发生冲突,二者均能而且必须得到满足。在优选论中,制约条件是可违反的,但违反并不是没有理由的;它的违反一定总是由某个等级排列更高的、与之发生冲突的制约条件所导致的。

11　　(6)/taxa:-k²a/:没有发生制约条件冲突的例子

	*C^{unsyll}	*V#
[ta.xak²]	服从	服从
*[ta.xa:.k²a]	服从	违反

这里讨论亚韦尔玛尼语的目的在于把共谋问题解释清楚。在这一语言中,音节化的制约条件各自都是必需的,但由此得到的却是未删除VCCV#词尾元音的单词。上面概述的优选论分析确切的是:[xat.k²a]中的词尾元音未被删除,是因为交替形式*[xat.k²]内有未被音节化的辅音,而交替形式*[xatk²]超出该语言允许的最大音节上限。这一解释最为重要的创新之处是制约条件等级排列和可违反性,这让*V#在亚韦尔玛尼语里既活跃又不让它总是得到满足。

表面上看来,这是在如何看待输出项制约条件上的小小变化,实际上却具有重大且深远的意义,十几年后的今天,我们仍在对其进行探索。本章余下部分将就其中的一些意义进行阐述。

音节结构与音系音变

音系学在 20 世纪七八十年代中最重要的进展之一是,认识到音节结构影响许多音系音变。譬如,元音增音常常是因辅音纳入限制性音节模板的需要而产生的。亚韦尔玛尼语的 /ʔilk-hin/→[ʔi.lik.hin]便是这方面的例证;有[i]这个增音,[k]便能纳入亚韦尔玛尼语最大音节 CVC 之中;否则,就不可能(*[ʔil.k.hin]或*[ʔilk.hin])。对音节结构的要求,也可以阻断音变,如亚韦尔玛尼语/xat-kʔa/→[xat.kʔa]中的删除词尾元音音变便被阻断。

音节结构为解决共谋问题提供了某些帮助,但这些还不够。塞尔扣克(Selkirk 1981)提出了解决这一问题的一种方法:即通过假定音节化起始阶段可以产出一个无元音性音节核的"退化"音节[ʔi.lΔk.hin](第二个音节中的符号Δ表示空音节核成分)来触发增音。这样一来,语言的音节结构模板决定了所要插入元音的位置和时间。增音音变本身只不过是一件把空音节核[i]拼写出来之事。

然而,棘手的问题是将这一方法用于分析阻断效应。/xat-kʔa/→[xat.kʔa]的映射告诉我们词尾元音删除被阻断,是因为它的输出项不能全被音节化。但是把词尾元音删除规则用到/ta.xaː.kʔa/,其直接结果[ta.xaː.kʔ]也同样不能全被音节化。区别大概在于亚韦尔玛尼语还有一条闭音节缩短音变规则,它把[ta.xaːkʔ]变成了最后的、能全被音节化的输出项[ta.xakʔ]。这一推导过程便成了/taxaː-kʔa/→[ta.xaː.kʔ]→[ta.xakʔ]。同

[12]

样的逻辑,既然亚韦尔玛尼语也有元音增音规则,那么/xat-k²a/→[xat.k²]→[xa.tik²]的推导过程有什么问题吗？显然存在着理清语言什么时候发生阻断音变、什么时候允许它们应用修正结果的难题。(参见 Goldsmith(1990:319 及以下诸页)、Myers(1991)、Paradis(1988a,1988b)和 Prince and Smolensky(1993/2004:238-257)中有关这一问题的讨论。)

音节结构在音系学中的重要性仍为大多数优选论学者所公认,但优选论本身并没有要求坚守某一特定的音节结构理论,甚至没有承诺音节的存在。

问题

4 "通行的假设是所有输出项制约条件是不可违反的,因而也就无所谓优先性。"为什么"因而"？请解释一下制约条件可违反性与制约条件优先性之间的关系。

5 "在亚韦尔玛尼语的语法里,*C^{unsyll} 一定统制 *V#。……同样,*COMPLEX-SYLLABLE 也统制 *V#。这就意味着：只有在要求输出项不带有未被音节化的辅音或没有超大音节的时候,*V# 才能得到满足。"为什么是这个意思？

习题

6 以下引自阿西莫夫(Asimov 1950)所著的《机器人技术手册》(第 56 版,2058 年出版)中提出的"机器人三定律"。请把定律作为等级排列的制约条件进行重新表述。

1 机器人不得伤害人类,也不能对人类受到伤害而坐视不理。

2 机器人必须服从任何人类给它下达的命令,除非该命令与第一定律冲突。

3 机器人必须保护自己的存在,只要这种保护不违反第一、第二定律。

1.3 优选论制约条件的性质

在优选论中,把针对输出项的制约条件称为**标记性制约条件**(markedness constraint),以区别另外一类不同的制约条件——**忠实性制约条件**(faithfulness constraint)。忠实性制约条件不允许输入项与输出项之间产生差别。当底层/taxa:-kʔa/映射到表层[ta.xakʔ]时,禁止元音删除和元音缩短的忠实性制约条件便被违反。当底层/ʔilk-hin/映射到表层[ʔi.lik.hin]时,另一个不允许元音增音的忠实性制约条件亦被违反。

忠实性制约条件是普林斯和斯莫伦斯基最聪明的但又最不引人注意的想法之一,没有任何语言理论有像优选论忠实性制约条件之类的分析手段。忠实性制约条件只有在像优选论这种允许制约条件被违反的理论中才具有意义。原因:像/taxa:-kʔa/→[ta.xakʔ]和/ʔilk-hin/→[ʔi.lik.hin]之类的非忠实性映射方面的例子在音系和句法中俯拾即是。所以,忠实性制约条件如若真的有用,就一定是可违反的。

制约条件的职责是把**违反标记**(violation marks)赋予候选项。(违反标记通常写作星号。)制约条件可以赋予候选项零到数个违反标记,具体数量取决于制约条件的界定方式以及所涉及的是哪个候选项。例如，[ta. xak²]是以辅音结尾的，*V# 就没有把违反标记赋予[ta. xak²]，但是它把一个违反标记赋予了[ta. xa:. k²a]，因为[ta. xa:. k²a]是以元音结尾的。每增一个音，反增音忠实性制约条件便赋予一个违反标记。我们把这个制约条件称为 DEP（依靠），因为它要求输出项的每个音段在输入项中有它所依靠（DEpend）的音段④。如(7)所示，DEP 没有给*[ʔil. k. hin]任何违反标记，但给了[ʔi. lik. hin]一个违反标记，给了*[ʔi. li. ki. hin]两个违反标记，给了*[ʔi. li. ki. hi. ni]三个违反标记，等等。每个制约条件的定义都会告诉我们它是怎样决定赋予已知候选项的违反标记数量的。

(7) DEP 给出的违反标记

	DEP
a. ʔil. k. hin	
b. ʔi. lik. hin	*
c. ʔi. li. ki. hin	**
d. ʔi. li. ki. hi. ni	***

比起[ʔi. lik. hin]、*[ʔi. li. ki. hin]、*[ʔi. li. ki. hi. ni]等，DEP 更青睐*[ʔil. k. hin]（Samek-Lodovici and Prince 1999）。进而，比起*[ʔi. li. ki. hin]、*[ʔi. li. ki. hi. ni]，DEP 则更青睐[ʔi. lik. hin]。同样，比起*[ʔi. li. ki. hi. ni]等，DEP 则更青睐*[ʔi. li. ki. hin]。这类倾向选择就是 DEP 在这一候选项集合之上所构建的**青睐关系**

---

④ 凯瑟琳·弗莱克(Kathryn Flack)告诉我可使用"勿增音(Don't EPenthesize)"来帮助记住 DEP。

18

(favoring relation)。如果制约条件把 n 个违反标记赋予了某个候选项,那么,比起所有它赋予多于 n 个违反标记的候选项,它更青睐这个候选项。完全服从制约条件的候选项,仅仅是制约条件青睐关系的一个方面。优选论中的制约条件都是可违反的,因而常会出现有望胜出的候选项都违反了某个制约条件的情况。在这种情况下,知道在违反制约条件的候选项中制约条件更青睐哪个候选项,是至关重要的。例如,*[ʔil.k.hin]因内有未被音节化的[k]音而遭淘汰,所以违反 DEP 是不可避免的。形式[ʔi.lik.hin]是最优的,因为它在违反 DEP 的候选项中是最受青睐的,如(7)所示。

一般来说,最受制约条件 C 青睐的候选项都有两个共同点:一是它们违反 C 的标记数量相同,二是其他候选项违反 C 的标记数量都比它们多。总会有至少一个候选项,是 C 最为青睐的。另一种极端的情况是:如果所有的候选项违反 C 的程度完全相同,那么,所有的这些候选项都可能是 C 所青睐的。

制约条件是优选论研究的重点,这就是为什么本书用整整一章(第四章)的篇幅来阐释发现、界定和改进制约条件等问题。此外,正如我们在第五章将要看到的,大多数优选论中所做的解释和预测,均是由具体假定某个制约条件的存在获取的。修改或否定原有的制约条件,设定新的制约条件,这些都是优选论研究者重要的研究工具,也是他们应承担的重要职责。

虽然制约条件的研究对优选论来说极为重要,但优选论除了区分标记性和忠实性之外,本身对制约条件的性质却没有太多的说法。优选论是有关制约条件交互作用方式的一种理论,不是制约条件性质的理论,也不是音系表征理论。譬如,优选论没有指定人们在研究中要坚守某一特定的音节结构或短语结构研究方法。相反,优选论为应用制约条件以及评价作为任何音节结构或短语结构理论必要组成部分的音系表征提供了一种理论框架。这就是为什么优选论可以用于音系学、句法学、语义学,尽管它们研究的主题各不相同。

普林斯和斯莫伦斯基就制约条件的普遍性提出了两个颇强的假设。首先,制约条件具有普遍性,普遍语法(UG)拥有一个包含所有制约条件的制约条件组件(CON)。(音系和句法分别拥有自己的CON,但彼此存在某些重叠的形式属性。)第二,所有的制约条件,均存在于所有语言的语法之中。上述这些假设,均源自语言之间的系统差异**仅仅**在于制约条件的等级排列这一更为普遍的假设。(下一节里有这方面更为详细的说明。)

实际应用上,制约条件的绝对普遍性假说,常常有所弱化。可能有必要承认制约条件在处理词库中的例外现象、外来语词等方面的作用域会受到特定语言的限制,还可能存在着为诸如同界制约条件或制约条件的合取等特定语言制约条件构建的形式模式。有关这些问题,我将在第四章做更多的阐释。

问题

7　乔姆斯基(Chomsky 1995:380)说过这样的话:"在普林斯和斯莫伦斯基(Prince and Smolensky 1993)中,似乎顺理成章的结论是,所有词库的输入项都产生唯一一个语音输出项,即无论会是什么样的优选音节(或许是/ba/)。"这就是有时称作优选论的"*ba* 异议"。请回应这句话。

8　乔姆斯基(Chomsky 1995:380)批评忠实性制约条件,理由是输入项与输出项之间的一致性是"一条永远得不到满足的原则"。请回应这一批评。

9 "优选论中的制约条件都是可违反的,因而常会出现有望胜出的候选项都违反了某个制约条件的情况。在这种情况下,知道在违反制约条件的候选项中制约条件更青睐哪个候选项,是至关重要的。"根据这句话,你会说(5)中所呈现的制约条件冲突存在某些误导吗? 你将如何解决这个问题?

1.4 候选项集合:优选论的生成器组件

在乔姆斯基和拉斯尼克的过滤器模式中,转换规则都是选择性的,所以转换组件产出种种可能的、用到和未用到转换规则的输出项。过滤器组件把其中的一些可能的输出项标记为不合乎语法的。在优选论中,相当于转换组件的部分被称为**生成器**,简称 GEN。生成器为已知输入项生成一组所有可能的输出项,这组可能的输出项被称为那个输入项的**候选项集合**(candidate set)。输入项、生成器和候选项集合之间的关系可以图解如下:

(8) 优选论部分工作流程图

/输入项/→生成器→{候选项$_1$,候选项$_2$……}

输入项和生成器的细节,跟制约条件一样,取决于我们的音系表征理论以及我们所分析的对象是音系、句法还是语义。

在音系学领域中,这些问题已形成了最为广泛的共识,人们通常把输入项等同于生成音系学的底层表征形式。在这个表征层面;每个交替出现的语素,诸如/bæg-z/(袋、包)、/bʊk-z/(书籍)和/nɔːz-z/(鼻子)词中的复数/-z/,均各有一个独有的形式。音系学的生成器针对输入项进行删除以及插入音段、改变音段的特征值等的各种操作。这些操作是任意的、可选择的和反复多次应用的,以获得候选项集合中的候选项。例如,输入项/bʊk-z/的候选项集合中会拥有右向和左向浊音同化([bʊks],[bʊgz])、增音([bʊkəz])、删音([bʊk])以及各种组合音变(如[bʊkəs])后的结果,也拥有没有发生任何音变的、最忠实的候选项[bʊkz]。这些多种多样的候选项,不是语法的最后输出项,几乎所有的这些候选项都是不合乎语法的;语法的最后输出项是由制约条件组件以何种方式过滤候选项集合决定的。

候选项**竞争**成为某个输入项的体现形式。比如,[bʊks]、[bʊgz]、[bʊkəz]、[bʊk]、[bʊkəs]、[bʊkz]等,都在竞争成为输入项/bʊk-z/的表层体现形式。不同输入项的候选项之间不发生竞争,/bʊk-z/→[bʊks]的映射与/nɔːz-z/→[nɔːzəz]的映射之间不存在着比较关系。因此,生成器为已知输入项界定了候选竞争者的范围。这一范围至少必须包括输入项在任何可能有的人类语言中以任何一种方式可能体现的形式。在音系中,候选项集合通常所拥有的比那个范围要多得多,甚至可能有的每一种音段音序均在其内。在句法中,候选项集合的性质仍更是个悬而未决的问题,但可参看 2.9 节以及勒让德、斯莫伦斯基和威尔逊(Legendre, Smolensky and Wilson 1998)从优选论有关竞争的基本前提出发对如何回答这一问题所做的讨论。

说生成器的这种操作十分普遍,是有道理的。比如,增音操作就没有指定增音的具体语境以及要插入的具体音段。反而,任何

第一章 优选论导论

音段在任何语境中都可以插入。当然,在实际的输出项中插入什么音段,在什么位置插入,还是有各种各样的限制的,但生成器并不是施与这些限制的地方。优选论研究的一个重要目标是,从 CON 的某个具体理论以及假设语法是 CON 的等级排列中获取特定语言所具有的语言变化的普遍属性。过滤器模式也提出过类似的目标,以说明"排序、强制性和语境依赖性后续的结果可以用表层过滤器来限定……进而,这些属性便可以在这个层面上得到自然表述。"(Chomsky and Lasnik 1977:433)。管辖与约束理论(Chomsky 1981)就是通过把语法转换组件缩减成唯一一条不受语境制约的选择性操作,即移动 α。这条非常普遍的转换规则与优选论的生成器具有异曲同工之效。

如果生成器的作用不受到那样的限制,那么候选项集合一定是无限的。如果生成器包括了像音系中的增音或句法中的短语结构投射之类不受语境限制的构建结构的操作,那么就会有无限多的候选项。这些操作可以无限多次地应用于候选项的构成。比如,输入项/no:z-z/的候选项将不仅包含[no:zəz],也包含[no:zəəz]、[no:zəəəz]等。

许多人在第一次接触优选论时都会对候选项的多样性和数量无限多有所担忧,我现在就来化解这些担忧。

候选项的多样性可能会带来麻烦,因为它意味着任何候选项集合将包括那些在任何语言里都不会成为输出项的形式。大概没有任何一种人类语言会把底层/no:z-z/映射到表层[no:zəəəz]。然而,如果[no:zəəəz]永远不是最优项,那么它留在/no:z-z/的候选项集合中又有何用?对这一担忧的回答是,生成器的输出项不是语法的最后输出项。由于制约条件过滤了候选项集合的所有内容,因此，语法总体上不会发生过度生成问题。任何比较好的 Con 理论都会对为什么不可能发生像/nɔːz-z/→[nɔːzəəəz]的映射做出解释，那正是与上文讨论到的优选论总体研究目标相一致的这些解释归属所在。这个问题将是第五章讨论的主题。

另一个担忧源自大脑或电脑计算问题：生成器需要无限长的时间才能生成一个候选项集合，制约条件组件也需要无限长的时间完成对候选项的评估。这种担忧始于错误的假定：对语言理论的形式界定也就是对它的运算。生成语法一开始就对语言能力模型与语言处理或使用模型进行了区分。按照乔姆斯基（Chomsky 1968:117）的说法："忽视了这些简单的区分，一定会造成很大的混淆。"许多优选论计算模型做得都很不错，其中没有一次计算受挫于候选项的无限性问题，因为它们都认同理论与应用是有区别的。请参见本章最后的推荐延伸阅读书目。

问题

10 "任何比较好的 Con 理论都会对为什么不可能发生像/nɔːz-z/→[nɔːzəəəz]的映射做出解释。"怎样解释？【提示：考虑一下标记性制约条件，因为要想让[nɔːzəəəz]胜出，它的违反标记就必须少于那些比它更忠实的竞争对手[nɔːzz]、[nɔːzəz]和[nɔːzəəz]。】

11 为什么不限定生成器能够执行的增音操作的数量？这样不是可以确保音系候选项集合的有限性吗？否则音系生成器就把候选项无限性的潜在因素纳入其中了吗？

12 句法理论的输入项假设有哪些？我们如何确定哪些假设是最好的？

1.5 候选项评估：优选论的评估器组件

生成器为输入项生成一个候选项集合，然后把这个候选项集合提交给优选论另外一个主要组件——**评估器**，简称 EVAL。优选论的整个工作流程图，见(9)。评估器的任务是找出**优选**(optimal)输出项。评估器实现这一目标的方法是，把特定语言具有的制约条件等级体系用于候选项集合。

(9) 优选论工作流程图

/输入项/→生成器→{候选项$_1$，候选项$_2$……}→评估器→［输出项］

既然评估器在优选论中如此重要，那么我将采用几种不同的方式对它进行描述，先是用形式方法，然后用更为程序性的方法。(程序描述只是另一种考虑形式化的方式。正如我在前面一节最后提到的那样，这不是对某些具体的大脑或电脑计算过程说说而已。)

评估器的形式描述是从观察开始的，即观察到任何一个制约条件均可以被定义为从某个候选项集合{cands}到{cands}的某个子集(具体地说，到制约条件最为喜欢的那些候选项的子集)的函数。那么，评估器便是由以等级排列方式把所有制约条件进行排序所界定的那个函数(Karttunen 1998, Samek-Lodovici and Prince 1999)。例如，制约条件等级体系 *C^{unsyll} ≫ DEP，看上去像是函数式：DEP(*C^{unsyll}({cands}))，或写成函数组合：DEP ∘ *C^{unsyll}({cands})。

用更为程序化的术语，评估器始于等级排列最高的制约条件

CONST1，提取出 CONST1 优选出的候选项集合{cands}的子集。接着，这个候选项子集再交由等级体系中的下一个制约条件 CONST2，它再次进行同样的优选工作：找出它最为青睐的候选项子集，摒弃其余的候选项。这一过程持续进行，直到候选项集合中还剩下唯一一个候选项，它便是优选项。在原有的候选项集合中，它在满足等级排列的制约条件方面比其他任何候选项表现得都要好。

评估器工作步骤如(10)所示。为了让事情简单一些，我们将从(a)中的假设入手，即首先对候选项集合和评估候选项集合的制约条件做出假设。应用(b)中等级排列最高的制约条件 *C^{unsyll}，它倾向选择四个候选项中的三个。保留倾向选择的候选项，抛弃不愿选择的候选项。在(c)中，我们把由三个候选项构成的候选项集合交给等级排在其次位置上的制约条件 D_{EP}。在三个候选项之中，它倾向选择其中的一个。现在，候选项集合只剩下一个候选项，它便是我们找出的优选项，即语法的输出项。

(10) 评估器工作步骤

　　a. 假设：

　　　候选项集合＝{[ʔil. k. hin]，[ʔi. lik. hin]，[ʔi. li. ki. hin]，[ʔi. li. ki. hi. ni]}

　　　制约条件等级体系＝ *C^{unsyll} ≫ D_{EP}

　　b. 应用 *C^{unsyll}

　　　倾向选择{[ʔi. lik. hin]，[ʔi. li. ki. hin]，[ʔi. li. ki. hi. ni]}（0 个标记）

　　　不倾向选择{[ʔil. k. hin]}（1 个标记）

　　c. 应用 D_{EP}

倾向选择{[ʔi.lik.hin]}（1个标记）

不倾向选择{[ʔi.li.ki.hin]}（2个标记）和{[ʔi.li.ki.hi.ni]}（3个标记）

d. 输出项＝[ʔi.lik.hin]

理论上，在把候选项集合减少至一个候选项之前，评估器有可能把制约条件都用完了。这只发生在两个或两个以上的候选项从所有制约条件那里得到的违反标记数量完全相同的情况下。换言之，存在着不分胜负的平局。这种平局有时被用来解释语言的变异形式或任选形式，但这常常不被人们所接受，因此需要新增制约条件加以解决。（参见2.4节有关解决平局的论述以及6.2节有关优选论分析变异现象部分。）

回到之前的话题，评估器从不寻求**服从**制约条件的候选项，只求取**最受**制约条件**青睐**的候选项。为制约条件所青睐不等于服从制约条件。总有一两个候选项被青睐，但有时会出现没有候选项服从已知制约条件的情况。最后结果总会有某个优选项，除非很荒唐的是原候选项集合就是个空集。

从别的语言学理论角度来看，这可能是评估器最令人惊讶的方面。评估器将每个输入项都映射到某个输出项上。在别的理论中，因为制约条件是不可违反的，某些输入项便没有合乎语法的输出项。例如，在那些理论中，不可违反的制约条件把*[bnæg]和*Who did he say that left? 标记为不合乎英语语法的。既然优选论只有可违反的制约条件，那么它怎么解释不合乎语法性？

在优选论中，某个候选项不合乎语法，不是因为它违反了某个不可违反的制约条件，而是因为它的表现不如其他的候选项。例 21

如,*[bnæg]不是可能的英语单词,因为英语的音系没有为任何输入项选择*[bnæg]作为优选项。要说明这一点,我们自然需要审视一下输入项/bnæg/。由于每个忠实性制约条件都青睐/bnæg/→*[bnæg]的映射,因此某个等级排列更高的标记性制约条件必须把这一映射排除出去。这很可能是不允许出现双(鼻或口)塞音的音节首辅音丛的制约条件。如果这条制约条件等级排在 DEP 之上,那么评估器将为输入项/bnæg/选择[bənæg]而非*[bnæg]作为输出项。([bənæg]不是真正的英语单词,但跟*[bnæg]不一样,它是可以读出来的,这个例子的实质就在于此。)但是,现在还不足以确保*[bnæg]的不合乎语法性,因为那需要证明*[bnæg]不是**任何**输入项的优选项。这很像是语言的类型研究(见第五章)。

在优选论中讨论的这种不合乎语法性,其意在强调这一理论的关键一点:**优选论本质上是比较性的**。候选项本身并无好坏之分,而只是就同一个输入项而言,它与其他候选项相比的优与劣。候选项集合界定了比较的范围,候选项集合的每个成员都要与其他每个成员进行比较,以期成为这个候选项集合的输入项的输出体现形式。出于这个原因,我们在构建分析时,无疑需要考虑那些可能带给理想的获胜者某种激烈竞争的候选项。例如,没有把插入词尾辅音的候选项(*[ta.xaː.kʔaʔ],*[xat.kʔaʔ])作为竞争满足亚韦尔玛尼语*V#的方式加以考虑,是不对的。我将在 2.5 节对这一要点做更多的说明。

最后说一下表述问题。我们有时需要说某个候选项比另一个候选项要好,但这并不一定是说相对好的候选项便是优选项。"cand1 比 cand2 更优"这种说法不太合适;最好的说法是,cand1 比 cand2 **更和谐**。**和谐性**(harmony)是评估器选择的目的所在。如果

cand1 比 cand2 更和谐,那么,把 cand1 和 cand2 区分开来的等级排列最高的制约条件就是支持 cand1 的那条制约条件。当对整个候选项集合进行分析时,**最优的**和**最和谐的**两种说法的意思是完全相同的。

问题

13 "理论上,在把候选项集合减少至一个候选项之前,评估器有可能把制约条件都用完了。这只发生在两个或两个以上的候选项从所有制约条件那里得到的违反标记数量完全相同的情况下。换言之,存在着不分胜负的平局。这种平局有时被用来解释语言的变异形式或任选形式……"优选论这种研究变异形式的方法几乎从未使用过,这是因为它几乎从未产出过多个优选项。那是为什么?(提示:可考虑等级排列低的制约条件所具有的潜在作用。)

1.6 制约条件的作用程度

某个制约条件对某个候选项集合**产生作用**,当这个制约条件等级排列最高,且倾向选择那个优选项而不是败选项。换言之,一个产生作用的制约条件把某个非优选输出项从竞争中淘汰出局,完成了没有等级排列更高的制约条件能够完成的事。

例如,制约条件 *C^{unsyll} 在 /xat-k$^?$a/→[xat.k$^?$a] 的映射中产生作用,因为它倾向选择优选项[xat.k$^?$a]而不是败选项 *[xat.k$^?$],而且也没有等级排列更高的制约条件能完成这同一件事。(事实上,没有比 *C^{unsyll} 等级排列更高的制约条件。)在(11)中, *C^{unsyll} 所产生的作用已在赋予 *[xat.k$^?$]的违反标记旁边用"!"标出,这就是有时称之为**致命的违反**(fatal violation)的情况,因为它把候选项从优选竞争中淘汰出局。

(11) 产生作用的 *C^{unsyll}

	*C^{unsyll}
a. →xat.k^{ʔ}a	
b.　xat.k^{ʔ}	*!

制约条件 *V# 在 /taxa:-k^{ʔ}a/→[ta.xak^{ʔ}] 的映射过程中产生作用，因为它倾向选择优选项 [ta.xak^{ʔ}] 而不是败选项 *[ta.xa:.k^{ʔ}a] （参见(12)）。这里，还有一个等级排列比它更高的制约条件 *C^{unsyll}，但是，就这一对候选项而言，这个制约条件没有产生作用。

(12) 产生作用的 *V#

	*C^{unsyll}	*V#
a. →ta.xak^{ʔ}		
b.　ta.xa:.k^{ʔ}a		*!

另一方面，*V# 在 [xat.k^{ʔ}a] 与 *[xat.k^{ʔ}] 之间做选择时没有产生作用，因为等级排列高的制约条件 *C^{unsyll} 在这次评估（见(13)）中剥夺了 *V# 产生作用的机会。只有在优选项与另外一个或多个败选项在所有的等级排列较高的制约条件上不分胜负时，等级排列较低的制约条件就会发挥其潜在的作用。

(13) 产生作用的 *C^{unsyll}，不产生作用的 *V#

	*C^{unsyll}	*V#
a. →xat.k^{ʔ}a		*
b.　xat.k^{ʔ}	*!	

即便优选项违反了制约条件,这个制约条件仍然可以产生作用。在亚韦尔玛尼语里,要解释/ʔilk-hin/→[ʔi.lik.hin](比较 *[ʔil.k.hin])中的增音现象,* C^{unsyll} 就必须等级排在 D$_{EP}$ 之上。如(14)所示,优选项违反了 D$_{EP}$ 一次,但诸如 *[ʔi.li.ki.hin]和 *[ʔi.li.ki.hi.ni]等败选项违反这一制约条件的程度更甚。当候选项不同程度上违反某一制约条件时,违反那一制约条件的严重程度将起决定性作用,制约条件倾向选择最低限度违反它的候选项。

(14) 有作用但被违反的 D$_{EP}$

	* C^{unsyll}	D$_{EP}$
a. →ʔi.lik.hin		*
b. ʔil.k.hin	*!	
c. ʔi.li.ki.hin		**!
d. ʔi.li.ki.hi.ni		***!

例(14)图示了评估器的属性之一,即叫作**最低限度违反**(minimal violation)。尽管优选项违反了 D$_{EP}$,但除那个被等级排列更高的制约条件排除掉的候选项之外,它违反 D$_{EP}$ 的程度低于其余候选项。在优选论中,制约条件是可违反的,但违反的程度应是最低限度的。

例(14)还表明,忠实性制约条件的最低限度违反形成了一种推导上的经济性,这似乎与乔姆斯基(Chomsky 1991)所言相吻合。因为忠实性制约条件的违反是最低限度的,因此胜出的输出项偏离输入项的程度,只能限定在更好地满足任何等级排列更高的制约条件的必要程度内。就输入项/ʔilk-hin/而言,要满足 * C^{unsyll},

就必须违反 D$_{EP}$,所以输入项与输出项之间的差异是不可避免的。但这种差异是最低限度的,因为 D$_{EP}$ 的违反是最低限度的。

受统制的标记性制约条件也能产生作用,有关音节结构的一些研究说明了这一点。违反标记性制约条件 O$_{NSET}$ 的是无首辅音(以元音开头)的音节(Ito 1989:222 等)。在马来西亚南岛语系提姆冈的姆律语(Timugon Murut)里,O$_{NSET}$ 必须受到严格统制,因为表层形式出现无首辅音的音节,如[am. bi. lu. o]'灵魂'。(按照 Prentice(1971:24)的观点,[u]和[o]分属在"两个不同的音节"之中。)可以通过插入辅音来避免无首辅音的音节,如[ʔam. bi. lu. ʔo],所以 D$_{EP}$ 必须等级排在 O$_{NSET}$ 之上,以防止这种情况的发生(见(15))。由于无首辅音音节也可以通过删除问题音段(见(15)中的 c)得以避免,所以 O$_{NSET}$ 必须受到反删音的忠实性制约条件 M$_{AX}$ 的统制。(之所以称作 M$_{AX}$,是因为它要求输入音段在输出项中得到最大化的表达⑤。)

(15) 有作用但被违反的 O$_{NSET}$

	D$_{EP}$	M$_{AX}$	O$_{NSET}$
a. →am. bi. lu. o			**
b. ʔam. bi. lu. ʔo	**!		
c. bi. lu		***!	
d. am. bil. u. o			***!

现在来看一下候选项(15d)。由于[l]已被音节化,该候选项便比优选项多了一个无首辅音的音节,因而被 O$_{NSET}$ 摒弃。优选

---

⑤ 一种强记 M$_{AX}$ 方法,是把它理解为"使其得到表达"(MAke expressed)。

项违反的制约条件 ONSET 仍起作用,淘汰了候选项(d)。当标记性制约条件在某一语言里起作用但同时也被那个语言里的优选项违反,这一现象称为**非标记性隐现**(the emergence of the unmarked),通常简称为 TETU(McCarthy and Prince 1994a)。它的意思是:在适当场合会出现选取某个普遍性的非标记性结构(诸如有首音的音节)的倾向,即使这一语言总体上允许选取相应的标记性结构。候选项(d)未能成为优选项,是因为 ONSET 走出来把它否决了,即使 ONSET 在这个语言的其他地方(甚至就是在这个词里)也曾被违反。非标记性隐现是优选论有别于语言的参数理论的最重要之处,详见 1.7 节。

标记性制约条件能产生作用但仍被违反的这一思想,很难得到充分吸收和利用。我最初学习优选论时,原以为语言的合法制约条件一定是对表层形式绝对真实性的陈述,很不习惯说 ONSET 更青睐[am.bi.lu.o]而不是*[am.bil.u.o],而是更喜欢说:某个特定制约条件不允许如*[VC.V]的音节化,即音节尾辅音后接音节首元音。这一制约条件在提姆冈的姆律语里具有范畴上的真实性,但这仅仅是因为它规定了允许它具有范畴上的真实性的附加条件。(在那一方面,它很像是已摈弃的亚韦尔玛尼语里的*VCV#制约条件。)

我们确实需要做出一番努力以克服从别的理论中传承下来的这些偏见。在优选论里最好的做法是,以一种非常普遍的方式陈述制约条件,然后再通过与等级排列更高的制约条件发生交互作用去限定它们的作用程度。如果参照十分具体的表层结构(如*[VC.V])来构建制约条件,这不算是很成功的优选论分析策略。

问题

14　请说明最低限度违反属性是如何从 1.5 节的评估器定义中获取的。

15　当其他制约条件已决定必须插入**某个**音段时,非标记性隐现是与所选择插入的**那个**音段相关。你能找出原因吗?

习题

16　你能根据本节所给的信息来确定 MAX 和 DEP 在提姆冈的姆律语里的相关等级排列吗?如能,它们的等级排列是怎样的?如不能,你需要增加哪一类证据?

17　设想你加入了某个交友网站。你要找到兴趣相投的伴侣,就需要你根据你自己认定的重要性程度对伴侣的 5 个理想品质进行等级排列。这些品质是容貌、聪明、幽默、讲卫生和财富。你如何运用优选论等级排列方式提出你个人对这些品质的优先次序?假如你认识的所有人都很富有、也都有良好的卫生习惯,那么你在确定卫生与财富之间的相对优先关系上有没有问题?

1.7　语言之间的差异

语言不同,CON 的等级排列方式也就不同。在提姆冈的姆律语里,DEP 和 MAX 都统制 ONSET,因此存在无首辅音的音节。在阿拉伯语里,ONSET 统制 DEP,因此出现了辅音增音现象/alwalad/→[ʔal.wa.lad],*[al.wa.lad]('男孩')。

最强假设是,制约条件等级排列是语言彼此有别的**唯一**方式。换言之,语言之间所有的系统差异都应该通过某一普遍性制约条件集合的等级排列来加以说明。这一假设意味着:抛开别的不说,Con 中的每个制约条件均存在于任何一种语言的语法之中。甚至是当某一语言对某个制约条件 C 似乎完全视而不见时,C 仍存在于这一语言的制约条件等级体系之中。在此种情况下,C 不产生作用,是因为它被所有其他制约条件所统制,而不是被排除在这一语言的语法之外。

在别的语言学理论中,语言之间的差异往往被归因于由**参数**(parameter)所致。一个参数等同于一个可开启或关闭的制约条件。譬如,[有音节首]参数在提姆冈的姆律语里被关闭,因而允许出现无首辅音音节;而在阿拉伯语里它被开启,因此不允许出现无首辅音音节。参数理论在非标记性隐现作用方面出现问题。假如[有音节首]在提姆冈的姆律语里是关闭的,那么为什么该语言选择了[am.bi.lu.o]而没有选择 *[am.bil.u.o]或 *[amb.il.u.o]? 优选论出现之前,伊藤(Ito 1989:223)把[有音节首]设定为强/弱而非开/闭参数来处理这个问题。[强音节首]是说"禁用没有首辅音的音节",[弱音节首]是说"避免使用没有首辅音的音节"。"避免"这个词表明:[弱音节首]确切地说是可以最低限度违反[强音节首]的一种说法而已。在优选论中,最低限度违反是所有制约条件的普遍属性,因此没必要把它加到这个或其他任何一个具体的制约条件的定义之中。

语言间的差异将是本书第五章我们特别关注的重点,而第二章和第四章将为研究这一重要问题奠定基础。

问题

18 用什么来证明某一标记性制约条件不是等级排列低而

已,而是没有出现在某些语言的语法之中？在回答这个问题时,你可以随意对制约条件集合中的其他制约条件进行任何必要的假定。

习题

19 请说明一下即使等级排列低的忠实性制约条件也普遍存在于所有语言的语法之中。1.6节中的材料对这一论点有启示作用。

1.8 本书讨论的 OT 版本

在本章及随后各章中,我谈及的是可以称为"标准"的或"经典"的优选论。标准或经典优选论包含了几乎所有的普林斯和斯莫伦斯基(Prince and Smolesnky 1993/2004)提出的主要思想,唯一的系统性差别在于该标准理论与普林斯和斯莫伦斯基所说的"如何实现忠实性"的问题上。标准理论采用对应理论(McCarthy and Prince 1995,1999)来表述像 MAX 和 DEP 之类的忠实性制约条件,这些制约条件替代了原本普林斯和斯莫伦斯基提出的在表述上有些不同的 PARSE 和 FILL 忠实性制约条件。(对应理论、PARSE 和 FILL 将在4.6节中进行阐释。)

正如我在1.3节中提醒注意的那样,优选论本身并不对 CON 中的制约条件——特别是标记性制约条件做任何具体的表述。标记性制约条件体现了对音系、句法或其他一些语言学领域的具体要求。优选论是个形式系统,其中,像制约条件优先性之类的概念得到严格的界定,但它并不对制约条件的具体内容做任何说明。

同样，优选论本身也不对音系表征的性质做任何说明，尽管它采用可违反的制约条件为评估表征结构的合格性提供了一个理论框架。

优选论本身对制约条件的内容不做具体指定，因此，优选论的研究主要集中在提出和改进对 CON 中制约条件的假设上，以期搞清楚和最终解决具体的实证问题。探究等级排列方式的结果，改进或摈弃旧的制约条件，提出新的制约条件，这对任何做这一理论研究的人来说都是寻常之事。本书，特别是第四、五章，提供了大量的、有关如何以最大的效率做好这些事情的指导。

优选论的另一类研究是探索各种可能改变优选论的基本假设带来的结果。优选论有了推导会是怎样？一种语言可否有不止一个制约条件等级排列？探讨这类问题的研究以及相关文献导引，请见本书第六章。

还有一类研究涉及优选论的形式分析，如可学性研究、逻辑推理和演算等问题。关于此方面的一些研究将在 2.11 节和 2.12 节中论及。

1.9 推荐延伸阅读书目

有关优选论方面的综述性论文有：Archangeli（1997）、Legendre（2001）、McCarthy（2003b，2007c）、Prince and Smolensky(1997,2003)、Smolensky, Legendre and Tesar(2006) 以及 Tesar, Grimshaw and Prince(1999)。凯奇（Kager 1999）的是一部教科书，它重点说明优选论如何用以分析诸如音节化、重音、叠音和循环性等一些音系现象。叶琳娜（Yip 2002）的是一部声调方面的教科书，里面涉及优选论如何用于声调现象方面的知识。麦卡锡（McCarthy 2002）的是一部针对优选论主要概念以及由此产生的结果的指南,该书里面有很长的书目,且各章后面有按照主题组织的参考文献。

读完《学做优选论》之后,便做好了高级阅读的准备,开始读普林斯和斯莫伦斯基(Prince and Smolensky 1993/2004)。接下来的一步,取决于读者个人的兴趣。如果倾心于音系学,那么麦卡锡(McCarthy 2003a)一书中所收集的论文可能是这方面最好的起点。另外,隆巴尔迪(Lombardi 2001),费里和范·德·维杰威(Féry and van de Vijver 2003)这两本论文集分别是关于音段音系学和音节音系学的。对句法感兴趣的读者,最好莫过于看一看勒让德、格里姆肖和维克纳(Legendre, Grimshaw and Vikner 2001)和塞尔斯等(Sells et al. 2001)这两本优选论句法方面的论文集。此外,现在还有几本优选论语义学和语用学方面的论文集(Blutner et al. 2005, Blutner and Zeevat 2004, de Hoop and de Swart 1999)以及一本优选论历史语言学方面的论文集(Holt 2003)。优选论在认知科学中的根基以及在音系、句法等其他领域中的应用问题,是另一本论文集——斯莫伦斯基和勒让德(Smolensky and Legendre 2006)的主要内容。

一些最重要的优选论研究成果,可以在"罗格斯优选文档"(Rutgers Optimality Archives,简称 ROA)网站(http://roa.rutgers.edu)上免费下载。罗格斯优选文档是艾伦·普林斯于1993年创立的,它是"优选论研究、研究优选论或优选论相关研究"的电子文库,也是学生和资深学者极好的文献资源。要找到 ROA 的专题论文,你可以使用 ROA 内置搜索摘要的功能,但最好还是使用谷歌,它也可以搜索论文全文。使用谷歌"directive site:roa.rutgers.edu"搜索字符串,如"metathesis site:roa.rutgers.edu"将找到所有文本中出现过换位音变的 ROA 论文。

第二章 如何构建分析

优选论的语言学分析不同于其他理论的语言学分析。这种不同包括从选择研究问题到写出结果等每一个环节。本章及下一章旨在阐释如何在优选论中把这些事情做好。本章围绕四个主题展开：选择合适的研究语料，由语料进入优选论分析，等级排列制约条件，以及利用分析来发现和解决问题。这里还包括两个密切相关的课题：制约条件等级排列的演算方法和优选论的逻辑问题。

提出分析和把它写出来，这两件事有所不同。本章涉及的是提出分析的过程，第三章则是阐述怎样把结果写出来。

2.1 从何开始

2.1.1 选择研究问题

第一步是要找到分析的语料，这似乎显而易见，不值得一提，但实际上这一点非常重要，因为选择的语料**种类**确实很关键。我们提出问题的方式方法，将会影响到我们随后解决这一问题的成功率。

某种语料比其他语料更有可能成就有见地的分析，这取决于理论。20世纪六七十年代的音系学学位论文，多是在 *SPE* 理论

31 模式内试图综合分析一种语言里的所有交替现象。包括学期论文或习题集在内的短篇研究成果,如对所有拉丁语第三人称变格名词交替现象的分析,均是同一类别的小型版本。那种方法在 SPE 音系学理论中是有意义的,它分析的目的是构建特定语言具有的一组规则,然后对其进行排序。成功与否,取决于它是否用最为简单的规则生成出所有正确的语言形式。

优选论则不同,它的语法是对普遍性制约条件的一种等级排列,但我们现在对那些制约条件仍然知之甚少,且无绝对把握。于是,除特别简单的个案外,在其他所有案例中,具体分析与理论建构之间是相互联系的;分析者在对已有的制约条件集合进行等级排列外,有时还必须对原有的制约条件进行修改,或提出新的制约条件。任何一个优选论分析不仅是对某些事实所做的一次描写,还是对 CON 的部分理论阐释。分析的最终目标是论证有关 CON 的普遍性属性的主张,能否成功就在于论据如何很好地做到这一点。

当代句法学也必须面对具体分析和理论建构并行的问题。大多数句法学家采取的做法是,在重点关注具体分析的同时,还伴有对某种或某些语言里的特定句式结构(如冰岛语的与格主语、多重特殊疑问句等)的理论阐释。这种做法也同样适用于所有从事优选论研究的学者。我们将在第五章中看到,借助研究多种语言里的某个或某些相关现象时所获取的信息,对 CON 进行的理论化研究,是极为成功的。比如说,为掌握支配音节首辅音丛的普遍标记性制约条件,我们有必要看看不同语言里可观察到的对这些辅音丛的各种限制。任何提出的对 CON 进行的调整和修改,原则上均需要此类证据的佐证。

第二章 如何构建分析

在实践中做到完全彻底,一般是不可能的。你在解道题目或写篇论文时,可能没有足够的时间来查清多种语言里的某个现象。有时候,你只好少做一些:分析单独某个语言里的某一具体现象,只是在必要时才做些理论化的工作。由于你在别的语言里对先前提出的制约条件以及类似现象有了更多的了解,进行分析和理论化的过程就会变得容易一些,但即便那样,研究现象毫无疑问仍是推进探索的最佳方式。

现在,我们应该清楚 SPE 时期所采用的理论模式和研究方法为何不适用于优选论音系学。一种语言可能是各种现象的任意集合,其中一些共存只是历史的机缘巧合而已。甚至拉丁语第三人称变格的音系也是个任意集合;它毕竟只是一个碰巧受那一变格后缀影响的交替现象的集合[①]。音系学家试图分析拉丁语第三人称变格中的所有交替现象,这有点像句法学家试图分析某一语言里的所有六词句一样,这没有任何意义。

我的个人经历:我最初开始研究优选论时,也知之甚少。我偶尔参与了一大量涉及某个语言音系的研究项目,很幸运各种现象具有跨语言的相关性,当然拥有一流的合作者也很有帮助,所以最后的结果很好。原本应该完成大致一篇论文的项目,最后扩展成一本专著(McCarthy and Prince 1993b)。一个人做这样的事是不应该靠运气的。

哪些现象能成为好的研究课题呢?答案很显然取决于项目的规模,但现在让我们来重点说说学术成果中那种 10~20 页常规大

---

① 拉丁语第三人称变格有涉及浊化([urps]~[urbis]"城市~所有格")、元音长度([reks]~[reːgis]"国王~所有格")、删音([lapis]~[lapidis]"石头~所有格")和 r-音化([oːs]~[oːris]"口腔~所有格")等交替音变。

小的学期论文。现象理应是自圆其说的,一种对它非常好的验证方法是:项目覆盖范围可否用单独一句只含撰写论文所在领域中的术语的话来描述。"分析黑尔和巴克的拉丁语语法②音系部分的所有语料"是个很糟糕的题目,"分析拉丁语第三人称变格名词中的交替现象"也不是个好的音系学论文选题,因为研究范围是用形态术语界定的。"俄语里的浊化音变"或"英语里的音节首辅音丛",其研究范围均是用音系学术语恰当界定的。对于涉及两个语法部分(如音系与形态或形态与句法)的界面研究课题,这一验证方法并不十分有效,但尽管这样,采用这些界面研究领域中的通用术语,应该可以界定其研究范围的。

理想的优选论研究课题,所涉及的现象甚至在任何分析之前,就已暗示出可能有的制约条件交互作用。在音系研究中,成规律的交替音变的存在,直接表明标记性制约条件关键性地等级排在忠实性制约条件之前,因为只有当某些底层形式不忠实性地映射到表层形式,成规律的交替音变才有可能。例如,在拉丁语[urps]～[urbis]"城市～所有格"(源自/urb/)的[p]～[b]的交替音变,意味着某个要求浊化一致性的标记性制约条件等级统制忠实性制约条件,导致浊化。

无论是在音系还是在句法中,任何形式的**非一致性**(nonuniformity)均是制约条件交互作用的、可靠的风向标。**非一致性**是成系统的不一致性表现。不一致性表现的线索是描写中出现像"除非当……

---

② 指由著名美国拉丁语语法学者卡尔·达林·巴克(Carl Darling Buck,1866—1955)和威廉·加德纳·黑尔(William Gardner Hale,1849—1928)于1903年合作编写出版的《拉丁语语法》(Buck, C. D. and Hale, W. G. 1903. *A Latin Grammar*. New York:Mentzer,Bush)。——译者

时"或"只有当……时"等短语。"亚韦尔玛尼语删除词尾元音,除非当其前面出现辅音丛时"。"只有当宾语是第三人称时,冰岛语里动词对应的主语是与格的,其宾语才会是主格的"。这些不一致性表现的例子并不是任意的词汇例外现象,而是常规模式,因此,它们是成系统性的,故而是很好的非一致性例证。正如我们在1.6节中所看到的亚韦尔玛尼语的例子,非一致性在优选论中一定是制约条件交互作用的结果。事实上,音系交替现象仅仅是非一致性的一个特例:除非在清辅音之前,拉丁语的辅音不会改变它的浊音性。

不涉及交替音变或非一致性问题的现象,可能很难研究,因此不适合作为像学期论文那样时间比较有限的课题。"英语里的音节首辅音丛"选题是个未通过这一验证的例子。涉及英语音节首辅音丛限制方面的显性交替现象很少[3],有些非一致性现象,但在不研究别的语言对音节首辅音的限制情况下,是很难把它们辨认出来的。(非一致性的例证之一是,在允许"塞音+流音"各种音节首辅音丛中未出现[tl]和[dl]的组合。)这类问题,我们最好像贝尔奇(Baertsch 2002)那样,把它放在跨语言调查之中进行研究。这项研究工作量太大,或许不适宜作为一般性学期论文项目。

2.1.2 拟定描述性概括

人们常说,一种理论或分析是对某些语料的一种阐释。但这确实太过于简单化了。理论和分析是对**概括**(generalization)的阐

---

[3] *know*(知道)/*acknowledge*(承认)有时作为例子被提及,诸如 *pterodactyl*(翼龙)/*helicopter*(直升机)或 *pneumonia*(肺炎)/*apnea*(窒息)等其他的例子则更是令人质疑。

释。概括是建立在语料基础之上的,但与语料并不是一码事。有些人可能会说,他们的分析说明了 bnag 为何不能成为英语单词,或者阐释了 John saw him(约翰看到他)一句中的主语与宾语为什么不可能同指。然而,其真实意图是:他们的分析是对某种语音配列或同指的概括的阐释。某个具体单词 bnag 或者句子 John saw him(约翰看到他),就论证的必要性而言,并不比别的单词如 pnutch 或者句子如 Mary saw her(玛丽看到她)具有更多的意义。

描述性概括(descriptive generalization)是语料与分析之间必要的中间步骤,好的描述性概括是对语料中可观察到的系统化模式的准确概述,它们可以不需要运用常用语言学术语之外的任何一种形式方法或理论来构拟。准确比奇特花哨的操作要重要得多,对描述性概括的最终考验是这样的:有能力的语言学家在看到概括但未曾见过语料的情况下,应该能够编制出完全与概括相一致的语料来。这些虚构的对话让你感知到我的内心所想:

"亚韦尔玛尼语删除词尾元音,除非当其前面出现辅音丛时。""好的,你的意思是底层形式/tasidu/变成了[tasid],但底层形式/patakta/不变成*[patakt],仍是[patakta]。我明白了。"

"只有当宾语是第三人称时,冰岛语里动词对应的主语是与格的,其宾语才会是主格的。""那么你是说像 To-you liked he 这样的是可以的,但 To-you liked we 是不可以的。很有意思!"

由语料直接进入分析,没有花时间拟定出准确的描述性概括,这绝不是个好主意。描述性概括是对语料与分析的一种协调,是分析之所以成为分析之所在。由语料直接进入制约条件等级排列一步了事的诱惑,如同撒旦的引诱一样,需要坚决抵制。一个好的描述性概括,会使整个分析工作变得轻而易举,而且让作者和读者都能看到该分析可否实现其目标,分析达不到目标时也有助于指明改进的方式。对于解题和学期论文来说,尤其如此,因为课程教师需要看到学生是在哪里出了问题? 是概括对了但分析错了吗? 还是分析很好但概括很糟呢? 如果不把学生的描述性概括与他们的分析做比较,那么教师只好去凭空猜想了。

由于描述性概括是用一般语言而不是某种形式化公式表述的,那么同一件事就会有多种表述方式。正确表述概括,可使分析工作变得易如反掌。心中有着理论去构建某种描述性概括,这会起很大的作用。好的描述性概括是成功分析的先兆;绝佳的描述性概括,将使分析变得近乎势不可当。

拟定描述性概括,意在引出优选论的分析。此时有两件重要的事需要记住:第一,优选论分析是构筑在标记性和忠实性制约条件之上。理想的情况是,描述性概括里要有对目标输出项的结构及其结构相关的非忠实性映射的陈述。请比较以下用不同方式对同一情形所做的概括:

(i) 词不可以元音结尾。这一要求是通过删音实施的。

(ii) 删除词尾元音。

(ii) 中的概括适合以规则为基础的音系分析,但如果目的是做优选论分析,那么它是无济于事的。它之所以无济于事,是因为描述性概括与最后的分析之间的关系过于间接:该概括所描述的是音变过程,而最后的分析是 $^*V\# \gg \text{M}_{\text{AX}}$ 的等级排列。(i) 中的概括更适合优选论的分析,描述性语句"词不可以元音结尾"直接指向了制约条件,短语"通过删音实施的"暗示了 *V# 与 MAX 之间的关系。

(ii)中所采用的是那种具有音变过程或规则的语言,问题是优选论没有类似的概念。规则描写了输入项的结构(规则的结构描写,如词尾元音)和用于规则的操作(规则的结构变化),而优选论的分析是建筑在禁止某些输出结构的制约条件和要求输入与输出映射相一致的制约条件之上的。正确构拟描述性概括,有助于避免使用那种在优选论中不可能的制约条件(像"删除词尾元音"那种根本不可能的制约条件)所做的错误分析。

在优选论文献中,有时使用术语**修补**或**修补策略**(repair strategy),这时它是指如增音之类的现象,如在"增音修补了 *C^{unsyll} 的违反"的话语。我建议在构拟描述性概括或在其他场合讨论优选论时不要使用"修补"这一词语,因为它源自完全不同的音系学理论——"制约条件与修补策略理论"(Paradis 1988a, 1988b)。在那个理论中,对修补有很好的界定,但在优选论中却并非如此。建议使用**映射**(mapping)或**非忠实性映射**(unfaithful mapping)。

在构拟描述性概括时要记住的另一件事是,优选论是以制约条件等级排列为基础的。正如我在 2.1.1 节中提到的,短语"除非当……时"和"只有当……时"常是描述中暗示制约条件等级排列的方式。在亚韦尔玛尼语里,上面(i)中的描述性概括是合格的,因为有/xat-k^{ʔ}a/→[xat.k^{ʔ}a],*[xat.k^ʔ]的例证。最好的做法是使用一个简单的公式来陈述描述性概括,这个公式里有短语"只有当……时"以及说明不需要的输出形式的反事实条件:

词不可以元音结尾,而且这一要求是通过删音实施的,除非当它产生非音节化的辅音时。

这一概括让人想到了标记性制约条件 *C^{unsyll},短语"除非当……时"暗示我们应该怎样对它进行等级排列。词不可以元音结尾,除非在 *C^{unsyll} 产生作用时。所以,*C^{unsyll} 必须统制 *V#。最后分析中的等级排列是:*$C^{unsyll} \gg$ *V# $\gg$ MAX。

"除非当……时"+反事实公式,对这个以及许多其他有关阻断效应的概括都是非常有效的,阻断效应的实质是,在某些条件下未能看到某些预计有的表现。在优选论分析中,预计有的表现是由像 *V# $\gg$ MAX 那样标记性先于忠实性的等级排列来界定的。每当它与另一个等级排列更高的制约条件发生冲突时,如在 *$C^{unsyll} \gg$ *V# 中,标记性制约条件的满足将被阻断。

阻断效应并不仅限于音系学领域,前面提到的冰岛语现象是句法阻断效应例证之一。这在我们以建议的方式所提出的描述性概括中清清楚楚,一目了然:

当主语是与格时,宾语是主格,除非当产生第一或第二人称主格宾语时。

这一概括让我们想到了我们在拉夫恩比贾加森(Hrafnbjargarson 2004)所做的优选论分析中实际发现的制约条件排列:反对第一、第二人称主格宾语的制约条件占据主导地位,因而覆盖了要求主格宾语对应与格主语的制约条件。(有关等级排列更高的制约条件的基本原理,参见本书 4.7.3 节中有关对 Aissen(2003)的讨论。)

描述性概括可能需要处理比单独一个"除非当……时"条款更

深的优先性体系。例如,贝都因阿拉伯语应得到下面的描述性概括(源自 Al-Mozainy 1981):

> 禁止低元音出现在非结尾的开音节中。这一要求是通过把元音提升到高元音(/katab/ →[kitab]'他写')来实现的,
>> 除非当结果包含一个低辅音加一个高元音的音序(/ʕabad/→[ʕabad],*[ʕibad]'他崇拜')时
>> 除非当结果包含一个低元音后接下一个音节中的一个高元音的音序(/ħalim/→[ħilim],*[ħalim]'他梦想')时。

正如缩进部分所表示的,这一概括的结构是(**禁止低元音(除非当……时(除非当……时)))**。这一概括导致了这样一种等级排列:排在最高等级的反*[ħalim]的 aCi 音序的标记性制约条件、紧随其后的是反*[ʕibad]的 $ʕi$ 音序的制约条件,再之后是不允许低元音出现在非结尾开音节中的制约条件,排列等级最低的是元音高度忠实性制约条件。

其寓意是,要关心和关注构拟与优选论基本理论假设相协调的好的描述性概括,不然,等你到进行实际分析之时,还得再次浪费同样的精力和时间。纵然是对事实的正确描述,错误拟定的概括,也近乎把分析置于鞭长莫及的无望之境。

2.1.3 由概括转入分析

即便中间一步拟定出好的描述性概括,但从语料走到分析,这期间可能仍会困难重重,或许最难的是决定哪些制约条件将在分

析中举足轻重。初期的决定是尝试性的,随着分析步入细节,随后的修改和调整在所难免,但我们必须从某个地方展开,那是从哪个地方呢?

当语料涉及音系交替现象时,应从忠实性制约条件开始。那里之所以是最好的开始地方,是因为忠实性制约条件的种类有限,而且也比标记性制约条件更易于理解。(但这并不是说忠实性制约条件的理论业已完全确立,虽说确实不是,但比标记性制约条件的理论根基更稳固而已。)在分析过程中的初期阶段,只要关注(1)中的三大基本类型的忠实性制约条件就足够了。这些制约条件普遍存在于优选论音系学的文献之中,其形式也同时见诸于许多优选论句法的论文之中。

(1) 基本忠实性制约条件(McCarthy and Prince 1995,1999)

a. MAX 禁止删音。

b. DEP 禁止增音。

c. IDENT(F)是一组制约条件,每个制约条件对应于每个区别特征 F,禁止特征值发生改变。

在进行分析时,你可以利用你拟定的描述性概括来推定哪些基本忠实性制约条件被违反。如果清浊交替出现,那么 IDENT(浊音性)便被违反;如果发生删音或增音,那么 MAX 或 DEP 被违反[④]。这还向你传授了一些等级排列方面的知识:任何一个被违反的忠实性制约条件,一定受到至少一个标记性制约条件的统制。

[④] 关于在底层表征形式确定下来之后如何区分删音与增音,请参看肯斯托威兹和基斯伯斯(Kenstowicz and Kisseberth 1979:86—87)或几乎任何一本音系学教科书。

(这一点将在5.2节中加以说明。)未被违反的忠实性制约条件也很重要,然而,在等到分析更为深入时,才能更为容易地确认那些从未被违反且对分析也很重要的忠实性制约条件。(这一点,将在2.5节中进行讨论。)

正如我们在前一节中看到的,描述性概括也有利于确认产生作用的标记性制约条件。在概括描述了禁止出现的诸如非音节化辅音或词尾元音之类的输出结构之时,显然就已昭示了禁止出现这些形式结构的标记性制约条件。

分析进展到这一步,有时会产生某种挫折或甚至恐惧感。从描述性概括开始,标记性制约条件应**起的作用**,就已是清清楚楚,但标记性制约条件的如何**称谓**却不是那么清楚。这个标记性制约条件叫什么名字?有人曾否提出过?它是怎样确切定义的?它是否如同优选论制约条件应该认为的那样是普遍性的?

这些问题都合乎常理,有时可以通过参看4.8节中的常用音系标记性制约条件列表得到解答。如果不行,也不要担心。在分析即将开始之际,可以构拟临时性的标记性制约条件,不必担心是否已有人提出来过,它们的"正式"称谓是什么,以及它们在别的语言里是否仍有作用。那些问题都可以等一等,这时唯一重要的是,临时性标记性制约条件需要真的**当作**一条标记性制约条件。

标记性制约条件只能做一件事,即禁止某种输出结构出现。它们无须提及在输出候选项中某个属性未被表征。决不要在标记性制约条件的定义中提及输入项,也不必使用像"对立"或"音位"等隶属全部音系而非个别单词的词语,不可以使用诸如"删除""替换""移位"等之类的动词。不听从这一建议,即使涉及的是暂时设立的标记性制约条件,也会是个致命的错误。这之所以致命,是因为这样的制约条件远远偏离了这一理论领域。优选论本身并未对制约条件有太多的说法,只说仅存在着两类制约条件:对具体输出形式进行评估的制约条件以及要求某个输出形式与其输入形式相一致的制约条件。或许到了理论后期,我们确定仅有标记性和忠实性制约条件是不够的,但在分析过程的早期阶段引入的临时性制约条件,并不适宜成为为优选论创立一个新理论版本的起点。

另一条建议是,谋求对制约条件的精确界定。精确并不需要精心设计的形式化或任何真正的形式化。然而,精确的意思是:任何有知识但不感情用事的读者可以把这一制约条件用于任何候选项,而且确切地知道它是否被违反以及多大程度上被违反。确保这一点的良策是:在给每个制约条件定义时,均是以"给每一个……,赋予一个违反标记"这样的话语开始。

界定制约条件不够精确,其危险是,随着分析的进行,制约条件的解释及其后的影响,便有可能发生细微的改变。包括我在内的或许所有从事优选论研究的人,都偶尔幻想过具有灵活多变定义的制约条件,它们在用于分析每一条语料时经历了未被察觉的改动。其结果将是一种内部前后矛盾且很难修正的分析。

第四章有更多论及制约条件的界定和确立的理据。

2.1.4 小结

所有这些初始阶段的工作真的有必要吗?根据我的经验,它们真的很有影响。当我跳过这些步骤,直接进入分析,往往会发现自己还得回过头来补苴罅漏,特别是在该系统涉及更多的、超过三个以上的制约条件交互作用时。我在阅读论文时发现:缺乏明晰清楚的描述性概括会使研究无法深入,而且常伴随优选论形式分析中的一些错误。初始阶段的工作需要时间,但从长远来看,它们节省精力,提高精确性和清晰度。

习题

1 "一种对它非常好的验证方法是:项目覆盖范围可否用单独一句只含撰写论文所在领域中的术语的话来描述"。请简要叙述两个未通过和两个通过这项验证的可能有的研究课题。

2 请举例说明音系或句法中的非一致性现象。

3 阅读 5 篇 ROA 网站上的论文摘要,按照本节中提出的标准,哪些描述的是好的优选论研究项目?哪些不是?请解释你的答案。

4 请解释一下为什么下列描述性概括不适合优选论分析,然后请对其进行修改。

    a. "在词尾,元音/i/和/u/分别降低高度,变成[æ]和[a]。"(拉尔迪尔语)

    b. "闭音节中的长元音变短:/CV:C/→[CVC]"(亚韦尔玛尼语)

    c. "把 wh 移位至[Spec,CP]"(英语)

5 请浏览 ROA 网站中的文章,找到描述性概括。它是否清晰?是否与优选论相适合?请解释你的答案。

6 下面均是某人在做分析之初拟写的临时性制约条件失败的例子。请就它们中的每一条说明其错误之所在,并请拟写出可取代它们的好的制约条件。(每种情况,你都需要提出至少两个制约条件,然后对这两个制约条件进行等级排列。只要能准确定义,那么就请放手对制约条件进行修补。)

a. 鼻辅音部位同化后面的辅音。

b. 主语提升至[Spec, IP]。

c. 除了/b/外,词尾辅音均变成非浊音,因为[p]不是该语言的语音。

7 以下描述性概括在优选论分析的相关制约条件及其等级排列方面有何暗示?

"音节不可以辅音结尾。这一要求是通过插入[ə]音实施的,除非词尾无增音。"

8 请给下面毛利语的语料(Hale 1973, Hohepa 1967)拟写一条与优选论相适宜的描述性概括,然后说明这一描述性概括对优选论分析中的制约条件及其等级排列有何启示。

底层词根	无后缀 '主动态'	词根+/ia/ '被动态'	词根+/aŋa/ '动名词'	
/weroh/	[wero]	[werohia]	[werohaŋa]	'刺'
/hopuk/	[hopu]	[hopukia]	[hopukaŋa]	'抓'
/arum/	[aru]	[arumia]	[arumaŋa]	'跟随'
/maur/	[mau]	[mauria]	[mauraŋa]	'携带'
/afit/	[afi]	[afitia]	[afitaŋa]	'拥抱'

9 请给下面帕劳语的语料(根据 Schane and Benisen 1978 的习题集)拟写一条与优选论相适宜的描述性概括,然后说明该描述性概括对优选论分析中的制约条件及其等级排列有何启示。

底层词根	无后缀	词根+/k/ '我的'	词根+/mam/ '我们的'	
/ʔabu/	[ʔáb]	[ʔəbúk]	[ʔəbəmám]	'灰烬'
/mada/	[mád]	[mədák]	[mədəmám]	'眼睛'
/keri/	[kér]	[kərík]	[kərəmám]	'问题'

/ʔuri/	[ʔúr]	[ʔərík]	[ʔərəmám]	'笑'
/ʔara/	[ʔár]	[ʔərák]	[ʔərəmám]	'价格'
/buʔi/	[búʔ]	[bəʔík]	[bəʔəmám]	'配偶'
/duʔa/	[dúʔ]	[dəʔák]	[dəʔəmám]	'技能'
/badu/	[bád]	[bədúk]	[bədəmám]	'岩石'

2.2 如何等级排列制约条件

等级排列在制约条件当中确立了彼此的优先关系：等级高的制约条件比等级低的制约条件具有优先性。两个制约条件对语法的输出项提出相互抵触的要求，这些优先关系正是在发生这种**制约条件交互冲突**的情况下尤为重要。所有有关制约条件等级排列方面的推断，最终均是基于制约条件彼此之间发生的冲突。

任何等级排列的有效论据，都要具备三个不可或缺的因素：

(i) **冲突** 就两个可以直接等级排列的制约条件而言，它们一定是彼此冲突的；也就是，在评估源自同一个输入项的一对彼此竞争的输出候选项时，它们一定相互抵触。譬如，亚韦尔玛尼语的/ʔilk-hin/有两个相互矛盾的候选输出项 [ʔi.lik.hin] 和 *[ʔil.k.hin]。在评估这两个形式时，标记性制约条件 *C^{unsyll} 与忠实性制约条件 DEP 意见不一：*C^{unsyll} 青睐 [ʔi.lik.hin]，DEP 青睐 *[ʔil.k.hin]。这里的冲突恰巧是在满足这个制约条件便会违反那个制约条件之间，但这并不是构成一种等级排列论据的必要因素。只要每个制约条件在青睐哪个候选项上存在分歧，候选项都违反的两个制约条件之间也会发生冲突。

(ii) **优选项** 在彼此竞争的这一对候选项中，其中之一必须是已知输入项的实际输出形式，即优选项。简言之，倾向选择优选项的制约条件 *C^{unsyll} 一定统制倾向选择败选项的制约条件 DEP。

第二章 如何构建分析

在败选项之间进行比较,是不可能从中得出有关等级排列方面的结论的。理由是:我们知道优选项胜过所有的败选项,但我们却无法找出某个败选项胜过其余败选项的任何证据。

(iii) **无析取问题** 只有在没有另外制约条件帮助优选项击败败选项的竞争的情况下,这种等级排列的论据才是牢固可靠的。在亚韦尔玛尼语的例子中,这样的制约条件要是出问题的话,就必须满足两个条件:这个制约条件要像 *C^{unsyll} 那样,一定倾向选择 [ʔi.lik.hin],而不是 *[ʔil.k.hin];而且它还必须也能统制 *C^{unsyll}。(我将在本节稍后部分中举例,更加全面地说明这一概念。)

等级排列论据是如此重要,如果在不先进行等级排列所要凭依的论证情况下提出等级排列方式,那是很不明智的。有时,跳过这一步可能还是很有诱惑的——为什么不能根据怎么做事的直觉断言某种等级排列方式而后运用这种等级排列方式分析其他的语料呢?请勿屈从于这种诱惑!它会让你犯如下几种不同的错误:

- 断言 CONST1≫CONST2,但实际上的等级排列是 CONST2≫CONST1;
- 断言 CONST1≫CONST2,但证据仅支持 CONST1≫CONST2 或 CONST3≫CONST2;
- 断言 CONST1≫CONST2,但没有证据证明这两个制约条件的任何等级排列方式。

这类问题很常见,甚至在某些著名语言学家的著作里和一些优秀学术期刊的文章中都可以找到。例如,2004 年发表在最佳编辑的并广为高度赞誉的某语言学刊物上的一篇文章里便犯有最后一类的错误:所讨论的语言允许无首辅音的音节,这使作者做出忠实性制约条件 MAX 和 DEP 一起统制 ONSET 的正确推断,但作者却宣称这一语言的制约条件等级排列是 MAX≫DEP≫ONSET，这就不对了。

在音节无首辅音的语言里，虚构形式/apa/表层变成[a.pa]，而不是删音后的*[pa]。这对候选项呈现出青睐[a.pa]的 MAX 与青睐*[pa]的 ONSET 之间所发生的冲突。由于[a.pa]是实际的优选输出项，那么我们有正当的论据证明 MAX 统制 ONSET。与此相仿，[a.pa]与*[ʔa.pa]这对则呈现了 DEP 与 ONSET 之间发生的冲突；由于[a.pa]胜出，DEP 也一定统制 ONSET。然而，这些形式未能为 MAX 等级排在 DEP 之上提供论据。诚然，MAX 和 DEP 在评估*[pa]和*[ʔa.pa]时意见不一，但这两个形式都不是优选项。我们从证据那里无法得知这两个制约条件是如何等级排列的，毫无根据地宣称 MAX≫DEP 这一等级排列方式，是错误的。

这一错误根源何在？很可能作者错误地以为制约条件都必须是全部等级排序的，否则分析就不完整。似因需要全部等级排序，作者即便没有足够佐证的证据，仍提出了这样一个等级排序。这种假设是毫无道理的，CONST1 和 CONST3 均统制 CONST2，但尚不知晓 CONST1 与 CONST3 之间的等级排列；如果分析过程得出这样的部分等级排列，那完全是可以的。CONST1 或 CONST3 统制 CONST2，但尚不知晓它们哪个统制 CONST2；如果分析过程得出一种析取结果，那也是绝对不错的。

间或有人会提出异议："MAX≫DEP≫ONSET 并不是完全错了。它只是过度指定了已知的等级排列，但与其语料完全是一致的。"无论它是对还是错，没有根据便断定等级排列方式，都是不明智的。假设我们后来找到支持 DEP≫MAX 的证据，如果我们忘记

M$_{AX}$≫D$_{EP}$ 等级排列是在没有证据的情况下提出的,那么这好像是与在没有根据时提出的等级排列方式是相矛盾的。(很容易忘记先前是在没有证据的情况下提出的等级排列方式,我这是痛定思痛说出的话。)但是,这一异议最糟糕的是,它极大地削弱了分析在优选论中的责任,并暗示编造事实是这一研究的主要目标。

要真正掌握分析中要做哪些事情,我们需要知道并理解**关键性**制约条件等级排列方式,即对结果产生影响的等级排列方式。如果不能理解,我们就不能胜任对更多的候选项或输出项进行分析的挑战,也不能企望朝更大的理论目标迈进,如对所声称的优选论的某个优点做出评价,或者对所提出的 C$_{ON}$ 中的某个或某些制约条件进行验证等。因此,优选论要真正取得进步,有理有据地论证等级排列至关重要。

等级排列的论据可用**竞选表**加以说明。在普林斯和斯莫伦斯基当初推出优选论之时,常用的竞选表仅有一种。如(2)所示,在**违反竞选表**(violation tableau)中,行是每个进行比较的候选项,列是每个参与比较的制约条件。(这些已见于前面的第一章。)这些制约条件在顶部第一行按照等级排列次序从最高到最低一一列出。左边第一列中列出的是候选项,其中优选项通常列在首位,用箭头→或手指符号☞标出,违反制约条件的信息是用星号* 给出的。例如,制约条件* C^{unsyll} 下面(b)行中的星号,其意思是 *[ʔil.k.hin]从该制约条件那里招致了一个违反标记;(c)行中两个星号的意思是* [ʔi.li.ki.hin]两次违反了制约条件 D$_{EP}$。

(2) 违反竞选表

	*C^{unsyll}	D$_{EP}$
a. →ʔi. lik. hin		*
b. ʔil. k. hin	*	
c. ʔi. li. ki. hin		**

竞选表(2)里包含所有不可或缺的信息:候选项、违反、等级排列,但竞选表里常加些使其易于读懂的注释。除增加了有辅助作用的注释外,竞选表(3)与竞选表(2)一模一样。感叹号(!)只出现在败选项行列里,它表示等级排列最高的制约条件在与优选项比较后否决了该败选项。也就是说,制约条件发挥作用,它把那个败选项从优选竞争中淘汰出去。(b)行中有个感叹号,这里,在与优选项[ʔi. lik. hin]比较后,*C^{unsyll}否决了*[ʔil. k. hin];(c)行中也有个感叹号,这是因为D$_{EP}$更青睐优选项,而非*[ʔi. li. ki. hin]。竞选表(3)沿用的另一种传统做法是在候选项的方面写出输入项,这有助于对忠实性违反情况进行评估,而且,它也是提醒人们竞选表是只可以从同一个输入项角度对候选项进行比较的一种最好方式。

(3) 带注释的违反竞选表

/ʔilk-hin/	*C^{unsyll}	D$_{EP}$
a. →ʔi. lik. hin		*
b. ʔil. k. hin	*!	
c. ʔi. li. ki. hin		**!

在竞选表(3)中,(b)行带感叹号单元格右边的单元格被阴影覆盖。阴影是竞选表中另外一种有用标示,这里表示*[ʔil. k. hin]

在 D_EP 上的表现与最后的结果无关,正是因为该候选项已因 *C^{unsyll} 得到了感叹号。换言之,因竞争结果已被等级排列更高的制约条件做出裁决,阴影覆盖的单元格对结果不会产生任何影响。优选项行和败选项行中的单元格均可以用阴影覆盖,阴影覆盖的单元格内可以有违反标记,也可以没有。竞选表(4)是这方面的又一例证,由于等级排列更高的制约条件 *C^{unsyll} 已对这一对候选项做出最后的裁定,因此二者在 D_EP 上的表现已无关紧要。重要提醒:使用阴影方面的错误极为普遍,甚至在已出版的书中,因此不要担心你有时不能理解所读论文中的阴影含义。

(4) 阴影覆盖的例子

/ʔilk-hin/	*C^{unsyll}	D_EP
a. → ʔi. lik. hin		*
b.　 ʔil. k. hin	*!	

违反竞选表普遍见于各种文献之中,它们通常包括所有的有用标示。但也偶尔遇见这种格式上的细小变化:用违反数目或实际违反的成分(如(4b)行中的 k)代替星号;变换竞选表的制约条件行与候选项列,为更多的制约条件而不是为较少的候选项留出足够的空间。

普林斯(Prince 2002a)提出了一种全新的竞选格式——**比较竞选表**(comparative tableau)。原先的竞选表关注于制约条件的违反情况,比较竞选表则关注于青睐关系。对于竞选表中每个被淘汰的候选项,我们都要问每个制约条件是选择优选项不选择这个败选项(W)呢?还是选择这个败选项不选择优选项(L)呢?或还是哪个都不选择(空白)呢？W 和 L 将填入相应的竞选表空格内，见(5)所示。

(5) 比较竞选表

/ʔilk-hin/	*C^{unsyll}	D$_{EP}$
a. → ʔi. lik. hin		
b.　 ʔil. k. hin	W	L
c.　 ʔi. li. ki. hin		W

W 和 L 符号仅限用于败选项行中，这是因为它们代表的是就败选项与优选项在每个制约条件的表现上的比较情况。为说明起见，我们来系统地全程体验一遍竞选表(5)。在(b)行中，*C^{unsyll}更青睐优选项[ʔi. lik. hin]，而不是*[ʔil. k. hin]。所以，把 W 填入*[ʔil. k. hin]行与*C^{unsyll}列的交叉单元格内。右侧的单元格中有个 L，这是因为与优选项相比，D$_{EP}$更青睐*[ʔil. k. hin]。由于*C^{unsyll}统制 D$_{EP}$，青睐优选项的 W，其位置先于青睐败选项的 L。在(c)行中，*C^{unsyll}既不青睐优选项，也不青睐败选项*[ʔi. li. ki. hin]，所以*C^{unsyll}列中的单元格是空白的。D$_{EP}$青睐优选项，因为该败选项有太多的增音，因此底部右边的单元格得到了一个 W。

竞选表(5)中每一行都有 W，且 W 均在每个 L 的左边(即均统制每个 L)，因此这个竞选表显示优选项[ʔi. lik. hin]以这种等级排列的制约条件击败了败选项*[ʔil. k. hin]和*[ʔi. li. ki. hin]。每次某个制约条件青睐败选项时，都会有青睐优选项不青睐败选项的某个等级排列更高的制约条件出现。

如果不先构建违反竞选表，即使是中等复杂的实例，要把比较

第二章 如何构建分析

竞选表的 W 和 L 填好填对,可能也不是一件容易的事。解决的办法是采用**组合竞选表**(combination tableau),即包括违反信息和比较竞选表的 W 和 L 标示的竞选表。要做成组合竞选表,首先要构建像(2)那样的违反竞选表,然后再把 W 和 L 标示填入败选项的行内,其结果如(6)所示:

(6) 组合竞选表

/ʔilk-hin/	*C^{unsyll}	D$_{EP}$
a. →ʔi. lik. hin		*
b.　ʔil. k. hin	* W	L
c.　ʔi. li. ki. hin		** W

组合竞选表是构建和呈现等级排列论据的理想工具,因此我们将全书采用这一方法。实际上,它可以确保满足有效论证等级排列的前两项要求:制约条件相互冲突和优选项。例如,竞选表(7)呈现的是论证亚韦尔玛尼语里 *C^{unsyll} 高于 D$_{EP}$ 的一种等级排列。(b)行中填有 W 和 L 的单元格告诉我们这些制约条件在选择优选项上发生了冲突,为使优选项胜出,填有 W 的制约条件等级排列一定要高于填有 L 的制约条件,这正是我们在等级排列论证中所寻求的东西。

(7) 组合竞选表的一种等级排列论证

/ʔilk-hin/	*C^{unsyll}	D$_{EP}$
a. →ʔi. lik. hin		*
b.　ʔil. k. hin	* W	L

组合竞选表还有助于确认等级排列有效论证中的第三个条件是否得到满足。这第三个条件说的是我们可以合理地得出这样的结论：CONST1 一定统制 CONST2，仅当没有第三个制约条件 CONST3 可能发挥与 CONST1 同样的作用。我们假设有个反[lk]辅音丛的标记性制约条件，这只是为了讨论之便，否则它非常令人质疑。这里，我们把它称作 *lk，它青睐［ʔi. lik. hin］而非 *［ʔil. k. hin］，因此在这对候选项上它与 *C^{unsyll} 持有同样的青睐关系，而这很有可能动摇了 *C^{unsyll} 统制 DEP 这种等级排列的论据。竞选表(8)展示了在竞选表(7)中添加 *lk 之后的结果。(两列之间的虚线将在随后解释。)由于 *C^{unsyll} 和 *lk 在(8)中都有 W，因此我们无法确知它们中的哪一个统制 DEP。换言之，我们知道某个 W 一定统制该 L，但不知道这件事是哪个 W 做的。假设我们只有竞选表(8)，那么我们便陷入了等级排列的析取陈述之中：或是 *C^{unsyll} 或是 *lk 统制 DEP。(解决这一析取问题，请参看习题 11。)

(8) 在添加虚构形式 *lk 之后的竞选表(7)

/ʔilk-hin/	*C^{unsyll}	*lk	DEP
a. →ʔi. lik. hin			*
b. ʔil. k. hin	*W	*W	L

现在我们主要有两种格式的竞选表，布拉索维努和普林斯(Brasoveanu and Prince 2005:3—5)很好地解释了根据情况采用哪一种格式的竞选表。他们对**等级排列问题**(ranking problem)与**选择问题**(selection problem)进行了区分，等级排列问题最好选用比较或组合格式的竞选表，而选择问题则最好是选用违反格式

的竞选表。

等级排列问题时,优选项是已知的,我们要找出哪一种等级排列可以获得该优选项。每当我们在分析某些语料时就会出现等级排列问题:优选项就是该语言的语料,因而是已知的,我们要算出一种解释语料的等级排列方式。为什么比较或组合格式的竞选表最适用于提出等级排列的论据,前文已有论述。

选择问题时,等级排列是已知的,而优选项是未知的。我们在构建分析初期,要确定我们的分析可以预知那些查找不到的其他语料信息,便会出现这种选择问题。另外,在语言类型学研究中,我们要核查等级排列确定哪个候选项会胜出(见第五章),这时也会出现这种情况。如果在构建竞选表之前不知道优选项,那么一上来就不能采用比较竞选表,因为它假定我们已经知道哪个是优选项。

竞选表并非完美无缺,其最大的局限性是不能呈现等级排列的所有情况。竞选表呈现的制约条件似乎是全部的等级排列:制约条件等级排列低于它左边的但高于它右边的制约条件。但是,在实际分析中,常常不能建立制约条件的全部等级排列,出现这种情况,有几个原因。

不能建立全部等级排列的一个可能的原因是,我们尚无法找到说明制约条件发生冲突的例子或无法想出这方面的败选项。本章描述的有些分析技巧可能有助于化解这些不确定的因素。

另一个可能的原因是,这些制约条件在选择优选项上从未在这一语言里的任何地方发生过冲突。那便是我提到的那篇期刊论文中无根据地提出等级排列的问题所在:根据那一语言的语料,MAX 和 DEP 统制 ONSET,但并不知道或可能无法知道它们彼此之间的等级排列。对于这种等级排列,我们常采用所谓的**哈斯图示**(Hasse diagram)方式来呈现。(9)中的哈斯图示说明 M$_{AX}$ 和 D$_{EP}$ 均统制 O$_{NSET}$,但彼此之间未被等级排定,因为它们之间没有直上直下的路径。在竞选表中,这种情况常常是通过在未被等级排定的制约条件两列之间画一条虚线来表示。例示见竞选表(10)。

(9) 哈斯图示:{M$_{AX}$, D$_{EP}$} ≫ O$_{NSET}$

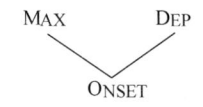

```
    MAX        DEP
       \      /
        ONSET
```

(10) 竞选表:{M$_{AX}$, D$_{EP}$} ≫ O$_{NSET}$

/apa/	M$_{AX}$	D$_{EP}$	O$_{NSET}$
a. →a. pa			*
b. pa	*W		L
c. ʔa. pa		*W	L

然而在竞选表中,即使借助虚线,已知的等级排列信息有时也不能得到准确的呈现。竞选表(11)显示虚线做法不足以说明问题的情况。在这个假想的例子里,我们知道 O$_{NSET}$ 统制 M$_{AX}$-V,N$_{O}$-C$_{ODA}$ 统制 D$_{EP}$-V。(M$_{AX}$-V 和 D$_{EP}$-V 分别是 M$_{AX}$ 和 D$_{EP}$ 的有关特定元音的制约条件,见 2.10.3 节。)但是竞选表似乎告诉我们 O$_{NSET}$ 和 N$_{O}$-C$_{ODA}$ **均**统制 M$_{AX}$-V 和 D$_{EP}$-V,但这已超出我们从这个例子中可以合理推知的东西。哈斯图示(12)可以准确呈现已知的这种等级排列方式。(13)中的竞选表可用于此类情况。

(11) 不好的竞选表:O_NSET≫M_AX-V；N_O-C_ODA≫D_EP-V

/apak/	O_NSET	N_O-C_ODA	M_AX-V	D_EP-V
a. →pa.kə			*	*
b. pak		*W	*	L
c. a.pa.kə	*W		L	*

(12) 哈斯图示:O_NSET≫M_AX-V；N_O-C_ODA≫D_EP-V

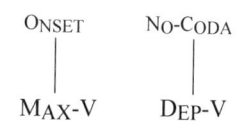

```
O_NSET      N_O-C_ODA
  |            |
M_AX-V       D_EP-V
```

(13) 适用 O_NSET ≫ M_AX-V；N_O-C_ODA ≫ D_EP-V 的竞选表格式

/apak/	O_NSET	M_AX-V	N_O-C_ODA	D_EP-V
a. →pa.kə		*		*
b. pak		*	*W	L
c. a.pa.kə	*W	L		*

或者

/apak/	O_NSET	M_AX-V
a. →pa.kə		*
b. pak		*
c. a.pa.kə	*W	L

N_O-C_ODA	D_EP-V
	*
*W	L
	*

当已知的等级排列涉及析取问题时,即使哈斯图示,也显不足(Prince 2006a:53—55)。譬如,由于哈斯图示无法表示"或"的意

思，因此采用这一图解方法，无法表示(8)中析取等级排列信息。OT软件的制约条件等级排列程序给连线添加标示，以此方式指明哈斯图示中的析取关系(Hayes, Tesar, and Zuraw 2003)。关于OT软件是怎样表示(8)中的等级排列信息的，请参见(14)以及2.11节中更多有关OT软件的论述。

(14) 有关($C^{unsyll} \gg D_{EP}) \vee (^*lk \gg D_{EP}$)的有标示的OT软件图示

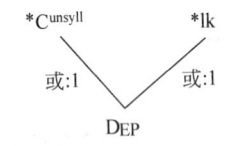

$$^*C^{unsyll} \qquad ^*lk$$
$$\text{或:1} \qquad \text{或:1}$$
$$D_{EP}$$

习题

10 如果胜出的候选项没有违反任何所论及的制约条件，那么它对等级排列有潜在的作用吗？如果它违反了所论及的所有制约条件，那又会怎么样呢？请解释你的答案。（提示：两种情况是不对称的。）

11 竞选表(8)引出了等级排列的析取陈述：$^*C^{unsyll}$和$^*lk$两者中至少有一个是统制D_{EP}的。这一析取问题可以通过阐明$^*C^{unsyll}$和$^*lk$两者中有一个因被D_{EP}所统制而不可能统制D_{EP}来解决。请根据[ʔil.kal]~*[ʔi.li.kal]'可以唱歌'这对优选项与败选项构建的等级排列论据来说明这一问题。

12 下面给出了藏语某些单词的底层形式和表层形式(选自

Halle and Clements 1983 中的习题集⑤)。为与实际的表层形式(胜出的候选项)做比较,也给出了随机分配的败选项。请利用这一材料来构建下列制约条件等级排列的论据。

*COMPLEX-ONSET≫MAX
DEP≫MAX
DEP≫NO-CODA
MAX≫NO-CODA

NO-CODA 是因音节尾辅音而被违反的,如[dʒig]的[g]音。
COMPLEX-ONSET 是因音节首辅音丛而被违反的,如[bʃi]的[bʃ]。

底层形式	表层形式	败选项	
/bʃi/	[ʃi]	*[bʃi]	"四"
		*[ib.ʃi]	
		*[bi.ʃi]	
/rgu/	[gu]	*[rgu]	"九"
		*[ir.gu]	
		*[ri.gu]	
/gdʒig/	[dʒig]	*[gdʒig]	"一"
		*[gdʒi.gi]	
		*[gi.dʒi.gi]	

13 现假设增加一个制约条件 DEP$_{init\text{-}\sigma}$,它因在词首音节中增音而被违反。增加这个制约条件会影响你已构建的那一等级排列论据吗?

14 请完成为以下每个违反竞选表提出的下列各项任务。请分别考虑每个竞选表,并假设它包括了可能与评估这些候选项相

---

⑤ 底层表征形式的证据源自在这些数词变成复合词时观察到的交替变化。例如:/bdʒu-bʃi/→[dʒub.ʃi]'十四'。

关的所有制约条件。

a. 请把违反竞选表转换成比较竞选表。

b. 请确定哪些制约条件等级排列（如果有的话）是该竞选表所支持的。

c. 如有可能，请为等级排列绘出哈斯图示。如不可能，请说明为什么。

竞选表 1

	制约条件 1	制约条件 2
a. →候选项 1	**	****
b.　候选项 2	***	*****

竞选表 2

	制约条件 1	制约条件 2
a. →候选项 1	*	***
b.　候选项 2	**	***

竞选表 3

	制约条件 1	制约条件 2	制约条件 3
a. →候选项 1	*	**	*
b.　候选项 2	*	***	
c.　候选项 3	**	**	

竞选表 4

	制约条件 1	制约条件 2	制约条件 3
a. →候选项 1	*	**	*
b.　候选项 2	*	***	

第二章　如何构建分析

15　请把下面每个比较竞选表转换成违反竞选表,由于有无限多的与任何一个具体的比较竞选表相一致的违反竞选表,因此这项练习需要具体一些,以便得出唯一的结果。所以,为得出想要的结果,你应假设优选项违反每个制约条件的次数应该仅为一次,你给败选项行填入的违反标记数量应是最少的。(追加问题:为什么有无限多的违反竞选表与任何一个具体的比较竞选表相一致?为什么要对任务做进一步的规定才能确保得到唯一的结果?)

竞选表 1

	制约条件 1	制约条件 2	制约条件 3
a. →候选项 1			
b. 　候选项 2	W		L
c. 　候选项 3		W	L

竞选表 2

	制约条件 1	制约条件 2	制约条件 3	制约条件 4
a. →候选项 1				
b. 　候选项 2	W	L	L	
c. 　候选项 3		W		L

2.3　全程体验音系分析

为综合各种技巧,获得某些实践经验,我们将系统地完成一例适度复杂的研究工作,该例涉及亚韦尔玛尼语里两个交互作用的现象:闭音节中的元音缩短现象和词尾元音删除现象。本节的目的是演示分析是怎样构建的,因此我将详细说明做分析的过程。

重要提醒:这里是建议你怎样**做**分析,而不是建议你怎么**写**分析。做分析与把分析写成文章,是完全不同的两码事。我将在第三章说明把这个分析写成文章的最好方法。

元音缩短语料见(15)。(a)中的形式说明底层长元音变成表层闭音节中的短元音:即在 __CCV 和 __C# 语境(__C# 语境未包括在这些实例中,但你会很快看到)中的短元音。把(b)中的形式放到这里,是要证明词根中的底层元音是长元音;它们词根相同,后缀均以元音开头,这些可让它们的底层长元音得以在表层体现。

(15) 亚韦尔玛尼语的闭音节缩短(Kenstowicz and Kisseberth 1979:83)

	底层形式	表层形式	
a.	/laːn-hin/	[lan.hin]	'听到(非将来式)'
	/saːp-hin/	[sap.hin]	'烧(非将来式)'
b.	/laːn-al/	[laː.nal]	'听(怀疑式)'
	/saːp-al/	[saː.pal]	'烧(怀疑式)'

词尾元音删除音变的例子见(16)。(a)中的形式呈现了词尾元音删除音变在以/…V-CV/结尾的词中的作用;(b)中的形式则呈现了词尾元音删除音变在以/…VC-CV/结尾的词中遭到阻断的情况,同时也证明了底层后缀表征形式中存在/-CV/形式。(a)中另外值得注意的一点是元音缩短现象:当词尾元音删除后形成了一个词尾闭音节时,长元音将会变短。

(16) 亚韦尔玛尼语的词尾元音删除(Kenstowicz and Kisseberth 1979:98)

第二章　如何构建分析

	底层形式	表层形式	
a.	/taxa:-kʔa/	[ta.xakʔ]	'带来!'
	/taxa:-mi/	[ta.xam]	'已带来'
b.	/xat-kʔa/	[xat.kʔa]	'吃!'
	/xat-mi/	[xat.mi]	'已吃'

分析的第一步是,按照 2.1.2 节中提出的指导方针拟写与优选论相适应的描述性概括。(17)中,(a)和(b)是类似于优选论标记性制约条件的描述性陈述,(d)中的首个分句与此相同,(c)是对为满足(a)和(b)而发生非忠实性映射的陈述。

(17) 亚韦尔玛尼语的描述性概括

a. 音节的大小不可以超过 CVC 或 CV:。(即 *CVCC、*CV:C 等。)

b. 禁止出现非音节化辅音。

c. (a)和(b)是由元音缩短实施的。

d. 词不可以元音结尾,而且这一规定是由删音实施的,除非当结果与(a)和(b)不一致时。

好的描述性概括会提示哪些制约条件将参与到分析之中。上述概括中的条款(a)告诉我们,亚韦尔玛尼语的所有单词都要遵守某个或某些 CVCC 和 CV:C 音节违反的标记性制约条件。我们可以在此中断分析,去研究音节结构制约条件问题,但更好的做法是把这一问题先放一放,索性拟定一个超大音节违反的临时性制约条件,姑且称之为 *COMPLEX-SYLLABLE (*COMP-SYLL)。(17)提到的其他标记性制约条件,是前文已介绍过的 *C^{unsyll} 和 *V#。至于忠实性制约条件,我们知道删音违反了 MAX,但至于与元音缩短相关的忠实性制约条件,我们不是很有把握。我们现暂时可以把它称作 IDENT(长),尽管最终我们可能要采用的是 MAX(莫拉)。

暂时把这一细节留下来，不做处理，是没有问题的，因为我们此刻的目标是着手解决亚韦尔玛尼语言系统问题，而非元音缩短音变的类型和理论问题。

我们既然已就所涉及的制约条件做出假定，那么现在便可以开始等级排列了。最容易的做法是，以违反忠实性制约条件的情况开启等级排列的分析过程。任何忠实性制约条件的被违反，一定是由某个等级排列更高的标记性制约条件驱动的，所以，我们如果以某一忠实性制约条件被违反开始，那么就会立刻知道需要找出与之冲突的、构成等级排列论据另一部分的标记性制约条件。只要有可能，从违反某一个忠实性制约条件的例子开始，把比较复杂的情况推迟到大部分分析都比较妥当之后再做处理，这也未尝不是一个好主意。(15)中/laːn-hin/→[lan.hin]的元音缩短音变，就是一个非常好的例子：它们违反了忠实性制约条件 IDENT(长)，而且这是它们违反的唯一一个忠实性制约条件。因此，这一分析要回答的第一个问题是：哪个或哪些标记性制约条件统制 IDENT(长)？

答案早已在描述性概括的条款(c)中：即 *COMPLEX-SYLLABLE 和 *C^{unsyll}。我们将从 *COMPLEX-SYLLABLE 开始。既然等级排列的论据是在做比较的候选项的基础上构建起来的，那么我们就需要一个优选项和一个败选项。优选项[lan.hin]早已选定，它是 /laːn-hin/通过违反 IDENT(长)但满足 *COMPLEX-SYLLABLE 而来。为论证这一等级排列方式，我们现需要一个败选项，它要在 IDENT(长)上比优选项表现好，但在 *COMPLEX-SYLLABLE 上比优选项表现差。由于优选项只违反一次 IDENT(长)，因此败选项绝对不可以违反这一制约条件。既然优选项一次没有违反 *COMPLEX-SYLLABLE，那么败选项就必须要违反至少一次这一制约条件。

满足这两条标准的败选项是 *[laːn.hin]：它没有违反 IDENT（长），但因包含一个 CV:C 音节而违反了一次 *COMPLEX-SYLLABLE。（我将在 2.5 节中就如何构拟有用的败选项问题做更多的说明）。现在，我们有了为论证这一等级排列方式提出的一对优选项与败选项，见竞选表(18)所示：

(18) 等级排列的论证：*COMPLEX-SYLLABLE ≫ IDENT（长）

/laːn-hin/	*COMP-SYLL	IDENT（长）
a. →lan.hin		*
b.　laːn.hin	*W	L

*C^{unsyll} 也同样统制 IDENT（长），论证这一排列方式，则需要一个完全不同的败选项 *[laː.n.hin]。该候选项里面有一个未被音节化的[n]音，其结构也有别于 *[laːn.hin]，它违反了 *C^{unsyll} 但没有违反 *COMPLEX-SYLLABLE。*[laː.n.hin] 遵守 IDENT（长），因此可作为论证另一等级排列方式的基础。这一等级排列的论据见(19)所示。

(19) 等级排列的论证：*C^{unsyll} ≫ IDENT（长）

/laːn-hin/	*COMP-SYLL	*C^{unsyll}	IDENT（长）
a. →lan.hin			*
b.　laː.n.hin		*W	L

为什么(19)里面包含了毫无疑问不是该竞选表关注焦点的 *COMPLEX-SYLLABLE 呢？我们从 2.2 节对等级排列的解释中获

知有效论证等级排列的三个基本要素是:制约条件的冲突、优选项与败选项的成对比较,以及没有其他同样能担负此任的制约条件。第三个要素是把 *COMPLEX-SYLLABLE 纳入(19)之中的理由;我们需要确保它不会动摇该等级排列方式。事实上,确实不会,因为它既不支持优选项,也不支持败选项。此外,我们还需要回过头去,确定 *C^{unsyll} 也不会动摇(18)中该等级排列的论据。竞选表(20)做了这件事:它表明在竞争中既不支持优选项,也不支持败选项。

(20) *C^{unsyll} 对 *COMPLEX-SYLLABLE ≫ IDENT(长)的等级排列论据无任何影响

/laːn-hin/	*COMP-SYLL	*C^{unsyll}	IDENT(长)
a. →lan. hin			*
b. laːn. hin	*W		L

一般来说,每当把一个制约条件引入分析之中,就需要考虑它对现在**所有**的等级排列方式所具有的潜在作用。这就意味着,等级排列的新论证可能需要把先前讨论过的制约条件纳入其中(如(19)),并需要用新的制约条件对等级排列原有的论证进行重新审核(如(20))。我在(19)和(20)上是很讲究的,因为我一直坚持主张要把既不支持优选项也不支持败选项的制约条件纳入其中。既不支持优选项也不支持败选项的制约条件,不可能影响等级排列的论证(参见 2.7 节中的解释),因而并非绝对一定要把它们纳入这些竞选表之中。然而,把它们纳入竞选表(19)和(20)以及分析末尾的汇总竞选表(31)~(34)之中,这会给我们一个很好很重要

的提示:这一等级排列的论证是牢靠的,正是因为没有其他制约条件可担此任。让你看到 *COMPLEX-SYLLABLE 在(19)中的空白列,就是要重点强调:我们对 *C^{unsyll} 先于 IDENT(长)等级排列的这一论证充满信心,我们的信心靠的是我们知道 *COMPLEX-SYLLABLE 不可能担起选择优选项而非 *[la:.n.hin] 的责任。

现在我们来谈一谈(16)所示的元音删音现象。这些例子既有词尾元音删除音变,也有元音缩短音变:/taxa:-kʔa/→[ta.xakʔ]。由于我们已假设(20)中的等级排列可以说明元音缩短音变,那么我们就应该首先核查该假设是否也能说明这些新的元音缩短音变实例。为此,我们将只凭借拥有长元音的例词 *[ta.xa:kʔ] 和 *[ta.xa:.kʔ] 来对优选项与其不同的败选项进行比较。

(21) 已证实的元音缩短分析

/taxa:-kʔa/	*COMP-SYLL	*C^{unsyll}	IDENT(长)
a. →ta.xakʔ			*
b. ta.xa:kʔ	*W		L
c. ta.xa:.kʔ		*W	L

竞选表(21)可能看起来像是不合法的,因为候选项都删去了词尾元音,竞选表也没有解释原因。但实际上,这个竞选表是完全合理合法的。我们正每次一个问题地把分析逐渐构建起来,这么做是对的。像(21)那样的竞选表是采用该研究方法后无法回避的结果。让(21)合理合法的是,**所有**的候选项都删去了词尾元音。换言之,(21)已知随后才展开词尾元音删除的分析,因而现把删音问题放置一旁,先重点关注元音缩短问题。这一做法是合情合理

的,因为尚未讨论的制约条件均既不支持优选项,也不支持败选项。

下面我们来分析词尾元音删音现象。从(17)中的描述性概括条款(d)以及前面的讨论中我们知道,删音是满足标记性制约条件 *V# 产生的结果。由于 *V# 青睐[ta. xakʔ]而非忠实项 *[ta. xa:. kʔa],所以它一定要统制 MAX。能否仅在 *V# 和 MAX 上对[ta. xakʔ]与 *[ta. xa:. kʔa]进行比较吗?或者我们是否一定要在竞选表中加入其他制约条件吗?要回答这个问题,我们就要回顾一下我们已用的制约条件 *COMPLEX-SYLLABLE、*C^{unsyll} 和 IDENT(长),问问它们是否不支持这对候选项中的优选项,也不支持败选项。IDENT(长)因青睐败选项而应纳入该竞选表之中。跟 MAX 一样,IDENT(长)等级排在了 *V# 之后,如(22)所示。

(22) 等级排列的论证:*V# ≫ MAX, IDENT(长)

/taxa:-kʔa/	*V#	MAX	IDENT(长)
a. →ta. xakʔ		*	*
b. ta. xa:. kʔa	*W	L	L

竞选表(22)说明一种等级排列的论证中可以包含两个青睐败选项的制约条件,且仍是合法有效的。正因为评估器的运行方式,**每个**青睐败选项的制约条件则都必须受到**某个**青睐优选项的制约条件的统制。(在比较竞选表中,每个 L 的左边都必须有个 W。)由于 *[ta. xa:. kʔa]→[ta. xakʔ]中有两次不忠实性映射,因此两个忠实性制约条件都是青睐败选项 *[ta. xa:. kʔa]的。为确保[ta.

xakʔ]能成为优选项,制约条件 *V# 就必须同时统制这两个制约条件⑥。(用一个以上青睐**优选项**的制约条件进行候选项比较,更有问题——参见 2.5 节和 2.12 节有关析取问题的论述。)

由于我们刚刚新增了两个制约条件,那么我们现在就需要查明它们确实不会影响我们前面(19)和(20)中两个等级排列的论证。它们确实没有影响,*V# 和 M$_{AX}$ 在上述等级排列的论证中均是不支持优选项或败选项的。

我们的描述性概括中尚留有一事未做:辅音丛后的词尾元音删除被阻断现象,见[xat.kʔa]。从概括的"除非当……时"的条款中可以得知,标记性制约条件 *C$_{OMPLEX}$-S$_{YLLABLE}$ 和 *C^{unsyll} 界定了词尾元音删除被阻断的条件。*V# 必须被这两个制约条件统制,如(23)和(24)所示。

(23) 等级排列的论证: *C$_{OMPLEX}$-S$_{YLLABLE}$ ≫ *V# (≫ M$_{AX}$)

/xat-kʔa/	*C$_{OMP}$-S$_{YLL}$	*V#	M$_{AX}$
a. →xat.kʔa		*	
b. xatkʔ	*W	L	*W

(24) 等级排列的论证: *C^{unsyll} ≫ *V# (≫ M$_{AX}$)

/xat-kʔa/	*C^{unsyll}	*V#	M$_{AX}$
a. →xat.kʔa		*	
b. xat.kʔ	*W	L	*W

---

⑥ 原则上,我们可能提出一种只有 M$_{AX}$ 青睐败选项的等级排列方式。譬如,假若我们的语料是假设的/pata-kʔa/→[pa.takʔ],那么我们就要能够说明 *V# 促成对 M$_{AX}$ 的违反但却没有促成对 I$_{DENT}$(长)的违反。但是,采用我们实际现有的语料,是无法做到这一点的。

竞选表(23)和(24)中也都有 M$_{AX}$。把 M$_{AX}$ 纳入其中的原因是它也倾向选择优选项。(到目前为止已研究过的制约条件在这些竞选表中或是青睐优选项，或是青睐败选项。)青睐优选项的制约条件有可能以提供优选项胜出的另外一种解释来动摇等级排列的论证，但是，由于我们早已知道 M$_{AX}$ 等级排在 *V# 之后，这丝毫不会对等级排列的那些论证构成威胁。通过把 M$_{AX}$ 纳入竞选表中，我们要证实它等级排列很低，无法动摇该等级排列的论证。

我们现在已走完整个描述性概括的初始阶段，因此该适时地对(25)中已证实的几个等级排列方式进行汇总，并对整个分析加以评估。此图说明了 *C$_{OMPLEX}$-S$_{YLLABLE}$ 和 *C^{unsyll} 这两个音节结构合格性的制约条件统制 *V#，并通过它统制忠实性制约条件 I$_{DENT}$(长)。结果形成了触发效应(元音缩短)和阻断效应(词尾元音删除)。此外，*V# 还统制 M$_{AX}$，所以，只要等级排列高的制约条件允许，便会发生词尾元音删除音变。

(25)（初步给出的）亚韦尔玛尼语等级排列方式汇总

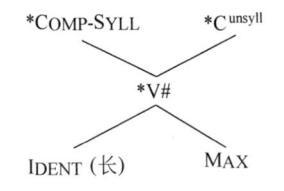

```
        *COMP-SYLL        *C^unsyll
                \        /
                  *V#
                /        \
        IDENT(长)          MAX
```

看起来我们现在在好像可以停下手来自我庆贺一下了，但实际上，我们还有很多的工作要做。下一步是要核查所有彼此没有等级排列的成对制约条件，这些条件曾否发生过冲突？如有发生，那么，只有在它们都等级排列之后，这个分析才算完整。对所有成对制约条件进行核查，是发现有可能被我们忽视的交互作用的一种最佳方式。

*COMPLEX-SYLLABLE 和 *C^{unsyll} 是一对未被等级排列的制约条件。据我们所知，这两个制约条件都未曾被亚韦尔玛尼语的表层形式违反过。它们是**未被违反的制约条件**（unviolated constraint），未被违反的制约条件可无须彼此进行等级排列，因为等级排列是要有冲突发生的，只有在发生冲突时，优选项一定才会违反某个制约条件。在亚韦尔玛尼语里，没有任何优选项曾违反过这两个制约条件，因此它们从未发生过冲突，也就没有哪个统制哪个的问题。由于它们从未被违反过，事实上没有制约条件统制它们。未被违反的制约条件是**不受统制的**（undominated）。

IDENT(长)和 MAX 是另一对未被等级排列的制约条件。目前为止我们讨论过的所有等级排列方式，或是涉及一个标记性制约条件与一个忠实性制约条件（触发），或是涉及两个标记性制约条件（阻断）。由于 IDENT(长)和 MAX 两个都是忠实性制约条件，因此它们呈现了截然不同的一种冲突：何为最好的不忠实性方式？当存在缩短与删除两种选择时，你倾向于哪一种？再有，我们需要一个与两个制约条件有可能相关的输入项，并且那个输入项是/taxa:-kʔa/。实际上，输出项[ta.xakʔ]违反了 IDENT(长)和 MAX 各一次。那么，为了论证这一等级排列，我们需要一个比[ta.xakʔ]违反其中一个制约条件更多和比它违反其中一个更少的败选项。由于输入项只有一个长元音，因此不可能引发对 IDENT(长)的更多违反，所以我们寻找的一定是**更少**（即没有）违反 IDENT(长)的和**更多**（至少两次）违反 MAX 的败选项。

所能想到的一个可能的候选项是*[ta.xa:]。它没有违反

I_DENT(长)，但两次违反了 M_AX，因此两项要求，它都满足了。这似乎非常适用于竞选表(26)中等级排列的论证，但它却是无效的。虽然该等级排列的论证涉及的是在选择优选项上发生冲突的制约条件，但是该制约条件对这一对候选项并没有起作用。原因是：等级排列更高的制约条件*V#跟 M_AX 具有同样的青睐关系。我在(27)中使用了阴影覆盖，以此强调说明关于制约条件不起作用这一点。

(26) 无效的等级排列论证：M_AX ≫ I_DENT(长)

/taxa:-kʔa/	M_AX	I_DENT(长)
a. → ta. xakʔ	*	*
b. ta. xa:	**W	L

(27) 为什么(26)是无效的

/taxa:-kʔa/	*V#	M_AX	I_DENT(长)
a. → ta. xakʔ		*	*
b. ta. xa:	*W	**W	L

全面理解(26)中等级排列的论证为何无效，这有助于对下列问题的思考：如果把 I_DENT(长)与 M_AX 的排序反过来，结果会有改变吗？答案是否定的，因为该结果是由已证明同时统制 I_DENT(长)和 M_AX 的*V#决定的。这就是为什么论证等级排列一定要在整个大系统的背景下加以考虑，为什么我们必须始终把其他青睐优选项的制约条件纳入等级排列的竞选表之中。

既然无法把*[ta. xa:]作为构建等级排列的有效论证的基础，

第二章　如何构建分析

那么我们就需要看一看有更多删音的候选项*[tax]。这个候选项比优选项违反 M_AX 还要多,但它满足了 I_DENT(长)——也许吧。我在本节前面介绍时(有意)对其定义含糊其词,并对自己提出的定义制约条件时要精确的建议置之不理。我们现在要面对因含糊而导致的后果之一:不知是否要删除违反 I_DENT(长)以及 M_AX⑦ 的长元音。如果删除违反这两个制约条件的长元音,那么也就没有了等级排列的论据。竞选表(28)展现了无法等级排列的情形:两个候选项都同等程度地违反了 I_DENT(长),所以,M_AX 和 I_DENT(长)之间没有发生冲突。

(28) I_DENT(长)的一种定义方式所产生的结果:无等级排列论据

/taxaː-kʔa/	M_AX	I_DENT(长)
a. →ta. xakʔ	*	*
b. tax	*** W	*

另一方面,如果把 I_DENT(长)界定为可以阻止纯元音缩短音变的话,那么我们便可以给出等级排列的有效论证,见(29):

(29) 另一种定义下的等级排列论证:M_AX ≫ I_DENT(长)

/taxaː-kʔa/	M_AX	I_DENT(长)
a. →ta. xakʔ	*	*
b. tax	*** W	L

---

⑦ 用更为形式化的术语说,怎样界定 I_DENT(长),确实是一个有关莫拉的表征和忠实性地位的问题。如果 I_DENT(长)确实应为 M_AX(莫拉)的话,那么长元音的缩短或删除都将违反该制约条件。

63 让我们假定(29)是正确的。(关于在确定相互竞争的制约条件定义上的普遍问题,请参见第五章。)那么,我们便可以对哈斯图示进行修改以反映等级排列的新论据。

(30)(本节最后给出的)亚韦尔玛尼语的总的等级排列方式

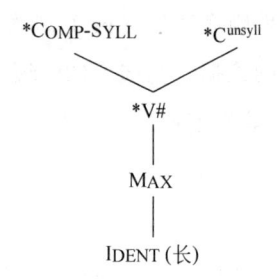

$$*\text{Comp-Syll} \quad *\text{C}^{\text{unsyll}}$$
$$*\text{V\#}$$
$$\text{Max}$$
$$\text{Ident}(长)$$

还有一点非常重要:我们应该核查所有的原始语料是否都已被正确分析了。最好的做法是使用总的竞选表,即用所有的相关输入项和候选项来验证总的制约条件等级体系。由于原始语料在(15)和(16)中分成了四组,因而我们应该分别给每组一个总的竞选表。这就意味着要为/laːn-hin/、/laːn-al/、/taxaː-k^{ʔ}a/和/xat-k^{ʔ}a/分别构建竞选表。当然,除了优选项外,竞选表还应包含在等级排列的论证中出现的所有败选项。这里,还有一些别的败选项。

(31)汇总竞选表:/laːn-hin/→[lan.hin]

/laːn-hin/	*Comp-Syll	*C^{unsyll}	*V#	Max	Ident(长)
a. →lan.hin					*
b. laːn.hin	*W				L
c. laː.n.hin		*W			L

82

(32) 汇总竞选表:/laːn-al/→[laː. nal]

/laːn-al/	*Comp-Syll	*C^{unsyll}	*V#	Max	Ident(长)
a. →laː. nal					
b. la. nal					*W

(33) 汇总竞选表:/taxaː-kʔa/→[ta. xakʔ]

/taxaː-kʔa/	*Comp-Syll	*C^{unsyll}	*V#	Max	Ident(长)
a. →ta. xakʔ				*	*
b. ta. xaː. kʔa			*W	L	L
c. ta. xaːkʔ	*W			*	L
d. ta. xaː. kʔ		*W		*	L
e. ta. xaː			*W	**W	L
f. tax				***W	L

(34) 汇总竞选表:/xat-kʔa/→[xat. kʔa]

/xat-kʔa/	*Comp-Syll	*C^{unsyll}	*V#	Max	Ident(长)
a. →xat. kʔa			*		
b. xatkʔ	*W		L	*W	
c. xat. kʔ		*W	L	*W	

因为每一个青睐败选项的制约条件必须受到某一个青睐优选项的制约条件的统制,所以,我们要检查每一个L(跨过实线)的左边都有一个W。(34)的(c)行中有个W被L统制,但这也没有问题,因为这个L被另外一个W统制。单独一个W统制所有的L,便可让正确的形式胜出,因此,一行中有单独一个W和一个或几个L,是最为简单明了的排列论据。行中只有W的,如(32)的(b)行,是无法给等级排列的构建提供任何信息的(见习题18)。2.12

节将具体介绍如何分析竞选表各行中的等级排列信息。

习题

16 制约条件统制关系是传递性的:如果 CONST1 统制 CONST2,而 CONST2 又统制 CONST3,那么,CONST1 也一定统制 CONST3。由统制传递性推出来的等级排列,有时也能得到等级排列直接论据的支持。请列出可以由(30)中的统制传递性推出来的所有两两制约条件等级排列方式。对于所列出的每个等级排列方式,如果有,请给出等级排列的直接论据。

17 请采用有插音[i]的败选项*[xa.tik$^?$]来论证 DEP 及其他一些制约条件在(30)中的等级排列。你改用败选项*[xat.k$^?$i]能使这样的论据成立吗?

18 有没有这些制约条件的某种等级排列可以让(32)中的候选项(b)成为优选项吗?(33)中的候选项(e)呢?请说明你的答案。

2.4 等级排列论证的局限性

等级排列解决了确定哪个候选项是优选项的制约条件冲突问题。如果没有这些冲突,就不可能有等级排列的直接论据。知道何时**不要**尝试进行等级排列的论证,将会避免受挫以及可能犯的错误。

我们已看到过一种无法等级排列的情况:未被违反的制约条件之间不可以进行等级排列。在亚韦尔玛尼语里,从未有表层形式违反 *COMPLEX-SYLLABLE 或 *C^{unsyll},所以这类制约条件在语法的输出形式上从未发生过冲突。由于每个优选项都遵守了这两个制约条件,因而它们在优选项的选择上总是意见一致。没有冲突,就没有等级排列。这种情况很常见,因为大多数语言的语法里都会有若干个未被违反的制约条件。比如,大多数语音配列规律都是由未被违反的标记性制约条件所导致的,而从不发生中和化的对立则可归因于未被违反的忠实性制约条件。如我们在 2.5 节中将要看到的那样,确认未被违反的制约条件,是压缩可能会出问题的候选项集合最为有效的一种方法。

构成**紧要关系**(stringency relation)的两个制约条件,也不可能成为等级排列的直接论据(de Lacy 2002;Prince 1997b,1997c)。紧要是一种有关制约条件违反的子集关系。这有点像刑法中重含轻的犯罪概念。偷窃是一种盗窃犯罪。如果偷窃伴以武力相威胁,那么它也就成了一种抢劫犯罪。因此,较轻的盗窃犯罪包含在抢劫犯罪之内:任何一个抢劫都是一种盗窃犯罪,但是某些盗窃(如偷钱包)不属于抢劫。让人有点费解的是,用优选论的术语说,盗窃法比抢劫法更紧要。之所以说它更紧要,是因为它可避免发生更多的犯罪活动。(从优选论的角度上说,严惩抢劫犯罪,与紧要性无关。)

形式上说,如果违反 CONST2 也一定违反 CONST1,但违反 CONST1 并不一定违反 CONST2,那么,制约条件 CONST1 比制约条件 CONST2 更紧要。换言之,在违反评估中,CONST1 比 CONST2 更紧要或更严重,因为 CONST1 的违反是 CONST2 违反的真父集。其他用以描述紧要关系的术语有:**父集与子集关系**(superset-subset relation)、**一般与具体关系**(general-specific relation)、**别处**(elsewhere)或**别处条件关系**(elsewhere condition relation)和**帕尼尼关系**(Paninian relation)。(梵文语法学家帕尼尼是第一个撰文论述语言原则之间的一般与具体关系的学者（Joshi and Kiparsky 1970）。）这些各种术语实际上是可以互相替换的，并均可以在文献中找到。

（35）是构成紧要关系的两个句法标记性制约条件的例子，（36）则是对两个忠实性制约条件构成紧要关系的界定。在（35）中，T-Gov 在两个制约条件中最为紧要。每个未受到管辖的语迹，也不会受到词库管辖，但是确实存在受到管辖但没有受到词库管辖的语迹，所以，T-Gov 的违反是 T-Lex-Gov 违反的真父集。至于（36），不忠实于浊音性的音节首辅音是不忠实于浊音性的所有辅音的真子集。因此，Ident（[浊音性]）在两个制约条件之中最具普遍性，因此也最为紧要[⑧]。

（35）构成紧要关系的标记性制约条件（引自 Grimshaw 1997:374）

    a. T-Gov

       给每一个不受管辖的语迹，赋予一个违反标记。

    b. T-Lex-Gov

       给每一个不受词库管辖的语迹，赋予一个违反标记。

[⑧] 在竞选表（35）和（36）中，紧要关系可以直接通过查看制约条件的定义来予以确定：不被词库管辖的所有语迹集合是不受管辖的所有语迹集合的子集；音节首辅音集合是辅音集合的子集。在每一种语言里，这些制约条件均构成了紧要关系。但是紧要关系也可以依特定语言所具有的音系情况而定（Prince and Tesar 2004:272 及以下诸页，Tessier 2006）。例如，贝克曼（Beckman 1998）提出了要求重读音节忠实性制约条件和首音节忠实性制约条件，这些制约条件在重读所有首音节和某些非首音节的语言里构成紧要关系。（作为这方面的例子，可能是重音落在首音节和其后的每隔一个音节上的语言。）但是，如果一种语言有某些非重读首音节，那么它们就不会构成紧要关系。

(36) 构成紧要关系的忠实性制约条件(引自 Lombardi 1995/2001)

a. I$_{DENT}$([浊音性])
   给每一个在特征[浊音性]上与输入对应音段不同的输出音段,赋予一个违反标记。

b. I$_{DENT_{Onset}}$([浊音性])
   给出现在音节首辅音位置上的每一个在特征[浊音性]上与输入对应音段不同的输出音段,赋予一个违反标记。

构成紧要关系的制约条件,彼此是从不会发生冲突的。要让两个制约条件发生冲突,那么它们在评估过程中必须意见不一,各自青睐截然不同的候选项。但是,对于构成紧要关系的两个制约条件,由于每次违反特定制约条件,也将违反一般制约条件,因而彼此不可能发生冲突。(37)通过因底层形式/bad/中的一个或两个辅音的去浊音化而造成对 I$_{DENT}$([浊音性])和 I$_{DENT_{Onset}}$([浊音性])的违反来对紧要关系进行了诠释。这里的子集关系显而易见:违反 I$_{DENT_{Onset}}$([浊音性])也一定违反 I$_{DENT}$([浊音性]),但反之则不然。因为不存在冲突,所以,无论采用哪一对(37)中的候选项,都无法构建等级排列的论据。

(37) 紧要关系的阐释

/bad/	I$_{DENT}$([浊])	I$_{DENT_{Onset}}$([浊])
a. bat	*	
b. pad	*	*
c. pat	**	*

虽然构成紧要关系的制约条件是无法等级排列的,但有关它们如何等级排列的说法却充斥于各种文献之中,这些大多都是说

要把更具体的制约条件置于等级体系的最前面,如 IDENT$_{Onset}$
([浊音性])≫IDENT([浊音性])。但重要的是:要知道从未有任何
直接证据证明这一等级排列方式,因此,做出这样等级排列方式的
作者要么是搞错了,要么或许认为可以从统制传递性那里推知一
种等级排列方式。

正如我们在习题 16 中看到的那样,制约条件统制关系是传递
性的:如果等级排列的直接理据确立了 CONST1≫CONST2 和
CONST2≫CONST3,那么,CONST1≫CONST3 将自动随之确立。构
成紧要关系的两个制约条件等级排列方式,只能由某个或某些不
在紧要关系之列的制约条件的传递构成。例如,IDENT$_{Onset}$([浊音
性])和 IDENT([浊音性])的等级排列,可以通过德语等其他语言
里词尾辅音去浊音化的传递形成(Lombardi 1999)。单词
/bad/'洗浴'发生词尾辅音去浊音化,变成[bat]。假定词尾辅音
去浊音化是由不允许浊塞音和浊擦音的一般标记性制约条件
*VOICE 所致,由于音节尾而不是音节首发生去浊音化,那么,
*VOICE 等级一定排在不很紧要的制约条件 IDENT$_{Onset}$([浊音
性])之后和更为紧要的制约条件之前,如(38)和(39)所示。

(38) 等级排列的论证:*VOICE≫IDENT([浊音性])

/bad/	*VOICE	IDENT([浊])
a. →bat	*	*
b. bad	**W	L

(39) 等级排列的论证:IDENT$_{Onset}$([浊音性])≫*VOICE≫IDENT
([浊音性])

第二章 如何构建分析

/bad/	I_{DENT_{Onset}}([浊])	*V_{OICE}	I_{DENT}([浊])
a. →bat		*	*
b. pat	*W	L	**W

已知这两个等级排列的论据,那么等级排列 $I_{DENT_{Onset}}$([浊音性])》I_{DENT}([浊音性])虽无直接证据证实,但仍可通过传递性推知。但是,既然不可能用直接证据证实这一等级排列方式,那么轻率断言 $I_{DENT_{Onset}}$([浊音性])》I_{DENT}([浊音性])并以此作为分析的前提之一,是很具误导性的。这不是真的错了,而是会酿成等级排列及其理据上的混乱。

还有一种毫无理由地对等级排列妄下断言的情况。假设我们的分析进展顺利,几个制约条件均已在可靠论据的基础上构建起等级排列方式。但是,我们随后发现,败选项与优选项在迄今为止已涉及的所有制约条件上不分胜负。那怎么办?我们增加某个制约条件,它倾向选择优选项而非成问题的败选项,以此打破不分胜负的局面。

如何等级排列打破平局的制约条件?本能的直觉是,应把打破平局的制约条件等级排在后面,或许排在拟定优选项违反的制约条件之后。这种直觉很可能源自各类体育运动或选举中打破平局的方式。举行主赛事或活动,如果赛事或活动未能产生一位赢家,那么打破僵局的特殊机制便会激活。在各类体育运动或选举中,倘若通常决策过程无法产生一位赢家,便会进行决胜局。然而,对于优选论的分析来说,这种本能的直觉是完全错误的。

只用以打破平局的制约条件与造成平局的制约条件之间是无法等级排列的。竞选表(40)表示一种平局的情形。(假设四个制约条件在其他证据的基础上已构建起等级排列方式。)尽管我们在这里有意采用了比较和违反的组合竞选表,但是,由于两个候选项在所有制约条件上都打成了平手,因而仍无法确切地给出 W 或 L。

(40) 不分胜负的候选项

	C_{ONST}1	C_{ONST}2	C_{ONST}3	C_{ONST}4
a. →候选项 1		**		*
b.　候选项 2		**		*

由于候选项 1 是拟定的优选项,所以我们需要增加一个倾向选择候选项 1 而非候选项 2 的制约条件,即 C_{ONST}5。如(41)中的竞选表所示,C_{ONST}5 可以等级排在任何位置,候选项 1 都能胜出。这就意味着,在等级体系中无论把 C_{ONST}5 排在最后还是其他地方,都是没有任何理据的。

(41) 任意等级排列打破平局的制约条件

	C_{ONST}5	C_{ONST}1	C_{ONST}2	C_{ONST}3	C_{ONST}4
a. →候选项 1			**		*
b.　候选项 2	*W		**		*

或

	C_{ONST}1	C_{ONST}5	C_{ONST}2	C_{ONST}3	C_{ONST}4
a. →候选项 1			**		*
b.　候选项 2		*W	**		*

第二章　如何构建分析

或

	Const1	Const2	Const5	Const3	Const4
a. →候选项1		**			*
b. 　候选项2		**	*W		*

或

	Const1	Const2	Const3	Const5	Const4
a. →候选项1		**			*
b. 　候选项2		**		*W	*

或

	Const1	Const2	Const3	Const4	Const5
a. →候选项1		**		*	
b. 　候选项2		**		*	*W

应把打破僵局的制约条件排在后面的那种直觉,是错误的,因为它是基于不当类推而成。在各类选举或竞技运动中,时间表是固定不变的:举行主赛事或活动,审核结果,只有在必要时才可以进行决胜局。然而,在优选论分析中,(40)中的原有等级排列并没有在时间上先于"主赛事"的特权地位。更确切地说,(40)仅仅是我们碰巧在构建分析时最先获得的一种制约条件排列方式。时间表只不过是研究者做分析所要经历的一部分,它没有任何理论地位。

借讨论平局问题之机,指出一种较为常见的对制约条件等级排列的误解,如(42)竞选表所示。这是根据对亚韦尔玛尼语的分析改写而来。尽管 *C^{unsyll} 和 *V# 在优选项的选择上存在着严重冲突,但它已被证实彼此并无等级排列之分。候选项(a)和(b)同等程度地违反了这两个不分等级的制约条件,因此只好把选择权转给了位于等级体系中下一个等级上的制约条件 M_{AX}。

(42) 对制约条件等级排列的一种误解

/xat-kʔa/	* C_{OMP}-S_{YLL}	* C^{unsyll}	* V#	M_{AX}
a. → xat.kʔa			*	
b. xat.kʔ		*		*!
c. xatkʔ	*!			*

这一误解是:(42)中 * C^{unsyll} 与 * V# 之间是虚线,那么我们便可以把它们的违反标记合起来算,这样它们就像是一个制约条件。这不是评估器如何运行问题,* C^{unsyll} 和 * V# 是两个独立的制约条件,所以它们的违反标记绝不可以合在一起。它们在(42)中是有冲突的,彼此冲突的制约条件必须进行等级排列。

我们已看到三种无等级排列直接论据的情况:不受统制的制约条件、构成紧要关系的制约条件和只用以打破平局的制约条件。这里所列举的并非可能有的全部情况。确实存在两个制约条件之间从未发生过冲突的情况,因为它们所处理的是完全无关的语言属性,所以不可能发生满足一个(制约条件)会迫使违反另一个的情况。我现能想到的有点像 I_{DENT}([浊音性])与要求音系短语包含两个音系词的制约条件,尽管可能有足够的聪明才智甚至能让这两个制约条件发生冲突。最后,制约条件有可能因找不到相关语料信息而一直不能被等级排列:我们可以想象制约条件会如何发生冲突,但我们在所分析的语言里却找不到相关的语料。2.5节将对此做进一步阐述。

习题

19 下列没有一个违反竞选表为 C$_{ONST}$1 统制 C$_{ONST}$2 提供有效论据。请逐一解释为何没有有效等级排列论据。

竞选表 1

	C$_{ONST}$1	C$_{ONST}$2
a. →候选项 1		*
b.　候选项 2	*	*

竞选表 2

	C$_{ONST}$1	C$_{ONST}$2
a. →候选项 1		
b.　候选项 2	*	

竞选表 3

	C$_{ONST}$3	C$_{ONST}$2	C$_{ONST}$2
a. →候选项 1			*
b.　候选项 2	*	*	

20 请给上述每一个竞选表增加一个败选项,让其成为支持 C$_{ONST}$1 统制 C$_{ONST}$2 的有效论据。如果不行,请解释为什么。

2.5 等级排列论证中的候选项

弄清楚哪个败选项需要纳入考虑之列,这很可能是优选论分析的最难之事。这一问题可分为两个方面:一方面出现在分析的早期,另一方面则出现在之后。早期是为论证源自描述性概括的等级排列所需要的败选项,后期则是挑战分析、揭示其不足所需要的败选项。通常,这些是最先描述性概括中未曾提及的制约条件所不青睐的败选项,甚至是尚无人提出的制约条件所不青睐的败选项。

本节将首先从第一方面开始,阐述解决这一问题的方法。在分析的早期阶段,描述性概括大致描述了要涉及哪些制约条件以及它们又是如何进行等级排列的问题,其任务是要设计形式化等级排列论证方式,以此证实这些猜想。语言的语料是优选项,所需要的是适逢其用的败选项。

这个问题在2.3节中对亚韦尔玛尼语的分析中不时出现。例如,(17)中的描述性概括让我们猜想等级排列 *C^{unsyll} ≫ *V# 是该语言语法的一部分。为证实这一等级排列方式,我们需要一个违反 IDENT([浊音性])的优选项,为了让事情简单一些,它最好不违反其他任何忠实性制约条件。满足以上这些要求的形式是对应于底层形式/la:nhin/的[lan.hin]。

要证实这一等级排列方式,还需要一个败选项。为让这一等级排列方式有效可行,该败选项在 *C^{unsyll} 上必须比[lan.hin]表现要差、在 IDENT([长])上表现要好。我们可以把这两条要求用作寻找我们所需要的败选项的一种程序(见(43))。从优选项[lan.hin]开始,现在删除它那个对等级低的制约条件 IDENT([长])的违反,便得到了 *[la:n.hin]。接下来再增加一个对等级高的制约条件 *C^{unsyll} 的违反。要做到这一点,有很多方式可以选择,如 *[la:.n.hin]、*[la:n.hi.n]、*[l.a:n.hin]以及(已插入非音节化的声门塞音的) *[la:n.hin.ʔ],但是,正如我们马上就要看到的,还有一种可以选出正确形式 *[laː. n. hin] 的良策。

(43) 为论证 *C^{unsyll} ≫ IDENT([长]) 所构建的败选项

优选项	[lan. hin]
删除对 IDENT([长]) 的违反	[laːn. hin]
增加一个对 *C^{unsyll} 的违反	[laː. n. hin]

现在可以把刚刚提及的程序推而广之,使之成为寻找证实等级排列方式的败选项的一种技法。已知所预想的一种制约条件等级排列方式 CONST1 ≫ CONST2 和优选项[w],我们想找到一个能证明这一等级排列的败选项 *[l]。从[w]开始,**在没有违反任何其他制约条件的情况下,除非那些是已知等级排在 CONST1 之后的制约条件**,删除对 CONST2 的某个或某些违反,并增加对 CONST1 的某个或某些违反。其结果是 *[l]。

上一段话中所要强调的是,我们怎么知道恰恰是 *[laːn. hin] 而不是 *[laːn. hi. n]、*[l. aːn. hin] 或 *[laːn. hin. ʔ] 是构建等级排列论据的败选项? 回想一下 2.2 节中关于等级排列有效论证的第三个条件:如果采用优选项[w]而不是败选项 *[l]来证明 CONST1 ≫ CONST2 的话,那么就不能有任何一个制约条件:(a)也青睐[w],不青睐 *[l];(b)不另为人所知已被 CONST1 统制。换言之,不可以有另一个制约条件做 CONST1 所应做的把正确候选项选为优选项的工作。此刻,我们正在寻找开始分析时可以采用的一种技法,所以我们需要一条跟此形式条件不完全相同的标准。"没有增加其他任何制约条件的违反,除非那些是已知等级排在 CONST1 之后的制约条件"便是这样一条标准。不想要的败选项 *[laːn. hi. n]、*[l. aːn. hin] 和 *[laːn. hin. ʔ] 均违反了 *COMPLEX-SYLLABLE、

ONSET 和 DEP 的各种组合形式,而且已知这些制约条件的等级都没有排在 *C^{unsyll} 之后。我们所要的败选项 *[la:. n. hin],它除了违反 *C^{unsyll} 外,再无其他违反。

我们现可以把这一技法实际用于论证 2.3 节中亚韦尔玛尼语里其他等级排列的论证之中。

(44)(=18) *COMPLEX-SYLLABLE ≫ IDENT(长)

/la:n-hin/	*COMP-SYLL	IDENT(长)
a. →lan. hin		*
b. la:n. hin	*W	L

这里的优选项是[lan. hin]。等级排列的这一论证与下一个所涉及的都是标记性制约条件统制忠实性制约条件。所以,删除对 CONST2 的违反,均是有关恢复优选项中所失去的底层表征形式原有的属性问题——本例是元音长度问题。由于败选项必须只增加对 *COMPLEX-SYLLABLE 的一个违反,而不可以增加任何对其他有可能统制 *COMPLEX-SYLLABLE 的制约条件的违反,所以它一定是 *[la:n. hin]。

(45)(=22) *V# ≫ MAX, IDENT(长)

/taxa:-kʔa/	*V#	MAX	IDENT(长)
a. →ta. xakʔ		*	*
b. ta. xa:. kʔa	*W	L	L

[ta. xakʔ]是输入项/taxa:-kʔa/的优选项。败选项必须删除优选项对 MAX 和 IDENT(长)的违反,并得到对 *V# 的一个违反,而且还

要必须避免获取任何对其他有可能统制*V#的制约条件的违反。满足所有这些要求的败选项是*[ta. xa:. kʔa]。

(46)(=23) *COMPLEX-SYLLABLE≫*V#(≫MAX)

/xat-kʔa/	*COMP-SYLL	*V#	MAX
a. →xat. kʔa		*	
b.　xatkʔ	*W	L	*W

[xat. kʔa]是输入项/xat-kʔa/的优选项。从优选项[xat. kʔa]开始,我们需要删除对*V#的那个违反,增加一个对*COMPLEX-SYLLABLE的违反,满足这一要求的是[xatkʔ]。它还另外增加了对MAX的一个违反,而这有可能使它不适用于该等级排列的论证,但由于我们已经确立了*V#统制MAX,因此这不会产生问题。

(47)(=29) MAX≫IDENT(长)

/taxa:-kʔa/	MAX	IDENT(长)
a. →ta. xakʔ	*	*
b.　tax	****W	L

这里的优选项是[ta. xakʔ]。删除它对IDENT(长)的那个违反,再增加一个对MAX的违反,这便产生了*[ta. xa:]。但这并不合适,因为它也增加一个对*V#的违反,而*V#是已知统制MAX的。再增加一个对MAX的违反,就可以担起此任了;*[tax]可以成为一种等级排列有效论证的基础。

我要强调的是,这一分析方法很实用,但算法并不十分形式化。现尚无纯机械规程来删除某个对 CONST2 的违反，增加某个对 CONST1 的违反。每次要怎么做，则取决于所涉及的制约条件以及这些制约条件所假定的表征形式等因素。此外，这个方法也没有具体说明怎样避免增加对其他有可能统制 CONST1 的制约条件的违反。不过，亚韦尔玛尼语的例子表明一个总体策略：找出已撤回的对 CONST2 的违反与找出已增加的对 CONST1 的违反，二者很有可能紧密相关。

另外需要注意的是，最初在构建等级排列的论证时，人们可能对不得改变其违反的"其他制约条件"完全一无所知。早在分析之初，我们可能无法说出是 CONST1 还是 CONST3 统制 CONST2。而后，其他证据可能证明是 CONST2 统制 CONST3，在此情况下，我们应对 CONST1 统制 CONST2 的等级排列论据进行重新审视。另一方面，后来分析过程中引入的制约条件，可能会给先前一直认为很好的等级排列论据投下阴影。这就是为何像(31)—(34)那样的汇总竞选表如此之重要。汇总竞选表是最后一次对分析可靠性的核查。

我在本节开始部分还指出了选择候选项时出现的第二问题：败选项有可能导致平局或击败所预想的优选项，找出这类败选项，以挑战和改进已有的分析。忽视其中任何一个候选项，都会"招致理论上的灾难、当众出丑以及成为别人丰富研究的意想不到的话柄"(McCarthy and Prince 1993b:13)。

最为直接和常见的情形或许是这样的：现已发展为论证某个标记性制约条件统制某个忠实性制约条件的一种等级排列方式，如 *C^{unsyll} ≫ IDENT（长）。在这一等级排列的论证中，优选项[lan. hin]是与败选项 *[la:. n. hin]进行比较的，但如果某个败选项（如

第二章 如何构建分析

插入[i]音的*[laː.ni.hin])避免了对等级排列论证中所涉及的这两个制约条件的违反,那会怎么样呢？如果没有什么说法,*[laː.ni.hin]将威胁到预想的优选项,因为它既满足了优选项违反的 IDENT(长),也满足了败选项违反的*C^{unsyll}。

忽视像*[laː.ni.hin]这样的候选项,实在是太容易不过的事了。卡特图南(Karttunen 2006)描述了一个此类问题:三位很优秀的音系学家发表了他们对芬兰语重音的研究成果,但他们的这一研究没有把某个击败所预想的优选项的候选项考虑进去。正如卡特图南指出的那样,"某个意想不到的竞争对手突然出现,把预先设想的优选项淘汰出局,它是击毁优选项分析的克星。"

卡特图南的解决方法是不把这项分析工作交给人来完成,而是应用(像生成器,但比它限制性更强的)候选项生成演算系统,并运用语法把生成的所有候选项与预想的优选项进行一一核查。但就芬兰语重音问题而言,即使把演算系统仅限于生成只在音步和音节结构上有所不同的候选项,候选项的数量也是极为庞大的,一个输入项差不多要有 2200 万个候选项。所以,此项工作真的是超出人的能力所为,必须要在计算机上完成。

这种分析方法的主要缺陷是:只有生成候选项的演算系统好,它才能好。像芬兰语重音那样的现象已有广泛研究,其范围也受到了极大压缩,为其设计适逢其用的演算系统,还是相当简单的一件事。但本书推荐的方法,则旨在用于预先不为人所知的分析以及现象本身可能没有得到完全理解的情形。在上述这些情形下,设计一种适逢其用的候选项生成演算系统,将是一项很有意义的研究项目,它很可能甚至在分析还遥遥无期之时就已经开始了。

虽然使用候选项生成演算系统常常是不切实际的,但其中仍

99

有个很有用的观点:我们应尝试广泛**系统地**探究候选项,越多越好,以寻找引发问题的候选项。这件事并不像看起来的那样困难。一旦我们确立某个不受统制的制约条件,我们便可以忽略所有违反它的候选项,因为这些候选项绝不会威胁优选项。例如,因为我们坚信 *COMPLEX-SYLLABLE 或 *C^{unsyll} 是不受统制的,也都不会被优选项违反,所以,在亚韦尔玛尼语的分析没有结束之前,就没有理由总是为违反这些制约条件的候选项忧心忡忡。同样,如果我们从未看到某些语言发生删音现象,那么通常就足以把这一观察纳入包括 MAX 在内的一两个等级排列论据之中。之后,我们就可以不用再担心候选项的删音了,因为它们再也不可能让我们难堪。

应引起我们关注的是那些只违反受统制的制约条件的败选项。例如,亚韦尔玛尼语有在某些场合发生增音的现象(第一章例 2 中的/ʔilk-hin/→[ʔi.lik.hin])。这表明 DEP 在该语言里受到关键性统制。想到这一点,我们应该回到 2.3 节中的竞选表中,看一看违反 DEP 的候选项会否威胁到其中的任何一个优选项。(习题 17 要求你做一做这个问题。)例如,*[laː.ni.hin]威胁到[lan.hin],因为它在没有违反任何不受统制的制约条件情况下满足了 IDENT(长)。解决这一问题的方法是,把 DEP 等级排在 IDENT(长)之上(见(48))。同样,增加词尾辅音是满足 *V# 的另一种方式,所以 *[ta.xaː.kʔaʔ]将威胁到[ta.xakʔ]。这表明 DEP 也统制 MAX (见(49))。

(48) 等级排列的论证:DEP≫IDENT(长)

/laːn-hin/	DEP	IDENT(长)
a. →lan. hin		*
b. laː. ni. hin	*W	L

(49) 等级排列的论证:DEP≫MAX(≫IDENT(长))

/taxaː-kʔa/	DEP	MAX	IDENT(长)
a. →ta. xakʔ		*	*
b. ta. xaː. kʔaʔ	*W	L	L

所以,要像这样,对候选项进行广泛系统的探究,寻找威胁到优选项的败选项。每当分析过程发现了受到关键统制的某个制约条件时,都要回过头来看一看截止到那一刻所提出的所有竞选表中的优选项。通过新发现的制约条件的一个或多个违反来操控每一个优选项,这是否表明有在其他制约条件上与优选项打成平手或战胜优选项的败选项? 如果有,那么就需要研究一下等级排列了。不要忽视不同位置变化可能导致的违反情况,如[ʔi. lik. hin]与*[ʔil. ki. hin];不要忽视可能的纯结构性差异,如*[laːn. hin]与*[laː. n. hin]。

普林斯和斯莫伦斯基(Prince and Smolensky 1993/2004:139)描述了另一种寻找潜在问题败选项的方法:**标记可删除性方法**(the Method of Mark Eliminability,简称 MME)。从违反型或组合型的汇总竞选表开始,看一看优选项引发的每一个违反标记,仔细想一想所有避免违反标记的各种方式,一定要确保所有这些选项在较高等级排列的制约条件上做的要比优选项差。这个方法是可行的,唯一可能带来麻烦的是优选项的违反标记。唯一有可能倾向选择败选项的制约条件是优选项违反的制约条件,因此它们是唯一可能引发问题的制约条件。

例如,在竞选表(50)中,优选项有两个违反标志:MAX 的违反标记和 IDENT(长)的违反标记。根据 MME,我们需要探究一下避免优选项违反的各种方式。候选项(b)没有违反这两个制约条件,但违反了等级排列更高的 *V#,所以它不成问题。另外一个满足 MAX 的候选项是 *[ta. xa:. kʔaʔ]。正如我们在(49)看到的那样,它需要另一个没有在这一竞选表中的制约条件 DEP。对于优选项违反 IDENT(长)的情况,我们也要这么去做。现在的候选项只剩(c)—(f),这里的分析已对上述候选项做出很好的处理,当然也包括可能性更小的候选项如 *[ta. xa:. ʔikʔ],也是 DEP 致使其败下阵来。

(50) 竞选表(33)对 MME 的诠释

/taxa:-kʔa/	*COMP-SYLL	*C^{unsyll}	*V#	MAX	IDENT(长)
a. →ta. xakʔ				*	*
b. ta. xa:. kʔa			*		
c. ta. xa:kʔ	*			*	
d. ta. xa:. kʔ		*		*	
e. ta. xa:			*	**	
f. tax				***	

最后,我们将以核查候选项的三个经验法则结束本节内容:

- **核查有无其他降低标记性的方式。** 每当标记性制约条件统制忠实性制约条件时,或许还有某些其他非忠实性方式在这个标记性制约条件上做得更好。进行分析时,重要的是我们要把这些可选方案考虑进去,并以等级排列方式加以处理。既然有很多非忠实性方式,如违反 DEP、违反 MAX、违反 IDENT 等,那么通常可能要对潜在的问题候选项快速地心算或笔算一下。例如,如果优选项违反 DEP,那么我们就需要自问一下:"违反 MAX 或 IDENT,会产生同样的标记性提升吗?"如是,那么或许需要把 MAX 和/或 IDENT 等级排在 DEP 之上。

- **谨慎对待 MAX 受到关键统制的等级排列**。担心的原因是,可能在几乎所有的标记性制约条件上违反 MAX 做得更好。事实上,通过删除全部输入项来空满足所有标记性制约条件,这在理论上是可能的。因此,倘若 MAX 被统制,那么尤为重要的是对分析进行核查,看一看败选项可否通过删除某些或全部输入音段来提升满足等级排列在 MAX 之前的标记性制约条件的程度。(有关对空满足的说明,请参看本节末尾方框内的文字。)

- **始终要确保其分析能够处理完全忠实性的候选项**。每个候选项集合中都有完全忠实性候选项;事实上,由于存在着像音节化等结构上的可能差异,候选项集合中会有不止一个完全忠实性的候选项。完全忠实性候选项满足每一个忠实性制约条件,所以,如果不是最优的,就要以标记性理由把它排除出去,这一点至关重要。

> **说明：制约条件的空满足**
>
> 某一制约条件摈斥具有属性 p 的结构 s，如果候选项中真的没有一种结构 s，那么它空满足了这一制约条件。例如，无音节的候选项空满足了 ONSET。评估器在对待非空满足和空满足都是完全一样的，所以这些差异是没有理论地位的，这一点在文献中时常被提及。

习题

21 使用以下迪乌拉福尼（Diola Fogny [dʲola fonʲi]）语[9]的数据（Sapir 1965），为这三个制约条件等级排列构建论据：

AGREE（部位）≫ IDENT（部位）

DEP ≫ IDENT（部位）

MAX ≫ IDENT（部位）

虽然你在撰写分析时通常不会这么做，但为了此项练习，请说明你是如何获取用于你等级排列论证中的败选项。

辅音丛中的每个辅音一旦彼此发音部分不同，如 *[mt]，那么标记性制约条件 AGREE（部位）就会被违反。任何辅音的发音部分一旦在表层与底层表征之间有所不同，如 /nadʒum-to/ 中的 /m/ 表层映射为 [n]，那么忠实性制约条件 IDENT（部位）便被违反。

---

[9] 迪乌拉福尼语是塞内加尔南部卡萨芒斯地区（又名济金绍尔区）使用的一种语言，著名人类语言学家爱德华·萨丕尔之子大卫·萨丕尔所著《迪乌拉福尼语语法》(A Grammar of Diola Fogny，剑桥大学出版社，1965 年）对这一语言有比较详细的描述。——译者

第二章　如何构建分析

底层	表层	
/ni-maŋ-maŋ/	[ni.mam.maŋ]	'我想要'
/ni-ŋan-ŋan/	[ni.ŋaŋ.ŋan]	'我哭喊'
/nadʒum-to/	[na.dʒun.to]	'他停住'
/ni-gam-gam/	[ni.gaŋ.gam]	'我审判'
/na-tiŋ-tiŋ/	[na.tin.tiŋ]	'他切断'
/ku-boɲ-boɲ/	[ku.bom.boɲ]	'他们派送'

22　为迪乌拉福尼语构建一个汇总竞选表，并采用本节描述的 MME 等其他方法来寻找潜在的问题败选项。请边做边解释，如果发现问题败选项，请想办法给予解释。

新[1]　**和谐串行理论及分析**　　新2

和谐串行理论（Harmonic Serialism，简称 HS）是优选论的一种变异形式，它与标准 OT 理论之间的区别在于：和谐串行理论是一种**串行处理**模式，而标准 OT 理论是一种**并行处理**模式。我将解释它的含义，并说明和谐串行理论的分析方法。在本书后面一些章节中也新增了一些内容，它们将对和谐串行理论的意义进行讨论，并给出认为它优于标准 OT 理论的理由。本节的末尾部分，是有关和谐串行理论来源的一些知识，以及推荐的延伸阅读书目。

在标准 OT 理论中，生成器在生成一个候选项时可以对它一次性进行多处变化。这就是说：竞争中的候选项在许多方面彼此之间可以有所不同，而且在许多方面也可以与底层表征形式有所不同。例如，在本书 64 页[⑩]上的竞选表（33）中，有些候选项只在

[⑩] 如无特别说明，"本书页码"均指原书页码，中文版中以边码形式标注。——译者

一处与底层形式/taxa:-kʔa/有所不同(如 ta.xa:kʔ,它与底层形式的区别仅是由一次删音所致),也有些候选项在两个或两个以上的地方有所不同(如 ta.xakʔ,它的不同是由删音和元音缩短所致;又如 tax,其不同是由两次删音所致)。在标准 OT 理论中,生成器在生成候选项时可以并行应用一个或一个以上的语法操作。其结果是,标准 OT 理论的候选项集合里有各式各样的候选项,其中包括彼此差异很大的有竞争力的候选项。

但在和谐串行理论中,生成器仅限于一次只有一个变化。底层形式/taxa:-kʔa/的候选项集合中包括所有不超过一个变化的形式,如:ta.xa:kʔ、ta.xa.kʔa 等,但不包括需要有两次变化的形式,如 ta.xakʔ 或 tax。结果是,和谐串行理论的候选项集合中的形式变化不如标准 OT 理论的候选项集合那么丰富,而且所涉及的竞争中的候选项之间并没有很大的差别。有时,我们把和谐串行理论生成器的这一属性称作**渐变性**(gradualness)。

倘若和谐串行理论所做的一切只是对生成器加以这种限制的话,那么它作为一种理论是行不通的,因为表层形式可以在数个方面有别于底层形式。例如,底层形式/taxa:-kʔa/的表层形式是 ta.xakʔ,它是元音删除和元音缩短两次音变后的结果。正如我们刚刚看到的那样,ta.xakʔ 不是生成器从/taxa:-kʔa/那里生成的候选项之一。那么语法又如何做到这一点?

答案是:和谐串行理论是一个循环操作。在和谐串行理论中,评估器选取的优选项成为提供给生成器的新的输入项,生成器生成一个将要进入评估器的候选项集合,这样循序渐进,循环往复,直至评估器选出一个与最近提供给生成器的输入项完全一样的优选项为止。/taxa:-kʔa/的和谐串行理论的推导过程,如下所示:

第二章　如何构建分析

（1^新）/taxa:-kʔa/ 的和谐串行理论推导过程　　　　　　　新3

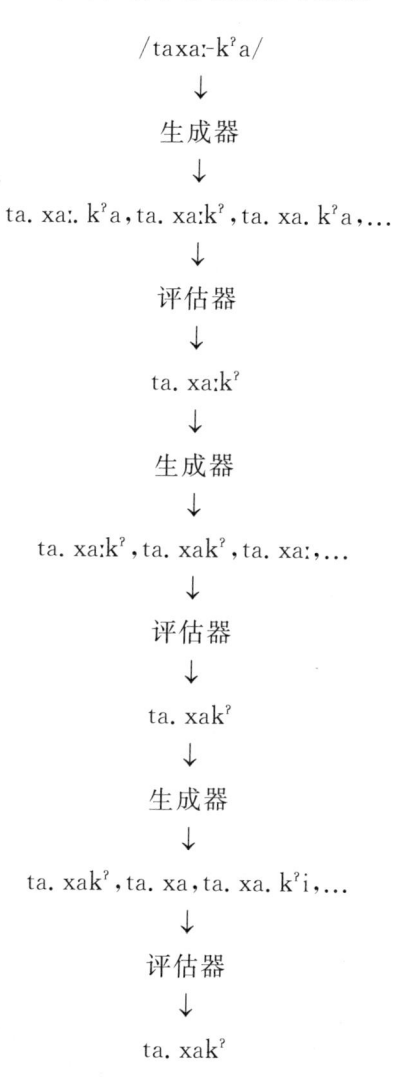

$$/taxa:-kʔa/$$
$$\downarrow$$
生成器
$$\downarrow$$
ta. xa:. kʔa, ta. xa:kʔ, ta. xa. kʔa, …
$$\downarrow$$
评估器
$$\downarrow$$
ta. xa:kʔ
$$\downarrow$$
生成器
$$\downarrow$$
ta. xa:kʔ, ta. xakʔ, ta. xa:, …
$$\downarrow$$
评估器
$$\downarrow$$
ta. xakʔ
$$\downarrow$$
生成器
$$\downarrow$$
ta. xakʔ, ta. xa, ta. xa. kʔi, …
$$\downarrow$$
评估器
$$\downarrow$$
ta. xakʔ

　　从生成器到评估器的每一个轮次，被称为一个**步骤**（step）。每一步中的候选项集合里，都含有输入该步中未发生任何变化的输入项以及这个输入项只发生一次变化后的所有形式。(对音节化以及重新音节化,需要做特别处理。稍后还要谈到这一点。)当某一步均以同样的形式开始、同样的形式结束,即聚合于 $ta.xak^ʔ$ 时,那么图(1新)的音系推导便告结束。这就是语法的最后输出项,即对应于底层形式/taxaː-kʔa/的表层形式。

我将首先用比亚韦尔玛尼语更简单的例子来说明构建和谐串行理论的分析过程,然后再回过头具体看一看图(1新)的音系推导是怎么产生的。

在古典阿拉伯语里,词首辅音丛是禁用的。当它们出现在底层表征形式中时,喉塞音和高元音便会被添加到词首:/fʕal/→ʔif.ʕal '做!'。所涉及的标记性制约条件是:忠实项 $fʕal$ 所违反的 *COMPLEX-ONSET,以及有增音 i 但没有增音ʔ 的 $ifʕal$ 所违反的 ONSET。在标准 OT 理论的分析中,这两个制约条件都排在等级体系的最上头,统制着 DEP:

(2新) 阿拉伯语/fʕal/→ʔif.ʕal 的标准 OT 理论分析

/fʕal/	*COMPLEX-ONSET	ONSET	MAX	CONTIGUITY	DEP
a. →ʔif.ʕal					**
b. fʕal	*W				L
c. if.ʕal		*W			*L
d. ʕal			*W		L
e. fi.ʕal				*W	L

新4 　　竞选表(2新)中还包含了分析所必需的其他几个制约条件。由于 MAX 统制 DEP,所以增音比删音更受青睐;另外,由于 CONTIGUITY 统制 DEP,词首增加 i 音比词中增音更受欢迎,即使由于 ONSET 的作用,词首增加 i 音后还需要增加ʔ 音。

第二章　如何构建分析

我们下面先来看一看和谐串行理论的分析,然后再对二者进行比较。和谐串行理论的生成器不可以一下子增加两个音段,所以,在音系推导之初,最终的优选项 $ʔif.ʕal$ 是不在候选项集合里的。而这时的候选项集合仅限拥有最多在一处有别于 /fʕal/ 的形式:忠实项 $fʕal$,以及非忠实项 $if.ʕal$、$ʕal$、$fi.ʕal$ 等。在这一步的音系推导中,我想要 $if.ʕal$ 胜出,因为只有这个候选项能让我们最终获得 $ʔif.ʕal$。要想让 $if.ʕal$ 胜出,那么 *COMPLEX-ONSET 就必须统制 ONSET:

(3新) /fʕal/→ʔif.ʕal 的和谐串行理论分析:步骤一

/fʕal/	*COMPLEX-ONSET	MAX	CONTIGUITY	ONSET	DEP
a. →if.ʕal				*	*
b. fʕal	*W			L	L
c. fal		*W		L	L
d. fi.ʕal			*W	L	*

在下一步的音系推导中,生成器的输入项是 $if.ʕal$,候选项集合里则包含了 $if.ʕal$ 以及在这个形式之上只发生一处变化的所有形式:$fʕal$、$i.fi.ʕal$、$ʔif.ʕal$ 等。将同样的语法应用于这一新的候选项集合,该语法因 ONSET 统制 DEP 而把 $ʔif.ʕal$ 选为了最优项。

(4新) /fʕal/→ʔif.ʕal 的和谐串行理论分析:步骤二

/ifʕal/	*COMPLEX-ONSET	MAX	CONTIGUITY	ONSET	DEP
a. →ʔif.ʕal					*
b. if.ʕal				*W	L
c. fʕal	*W	*W			L

注意:这一步的输出项是否忠实,不是根据底层表征形式决定的,而是根据当前这步音系推导的输入项确定的。这与和谐串行

109

理论的基本假设相一致,而且它最后还可以解决位置忠实性问题（见后面新 18 及以下诸页上的讨论）。

我们知道我们已经得到了希望得到的表层形式,但**语法**并不知道,它还会把最新获得的优选项 $?if.ʕal$ 作为输入项提交给下一轮次生成器到评估器的分析。候选项集合将再次包含了 $?if.ʕal$ 以及只在一处有别于它的所有形式。所有这些发生变化的形式均未能取胜,而 $?if.ʕal$ 再次胜出：

(5^新)／/fʕal/→$?if.ʕal$ 的和谐串行理论分析：步骤三

/ʔifʕal/	*COMPLEX-ONSET	MAX	CONTIGUITY	ONSET	DEP
a. →ʔif.ʕal					
b. ʔi.fi.ʕal					*W
c. ʔif.ʕa		*W			

新5　　至此,音系推导聚合于最后的输出项 $?if.ʕal$ 上,这就是该语言的表层形式,生成器～评估器的循环操作过程到此结束。

现在,我们来对阿拉伯语的标准 OT 理论分析与和谐串行理论分析进行比较。竞选表(2^新)中的标准 OT 理论分析没有给出 *COMPLEX-ONSET 与 ONSET 之间的任何一种等级排列方式。事实上,这两个制约条件在古典阿拉伯语的标准 OT 理论分析中是**无法等级排列的**。二者之所以不可以进行等级排列,是因为它们未被违反。制约条件之间的冲突,是进行制约条件等级排列的依据；而在标准 OT 理论中,未被表层形式违反的制约条件之间是不会发生任何冲突的。

但在和谐串行理论分析中,对 *COMPLEX-ONSET 与 ONSET **进**

行了等级排列，*COMPLEX-ONSET 的等级排列在前。该等级排列是必要的，因为虽然 ONSET 在第一轮音系推导中未被忠实性候选项违反，也未被最后一轮音系推导的优选输出项违反，但它被中间一轮的优选项 $if.ʕal$ 违反。这种情况在和谐串行理论中很正常，不足为奇。事实上，这正是我们应该在一种用可违反制约条件等级体系进行音系推导的理论中期待看到的结果。制约条件之间的冲突可以在音系推导过程中浮现，而这些冲突则是以那种久负盛名的优选论方式化解的：需要对冲突之中的制约条件进行等级排列，为了不违反等级排列高的制约条件而违反了等级排列低的制约条件。

有一种特殊类型的竞选表，可能有助于研究和谐串行理论中的音系推导情况。它列出了初始时的忠实项以及聚合之前每一步推导相继产生的优选项。我们把它叫作"和谐性提升竞选表"（harmonic improvement tableau），其原因将稍后加以说明：

(6[新]) /fʕal/→ʔif.ʕal 的和谐性提升竞选表

	*COMPLEX-ONSET	MAX	CONTIGUITY	ONSET	DEP
忠实项：fʕal	*				
步骤一：if.ʕal				*	*
步骤二：ʔif.ʕal					*

通过把和谐性提升竞选表中的每一行与其紧上面的一行进行比较，我们便可以明白为什么做一点具体的改动总是比不做任何改动要好。例如，排除(6[新])中步骤一对*COMPLEX-ONSET 的违反，是以违反等级排列低的 ONSET 和 DEP 为代价的；排除步骤二对 ONSET 的违反，是以再次违反 DEP 为代价的。

和谐性提升竞选表并不能替代通常所使用的竞选表,因为它无法说明每一步做出的变化都是最好的变化。但和谐性提升竞选表却是有利于很好地展现和谐性提升的过程。请重温一下本书 21 页上对和谐性的解释。

和谐串行理论中的音系推导,必须呈现聚合之前所有循序渐进的和谐性提升过程。每一步音系推导后获得的优选项都一定要比其前者更和谐,和谐性提升竞选表在视觉上呈现的是:随着音系推导的逐步推进,等级排列高的违反标记将会逐渐消失,有时会被等级排列低的违反标记所取代。

新6　　和谐性提升竞选表以及这种把和谐性提升用于和谐串行理论音系推导中的想法,现可以用来解决先前提出的悬而未决的问题:音节化怎样才符合和谐串行理论的渐变性生成器? 答案是:(重新)音节化本身不应该算作是一种变化,因此它不受约束,常常与其他某个变化同时出现。在竞选表(6新)的第一行中,fʃal 中的 f 音被分析为复杂音节首的一部分;而在第二行中,它又被分析为音节尾。要想让增音音变提升和谐性,就必须能够在增加 i 音的同时改变 f 的音节化方式。如果这些变化要分步骤实施的话,那么就无法做到每步音系推导都能实现和谐性提升。

(7新) 若分步骤进行重新音节化,就不会有和谐性提升

	*Complex-Onset	Max	Contiguity	Onset	Dep
忠实项:fʃal	*				
步骤一:i.fʃal	*			*	*
步骤二:if.ʃal				*	
步骤三:ʔif.ʃal					*

第二章 如何构建分析

相对于忠实性候选项,步骤一没有和谐性提升。这是一种错误的音系推导方式,在和谐串行理论中是不允许的。

为什么(重新)音节化在和谐串行理论的生成器中可以"自由放任"而其他变化却要非此即彼、互不相容呢?一种可能的回答是:其他变化都是非忠实性的,而(重新)音节化永远是忠实性的。音节化在任何语言里似乎都不是对立性的,也就是说,不存在要求忠实于音节化的制约条件。所以,一种合理的设想是:在和谐串行理论的生成器生成一个候选项时,它能够生成出无限数量的忠实性变化的形式,但却只能生成出唯一一个非忠实性变化的形式。

用和谐串行理论做分析,有些方面比用标准 OT 理论要容易一些,有些方面要难一些。说它容易,是因为本书 2.5 节中提及的难题——找出那个令人烦恼的候选项——在和谐串行理论中变得轻而易举了。和谐串行理论的候选项集合在规模上受到渐变性原则的严格限定。在标准 OT 理论中,用卡特图南那令人回味的话来说,"某个意想不到的竞争对手突然出现,把预先设想的优选项淘汰出局",但在和谐串行理论中,这种情形只不过是一种臆想而已了。

另一方面,说和谐串行理论更难,是因为除了等级排列之外,推导是研究者必须要解决的另一个未知问题。解决推导问题,这件事看上去难,但做起来不那么难。首先,列出所有发生在底层到表层路径上的非忠实性变化。显而易见,在 /ʃaʔ/→ʔif.ʃal 的映射中发生了两次增音音变。那么,就要问一问:两次音变中的哪次音变是先发生的?判断哪次音变先发生的标准是和谐性提升。逻辑上有两种从 /ʃaʔ/ 推导出 ʔif.ʃal 的可能性。如果推导方式是先插入元音,即 /ʃaʔ/→if.ʃaʔ→ʔif.ʃal,那么,我们甚至在尚未进行等级排列之前就已知晓这至少是可以提升和谐性的:插入 i 音,消除了词首辅音丛;插入ʔ音,避免了插入 i 音后所产生的无首音音节。但如果推导方式是先插入辅音,即/ʜaʔ/→ʔf.ʜal →ʔif.ʜal,那么和谐性提升也就绝无可能了:插入ʔ音后,甚至还会进一步降低它的和谐性程度。

两个音变的先后次序,有时无关紧要。两个不同位置应用操作产生两处音变,常常就造成这样的情况。例如,本书 41 页上的习题 9 描述了帕劳语里一种元音弱化音变。在/keri-mam/→kərəmám 中,有三处发生了音变:e 和 i 的弱化音变,以及 a 的重音指派。由于只有非重读元音才会发生弱化音变,显然必须要在元音弱化音变之前实施重音指派。但是,是 e 还是 i,哪个先发生弱化音变,并不重要。事实上,如果 kərimám 与 kerəmám 在第二步音系推导过程中打成平手,那么你就根本不可能确定元音弱化音变的先后次序。保险的做法是:任选它们中的一个作为优选项,另一个非重读元音将在第三步音系推导中发生弱化音变,那种临时性的差异会很快不复存在。

还有一点,和谐串行理论可能要难于标准 OT 理论的是:它需要的制约条件可能更为具体。亚韦尔玛尼语/taxa:-kʔa/→ta.xakʔ 的映射正好说明了这一点。

本书 2.3 节是亚韦尔玛尼语的标准 OT 理论分析。其中有一条标记性制约条件 *COMP-SYLL,它同时被 CVCC 和 CV:C 音节违反[11]。正如本章的竞选表(33)所呈现的那样,*COMP-SYLL 与 *V#

---

[11] 标准 OT 理论分析中还有一条制约条件 *C[unsyll],该制约条件因把 CVCC 和 CV:C 均视为重音节后再接一个未被音节化的辅音而将其排除。我这里没有考虑 *C[unsyll] 等其他分析,是因为它们确实没有对标准 OT 理论与和谐串行理论的比较产生任何影响。

一道共同促成了/taxa:-k$^?$a/→ta.xak$^?$中的元音缩短。但如本章的竞选表(34)所示,它也阻断了/xat-k$^?$a/→xat.k$^?$a中的尾音删除。*COMP-SYLL的这两种不同作用,主要是由两个忠实性制约条件的等级排列决定的。*COMP-SYLL 与*V#一起统制 IDENT(长),因而引发/taxa:-k$^?$a/→ta.xak$^?$中的元音缩短,但由于它又与 DEP 一起统制*V#,因而还阻断/xat-k$^?$a/→xat.k$^?$a 中的尾音删除。(有关 DEP 的等级排列问题,请参见本书65页上的习题17。)

对于和谐串行理论分析来说,*COMP-SYLL 的这种双重作用不很奏效。和谐串行理论分析/xat-k$^?$a/的第一步,看上去与竞选表(34)极为相似(即使在习题17提到的对候选项 xa.tik$^?$ 的省略上)。但如果把这一等级体系应用于/taxa:-k$^?$a/的步骤一,我们便会得到不愿意得到的尾音删除遭到阻断的情况:

(8^{新})不想得到的和谐串行理论中尾音删除遭到阻断的情况

/taxa:-k$^?$a/	*COMP-SYLL	*V#	MAX	IDENT(长)
a. →ta.xak$^?$	*		*	
b. ta.xa:.k$^?$a	L	*W	L	

竞选表(8^{新})是不合乎语法的,因为它里面的一条青睐败选项的制约条件未受到统制。标准 OT 理论竞选表(33)与和谐串行理论竞选表(8^{新})之间的不同之处在于:ta.xak$^?$是底层形式发生尾音删除和元音缩短两次音变后的形式,因此它不能成为步骤一中的候选项。既要满足*COMP-SYLL 还要删除/taxa:-k$^?$a/中的尾音的唯一方式是:在删除词尾元音的同时还要缩短倒数第二个音节的元音,而一次只允许发生一个变化的和谐串行理论的生成器是做

不到这一点的。

　　解决这一难题的方法是：引入另外一条阻断/xat-kʔa/而非/taxa:-kʔa/中尾音删除音变的制约条件，即 *COMPLEX-CODA。该制约条件取代了排在等级体系最前面的 *COMP-SYLL，而 *COMP-SYLL 则改以排在 *V# 与 IDENT(长)之间，这样它便可以阻止出现 $xatk^ʔ$ 这种 CVCC 音节，但对 $ta.xa:k^ʔ$ 这种 CV:C 音节则不产生任何作用。

新8

　　应用这一修改后的语法，依旧可以在/xat-kʔa/→$xat.k^ʔa$ 的步骤一中正确地阻断其尾音的删除。

(9新) /xat-kʔa/→$xat.k^ʔa$ 中的步骤一

/xat-kʔa/	*COMPLEX-CODA	*V#	*COMP-SYLL	MAX	IDENT(长)
a. →xat. kʔa		*			
b.　　xatkʔ	*W	L	*W	*W	

但这条较为具体的制约条件 *COMPLEX-CODA 在/taxa:-kʔa/→$ta.xa:k^ʔ$→$ta.xak^ʔ$ 的步骤一中不会阻断尾音删除音变。

(10新) /taxa:-kʔa/→$ta.xa:k^ʔ$→$ta.xak^ʔ$ 中的步骤一

/taxa:-kʔa/	*COMPLEX-CODA	*V#	*COMP-SYLL	MAX	IDENT(长)
a. →ta. xa:kʔ			*	*	
b.　　ta. xa:. kʔa		*W	L	L	

再往下的音系推导是步骤二的元音缩短：

第二章　如何构建分析

(11^{新}) /taxaː-kʔa/→ ta.xaːkʔ → ta.xakʔ 中的步骤二

ta.xaːkʔ	*Complex-Coda	*V#	*Comp-Syll	Max	Ident(长)
a. → ta.xakʔ					*
b. ta.xaːkʔ			*W		L

到了步骤三(未展示)，便聚合到了一起。

给 Con 中添加一条制约条件，不是我们仅仅想要挽救和谐串行理论这一分析所要做的事。我们必须单独给出这一新的制约条件存在的理据。创设新的制约条件的理据，是本书第四、五章所要详述的主题内容，但此刻尝试，则为时过早。*Complex-Coda 自身存在的理据，源自某种即便是标准 OT 理论分析也需要这一制约条件的语言。

那种语言就是苏丹阿拉伯语。苏丹阿拉伯语里有一种词中删音音变，它影响非末尾不重读开音节中的短元音。该音变可能会产生表层违反 *Comp-Syll 的形式，如 *ji.káːd.bu，但不会产生表层违反 *Complex-Coda 的形式，如 *jágd.bu。如果不对这两个制约条件做出区分，那么就没有办法应用标准 OT 理论或和谐串行理论对苏丹阿拉伯语进行分析。

(12^{新}) 苏丹阿拉伯语中的词中删音现象(Hamid 1984：82 及以下诸页)

a. /fihim-u/　　fíh.mu　　'已理解(阳性，复数)'
　　/jikaːtib-u/　　ji.káːd.bu　　'通信(阳性，复数)'
　　/maːsik-a/　　máːs.ka　　'持有(阴性，单数)'
b. /jaktub-u/　　ják.ti.bu　　'写(阳性，复数)'　　*jágd.bu
　　/jitarʄim-u/　　ji.tár.ʄi.mu　　'翻译(阳性，复数)'　　*ji.tárʄ.mu

有诸多理由认为和谐串行理论可能是一个比标准 OT 理论更

117

好的音系学理论,其证据源自语言类型学,这一点将在下面(新 18 页、新 21 页和新 27 页)进行讨论。

新 9　　和谐串行理论最早见于优选论的经典权威之作——普林斯和斯莫伦斯基(Prince and Smolesnky 1993/2004),但该书没有对这一理论做进一步的探索,事实上是否定了这一理论,并代之以优选论的标准并行处理模式。麦卡锡(McCarthy 2000b,2002:159—163,2007d)重提和谐串行理论,并分析和确认了该理论所具有的某些普遍性意义。

迄今为止,大部分支持和谐串行理论的论据可归为两大类:和谐串行理论不同于标准 OT 理论,它有推导过程中的中间形式,这种形式既不是底层形式,也不是表层形式。一类论据是基于上述这一事实提出来的,其主张是:只有基于这些中间形式,才能正确做出某些概括。有关这方面论据的实例有:重音与词中删音之间的交互现象(McCarthy 2008b)、重音与插音之间的交互现象(Elfner 2009)(见下文新 21 页)、位置忠实性(Jesney 即出)(见下文新 18 页)、局部变异现象(Kimper 即出)、语音与音系之间的交互现象(McCarthy 2011)。另外一类论据是基于语言类型学提出来的。具体地说,其主张是:标准 OT 理论预测到和谐串行理论预测不到的未经证实的音系类型(见下文新 21 页)。这方面论据的实例有:自主音段延展(McCarthy 2007d,即出)、词尾删音和换位音变(McCarthy 2007d)、辅音丛简化(McCarthy 2008a)、重音(Pruitt 2008)和叠音(McCarthy,Kimper and Mullin 2010)等现象。

和谐串行理论虽与候选项链理论(OTCC)相关,但却有所不同。主要不同在于:这类和谐串行理论是用来构建彼此形成竞争的音系推导过程,而候选项链理论研究所特别关注的是音系不透明现象(McCarthy 2007a)以及音系与形态之间的交互性问题(Wolf 2008)。

问题

1^新 竞选表(7^新)中有关(重新)音节化不需要分步骤进行的主张是基于一个未明说的假设提出来的,即生成器从不生成无音节核的音节。假定这一假设变了,那么生成器便能生成出像 $\Delta f.$ sal 这样一种候选项,其中 Δ 表示音节核是空的,它可以由后来的插入元音填充。改变这一假设会影响上述主张吗?

习题

2^新 请给竞选表(1^新)中的音系推导构建一个和谐性提升竞选表。

3^新 请给出对帕劳语所做的一种全面的和谐串行理论分析。

4^新 请重温一下本书 51 页上有关藏语的习题。藏语的标准 OT 理论分析与和谐串行理论分析有无差别?请说明你的答案。

5^新 想象一下某种语言,它除了表层体现为词尾删音加增音之外,其他均与亚韦尔玛尼语完全相同。请构建对这一语言的和谐串行理论分析。

2.6 和谐限定

我们在前一小节(2.5 节)中看到了用以确保其分析能够处理可能挑战它的所有败选项的一些方法,但还有些肯定**不会**给分析造成任何问题的败选项。无论制约条件如何等级排列,这些败选项都不会取胜。因此我们说它们已被**和谐限定**[12](Samek-Lodovici

---

[12] 正确说法是"和谐限定(harmonically bounded)",而非"和谐约束(harmonically bound)"。"被限定(bounded)"是动词"限定(to bound)"的一种形式,该词源自名词"限度(bound)",如"115 岁看来是人类寿命的上限"。当候选项 A 和谐限定了候选项 B,那么 A 便充当了 B 渴望最优的上限。

1992;Samek-Lodovici and Prince 1999)。

在某一违反竞选表里,如果候选项 1 拥有候选项 2 违反标记的真子集,竞选表里的制约条件无论怎样等级排列,候选项 2 均无法击败候选项 1。那么我们就可以说候选项 2 在这一制约条件集合的条件下被候选项 1 所和谐限定[13]。在竞选表(51)中,我把被和谐限定的候选项 *[ta.xa]添加在竞选表(33)的最下面,这个新增候选项(见(g)行)被优选项(a)和谐限定。候选项(a)违反 MAX 和 IDENT(长)各一次,而候选项(g)除此违反外还另外违反 MAX 一次和 *V#一次。这一竞选表中使用了虚线,意在强调和谐限定并不取决于等级排列。恰恰是制约条件、输入项以及候选项在确定和谐限定关系方面举足轻重。

(51) 在(33)中添加 *[ta.xa]的违反竞选表

/taxaː-kʔa/	*COMP-SYLL	*C^{unsyll}	*V#	MAX	IDENT(长)
a. →ta.xakʔ				*	*
b. ta.xaː.kʔa			*		
c. ta.xaːkʔ	*			*	
d. ta.xaː.kʔ		*		*	
e. ta.xaː			*	**	
f. tax				***	
g. ta.xa			*	**	*

---

[13] 候选项也可能被其他候选项集合和谐限定。有关**集成性和谐限定**(collective harmonic bounding)的论述,请参见萨梅克-洛多维科和普林斯的文章(Samek-Lodovico and Prince 1999)。

很巧的是，(51)中还有一个候选项和谐限定了候选项(g)。这个候选项(e)违反 *V# 一次、Max 两次；候选项(g)除了有这些违反外，还违反 Ident(长)一次。这表明一个败选项可以和谐限定另一个败选项。说(a)或(e)和谐限定(g)，并不意味着无论等级排列怎样，(a)或(e)都总会胜出。事实并非如此，相反，它意味着无论哪种等级排列，(g)都不能获胜，因为(a)和(e)总是比(g)做得更好，即使它们本身不是优选项。

如果败选项被优选项和谐限定的话，那么就不会有倾向选择败选项而非优选项的制约条件。这在(51)中增加 W 和 L 创建(52)之后就变得一目了然了。这一竞选表清清楚楚地说明了为什么任何制约条件等级排列方式都无法让(g)胜出。因此，(g)无法给我们提供有关怎样等级排列这些制约条件的任何信息。

(52) (51)的组合竞选表

/taxa:-kʔa/	*Comp-Syll	*C^unsyll	*V#	Max	Ident(长)
a. →ta. xakʔ				*	*
b. ta. xa:. kʔa			*W	L	L
c. ta. xa:kʔ	*W			*	L
d. ta. xa:. kʔ		*W		*	L
e. ta. xa:			*W	**W	L
f. tax				***W	L
g. ta. xa			*W	**W	*

显而易见，和谐限定总是相对于某个制约条件集合和某个共有输入项的候选项集合而确定的。(52)中的 *[ta. xa]受到和谐限定，这就意味着，无论制约条件 *Complex-Syllable、*C^unsyll 等怎

么等级排列,均不能把输入项/taxa:-k²a/映射为输出项*[ta.xa]。当然,这并不意味着*[ta.xa]不能成为**任何**输入项的优选项——比如,/taxa/→[ta.xa]的映射就没有受到和谐限定,也不意味着在任何能够想象到的制约条件集合的情况下/taxa:-k²a/→[ta.xa]的映射是不可能的。

和谐限定很重要,原因有三:第一,需要认识到受到和谐限定的候选项有可能让人们无法集中精力进行等级排列的论证工作。例如,在呈现分析时,由于受到和谐限定的候选项不能为等级排列提供任何信息,因此一般没有理由把它们纳入进来。2.12节将对此有更多论述。第二,如发现预想的优选项受到某个败选项的和谐限定,那则是个非常严重的问题。要解决这个问题,至少需要引入一个制约条件,通过它青睐优选项而非威胁限定优选项的败选项来打破这一限定关系。第四章将论及这一问题。第三,和谐限定对于语言类型学研究至关重要。由于受和谐限定的候选项在任何等级排列下都不能取胜,那么,即使把所有的制约条件都考虑进去,可以推知任何语言也都是不可能的。我们将在第五章看到更多有关类型学的研究。

问题

23 请问一个已知输入项会有多少个受和谐限定的候选项?请解释你的答案。

习题

24 参照我给竞选表(33)做的那样,请给竞选表(31)和(34)构拟一些受和谐限定的候选项。竞选表(32)又如何呢?

新[2] 和谐串行理论中的和谐限定

新 10

　　和谐串行理论中极为有趣的一点是：标准 OT 理论中受到和谐限定的候选项有可能成为和谐串行理论中中间步骤的优胜项。只要某种音变同样适用于不止一处地方时，这种情况便会出现。因为和谐串行理论的生成器是渐变性的，所以，虽然这种音变最终在所有能够应用的地方都会得到应用，但它在每一步的推导过程中只可以应用一次。我们在前面新 6 页上对帕劳语的分析中曾提到过和谐串行理论的这一特点。现在，让我们来对它做一番更为详细的阐释。

　　例如，开罗阿拉伯语里有一条非重读音节中长元音的缩短音变：

(13[新]) 开罗阿拉伯语非重读音节中的元音缩短音变

/itnaːʔiʃ-na/	ʔitnaʔiʃ-na	'我们讨论过'
/ʃaːf-it-ak/	ʃafitak	'我们看见过你（阳性，单数）'
/ma-ʃaːf-uː-niː-ʃ/	maʃafuniːʃ	'他们没有看见过我'

正如上述最后一行例词所示，词中的几个非重读长元音，它们全部都变成了短元音。

　　我将把指派重音的语法部分暂置一旁，专心讨论缩短音变问题。元音缩短是因满足一条被称之为 WEIGHT-TO-STRESS（简称 WSP）的制约条件所致。违反它的是非重读重音节（Prince 1990）。在开罗阿拉伯语里，WSP 统制 IDENT（长）：

(14新) WSP ≫ IDENT(长)(标准 OT 理论分析)

/ma-ʃa-f-uː-niː-ʃ/	WSP	IDENT(长)
a. →maʃafuniːʃ		**
b. maʃaːfuːniːʃ	** W	L
c. maʃaːfuiniːʃ	* W	* L
d. maʃafuːniːʃ	* W	* L

假如我们现在把和谐串行理论用于分析同样这组语料。我们在指派重音后进入音系推导过程中的第二步,与输入项 maʃaːfuːniːʃ 相关的候选项有三个:未发生任何变化的输入项本身、maʃafuːniːʃ 和 maʃaːfuniːʃ。实际的表层形式是当前这个输入形式发生两次变化后的形式,因此(尚)未成为它的候选项之一。发生元音缩短音变的两个候选项在竞争中难分伯仲,均成为了这一中间步骤的优选项:

(15新) 和谐串行理论分析步骤二

maʃaːfuːniːʃ	WSP	IDENT(长)
a. →maʃafuːniːʃ	*	*
b. →maʃaːfuniːʃ	*	*
c. maʃaːfuːniːʃ	** W	L

任选中间步骤中的一个优选项,把它作为输入项提供给生成器。理想的结果是,获胜的是那两个元音均被缩短的候选项:

124

(16新) 和谐串行理论分析步骤三　　　　　　　　　　　　　　　新11

maʃafuːniːʃ	WSP	Ident（长）
a. →maʃafuniːʃ		*
b. 　maʃafuːniːʃ	*W	L

在标准 OT 理论中，和谐串行理论分析步骤二的两个优选项均受到了和谐限定。如竞选表（17新）所示，它们是被两个均不缩短或均缩短的元音所和谐限定。这个竞选表意在展示和谐限定而非等级排列结果，因此省去了所有等级排列所需的附加标记，如 W、L 以及竖的实线。

(17新) 单个元音缩短在标准 OT 理论受到和谐限定

/ma-ʃaːf-uːniː-ʃ/	WSP	Ident（长）
a. maʃafuniːʃ		**
b. maʃaːfuːniːʃ	**	
c. maʃaːfuniːʃ	*	*
d. maʃafuːniːʃ	*	*

(17新 c) 和 (17新 d) 是单个元音缩短的两个候选项。如果 WSP 等级排在前面，它们便会败给 (17新 a)；如果 Ident（长）的等级排在前面，那么它们就会败给 (17新 b)。无论哪一种等级排列方式，它们均无法胜出，因此它们受到了和谐限定[14]。

和谐串行理论可以有标准 OT 理论中受到和谐限定的中间优

---

[14] 这就是**集成性和谐限定**（Samek-Lodovici and Prince 2005）。本书对和谐限定的讨论，仅限于比较简单的和谐限定。

选项,但这并不意味着和谐串行理论颠覆了整个和谐限定的概念。这些中间优选项永远不可能成为语法的最终输出项,从这个意义上说,它们也同样受到了和谐限定。为使其中一个元音缩短,WSP 必须统制 IDENT(长)。但是一旦启动这种等级排列下的音系推导,只有在所有非重读元音全部缩短之后,才会出现聚合情况。在和谐串行理论中,和谐限定是音系推导而非体现形式的一种属性。

习题

6[新] 请举例说明和谐串行理论的音系推导需要一个在标准 OT 理论中受到和谐限定的中间形式。这个例子没必要一定是真实的例子,但它要合情合理,也不一定非要涉及元音缩短音变。

2.7 等级排列论证中的制约条件

想象以下情形:我们的分析看上去已经很不错了,甚至几乎完成。这时找出另一个可能与正在分析的现象相关的制约条件。这个制约条件要不要纳入这一分析之中?或可否置之不理?

普林斯(Prince 2002a:276)用比较竞选表的表达方式简洁明了地做出了回答:

其答案是:我们可以把所有且仅仅那些评估**空白**的制约条件从讨论中略去,这就是那些不进入比较评估的制约条件。如果——出于对简略做法的过分重视或仅仅是由于疏忽大意,或者因为我们论述时有喜欢保留关键信息的做法——我们对某个做出评估 L 的制约条件置若罔闻,那么我们就会无法掌控**必须受到统制的**制约条件,我们的论证也会残缺不全;如果我们对某个做出评估 W 的制约条件的置之不理,那么(只要其他某个制约条件做出评估 L)我们所提出的等级排列论据就有可能会貌似牢靠,实则虚妄。

换言之,如果我们把这个制约条件添加到我们进行分析的竞选表中,那么它会起什么作用?它会青睐优选项还是败选项?或者两个都不青睐,即其列里既没有 W 也没有 L(="评估**空白**")呢?只有最后一种情况,我们才可以很有把握地对它置之不理。

若新增的制约条件青睐败选项,那么它可能会通过让错误的候选项胜出来,威胁破坏已有的分析。在此情况下,必须对这一制约条件进行研究,必须把它排在某个青睐优选项的制约条件之后。为说明这一点,我将给 2.3 节中对亚韦尔玛尼语的分析中添加一个制约条件。虚构的制约条件 MAX_{词干-尾}阻止删除词干尾音段,如后缀元音/-k'a/[15]。如果我们把这个制约条件添加到亚韦尔玛尼语汇总竞选表(33)中,便可以得到(53)。由于尚不知道 MAX_{词干-尾}的等级排列,我把它放到如(13)中的竞选表等级排列部分的右边。

竞选表(53)清楚地说明 MAX_{词干-尾}青睐败选项(b)。既然我们知道了有这么一个制约条件,恰恰是因为它青睐某个败选项,那么

---

[15] MAX_{词干-尾}兼有麦卡锡和普林斯(McCarthy and Prince 1993a,1993b)提出的 ALIGN-RIGHT(词干,音节)或麦卡锡和普林斯(McCarthy and Prince 1995,1999)提出的 ANCHOR-RIGHT 的某些功能。

(53) 加入了 M$_{AX词干-尾}$ 的竞选表

/taxaː-kʔa/	* C$_{OMP}$-S$_{YLL}$	* C^{unsyll}	* V#	M$_{AX}$	I$_{DENT}$（长）	M$_{AX词干-尾}$
a. →ta. xakʔ				*	*	*
b. ta. xaː. kʔa			*W	L	L	L
c. ta. xaːkʔ	*W			*	L	*
d. ta. xaː. kʔ		*W		*	L	*
e. ta. xaː			*W	**W	L	*
f. tax			***W		L	*

我们就必须在分析中对其进行处理。处理的方式很简单：把它等级排在等级排列最高的（仅在这里）、青睐优选项（b）的制约条件 *V# 之后。这一等级排列的论证见（54）所示。我们照例把所有已知的青睐优选项或青睐败选项的制约条件全都列入竞选表之中。

(54) 等级排列的论证：*V# ≫ M$_{AX词干-尾}$

/taxaː-kʔa/	*V#	M$_{AX词干-尾}$	M$_{AX}$	I$_{DENT}$（长）
a. →ta. xakʔ		*	*	*
b. ta. xaː. kʔa	*W	L	L	L

若新引入的制约条件青睐优选项，那么它便可以通过提出优选项为何最优的另一种解释来破坏等级排列的现有论据。亚韦尔玛尼语再次给我们提供了一个范例：重音通常落在倒数第二个音节上（Newman 1944：28），节律重音音步故而为两个音节长[16]。

---

[16] 符号"σ"表示音节，符号"ˈ"是国际音标重音符号。

(有关音步和重音的更多阐释,见 4.5.2 节。)有些语言只有双音节音步,其单音节音步是被制约条件 FOOT-BINARITY(音节)(FT-BIN(syll))排除的。如果我们将这一制约条件加入到分析之中,那么,由于 FOOT-BINARITY(音节)青睐双音节的优选项[xat.kʔa]而非单音节的败选项,我们就会有两个可选的等级排列方式,见竞选表(55)所示。

(55) 等级排列析取问题

*COMPL-SYLL, *C^{unsyll} ≫ *V#

/xat-kʔa/	*COMP-SYLL	*C^{unsyll}	*V#	MAX	FT-BIN(syll)
a. → (ˈxat.kʔa)$_{foot}$			*		
b. (ˈxatkʔ)$_{foot}$	*W		L	*W	*W
c. (ˈxat.kʔ)$_{foot}$		*W	L	*W	*W

或者 FT-BIN(syll) ≫ *V#

/xat-kʔa/	FT-BIN(syll)	*V#	MAX	*COMP-SYLL	*C^{unsyll}
a. → (ˈxat.kʔa)$_{foot}$		*			
b. (ˈxatkʔ)$_{foot}$	*W	L	*W	*W	
c. (ˈxat.kʔ)$_{foot}$	*W	L	*W		*W

竞选表(55)的问题是,(b)和(c)败选的原因现可能有两种解读,一种是我们前面已接受的,即 *COMPLEX-SYLLABLE 和 *C^{unsyll} 一同统制 *V#;另一种是新的,即 FOOT-BINARITY(音节)统制 *V#。以前,我们可以肯定地说,*COMPLEX-SYLLABLE 和 *C^{unsyll} 一同统制 *V#,但现在留给我们的是一种析取形式:*COMPLEX-SYLLABLE 和 *C^{unsyll} 一同统制 *V# 或者 FOOT-BINARITY

（音节）统制 *V#。

等级排列的析取问题常常是无法解决的。在放弃努力之前，还有些前景看好的思路，值得我们沿着往下探索。找出某个完全不同的败选项或甚至完全不同的输入项，把青睐优选项的制约条件在析取中的影响分离出去，这种做法，有时可以解决这一析取问题。制约条件定义方式，常常有助于表明败选项或输入项应为何样。

例如，*COMPLEX-SYLLABLE 和 *C^{unsyll} 是有关音段组成音节的制约条件，而 FOOT-BINARITY（音节）则是有关音节组成音步的制约条件。两者针对的对象不同，应该有可能想出析取中一方制约条件不起作用的候选项，那样我们就可以看到析取中单纯另一方制约条件所产生的作用。要看到 *COMPLEX-SYLLABLE 和 *C^{unsyll} 不受 FOOT-BINARITY（音节）干扰的效果，我们需要竞争中的优选项和败选项都要有至少两个音节，见(56)所给出的例子。在这个竞选表中，FOOT-BINARITY（音节）评估结果是**空**的，因而我们可以放心地得出确实 *COMPLEX-SYLLABLE 和 *C^{unsyll} 一同统制 *V# 的结论。

(56) 获取 [haj.wis.kʔa] '不要笑！' 的竞选表 (Newman 1944: 118)

/hajwis-kʔa/	*COMP-SYLL	*C^{unsyll}	*V#	MAX	FT-BIN(syll)
a. → haj.('wis.kʔa)_foot			*		
b. ('haj.wiskʔ)_foot	*W		L	*W	
c. ('haj.wis.kʔ)_foot		*W	L	*W	

摆脱等级排列这一析取困扰的另一方法是，说明必须把 FOOT-BINARITY(音节)的等级排低，让它无法统制*V#。事实上，它的等级必须排在 MAX 之后，因为我们已经知道 MAX 等级排在*V#之后，所以 FOOT-BINARITY(音节)不可能统制*V#。把 FOOT-BINARITY(音节)等级排在 MAX 之后的论据，是基于所观察到的亚韦尔玛尼语有诸如[tiʔ]'房子(主格)'单音节实词的这一事实(Newman 1944:240)。[tiʔ]这个词违反了 FOOT-BINARITY(音节)，但没有违反 MAX。为了构建等级排列的论证，我们需要一个不违反 FOOT-BINARITY(音节)但违反 MAX 的败选项。删除输入项中的所有音段，让 FOOT-BINARITY(音节)得到空满足。既然没有了可分析的音段，也就没有了音节、音步和音系词，因而 FOOT-BINARITY(音节)便可以得到空满足。上述这一思想，可以追溯到优选论创建之初(Prince and Smolensky 1993/2004:57)。这一等级排列的论证，见(57)所示。

(57) 等级排列的论证：MAX ≫ FT-BINARITY(音节)

/tiʔ/	MAX	FT-BIN(syll)
a. → ('tiʔ)$_{foot}$		*
b. ∅	*** W	L

总而言之，青睐败选项的制约条件因对优选项构成威胁，需在分析中得到处理；青睐优选项的制约条件因对已建立起来的等级排列方式构成威胁，也需要得到处理。要消除来自青睐败选项制约条件的威胁，就要把它们等级排在青睐优选项的制约条件之后；要尽可能地解决任何一个源自青睐优选项制约条件的析取问题。

对于既不青睐优选项也不青睐败选项的制约条件,如没有威胁到分析,尽可以置之不理。在许多情况下,这些制约条件可能跟正在讨论的现象毫无关系,把它纳入分析之中会分散人们的注意力。

习题

25 在习题 21 中,我们没有要求你考虑 $\text{MAX}_{词干-尾}$ 对迪乌拉福尼语分析的潜在影响,但现在要求你考虑了。按照普林斯的标准,它可否在分析时略而不谈吗?请解释你的答案。(你应假定语料中的所有同化鼻辅音都是位于词干尾,那样这个制约条件起码可能是相关的。)

26 假定有一条舌根鼻音违反的标记性制约条件 $^*\eta$。按照普林斯的标准,这个制约条件可否在分析迪乌拉福尼语时略而不谈吗?请解释你的答案。

2.8 等级排列论证中的输入项

分析中需要处理哪些输入项?答案似乎显而易见:我们的分析需要处理所有正在分析的语料的输入项。分析需要处理所有这些输入项,这当然没错,但还不够。特别是在音系中,作为分析焦点的语料集是词形交替变化表,如(15)和(16)所示。像这样的语料集的输入项,有时不足以构建起坚实的优选论分析。原因有两点。

首先,语料集很可能以交替形式为关注重点构建起来的,因而它可能偏向于映射到非忠实性输出形式的输入项。然而,在优选论分析中,映射到**忠实性**输出形式的输入项是与分析相关的,因为它们可以告诉我们哪些标记性制约条件受到关键性统制。例如，亚韦尔玛尼语的/ʔilk-al/→[ʔil.kal]表明该语言音节有尾音，因此，NO-CODA 须受到 MAX 和 DEP 的统制，以排除像 *[ʔi.ka]和 *[ʔi.li.ka.li]之类音节无尾音的非忠实性候选项。同样，忠实性映射/laːn-al/→[laː.nal]表明开音节可以有长元音，因此不允许长元音的标记性制约条件必须等级排在 IDENT（长）之后。由于我们假定所有的制约条件普遍存在于所有语言的语法之中（1.3 节），像这样的输入到输出的忠实性映射，均是与分析相关的。最为重要的是，既然这些制约条件一定要等级排在忠实性制约条件之后，那么要找出哪些标记性制约条件被违反。找出这些制约条件的唯一办法是，要看一看输入到输出的忠实性映射。像夏洛克·福尔摩斯的"深夜小狗奇怪事件⑰"一样，什么都没发生的输入项，可能是至关重要的。

其次，交替音变所涉及的输入项，几乎从未把语法必须以非忠实性方式处理的所有逻辑上的可能形式纳入其中。优选论的基本假设之一是，制约条件等级排列是语言之间**唯一**的系统差别（1.7 节）。假如这是对的，那么语言不可能有词库上的系统差别。这对于哪些输入项需要考虑、语法要怎样处理它们、我们需要构建什么样的等级排列论证方式等，均有着深刻影响。

语言不可能有词库上的系统差别，这一理念被称作**基础丰富性**(The richness of the base)（Prince and Smolensky 1993/2004：205，225）。这个词有点晦涩，所以我先解释一下它的来源。"基

---

⑰ 在阿瑟·柯南道尔(Arthur Conan Doyle)的小说《银色马》(*Silver Blaze*)中，福尔摩斯把人们的注意力引向了"深夜小狗奇怪事件"。当被指出"这只狗深夜啥事没做"（即狗没叫）时，福尔摩斯答道："这是件怪事"。

133

础"这个词指的是语法的输入项部分。在早期句法理论中,基础部分是给转换组件提供输入项的短语结构组件⑱。"丰富性"一词用于此,表示"充盈"之意。在优选论中,基础(=作为语法输入项的词库)部分因不受任何特定语言的限制而包含了大量的不同语言形式。

如果我们假定了基础丰富性的话,那么,优选论就不能依靠常用于其他理论中的某些分析方法了。例如,在音系学中,非优选论分析常采用的方法有:词汇羡余规则、语素结构制约原则、词库的不充分赋值等,如英语不允许/bn/作为语素首,又如有[b]但没有[p]的阿拉伯语,其唇音的浊音性在词库中是不赋值的。类似的观点在当代句法理论中是很常见的,如认为语言系统的不同在于特殊疑问词是否携带要求移位到[Spec,CP]的特征。正是因为基础丰富性,优选论中没有这些分析方法。相反,结构合格性的方方面面,都在评估器和制约条件等级体系的掌控下,语言之间的所有系统差异,仅仅从制约条件的不同等级排列那里就可以而且肯定能够获得。

支持基础丰富性的论据主要有两个。一是经济性:因为等级排列方式因语言不同而不同,那么最强假设就是,等级排列是语言之间可能有的**唯一**差别。另外的论据可以追溯到 20 世纪 70 年代的音系共谋研究(见 1.1 节)。那时的学者们注意到,对词库的限制常常跟音系规则一样具有同样的效果。例如,亚韦尔玛尼语拥有禁止出现首辅音丛的语素结构制约原则,而且还有一条消除不

---

⑱ "句法组件的**基础部分**是一个生成限制性极强的(或许有限)**基础字符串**集合的规则系统,其中每个字符串均与称作**基础短语标记**(Base phrase-marker)的结构描写相关联"(Chomsky 1965:17)。

能音节化的辅音丛的音系增音规则(见(58))。由于对词库施与的限制词汇重复了规则的作用,因此这种共谋被称为**重复问题**(Duplication Problem)(Clayton 1976,Kenstowicz and Kisseberth 1977)。一些研究人士提出解决重复问题的方法是,删除对词库施与的限制,只采用规则或输出项制约条件来阐述所有的概括。基础丰富性是优选论这一思想的具体体现。请参见麦卡锡(McCarthy 2002:68—91)对重复问题的进一步阐释。

从实际出发,基础丰富性就意味着语法须处理输入项的数量和范围远远超出学者们一般的想象。即便英语没有单词的交替方式需要/bnæg/作为底层形式,但英语语法仍然需要处理输入项/bnæg/。在此语境中,"处理"一词的意思是要"说明忠实性候选项*[bnæg]读不出来的缘由"。所以,语法一定要设计成选择无法读出来的*[bnæg]以外的形式作为/bnæg/候选项集合的最和谐形式。语法可以独自以此方式说明可能有的英语等语言的词汇或句子集合,而不需要由词库限制所辅助的语法。

总的来说,每一种语言的语法必须把每一个可能的输入项映射到某个合乎语法的输出项。(我们将在6.5节中看到有关这一观点的有趣变化。)要核查语法是否真的能做到这一点,研究者就需要提出从所研究的语料来看有时并非显而易见的问题。在音系学中,很有必要就包含无法读出的结构形式在内的有关各种输入项问题探寻一番,比如亚韦尔玛尼语的起始辅音丛问题。在亚韦尔玛尼语的语料里,没有任何可以说明以辅音丛起始的输入项很重要的东西,因而没有任何理由设立以辅音丛起始的底层表征形式。在句法中也必须提出类似的问题,比如有关赋予不恰当的格的输入项,缺失所需语言论元的输入项,或存在着如英语非重读

do 不需要的虚拟成分等问题。(有关句法中基础丰富性的例子，见 Smolensky, Legendre, and Tesar (2006:529)。)总之，只适用于正确输入形式的分析，是远远不够的，它必须适用于所有可能的输入项。

实际上，分析工作并不是那么令人望而生畏。最重要的是要确保其分析不依赖于输入项中唾手可得的规律。因为即使是在允许对输入项施与具体语言特有的限制的各种理论中，这些规律常常是难以言说的。所以，要认识到它们的存在还需要下一番功夫。但是在没有完成对输入项规律性的一一核查之前，任何优选论的分析都不是完整的。如果发现了输入项的规律性，那就需要对分析进行修正，也就是从上述这个意义上说，让分析能够处置那些与这些规律并不相符的输入项。

让我们再来看一下亚韦尔玛尼语的例子。标记性制约条件 *COMPLEX-SYLLABLE、*C^{unsyll} 和 *V# 发挥作用，限定了音节和词的形状。音节或词的形状有可能促成分析，因此，我们需要确保输入项不表现出在音节或词的形状上任何一种唾手可得的规律性。由于我们现只是把分析与从(15)和(16)语料集合中获得的底层表征形式进行了核对，因而，我们在找到输入项中所存在着的重要规律时就不应该感到惊讶了。这些规律暴露了该分析中需要弥补的各种纰漏。

迄今为止，亚韦尔玛尼语的分析主要集中在 CVC、CV:C 和 CVCV: 等词根上，可见需要填补的空白是十分明显的。例如，像 CVCC 或 VC 的词根会怎么样呢？通常，这类问题可以直接通过看看更多的语料做出解答。比如，像(58)中追加的语料表明，亚韦尔玛尼语的底层有 CVCC 词根，这些词根在后接以辅音开头的后缀时,将发生元音增音音变。这就告诉了我们一些有关 Dep **等级排列方面的信息。**

(58) 亚韦尔玛尼语的元音插音(Kenstowicz and Kesseberth 1979:85)

	底层形式	表层形式	
a.	/ʔilk-hin/	[ʔi.lik.hin]	'唱歌(非将来式)'
	/lihm-hin/	[li.him.hin]	'跑(非将来式)'
b.	/ʔilk-al/	[ʔil.kal]	'唱歌(怀疑式)'
	/lihm-al/	[lih.mal]	'跑(怀疑式)'

VC 词根这个问题是很难回答的。亚韦尔玛尼语里没有元音开头的音节或词,因此,VC 词根输入项决不可以映射到忠实性输出形式——即/ap-hin/这一虚构形式不能变为 *[aphin],因为 *[aphin]在这一语言里是无法发音的(Newman 1944:27)。但要让 *[aphin]败选的唯一方式是让其他候选项胜出,而从交替音变中是无法获取让我们知道其他那些候选项会是怎样的证据的[19]。我们可能会猜想它会是[ʔaphin],但这确实只不过是一个猜想而已。有关如何处理这样的问题,请参见 2.10.4 节。

基础丰富性在分析对立和中和系统时尤为重要。举约鲁巴语(Yoruba)为例,所有元音在鼻辅音之后发生中和化,变成鼻音。除此之外,元音在鼻化音变中均保持对立(Pulleyblank 1988:258)。因而允许有[a]、[ā]、[ba]、[bā]和[mā],但不允许有 *[ma]。

---

[19] 正如纽曼(Newman 1944:27)在一段虽有点晦涩但却切中要害的评语中所指出的那样:"并不需要防护措施以保留要求有词首辅音的规则,因为这一规则决不会受到形态操作的威胁"。

传统分析是通过把/ma/从输入项中排除出去来排除*[ma]的,使用类似于语素结构制约原则或词库不充分赋值的方法。基础丰富性要求语法担负起所有不合乎语法形式*[ma]的解释工作。具体地说,约鲁巴语的语法必须以非忠实性方式对待/ma/,让它映射到像*[mã]这种合乎语法的形式。

完全这么做的语法,见于(60)和(61)。这个语法是基于(59)中的三个制约条件:标记性制约条件*V$_{[+鼻音性]}$是不受语境制约的、反鼻音的一般性制约条件。另一个标记性制约条件*NV$_{[-鼻音性]}$,禁止口元音在特定语境中出现,即不允许口元音前有鼻辅音。换言之,*V$_{[+鼻音性]}$是一种反鼻元音的一般性力量。而*NV$_{[-鼻音性]}$施加压力,要求它们选择正确的语境。(59)中的第三个制约条件要求忠实于输入的鼻音性。

(59) 鼻音性制约条件(McCarthy and Prince 1995)

a. *V$_{[+鼻音性]}$
给每一个鼻化元音,赋予一个违反标记。

b. *NV$_{[-鼻音性]}$
给每一个鼻音后接非鼻化元音的音序,赋予一个违反标记。

c. IDENT([鼻音性])
给每一个输入到输出之间鼻音性特征值发生改变的音段,赋予一个违反标记。

由于语法把/ma/映射到[mã],赞成鼻音的制约条件*NV$_{[-鼻音性]}$就一定统制反对鼻音的制约条件*V$_{[+鼻音性]}$以及忠实性制约条件IDENT([鼻音性])。这一等级排列的结果,见(60)所示。

（60）约鲁巴语：*NV$_{[-鼻音性]}$ ≫ I$_{DENT}$([鼻音性])，*V$_{[+鼻音性]}$

/ma/	*NV$_{[-鼻音性]}$	I$_{DENT}$([鼻音性])	*V$_{[+鼻音性]}$
a. →mā		*	*
b. ma	*W	L	L

然而，竞选表（60）呈现的画面并不完整，这是因为它没有解释为什么[a]与[ā]、[ba]与[bā]之间存在着鼻音性对立。这就要求做出（61）中更进一步的等级排列：忠实于输入项中的鼻音性压倒了*V$_{[+鼻音性]}$的反鼻音力量。

（61）约鲁巴语：（*NV$_{[-鼻音性]}$）≫ I$_{DENT}$([鼻音性]) ≫ *V$_{[+鼻音性]}$

/bā/	*NV$_{[-鼻音性]}$	I$_{DENT}$([鼻音性])	*V$_{[+鼻音性]}$
a. →bā			*
b. ba		*W	L

这种分析是把约鲁巴语里的鼻化元音分布视为一种表层形式存在的事实：鼻辅音之后的元音失去了对立，是因为标记性制约条件*NV$_{[-鼻音性]}$统制忠实性制约条件 I$_{DENT}$([鼻音性])所致；但是别的地方仍保持鼻音性对立，那是因为 I$_{DENT}$([鼻音性])统制*V$_{[+鼻音性]}$。在传统分析中，对立的消失是通过对语法的输入项加以限制处理的：如果元音前面有鼻辅音，那么它一定是鼻音性的，或一定没有给它鼻音性赋值。而在优选论中，它的对立与否是由语法决定的，所以对立与分布仅仅是表层结构的事实而已。

这种推理与分析，不仅限于音系学领域；在说明英语非重读

do 的分布时,也需要做出类似的陈述(2.9节)。一般来说,如果某个语项的分布是有限的,那么该语项的忠实性制约条件便等级排在某个或某些控制分布的标记性制约条件之下。在约鲁巴语里,*NV$_{[-鼻音性]}$控制元音中鼻音性的分布,但*V$_{[+鼻音性]}$却没有。这就是为什么约鲁巴语里只在一种语境(鼻辅音之后)下对立发生中和,别的地方仍保持它的对立。

这一分析方法同样适用于完全没有对立的情况。马都拉语有[a]、[ba]和[mā],但没有*[ā]、*[bā]或*[ma](Stevens 1968)[20]。这样马都拉语里便有一种完美的互补分布现象,因此元音在任何语境中都没有鼻音性的对立。这就意味着 I$_{DENT}$([鼻音性])等级排在两个标记性制约条件之下,如(62)和(63)所示。

(62) 马都拉语:*NV$_{[-鼻音性]}$ ≫ *V$_{[+鼻音性]}$, I$_{DENT}$([鼻音性])

/ma/	*NV$_{[-鼻音性]}$	*V$_{[+鼻音性]}$	I$_{DENT}$([鼻音性])
a. →mā		*	*
b. ma	*W	L	L

(63) 马都拉语:(*NV$_{[-鼻音性]}$ ≫) *V$_{[+鼻音性]}$ ≫ I$_{DENT}$([鼻音性])

/bā/	*NV$_{[-鼻音性]}$	*V$_{[+鼻音性]}$	I$_{DENT}$([鼻音性])
a. →ba			*
b. bā		*W	L

---

[20] 马都拉语的重叠词和截短词中有鼻化元音,但其前面却没有鼻音(Stevens 1968),见麦卡锡和普林斯(McCarthy and Prince 1995)所做的分析。

第二章 如何构建分析

基础丰富性所引发的困惑和误解要多于优选论的其他方面。一种误解是认为基础丰富性要求所有的语言都要具有完全一样的词库。而事实上,基础丰富性说的是词库没有**系统**差异。换言之,不能把语言类型或概括性归因于词库上的差异。基础丰富性并没有排除词库内非系统差异的可能性,其中确实有很多非系统性差异。语言在把意义与具体的音段序列相联系方面呈现出非系统性差异:在英语里"猫"之意是与音段序列[kæt]相联系的,而其他语言则不然。词汇中全都是像这一类的偶发属性,而基础丰富性对此并无论及。

另一个误解是以为基础丰富性要求有某些荒唐可笑的底层形式。假设英语语法把/ŋkæt/映射到[kæt],这是因*[ŋkæt]起始辅音丛所违反的标记性制约条件等级排在了 MAX 之上所致。这并不是说/ŋkæt/是实际单词[kæt]的底层表征形式。毫无疑问,[kæt]的底层形式是/kæt/。儿童在习得英语时,没有理由为[kæt]另外设立任何一种底层形式[21]。

---

[21] 普林斯和斯莫伦斯基(Prince and Smolesnky 1993/2005:225)提出了一条称之为**词库优化**(lexicon optimization)的学习原则。该原则告诉学习者在没有交替音变因而没有独立的证据证明底层形式的情形下该怎么去做:假定一个与表层形式完全相同的底层形式。根据这一原则,[kæt]底层形式无疑就是/kæt/。

就像基础丰富性一样,词库优化也产生了很多困惑。有时,作者好像认为它可以减轻他们处理基础丰富性的责任:"既然词库优化说[kæt]的底层形式就是/kæt/,那么我的分析就不需要处理像/ŋkæt/这样的输入项了。"这是错误的,既然/ŋkæt/是一个可能的输入项,即便它不是任何一个实际单词的底层形式,那么你的分析仍然需要解释为什么英语/ŋkæt/不能忠实性地映射到[ŋkæt]。更多解释,请参见麦卡锡(McCarthy 2002:78—80)。

词库优化是那么多误解的源头,所以,我们强烈要求本书的读者不要把它作为一种分析工具。词库优化就其性质而言可能不会给任何分析带来实际影响,因而也就不会产生任何损失。

141

这一误解是未能区分输入项与底层表征形式所造成的结果。输入项集合是其理论的组成部分：它只不过是所有的表征初始成分如特征等以所有的可能方式任意组合的结果。但是底层表征形式则是学习者所构建的部分：它们是对一组相关词汇的共有属性做出的推论。某个学习者习得的实际底层表征形式是，该音系输入项无限集合的一个有限子集。一般来说，基础丰富性原则没有论及如何分析具体表层形式；它所涉及的是语言的总的结构而不是个别的词或句子。

另一个造成迷惑不解的原因是，人们错误地以为丰富的基础部分中的输入项一定要转换成语言中实际有的词。根据这一观点，英语音系不可能把/bnæg/映射到比方说[blæg]，因为英语里没有[blæg]这个词。这种观点是错误的，因为它误解了音系分析的目的。我们关心的不是语言**实际有的**词的音系，而是**可能有的**词的音系。显而易见，[blæg]是音系上可能有的一个英语词[22]，而我们的分析应该说的也仅此而已。在这一方面，音系研究的目的与句法研究的目的是一模一样的，英语句法分析的目的是构建一个可能有的所有句子的语法，而不是比方说1550年现代英语形成以来所说出的句子。

造成对基础丰富性原则迷惑不解的最后一个原因是，人们错误地以为它在某种程度上覆盖了表征理论。有位匿名评审人在为2.2节提到的同一本广受赞誉的刊物评审论文时，因认为基础丰富性原则有此规定而指出作者没有考虑不充分赋值的输入项。这

㉒ 根据维基百科，BLAG 是 Linux 发行版的名称，是布里克斯顿 Linux 行动组 (Brixton Linux Action Group) 的首字母缩略词。可以推想，这个缩略词的创造者接受 [blæg] 为一个音系合格的英语单词。

一指责只有在作者假定不充分赋值表征形式是可能的情况下才有意义,而作者却并非如此。你可以假定存在对输入项的**普遍性**限制,诸如全部赋值,这与基础丰富性并无矛盾。

基础丰富性给某些分析带来了特有的不确定性难题。有关这个问题的说明以及怎么处理这个问题的一些建议,请参见 2.10.4 节。

习题

27　(58)中的语料告诉了我们一些有关 DEP 在亚韦尔玛尼语里等级排列方面的信息。它们告诉了我们什么?在习题 17 中,你看到其他有关 DEP 在这一语言里如何等级排列的论据。如果把两处的论据和你从 2.3 节所了解到的有关亚韦尔玛尼语等级体系的全部东西都考虑进来,有无问题?什么问题?你有什么方法能解决它?

28　夏威夷语里没有任何辅音丛。仅凭这个事实,(如果有的话)我们能得出的有关夏威夷语制约条件等级排列的结论是什么?

29　在楠考里岛语㉓里(Radhakrishnan 1981),鼻元音与口元音在所有语境中构成对立,因此[a]、[ã]、[ba]、[bã]、[ma]和[mã]所有这些形式都是正确的。请运用(59)中的制约条件分析一下楠考里岛语,请务必提供像(60)~(63)中等级排列的论据。

30　在西班牙语里,浊塞音[b、d、g]与相对应的擦音[β、ð、ɣ]构成互补分布关系。请运用下列语料(引自 Halle and Clements 1983 中的习题集),拟定描述性概括,并构建一种与基础丰富性相

㉓　楠考里岛语(Nancowry),即孟加拉湾东南部尼科巴群岛上的人们使用的南亚语系的一种语言。——译者

一致的优选论分析。

[aɣrio]	'酸的'	[komuniðað]	'社团'
[gustar]	'取悦'	[deðo]	'手指/脚趾'
[xweɣo]	'游戏'	[droɣas]	'药物'
[alβondiyas]	'肉丸'	[seða]	'丝绸'
[gastos]	'费用'	[ganaðo]	'牲畜'
[gonsales]	'姓'	[usteð]	'您'
[jaɣa]	'疼痛,沸腾'	[bastante]	'许多'
[uβa]	'葡萄'	[brinkar]	'跃起'
[futbol]	'足球'	[suβo]	'我爬'
[alɣo]	'某些'	[uβo]	'有'
[sombra]	'阴影'	[kluβ]	'俱乐部'
[saβino]	'柏树'	[karβon]	'煤'
[kaβe]	'它适合'	[berðe]	'绿色'

2.9 全程体验句法分析

这里描述的分析方法同样适用于句法。因为我不是句法学家,仅举一个已发表的分析为例,格里姆肖(Grimshaw 1997)对于英语助动词 *do* 的解释。当然,我所说的并不能精准地概括格里姆肖的研究;确切地说,这是以教学法为目的的部分重述,重点是要说明我在这里所呈现的各种分析技巧。

下面(64)中给出的语料,将用于下文的分析。参见格里姆肖的论文可获取更多相关语料,如 *Who ate apples*?(谁吃了苹果?)

(64) 助动词 *do* 的语料

a. Robin ate apples.

*Robin did eat apples.(非重读的 did。)

b. What did Robin eat?

*Robin ate what?（疑问句,非反问句）

*What Robin ate?

*What Robin did eat?

c. What will Robin eat?

*Robin will eat what?

*What will Robin do eat?

*What does Robin will eat?

在每一组句子中,do 或是必需的(b),或是禁用的(a,c)。任何分析都应以某种方式表达出这一核心观点。

我们可以初步假定(64)中的每一组句子都构成一个小型的候选项集合。这样,*Robin ate apples* 跟 **Robin did eat apples* 形成竞争,但没有跟(b)或(c)或任何其他句子形成竞争。在本节的稍后部分,我们将看到如何让优选论的原则来确定候选项集合的范围,并由此推定句法的输入项和生成器。

第一步是缩减适宜优选论描述性概括的语料。应该强调的是,描述性概括对表征假设之类的事情并不是不可知的。(17)中亚韦尔玛尼语的描述性概括是用音节表达的,虽然认为音节存在的观点已被广泛接受,但这仍是一个有关音系表征的假设而已,而非不言自明的事实。(65)所基于的表征假设,亦是如此。

(65) 英语助动词 *do* 的描述性概括

a. *wh*-短语占据[Spec,CP]位置。这一句法要求是由 *wh*-移位来实现的:[$_{CP}$ $What_i$ $will_j$[$_{IP}$ Robin e_j[$_{VP}$ eat t_i]]]

  b. CP 必须有中心语。这一句法要求是由以下步骤来实现的:
    (i) 移位助动词:[$_{CP}$ $What_i$ $will_j$[$_{IP}$ Robin e_j[$_{VP}$ eat t_i]]]。否则,
    (ii) 插入和移位 do:[$_{CP}$ $What_i$ did_j[$_{IP}$ Robin e_j[$_{VP}$ eat t_i]]]。

  c. 禁用非重读的 do,除非(b)中(ii)条款提出要求。

  下一步是解释这一现象中的 wh-移位问题。(a)中的描述性概括提出了所需要的[Spec,CP]位置没有被 wh-疑问词占据所违反的标记性制约条件。这个制约条件是 OPERATOR-IN-SPECIFIER (OP-SPEC),一旦每个句法算子不在指定语位置上,它便被违反。wh-短语是句法算子(即它们从所在的句法位置获得辖域),因此它们要遵守这个制约条件。移位违反了一个反语迹的制约条件 STAY。wh-短语是有移位的,因此 OPERATOR-IN-SPECIFIER 必须统制 STAY。

  为使这一等级排列论证形式化,我们先要找到一个以可能的最简单方式展示冲突的合乎语法的句子,即它遵守 OPERATOR-IN-SPECIFIER,但违反 STAY。(64)语料集中没有这样的句子,因为 wh-移位总是伴随着主语与助动词的倒置。因此,合乎语法的句子总是要两次违反 STAY,一次是 wh-留下的语迹,一次是助动词留下的语迹。然而,两次违反 STAY 的句子恰恰有助于等级排列的论证。因此,我们把[$_{CP}$ $What_i$ $will_j$[$_{IP}$ Robin e_j[$_{VP}$ eat t_i]]]选为优选项,与之竞争的败选项应该违反 OPERATOR-IN-SPECIFIER,且违反 STAY 不超过两次。消除 STAY 的两次违反,便会产生*[$_{IP}$ Robin will[$_{VP}$ eat what]]这种 wh-短语不在指定语位置上的句子。分析结果见竞选表(66)所示。

(66) 等级排列的论证：OPERATOR-IN-SPECIFIER ≫ STAY

	OP-SPEC	STAY
a. → [CP What$_i$ will$_j$ [IP Robin e$_j$ [VP eat t$_i$]]]		**
b. [IP Robin will [VP eat what]]	*W	L

早期关于成分结构的一种观点是，结构成分要求有中心语（Harris 1946）。在优选论框架内，我们自然把这一要求视为一个可违反的制约条件 OBLIGATORY-HEADS（OB-HD）。如果倒置是助动词移位至中心语位置，那么 OBLIGATORY-HEADS 就必须统制 STAY。为了论证等级排列，我们就要先找出一个不违反 OBLIGATORY-HEADS 但只一次违反 STAY 的合乎语法的句子。出于上一段所给出的理由，我们最后采用了跟前面等级排列一样的两次违反 STAY 的句子。至于败选项，我们需要一个语法错误的句子，它违反 OBLIGATORY-HEADS，且违反 STAY 不超过两次。此外，要使这一等级排列论证有效，败选项就一定不能违反 OPERATOR-IN-SPECIFIER，因为我们已证实 OPERATOR-IN-SPECIFIER 统制 STAY。这把可能的候选项范围缩小到 *[CP What$_i$ __ [IP Robin will [VP eat t$_i$]]]，该句是(67)等级排列论证中的败选项。（有一点需要澄清的是：OBLIGATORY-HEADS 是可以被语迹满足的，所以，在候选项(a)中，will 移位留下的语迹是 IP 的中心语。）

(67) 等级排列的论证：OBLIGATORY-HEADS ≫ STAY

	OB-HD	OP-SPEC	STAY
a. → [CP What$_i$ will$_j$ [IP Robin e$_j$ [VP eat t$_i$]]]			**
b. [CP What$_i$ __ [IP Robin will [VP eat t$_i$]]]	*W		*L

根据描述性概括(65)中的(c)条款,*do* 只在需要它时才出现。在优选论中,如果某个语项 *i* 只在需要它时才出现,那么 CON 中就必须有 *i* 违反的制约条件。基于这一点,需要 *i* 出现的场合便可以由要求它出现的、等级排列更高的制约条件来界定。*do* 违反的制约条件叫作 FULL-INTERPRETATION (FULL-INT),勒让德 (Legendre 2001:5)把它定义为"词项都必须有助于结构的解释"。*do* 在语义上是个空的虚成分,该词项对结构的解释无任何贡献,所以它违反了这一制约条件。

如竞选表(68)所示,在英语里,FULL-INTERPRETATION 是被违反的,换一种形式,OBLIGATORY-HEADS 就被违反。竞选表中的优选项与败选项之间的区别是清清楚楚的:优选项中有 *do*,而败选项中没有 *do*。另外,因为 *do* 的移位,优选项违反 STAY 的次数超过了败选项。但败选项也为其 CP 和 IP 没有中心语付出了代价。

(68) 等级排列的论证: OBLIGATORY-HEADS ≫ FULL-INTERPRETATION, STAY

	OB-HD	OP-SPEC	FULL-INT	STAY
a. → [CP What$_i$ did$_j$ [IP Robin e$_j$ [VP eat t$_i$]]]			*	**
b. [CP What$_i$ __ [IP Robin __ [VP eat t$_i$]]]	** W		L	* L

(64)中的大部分例句都已讨论过了,除了(a)中 *Robin ate apples* 与 **Robin did eat apples* 一对句子。格里姆肖采纳了动词短语内主语假设(Kitagawa 1986, Koopman and Sportiche 1991, Zagona 1982 等),所以,根据她的表征假设,* [IP Robin$_i$ did [VP t$_i$ eat apples]]中的主语从[Spec, VP]位置升至[Spec, IP]位置,因

而它与[_VP_ *Robin ate apples*]在主语占据句法位置方面形成了对比。在我们已讨论的四个制约条件中,其中两个忠实性制约条件(STAY 和 FULL-INTERPRETATION)在这一竞争中倾向选择候选项[_VP_ *Robin ate apples*],另外两个标记性制约条件(OBLIGATORY-HEADS 和 OPERATOR-IN-SPECIFIER)则在两个候选项上没有做出任何倾向性选择。在这种情形之下,无论这些制约条件如何等级排列,候选项*[_IP_ *Robin$_i$ did*[_VP_ *t$_i$ eat apples*]]都不可能胜出,因为它在此制约条件集合下受到优选项的和谐限定。竞选表(69)中没有 L 强调的正是这一点。

(69) [_IP_ *Robin$_i$ did*[_VP_ *t$_i$ eat apples*]]的和谐限定

	O$_B$-H$_D$	O$_P$-S$_{PEC}$	F$_{ULL}$-I$_{NT}$	S$_{TAY}$
a. → [_VP_ *Robin ate apples*]				
b. *[_IP_ *Robin$_i$ did* [_VP_ *t$_i$ eat apples*]]			*W	*W

到目前为止,这些制约条件等级排列的结果可以用哈斯图示法归纳如下:

(70) 英语 *do* 的哈斯图示

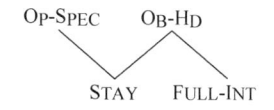

```
   OP-SPEC    OB-HD
        \    /
         \  /
      STAY  FULL-INT
```

当遇到(70)这样的图表时,我们总会问,还能否发现任何一对未被等级排列的制约条件的排列等级? 其中一对未被等级排列的制约条件是 STAY 和 FULL-INTERPRETATION。可惜的是,(64)中语

149

料集根本无助于这一对制约条件的等级排列。候选项[CP *What*ᵢ *did*ⱼ[IP *Robin* eⱼ[VP *eat* tᵢ]]]违反 FULL-INTERPRETATION，必然带来了 STAY 的违反，所以这些语料让我们无法把这些制约条件各自的作用区分开来，从而提出等级排列的论据。

（70）中另一对未被等级排列的制约条件是 OPERATOR-IN-SPECIFIER 和 OBLIGATORY-HEADS。（64）语料集中的句子都没有违反这两个制约条件，所以它们在这里没有发生冲突。格里姆肖（Grimshaw 1997：396）接着采用从属疑问句的证据来说明 OPERATOR-IN-SPECIFIER 的等级排列更高：*I know what Robin said* 对应 * *I know what did Robin say*（我知道罗宾说什么）。从属疑问句中的 wh-移位没有发生倒置，因此它们区分了这两个制约条件的作用，从而能对它们进行等级排列。

（70）中最后一对未被等级排列的制约条件是 OPERATOR-IN-SPECIFIER 和 FULL-INTERPRETATION。（64）语料集提供了所需的证据，证明 OPERATOR-IN-SPECIFIER 等级排在 FULL-INTERPRETATION 之上。两种选择是，一种是有助动词 *do*，发生 wh-移位；另一种是没有发生 wh-移位，也不需要助动词 *do*。竞选表（71）说明了 wh-移位胜出的原因。

（71）等级排列的论证：OPERATOR-IN-SPECIFIER ≫ FULL-INTERPRETATION, STAY

	OP-SPEC	FULL-INT	STAY
a. →[CP *What*ᵢ *did*ⱼ[IP *Robin*ₖ eⱼ[VP tₖ *eat* tᵢ]]]		*	***
b. [CP *Robin ate what*]	*W	L	L

第二章　如何构建分析

下一步是针对所有语料和描述性概括来核查语法。在目前这个情况下尤其重要,因为出于阐述的原因,我暂时没有提及动词短语内主语假设。一旦要把这个假说考虑进来,我们就需要确保所有早先得出的结果不会发生改变。核查分析的最佳方法,通常是构建多个汇总竞选表,每一个对应(64)中的每一组句子,然后用所想到的描述性概括来检查这些竞选表。

(72) 汇总竞选表:*Robin ate apples.*（罗宾吃了苹果。）

	O$_P$-S$_{PEC}$	O$_B$-H$_D$	S$_{TAY}$	F$_{ULL}$-I$_{NT}$
a. →[$_{VP}$ Robin ate apples]				
b. *[$_{IP}$ Robin$_i$ did [$_{VP}$ t$_i$ eat apples]]			* W	* W

(73) 汇总竞选表:*What did Robin eat?*（罗宾吃了什么?）

	O$_P$-S$_{PEC}$	O$_B$-H$_D$	S$_{TAY}$	F$_{ULL}$-I$_{NT}$
a. →[$_{CP}$ What$_i$ did$_j$[$_{IP}$ Robin$_k$ e$_j$[$_{VP}$ t$_k$ eat t$_i$]]]			***	*
b. [$_{VP}$ Robin ate what]	* W		L	L
c. [$_{CP}$ What$_i$ _[$_{VP}$ Robin eat t$_i$]]		* W	* L	L
d. [$_{CP}$ What$_i$ _[$_{IP}$ Robin$_k$ did [$_{VP}$ t$_k$ eat t$_i$]]]		* W	** L	*

(74) 汇总竞选表:*What will Robin eat?*（罗宾要吃什么?）

	O$_P$-S$_{PEC}$	O$_B$-H$_D$	S$_{TAY}$	F$_{ULL}$-I$_{NT}$
a. →[$_{CP}$ What$_i$ will$_j$[$_{IP}$ Robin$_k$ e$_j$[$_{VP}$ t$_k$ eat t$_i$]]]			***	
b. [$_{IP}$ Robin$_k$ will [$_{VP}$ t$_k$ eat what]]	* W		* L	
c. [$_{CP}$ What$_i$ will$_j$[$_{IP}$ Robin$_k$ e$_j$[$_{XP}$ do[$_{VP}$ t$_k$ eat t$_i$]]]]			***	* W
d. [$_{CP}$ What$_i$ does$_j$[$_{IP}$ Robin$_k$ e$_j$[$_{XP}$ will[$_{VP}$ t$_k$ eat t$_i$]]]]			***	* W

我们将以通常的方式对这些汇总竞选表一一进行复核。首先,检查预定的优选项是否真的胜出。表格的每一个败选项行中有 W 吗?每个 L 都被某个 W 统治了吗?两个问题的答案应该是肯定的。其次,针对描述性概括来检查竞选表。wh-疑问词移位至[Spec, CP]位置,那是因为 OPERATOR-IN-SPECIFIER 统制 STAY((73)和(74))。CP 短语总是要有中心语,那是因为 OBLIGATORY-HEADS 统制 FULL-INTERPRETATION 和 STAY(73)。do 只在需要它时才出现,那是因为 FULL-INTERPRETATION 排除了带多余的 do 的候选项((72)和(74))。换言之,FULL-INTERPRETATION 施行了 do 的某种经济性原则——禁止 do 出现,除非需要它满足 OPERATOR-IN-SPECIFIER 或 OBLIGATORY-HEADS,因为这两个制约条件均统制 FULL-INTERPRETATION。

在本节的稍前部分,我曾许诺谈一谈优选论句法中的候选项集合和输入项的性质。由优选论基本原则可以得知,候选项是由生成器为一个已知输入项生成的,它们彼此竞争,努力成为那个输入项的表层体现形式。由这些基本原则还可以得知,某个候选项之所以败选,是因为另外某个候选项胜出。*Robin did eat apples 不合乎语法,部分原因是源自同一个输入项并参与竞争的某个候选项比它更和谐。出于同样的原因,像 What did Robin eat? 和 What will Robin eat? 两个合乎语法的句子需要有不同的输入项,这样它们就不会被迫互相竞争㉔。如果它们真要竞争,那么 What did Robin eat? 将会败选,因为它违反了 FULL-INTERPRETATION。假如它

㉔ 在变异现象或非强制性现象中,对应于它的某一输入项的优选项不止一个。我这里暂时没有把这一可能很复杂的情况考虑进来。请参见 6.2 节中的相关论述。

不是从另外某个输入项获得的,那么语法便会错误地推定它是不合乎语法的。

在此前提下,就可以对输入项、生成器和候选项集合做出推断了。这些推断在竞选表中没有明说,但现在我们需要把它们说清楚。(72)、(73)和(74)这三个竞选表中的每一个里面都有由同一输入项获取的候选项部分列表。每个候选项集合中的成员都具有相同的词义和动词论元结构,但它们的区别在于有没有发生移位,CP和IP功能投射是否出现。按照这一推理过程,格里姆肖得出了如下的结论:输入项由词项和它们的动词论元结构组成,而生成器则不加任何限制地进行 *do*-移位和构建扩充投射。虽然这绝没有回答我们所有关于句法输入项和生成器的问题,但是它很好地诠释了我们如何从优选论基本原则出发去寻找问题的答案。

有关输入项的任何讨论都会自然地引出关于忠实性制约条件的问题:优选论句法学中的忠实性制约条件是什么?这个答案不是很清楚,因为像 STAY 或 FULL-INTERPRETATION 这样的制约条件具备忠实性制约条件的功能,而不具备其形式。在语迹理论中,移位不是过程,而是句法成分与其语迹之间的关系,并且 STAY 的提出意在探测输出项的语迹,而非输入项与输出项之间的差异。在这个方面,STAY 很像最初普林斯和斯莫伦斯基(Prince and Smoensky 1993/2004)中提出的音系忠实性制约条件 PARSE 和 FILL(参见 4.6.4 节)。

优选论不是制约条件的理论,而是制约条件交互作用的理论,因此它不仅仅适用于音系领域,而且也同样适用于任何其他具体的实证研究领域。事实上,甚至连这零零星星的优选论句法分析都能揭示句法学与音系学之间的极为相似之处。制约条件即便受到统制，也仍能产生作用。FULL-INTERPRETATION 因 *Robin did eat apples* 和 *What will Robin do eat*? 中非强调性使用了不必要的 *do* 而将其淘汰（见(72)和(74)）。这就是为什么 *do* 处于只在需要它时才出现的分布；*do* 是禁用的，除非等级排列更高的制约条件迫使它出现。音系学也有同样的情况。在斯莱特利厄姆语（原名利洛厄特语）⑥里，元音[ə]只在因标记性理由需要它时才出现，否则词中就会没有元音，辅音丛就会违反响度顺序原则（van Eijk 1997）。古斯柯娃（Gouskova 2003）提出了一种分析斯莱特利厄姆语的方法：[ə]与英语 *do* 类似，事实上都是以同样的经济性方式进行解释的：[ə]违反的标记性制约条件受到要求[ə]出现的制约条件的统制，要求忠实于[ə]的制约条件等级排在最下面。

问题

31　要不要允许句法生成器删除和/或插入词项（如名词、动词和形容词）？这将会有什么样的后果？是好还是坏？

习题

32　正如文中指出的那样，格里姆肖的分析中并没有原始意义上的忠实性制约条件。出于练习需要，可假定输入项中包含 *do*，*do* 可以被删除或插入，*do* 的删除和插入分别违反了句法版的忠实性制约条件 MAX 和 DEP。请展示一下这些制约条件与格里姆肖的分析中所采用的其他制约条件之间是如何等级排列的。

---

⑥　斯莱特利厄姆语（St'at'imcets），原称利洛厄特语（Lillooet），是加拿大英属哥伦比亚省内南部海岸山脉和弗雷泽峡谷地区内陆萨利希语族（interior Salish）的北部分支语言之一。——译者

33　本节描述了格里姆肖怎样看待优选论句法中输入项和生成器的性质。但巴克维奇和基尔(Bakovic and Keer 2001)却与此观点不同。请阅读他们的文献(见 ROA 网站第 384 号论文),并对这两种研究方法进行比较。

2.10　找出并解决分析中的问题

2.10.1　怎样查找分析中的问题

或许"任何语法都有纰漏"(Sapir 1921:38),但能够找出纰漏,并把它弥补好,这才是非常有益的。本节将说明如何诊断并纠正优选论分析中时常出现的一些问题,本节主要关注那些在分析中稍做调整便可以改正的问题,至于需要在 CON 中做更大修改的问题,可参阅第四章中的论述。

问题常出现在检查分析时。在亚韦尔玛尼语的音系部分和英语的助动词 do 部分,我们曾看到一些检查分析的策略。下列操作程序便是建立在这些策略基础之上。

(i) **汇总等级排列的论证**。如果你还没有这么做的话,请把各种竞选表汇总在一起。仔细检查竞选表,并像(75)那样列出所有等级排列的论证及其相应的竞选表例示编号。然后用此列表构拟一个等级排列图示。正如我在(76)所做的那样,用等级排列的论证实例编号标记每个下行线,是非常有用的。一定要确保你把任何产生作用但尚未等级排列的制约条件纳入其中;这些制约条件将在图示中出现,但与其他制约条件却没有任何关系。

(75) 2.9 节中的等级排列论证

  OPERATOR-IN-SPECIFIER ≫ STAY（66）、(71)
  OBLIGATORY-HEADS ≫ STAY(67)、(68)
  OBLIGATORY-HEADS ≫ FULL-INTERPRETATION(68)
  OPERATOR-IN-SPECIFIER ≫ FULL-INTERPRETATION(71)

(76) 为(75)构拟的哈斯图示

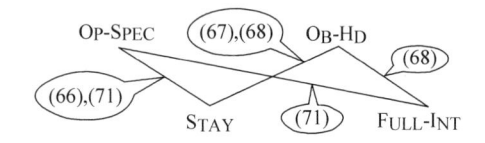

   OP-SPEC (67),(68) OB-HD
           (68)
   (66),(71) (71)
     STAY   FULL-INT

  (ii) **在等级排列结果中查找悖论**。要确保表中的每一个等级排列的论证对应于图示中的一条竖向下行线。如果等级排列均获得直接证据和统制传递性的证实,那么这条下行线也可以路经另外一个制约条件,但下行线必须适用于每一个等级排列的论证。请记下任何一个差异性之处,因为这些就是**等级排列中的悖论**(ranking paradoxes)问题,即等级排列的不同信息来源之间的不一致问题。

  请使用 2.10.3 节中的指南对任何矛盾之处进行修改。然后回到步骤(i),把这一新的等级排列论证添加到汇总表中。

  (iii) **检查尚未等级排列的制约条件**。检查图示中尚未等级排列的制约条件,这是一种找出额外等级排列论据的很好方法。在哈斯图示中,如果两个制约条件之间没有竖向下行线,那么它们就仍未被等级排列。请利用我们在本章已看到的各种技法,想方设法为每一对制约条件构建一个等级排列的论证。如成功,请回到步骤(i),把这条新的等级排列论证添加到汇总表中。

第二章 如何构建分析

（iv）**构建汇总竞选表**。汇总竞选表展示了某个优选项与各种各样的相关败选项被分析中涉及的所有制约条件评估的情况，它应该能作为语料集、描述性概括以及等级排列论证的代表。总之，每个语料的自然分组和/或每个描述性概括条款和/或等级排列论证中出现的每一个不同的优选项，都应该有一个汇总竞选表。（通常，这三个标准归结为同一个结果。）至少等级排列论证中出现的每一个败选项，也都应该出现在汇总竞选表中。

（v）**往汇总竞选表中添加败选项**。利用 2.5 节中的技术方法，寻找另外可能挑战每一个汇总竞选表中优选项的败选项。

（vi）**在汇总竞选表中查找不一致性问题**。比较格式的竞选表，便于对竞选表进行检查：要确保每一败选项行中有一个 W，并要确保每一个 L 受到某个 W 的统制。差异性是指，要么某个败选项与预想的优选项在竞争中未分胜负（败选项行中没有 W 或 L），要么某个败选项击败预想的优选项（败选项行中的 L 不受统制）。这大多表明制约条件系统中存在缺陷，这常可采用第四章中所阐述的方法进行更正。

把这些问题更正过来之后，回到步骤（i），把这一新的等级排列论证添加到汇总表中。

（vii）**检查等级排列论证的有效性**。当另外某个制约条件 CONST3 能够胜任 CONST1 的工作，制约条件 CONST1 等级排在制约条件 CONST2 之上的等级排列论证是无效的。2.3 节和 2.9 节阐释的分析技法没有涉及这样的问题，汇总竞选表提供了查找这类问题的最后一次机会。我们在 2.10.2 节中将会看到怎样做这种检查。

以下部分将详细说明如何对分析进行检查，以及怎样修改出现的各类问题。

习题

34　下面,是我从麦卡锡和普林斯(McCarthy and Prince 1993b)对秘鲁阿拉瓦克族阿克辛宁卡坎帕语[26](Payne 1981)各种现象的分析中收集来的(略有修改)所有制约条件等级排列竞选表。请对这一分析进行除(vii)之外的所有检查。(怎么做(vii),前文尚未给出解释。)一定要边做边解释。为了避免有任何提示,竞选表的出现是没有排序的,阴影和"!"也都被删除。1993年那时还没有提出比较竞选表,因此它们都是违反型的;竞选表是2×2竞选表,这是那时等级排列论证的正常形式。(见3.3节对这一变化的解释。)

竞选表中包含了我们现在尚未遇到的三个制约条件。ALIGN-RIGHT(词干,音节)要求词干结尾位置上的每个音段都必须被音节化(McCarthy and Prince 1993a,Prince and Smolensky 1993/2004:127);*[iŋ.ko.mai]因词根/词干[koma]结尾音段[a]落在音节的中间(竞选表1)而违反了这一制约条件,[noñ.tʃʰi.ka.wai.ti]因词根/干[tʃʰik]结尾音段[k]出现在音节中间(竞选表8)违反了这一制约条件。DEP$_{init-o}$被违反,是因为词首音节里有插入的音段。CODA-COND是个涵盖型制约条件,如果鼻音不是与后面音节首塞音或塞擦音同部位,那么任何音节尾辅音都将违反这一制约条件。竞选表6中的[noñ.tʃʰik.wai.ti]不是其[ñ]音而是因其[k]音而

---

[26]　阿克辛宁卡坎帕语(Axininca Campa)属阿拉瓦克语系,主要分布在南美洲地区,该语言由阿克辛宁卡语(法定语言)和坎帕语(世俗语言)组合而成。——译者

第二章　如何构建分析

违反了 CODA-COND。

竞选表 1

/i-N-koma-i/ '他将划桨'	ALIGN-RIGHT（词干，音节）	DEP
a. → iŋ. ko. ma. ti		*
b.　iŋ. ko. mai	*	

竞选表 2

/i-N-koma-i/	DEP$_{init-\sigma}$	ONSET
a. → iŋ. ko. ma. ti		*
b.　tiŋ. ko. ma. ti	*	

竞选表 3

/i-N-koma-i/	MAX	ONSET
a. → iŋ. ko. ma. ti		*
b.　ko. ma. ti	**	

竞选表 4

/i-N-koma-i/	ONSET	DEP
a. → iŋ. ko. ma. ti	*	*
b.　iŋ. ko. i	**	

竞选表 5

/i-N-koma-i/	MAX	DEP
a. → iŋ. ko. ma. ti		*
b.　iŋ. ko. ma	*	

竞选表 6

/no-N-tʃʰik-wai-i/'我将继续切割'	Coda-Cond	Dep
a. →noñ. tʃʰi. ka. wai. ti		**
b.　noñ. tʃʰik. wai. ti	*	*

竞选表 7

/no-N-tʃʰik-wai-i/	Max	Dep
a. →noñ. tʃʰi. ka. wai. ti		**
b.　noñ. tʃʰi. wai. ti	*	*

竞选表 8

/no-N-tʃʰik-wai-i/	Coda-Cond	Align-Right(词干,音节)
a. →noñ. tʃʰi. ka. wai. ti		*
b.　noñ. tʃʰik. wai. ti	*	

2.10.2 问题一：等级排列无效论证问题

假设我们认为我们有很好的论据通过对优选项[w]与败选项*[l]的比较把 Const1 等级排在 Const2 之上。然而，在查检是否另外有某个制约条件 Const3 也能解释为什么[w]击败*[l]之前，我们对这一论证不可能有十足的把握。检查分析的部分工作，涉及查看所有的等级排列论证，并确保它们能经得起这种查验。

检查步骤如下：等级排列论证列表中有 Const1≫Const2，浏览所有的汇总竞选表，看看败选项行中 Const1 赋予了 W，Const2 赋予了 L，并且没有其他制约条件赋予 W。如果是这样的败选项行，那么分析中的制约条件就没有可能推翻 Const1≫

CONST2 这一论证结果。你便可以放心地继续检查表中下一个等级排列的论证了。(我建议你要花一点点时间想一想为何各行只要有一个 W，它就那么有用。)

另外，查找的结果可能恰恰各行均是 CONST1 赋予 W，CONST2 赋予 L，某个其他制约条件也赋予了 W。要确定 CONST3 是否真的影响 CONST1≫CONST2 等级排列的论证，就要看一看有关 CONST3 如何等级排列的所有信息。结果可能有三种：

第一，发现 CONST1 统制 CONST3。如果是这样的话，那么就没有什么可担心的：可以确认 CONST1 肯定统制 CONST2。

第二，发现 CONST3 统制 CONST1。如果是这样的话，那么把 CONST1 等级排在 CONST2 之上是没有任何论据的，因为 CONST3 足以解释 CONST1 所解释的任何一对优选项与败选项。(几个制约条件一起统制 CONST1，这种情况会有些复杂，但总的意思是相同的。)前面(27)已对这种情况做过诠释，现将其复制于下(77)。 *V# 统制 MAX，是 *V# 而非 MAX 在这个竞选表中发挥作用，选择了优选项而非败选项。如果没有独立的有效论据能说明 MAX 统制 IDENT(长)的话，那么，坦白地说我们对这两个制约条件的等级排列就不应该给出任何的说法。

(77) 因为 *V#≫MAX，所以 MAX≫IDENT(长)，这是没有任何论据的

/taxa:-kʔa/	*V#	MAX	IDENT(长)
a. → ta. xakʔ		*	*
b. ta. xa:	*W	**W	L

第三,你可能发现 CONST3 与 CONST1 之间的等级排列尚不为人所知。因为 CONST1 与 CONST3 之间的等级排列尚不为人所知,所以它们两个之中有一个统制 CONST2,选出了优选项。现在可以肯定的只是,不是 CONST1 就是 CONST3 统制 CONST2。(78)给出了这一等级排列的论证例子。该败选项的选择欠妥,它只能告诉我们:不是 OPERATOR-IN-SPECIFIER 就是 OBLIGATORY-HEADS 统制了 STAY。

(78)析取等级排列的结果

	OP-SPEC	OB-HD	STAY	FULL-INT
a. →[$_{CP}$ What$_i$ will$_j$ [$_{IP}$ Robin$_k$ e$_j$ [$_{VP}$ t$_k$ eat t$_i$]]]			***	
b. [$_{CP}$ _[$_{IP}$ Robin$_k$ will [$_{VP}$ t$_k$ eat what]]]	*W	*W	*L	

如果竞选表(78)是我们所能做的一切,那么把它留在我们的分析之中也未尝不可。但最好还是要想方设法找出某个它们中只有一方不喜欢的败选项,以此把 OPERATOR-IN-SPECIFIER 与 OBLIGATORY-HEADS 的作用区分开来(见 2.7 节关于这方面做法的说明)。只要有某个竞选表能够明确地说明它们中哪一个统制 STAY,那么竞选表(78)就失去了存在的价值。这是因为这一竞选表中析取等级排列方式所产生的结果,已蕴含在两两等级排列方式的其中之一之中:如果我们有竞选表明确说明 CONST1 统制 CONST3,那么提出 CONST1 或 CONST2 统制 CONST3 的论据就变得毫无疑义。要了解更多关于制约条件等级排列论证中的蕴涵和析取,请参见 2.12 节。

2.10.3 问题二:等级排列中的悖论问题

等级排列中的悖论是指两个或两个以上等级排列的一组中出现等级排列不一致的问题。简单地说,有证据证明 C<small>ONST</small>1 ≫ C<small>ONST</small>2,另外也有证据证明 C<small>ONST</small>2 ≫ C<small>ONST</small>1。如涉及统制传递性——如有直接证据证明 C<small>ONST</small>1 ≫ C<small>ONST</small>2,C<small>ONST</small>2 ≫ C<small>ONST</small>3,C<small>ONST</small>3 ≫ C<small>ONST</small>1,这种情况就复杂多了。本节中,我们将看到等级排列中的悖论实例及其解决这一问题的方法。

在前面讨论亚韦尔玛尼语时,我们看到把 D<small>EP</small> 等级排在 M<small>AX</small> 之上的一种等级排列论证(49),现复制如下(79)。这样等级排列的目的是,解释为什么满足 *V# 的方式是删除词尾元音,而不是插入词尾辅音。把 D<small>EP</small> 等级排在前面,意在排除选择增音的方式。

(79) 等级排列的论证:D<small>EP</small> ≫ M<small>AX</small> (≫ I<small>DENT</small>(长))

/taxa:-kʔa/	D<small>EP</small>	M<small>AX</small>	I<small>DENT</small>(长)
a. → ta.xakʔ		*	*
b. ta.xa:.kʔaʔ	*W	L	L

亚韦尔玛尼语也有在三辅音丛中出现元音增音现象。((58)已给出了这方面的语料。)正如(80)等级排列的论证所证明的那样,M<small>AX</small> 统制 D<small>EP</small>。(因为竞选表中的其他制约条件既不青睐优选项,也不青睐败选项,所以我们把它们删掉了。)

163

(80) 等级排列的论证：MAX≫DEP

/ʔilk-hin/	MAX	DEP
a. → ʔi.lik.hin		*
b.　ʔil.hin	*W	L

这样,我们就有了两个看似无懈可击但却导致两个完全相反结论的等级排列方式。这种情况并不罕见,但也不该因此而失望。恰恰相反,等级排列中的悖论为我们新的发现创造了良机。等级排列中的悖论往往暴露出制约条件系统中的不足,也常常说明我们有关 CON 的假设是错误的,甚至给我们指明了解决问题的方案。(坦白地说,我并不一定能感受到在发现等级排列中悖论时的真正快乐,尤其是在我的分析走得相当远时。)

等级排列中的悖论可能告诉我们需要另外一个制约条件,还可能为我们指定那个制约条件的某些属性。假设我们认为正确的等级排列是 DEP≫MAX,那么就必须删除(80)中所论证的等级排列 MAX≫DEP。要删除这一等级排列的论据,我们就需要有一个新的制约条件,它能发挥(80)中 MAX 所能发挥的作用:它必须统制 DEP,必须青睐[ʔi.lik.hin]而不是*[ʔil.hin]。另外,新的制约条件还必须有别于 MAX:在 *[ta.xaː.kʔaʔ]与[ta.xakʔ]之间,它不可以青睐前者。倘若青睐*[ta.xaː.kʔaʔ],新的制约条件便会选择(79)中错误的优选项,那样的话,我们就要回到原点,从头再来了。

由这一推理过程可以让我们做出两个有关新的制约条件青睐关系的推论:

(i) 它青睐[ʔi.lik.hin],而非*[ʔil.hin];

第二章　如何构建分析

(ii) 在 *[ta.xaː.kʔaʔ]与[ta.xakʔ]之间,它不可以青睐前者。(因此,它或是青睐[ta.xakʔ],或是二者同等对待。两种方式,可选其一。)

由于我们在这里讨论的是不同非忠实性映射方式的选择问题,新的制约条件很可能是忠实性制约条件,而不是标记性制约条件。它一定不能支持辅音删除(*[ʔil.hin]),但不一定不支持元音删除([ta.xakʔ])。我们由此向结论迈进了一小步：新的制约条件禁止具体的辅音删除,可把它称作 MAX-C。把 MAX-C 等级排在 DEP 之上,这可以让 DEP 统制一般忠实性制约条件 MAX,从而就没有了等级排列中的悖论风险：

(81) MAX-C 发挥作用

/ʔilk-hin/	MAX-C	DEP	MAX
a. →ʔi.lik.hin		*	
b.　ʔil.hin	*W	L	*W

(82) 不相干的 MAX-C

/taxaː-kʔa/	MAX-C	DEP	MAX
a. →ta.xakʔ			*
b.　ta.xaː.kʔaʔ		*W	L

还有其他可能解决这一悖论的方法。不是通过假定两个制约条件 MAX-C 与 MAX 构成紧要关系(2.4 节),CON 可能包含了 MAX-C 和 MAX-V 两个构成析取关系的制约条件。我们假设 DEP

而不是 MAX 有具体的 V 和 C 制约条件，不妨以此为基础尝试分析一下。像这些确定选项的普遍问题，是第五章讨论的主题。

如此例所示，等级排列论证中的悖论问题是我们取得优选论进展的方式之一。这些悖论显示了制约条件系统中的不足，而且还常常给我们提供怎样解决这一问题的最佳线索。遇到等级排列中的悖论问题，从来都不是一个放弃分析的理由。

习题

35 以 DEP 而非 MAX 拥有具体的 V 和 C 制约条件的假设为基础，请重新进行这一分析。

36 伊藤和梅斯特尔(Ito and Mester 1996)描述了他们在分析丹麦语称作 *stød* 的现象时遇到的等级排列中的悖论问题。stød 是喉音化([＋紧喉性])，用 ˀ 表示。它出现在后接音节核的第一个音段上。除非词尾辅音不能携带 stød，重读的音节都需要有喉音化。然而，词尾滑音和元音是可以带 stød 的。伊藤和梅斯特尔的分析中所采用的制约条件，需要 stød 出现在重读音节上(HAVE-STØD)，不允许 stød 出现在词尾音段上(*ˀ#)，禁止 stød 出现在纯辅音(即除滑音外的辅音)上(*Cˀ)，还不允许增添或删除 stød (IDENT([紧喉性])，简称 IDENT([紧]))。

从下面未等级排列的违反竞选表入手，请说明确实存在着悖论问题。然后研究解决这一悖论的方法：确认新的制约条件所需要的青睐关系，提出一条具备这些青睐关系的制约条件(它可以是临时性的)，说明你的制约条件确实可以解决这一悖论问题。

第二章　如何构建分析

竞选表 1

/skin/'光'	Have-Stød	*ˀ#	*Cˀ	Ident([紧])
a. → skin	*			
b. 　skinˀ		*	*	*

竞选表 2

/lamp/'灯'	Have-Stød	*ˀ#	*Cˀ	Ident([紧])
a. → lamˀp			*	*
b. 　lamp	*			

竞选表 3

/skow/'森林'	Have-Stød	*ˀ#	*Cˀ	Ident([紧])
a. → skowˀ		*		*
b. 　skow	*			

竞选表 4

/skowl/'铁铲'	Have-Stød	*ˀ#	*Cˀ	Ident([紧])
a. → skowˀl				*
b. 　skowl	*			

2.10.4　问题三：处理基础丰富性问题

跟本章前面讨论的两个问题不同，基础丰富性问题并非产生于制约条件的等级排列。但是，由于这一问题的解决通常要涉及制约条件的等级排列，把这个问题放到这里讨论，也是合情合理的。根据基础丰富性原则(2.8节)，每一种语言都有许许多多(数量无限)的输入项无法忠实性地映射到该语言的某个合乎语法的语言形式。因为每个输入项都必须映射到某个输出项,所以语法就必须把这些输入项映射到形式正确的非忠实性候选项:语音配列上可能的词或语法正确的句子。基础丰富性问题是这样的:有时没有证据说明**哪个**非忠实性候选项就某个从丰富的基础部分获取的输入项而言是最优的。

例如,亚韦尔玛尼语的/ʔilk-hin/是个必须要非忠实性映射的输入项,这是因为等级体系不允许出现三辅音丛。交替音变提供了这一输入项映射到[ʔi.lik.hin]的证据。正如我们在2.8节中看到的,亚韦尔玛尼语也不允许出现元音开头的音节,所以 ONSET 必须统制某个相关的忠实性制约条件,但交替现象中没有证据说明 ONSET 统制哪个忠实性制约条件,词形变化表中没有证据说明,某个从丰富基础部分获得的虚拟输入项如/apak/是最和谐地映射到[ʔapak]还是[pak]。

有时候,看一看有独立理据的等级体系,便可以消除所有这些不确定性。由(82)得知,在亚韦尔玛尼语里,DEP 统制 MAX。已知这一等级排列,那么/apak/最和谐的候选项便是[pak]而不是*[ʔapak]。如(83)所示,这是一个违反竞选表,因为这个例子是选择问题而非等级排列问题(2.2节)。有独立理据的等级体系,确定了优选项。

(83) 为虚拟的/apak/选取优选项

/apak/	ONSET	DEP	MAX
a. →pak			*
b. ʔapak		*!	
c. apak	*!		

第二章　如何构建分析

对同一语言里不同现象的分析，必须要形成内部彼此一致的单一一个等级排列体系。所以，在某个语境中获取的等级排列体系，也同样能够适用于其他语境。优选论的这一普遍属性，使(83)中的这种做法变得正当合理。等级排列不是只针对特定的结构或语境，而是语法的通用属性。语言可以有截然不同的制约条件等级体系，这完全要看它拥有的语音、句法等不同语法模块而定。

在优选论文献中，你也会看到采用外部证据解决基础丰富性问题的各种尝试。外部证据是语言学习者通常无法获得的某类语料，如外来的词会调整的方法，元音开头的词借入亚韦尔玛尼语的近邻盖斯霍伍语(Gashowu)里会发生喉塞音增音现象(84)。(亚韦尔玛尼语也有类似的语料，尽管纽曼碰巧没有引用任何相关例子。)

(84) 盖斯霍伍语借入的元音开头的词(Newman 1944:168)

原词	盖斯霍伍语	
apple	[ʔa:pal]	'苹果'
apricots	[ʔa:palkatʃ]	'杏'
higos(西班牙语)	[ʔijguʃ]	'无花果'
uvas(西班牙语)	[ʔuwbaʃ]	'葡萄'

这些证据似乎均支持虚拟形式/apak/映射到最和谐项[ʔapak]的这一假设，但这却与独立理据建构起来的等级体系衍生的结论相矛盾。但由其他语言那里得到的大量证据表明，外来语的调整反映了常规音系中的非忠实性映射(见 Smith 2006 及其文献引用)。比如，日语是用插入元音的方法来处理外来语中无法读出的辅音串问题：*Chistmas*(圣诞节)→[kurisumasu]。但在本族语音系中，解决

辅音串的办法则是靠删音:/tob-sase/→[tobase]'飞(使役动词)'。显然,采用增音而非删音如在亚韦尔玛尼语和日语里,是外来语音系学的一种近似普遍现象(Paradis and LaCharitée 1997)。因此,在处理基础丰富性问题时,需要慎用外来语词调整的例子。

　　基础丰富性问题的确是一个不确定性问题:证据没有包括语法必须说明的所有输入到输出的映射。有的时候,其他方面的证据会解决这个问题;但有的时候,无论我们如何努力,不确定性问题仍难以驱散。

2.11　用演算法和计算机进行制约条件等级排列

　　正如我们在2.10.1节中看到的,比较竞选表使核查制约条件等级排列是否正确的工作变得轻而易举:每个L必须受到某个W的统制。当谈到这个问题的时候,制约条件的等级排列真的就是那么简单:每个青睐败选项的制约条件都必须受到某个青睐优选项的制约条件的统制。如果等级排列那么简单,那么,就可能不需付出太多的努力就能找到我们(或小孩)可以用来发现某种语言制约条件等级排列的简易程序,这个程序便是**制约条件降级模式**(constraint demotion)(Tesar and Smolensky 1998,2000)。

　　制约条件降级模式的主要思想是,青睐败选项的制约条件在等级体系中从初始排列等级下移,移至所有的L都受到W的统制所在的等级之上,再也无法继续下移了。我将对降级模式中其中一个版本"递归性制约条件降级演算系统(Recurseive CoNstraint Demotion Algorithm,通常简称RCD)"进行介绍,并以亚韦尔玛尼语为例加以阐释。

我们首先把所有可能有助于等级排列的信息汇总到单独一个表中,因这个表对等级排列的推论有佐证作用,故而把它称为**佐证表**(support)。根据普林斯(Prince 2002)的说法,佐证表中有多个输入项和未等级排列的比较竞选表。(85)是亚韦尔玛尼语的佐证表,其中制约条件尚未等级排序——事实上,我是故意把它们弄得与目标等级排列相去甚远。(为节省空间,故略去了某些输入项。毫无疑问,它们都是先前讨论中所熟知的例子。)

(85) RCD 佐证表

优选项	败选项	*V#	*Comp-Syll	*C^{unsyll}	I$_D$(长)	D$_{EP}$	M$_{AX}$-C	M$_{AX}$
lan.hin	la:n.hin		W		L			
	la:.n.hin			W	L			
	la:.ni.hin				L	W		
	la:.hin				L		W	W
ta.xakʔ	ta.xa:.kʔa	W			L			L
	ta.xa:kʔ		W		L			
	ta.xa:.kʔ			W	L			
	ta.xa:.kʔaʔ				L	W		L
	tax				L		W	W
xat.kʔa	xatkʔ	L	W					
	xat.kʔ	L		W				
	xat	L					W	W
	xa.tikʔ	L				W		W
	xat.kʔaʔ	L				W		
ʔi.lik.hin	ʔilk.hin		W		L			
	ʔil.k.hin			W	L			
	ʔil.hin						L	W	W

递归性制约条件降级演算的第一步是要确认所有不青睐败选项的制约条件,这些制约条件所在的其下的列中没有 L。不青睐任何败选项的制约条件是不受统制的,所以它们应位于制约条件

等级体系的最高层级。(85)中可以看到有三个这样的制约条件:＊COMPLEX-SYLLABLE、＊C^{unsyll}和MAX-C。其余所有制约条件都要降低一个层级,从而产生(86)中的制约条件等级排列。

(86) 经过RCD第一轮演算后的制约条件等级体系

{＊COMPLEX-SYLLABLE,＊C^{unsyll},MAX-C} ≫ {＊V#,IDENT(长),DEP,MAX}

下一步是把佐证表中＊COMPLEX-SYLLABLE、＊C^{unsyll}和MAX-C三列隐藏起来,因为从它们那里再无可获取的东西。我们还必须把这三个制约条件不喜欢的败选项隐藏起来,因为这些败选项已得到了充分解释,所以它们在等级排列低的制约条件上如何表现,都与其后的等级排列无关。例如,＊COMPLEX-SYLLABLE青睐优选项而非＊[laːn.hin],所以＊[laːn.hin]行应被隐藏。结果如(87)所示,"隐藏"的行和列被阴影所遮盖。我在(88)中采取了更进一步的做法,干脆把它们全都删掉了。

(87) 经过RCD第一轮演算后的佐证表(阴影遮盖)

优选项	败选项	＊V#	＊COMP-SYLL	＊C^{unsyll}	ID(长)	DEP	MAX-C	MAX
lan.hin	laːn.hin		W		L			
	laː.n.hin			W	L			
	laː.ni.hin				L	W		
	laː.hin				L		W	W
ta.xakʔ	ta.xaː.kʔa	W			L			L
	ta.xaːkʔ		W		L			
	ta.xaː.kʔ			W	L			
	ta.xaː.kʔaʔ				L	W		L
	tax				L		W	W

第二章　如何构建分析

续表

优选项	败选项	*V#	*COMP-SYLL	*Cunsyll	ID(长)	DEP	MAX-C	MAX
xat.kʔa	xatkʔ	L	W					
	xat.kʔ	L		W				
	xat	L					W	W
	xa.tikʔ	L				W		W
	xat.kʔaʔ	L				W		
ʔi.lik.hin	ʔilk.hin	W			L			
	ʔil.k.hin		W		L			
	ʔil.hin					L	W	W

(88) 经过 RCD 第一轮演算后的佐证表（经过删除后的）　118

优选项	败选项	*V#	ID(长)	DEP	MAX
lan.hin	laː.ni.hin		L	W	
ta.xakʔ	ta.xaː.kʔa	W	L		L
	ta.xaː.kʔaʔ		L	W	L
xat.kʔa	xa.tikʔ			W	W
	xat.kʔaʔ	L		W	

现在到了 RCD 名称所称的递归步骤。（递归过程是指,把自己的输出项作为下一步输入项的过程。打开一组嵌套的俄罗斯套娃㉗,便是一个很好的递归过程的例子。）现在,我们来看一看受到极大压缩的佐证表(88),请再把不青睐败选项的制约条件找出来。这里,符合这一标准的只有 DEP。因此,把 DEP 置于制约条件最高等级之下的一级,把余下的所有制约条件再降至 DEP 之下的一级,如(89)所示。然后,DEP 列以及被它评定为 W 的各行,均用阴

㉗ 俄罗斯套娃(Matryoshka)是俄罗斯特产的一种木制玩具,一般由多个一样图案的空心木娃娃一个套一个组成,最多可达十余个。——译者

173

影遮盖(90),或者将其删除(91)。

(89) 经过 RCD 第二轮演算后的制约条件等级体系

{ *Complex-Syllable, *C^{unsyll}, Max-C} ≫ Dep ≫ { *V#, Ident(长), Max}

(90) 经过 RCD 第二轮演算后的佐证表(阴影遮盖)

优选项	败选项	*V#	I$_D$(长)	D$_{EP}$	M$_{AX}$
lan. hin	laː. ni. hin		L	W	
ta. xakʔ	ta. xaː. kʔa	W	L		L
	ta. xaː. kʔaʔ		L	W	L
xat. kʔa	xa. tikʔ	L		W	W
	xat. kʔaʔ	L		W	

(91) 经过 RCD 第二轮演算后的佐证表(经过删除后的)

优选项	败选项	*V#	I$_D$(长)	M$_{AX}$
ta. xakʔ	ta. xaː. kʔa	W	L	L

我们把(91)用作制约条件降级的基础,再次进入递归过程。*V#是唯一剩下的不青睐败选项的制约条件,我们把它等级排列之后,所有的败选项均已从佐证表中清除。至此,余下的所有制约条件将置于制约条件等级体系的最低层级,从而产生(92)。因为这一等级体系是采用 RCD 演算方法创建的,所以,它可以保证为(85)原佐证表中所有成对的优选项～败选项选出正确的优选项。(当然,如果重要语料或颇具竞争力的败选项被忽略,那么就无法

保证这一等级排列体系能够正常运行。)

(92) 经过 RCD 最后一轮演算后的制约条件等级体系

{ *Complex-Syllable, *C^{unsyll}, Max-C} ≫ Dep ≫ *V# ≫ {Ident(长), Max}

RCD 主要是作为学习理论提出来的,但从优选论分析的角度说,它有某些局限性,但也有某些可用的东西。假如候选项和制约条件都是已知的,那么采用 RCD 确实是极为快捷和便利的。使用文字处理器把像(85)这么大的佐证表转到(88)再转到(91),简直是易如反掌。

RCD 可以做**不一致性查寻**(inconsistency detection)工作,其快速和简捷极具吸引力。设想我们采用了 RCD,并已到达每一个余下的制约条件都会青睐至少一个败选项这一步。由于仍有些优选项~败选项尚未得到解释,我们遇到了问题:RCD 陷入困境,它无法找到等级排列方式。只要有一个等级排列问题,RCD 就总是能把它找出来,因此,这一失败意味着我们开始采用的制约条件没有能力处理佐证表中所有成对的优选项~败选项。

下面是 RCD 检测不一致性问题的例子。在习题 35 中,我们曾要求你采用 Dep 而非 Max 的特定辅音制约条件来解决亚韦尔玛尼语里等级排列中的悖论问题。RCD 可以快速检查这个提议在其余系统中能否正常运行。我们从佐证表(93)开始,该表除了用 Dep-C 替代了 Max-C 外,其余与(85)相同。

175

(93) RCD 佐证表(D$_{EP}$-C 替代了 M$_{AX}$-C)

优选项	败选项	*V#	*C$_{OMP}$-S$_{YLL}$	*C^{unsyll}	I$_D$(长)	D$_{EP}$	D$_{EP}$-C	M$_{AX}$
lan. hin	la:n. hin		W		L			
	la:. n. hin			W	L			
	la:. ni. hin				L	W		
	la:. hin				L			W
ta. xak^ʔ	ta. xa:. k^{ʔ}a	W			L			L
	ta. xa:k^ʔ		W		L			
	ta. xa:. k^ʔ			W	L			
	ta. xa:. k^{ʔ}a?				L	W	W	L
	tax				L			W
xat. k^{ʔ}a	xatk^ʔ	L	W					
	xat. k^ʔ	L		W				
	xat	L						W
	xa. tik^ʔ	L				W		W
	xat. k^{ʔ}a?	L				W	W	
ʔi. lik. hin	ʔilk. hin		W		L			
	ʔil. k. hin			W	L			
	ʔil. hin				L			W

在 RCD 第一轮演算过程中,三个不青睐败选项的制约条件 *C$_{OMPLEX}$-S$_{YLLABLE}$、*C^{unsyll} 和 D$_{EP}$-C,被置于制约条件等级体系中的最高层级,其他制约条件降至它们的下一层级。接着,我们把这些制约条件以及它们所青睐的各优选项行从佐证表中删掉,结果见(94)。

(94) 经过 RCD 第一轮演算后的佐证表

优选项	败选项	*V#	I$_D$(长)	D$_{EP}$	M$_{AX}$
lan. hin	la:. ni. hin		L	W	
	la:. hin		L		W
ta. xak^ʔ	ta. xa:. k^{ʔ}a	W	L		L
	tax		L		W

第二章　如何构建分析

(续表)

优选项	败选项	*V#	I_D(长)	D_EP	M_AX
xat.kʔa	xat	L			W
	xa.tikʔ	L		W	W
ʔi.lik.hin	ʔil.hin			L	W

　　至此,RCD 陷入停滞,再也往前走不下去了,因为每列中都包含了至少一个 L,所以无法对制约条件进行等级排列。由于未能对某些成对优选项～败选项给出解释,RCD 故而查出了不一致的问题。制约条件的任何等级排列均不能解释余下的一对对优选项～败选项,因此需要对制约条件进行某个方面的修订。仔细检查佐证表(94)中余下的候选项,甚至都能看出制约条件集合需要怎样的修改。请参见第四章的相关论述。

　　RCD 对不一致性检测大有好处,但作为优选论的分析工具,它也有一些很明显的局限性。它需要信息量大的败选项,但自己却不能提供信息量大的败选项。RCD 只是在已知败选项的情况下才是有用的,因为败选项是通过系统分析构建的,或是由某些表征基本成分自由组合而成的。(这两种方法在 2.5 节中已有阐释。)

　　RCD 的另一个局限性是,它构建的制约条件等级体系可以得到正确的结果,但对制约条件交互作用却提供不了什么信息。RCD 将制约条件进行**层级化的部分等级排序**(stratified partial ordering),假若我们现有一群人,按照出生年份把他们进行排序,便得到了一个层级化的部分等级排序(见(95))。同年出生的人在这个等级排序中都是平等的——他们位于同一个层级之上,比上一层级的人年轻,比下一层级的年长。从 RCD 那里获得的制约条件等级体系也是层级化的部分等级排序,如(92):每个层级上的制约条件,其等级相同,既受左边制约条件的统制,又统制其右边的制约条件。

(95) 按出生年份所做出的层级化部分等级排序

阿尔伯特·爱因斯坦,列夫·托洛茨基,华莱士·史蒂文斯(1879)
|
约翰·梅纳德·凯恩斯,贝尼托·墨索里尼,弗朗兹·卡夫卡(1883)
|
欧文·柏林,T. E. 劳伦斯,哈勃·马克斯(1888)
|
胡志明,杰里·罗尔·莫顿,阿加莎·克里斯蒂(1890)

RCD 的层级化部分等级排序不同于获等级排列论证证明的等级排列。由等级排列论证得出的优选论制约条件等级体系,可能是非层级化的部分等级排序。(图(70)便是一个例子。)事实上,等级排列的论证有时会提供涉及析取方面的等级排列信息,而析取实际上是非部分等级排序。(见图(14)和(55)中的竞选表。)简而言之,RCD 无法识别构建分析的**关键性**等级排列。RCD 可以告诉我们某种分析对已知成对优选项~败选项集合是奏效的,但这对理解它的运行、测试与验证以及改进方式均无济于事。

RCD 可以直接在计算机程序中应用,免费下载的 OT 软件包中就有 RCD 及其诸多功能的说明(Hayes et al. 2003)。(另外一个含有 OT 软件的实用软件包是 Praat(Boersma and Weenink 2007)。)OT 软件的输入项包括像(85)那样的佐证表,但采用的是违反格式而不是比较格式。OT 软件能从特殊格式化文本文件中读取这些表格,但最容易的是把它们输入到微软 Excel 电子数据表中。我把(85)——键入微软 Excel 电子数据表之中,表(96)是复制与其对应的佐证表(85)的电子表格页面㉘。

(96) 用作 OT 软件输入项电子数据表的佐证表

	A	B	C	D	E	F	G	H	I	J
1				*V#	*Complex-Syllable	*C/uns	Ident（长）	Dep	Max-C	Max
2				*V#	*Comp-Syll	*C/uns	Id（长）	Dep	Max-C	Max
3	laːnhin	lan.hin	1				1			
4		laːn.hin		1						
5		laː.n.hin				1				
6		laː.ni.hin						1		
7		laːhin							1	1
8	taxaːka	ta.xak	1				1			1
9		ta.xaː.ka		1						
10		ta.xaːk			1					1
11		ta.xaː.k				1				1
12		ta.xaː.kaʔ					1			
13		tax							1	3
14	xatka	xat.ka	1					1		
15		xatk			1					1
16		xat.k				1				1
17		xat							1	2
18		xa.tik						1		1
19		xat.kaʔ						1		
20	ʔilkhin	ʔi.lik.hin	1					1		
21		ʔilk.hin		1						
22		ʔil.k.hin				1				
23		ʔil.hin							1	1

㉘ (96)中的候选项[xa.tikʔ]被[xat.kʔaʔ]和谐限定。一般来说,我们不想把时间都花在和谐限定的候选项上,但我之所以这里没有谈它,是因为它曾在第一章讨论亚韦尔玛尼语时出现过。

124　　　　OT 软件期望在电子数据表中的具体位置找到信息。表(96)的第一行是制约条件全称形式，它们从 D 列开始都是任意排序的。第二行是竞选表使用的制约条件简称形式。语料是从第三行开始的。A 列是输入项，B 列是输出候选项。如果输入项单元格是空的，可以认定该候选项与前一个候选项是同一个输入项，因此它们要彼此竞争。C 列在优选项旁边有个"1"，制约条件下面的这些数字，仅仅表示每个候选项违反每个制约条件的违反次数。如没有违反标记，单元格内可填入 0，或空着不填，如(96)所示。

　　OT 软件将使用 RCD 对制约条件进行等级排列，产生一个层级化的部分等级排序。OT 软件根据要求还要确定制约条件是否必需，找出两两等级排列的论证，并绘出等级排列图。普林斯 (Prince 2006b) 发现 OT 软件 2.1 版在后面这几个方面还存在着某些问题，用户应仔细检查 OT 软件有关某些不必要的制约条件以及两两等级排列论证的报告内容。不过，正如我们将在本书第五章看到的那样，OT 软件能够进行阶乘类型变化的计算，或许是它最大的财富。

习题

37　请用 RCD 手工分析 2.9 节中的英语助动词 *do*。

38　请用 RCD 手工分析习题 34 中的阿克辛宁卡坎帕语。

39　请用 RCD 手工分析习题 36 中丹麦语里的不一致性问题，并说明 RCD 是如何查出不一致性问题的。

40　请把 OT 软件安装到你的(可惜只能是视窗的)电脑上，并用它来重新分析习题 37、38 和 39。在微软 Excel 电子数据表中用 OT 软件创建输入项的竞选表，是最为容易的。OT 软件可以

第二章　如何构建分析

从 www.linguistics.ucla.edu/people/hayes/otsoft/网站上免费下载。你如果没有微软 Excel,可以使用 OpenOffice 软件包中的电子表格程序 Calc,并用 Excel 格式保存和编辑文件。OpenOffice 可以从 www.openoffice.org 网站上免费下载。另外,你还可以按照 OT 软件的附带说明把输入项竞选表作为文本文件输进电脑。

新[3]　使用 OT 助手,助力和谐串行理论分析　新11

OT 助手(Staubs et al. 2010)是一个和谐串行理论分析与研究的软件包,它可从 http://web.linguist.umass.edu/~OTHelp/网址下载获取。OT 助手利用和谐串行理论与标准 OT 理论之间的差异,可提供远远超出 OT 软件的功能。OT 软件要求使用者提供候选项及其制约条件违反情况,而 OT 助手则是通过应用使用　新12
者所界定的生成器和 Con 来自动生成候选项,并将制约条件应用于这些候选项。它的说明性文档和样例文件里有对这一程序用法的详细说明,这些文档和文件的软件形式,均可在同一个网址下载。我这里只展示一下使用 OT 助手的一个简单事例。

假设我们想用 OT 助手分析亚韦尔玛尼语里的词尾删音、增音和元音缩短等现象,那么我们就需要构建输入项、生成器和 Con 三个文件。输入项文件是一个具有特殊结构的底层表征形式列表:

(18[新]) OT 助手的输入项文件:亚韦尔玛尼语.txt

［类型变化］
［开始竞选表］
taxAka　　　　　　　输入项

```
xatka              输入项
?ilkhin            输入项
```

[结束竞选表]

倘若要想再加入底层形式,就可以每行按照同样的格式把它们添加进来。我们把该文件称作"亚韦尔玛尼语.txt"(这里.txt扩展名是需要的)。

我在(18新)中采用了一些简约做法。一是用大写表示长元音,这是因为 OT 助手不是在整个语言结构上而是在符号串上操作的,用不同的符号代表结构中的不同形式通常是很有用的。假如我要用类似于"a:"的符号表示 a:,那么就会遇到我的操作和制约条件把":"当作一个单独的音段来处理的问题。另一个简约做法也是出于类似的原因,后缀-$k^?a$ 中的喉音化与我这里所关注的音系过程无关,而且只会使我的操作和制约条件的表述变得更为复杂。因此将其略去。

生成器文件包含了一组音系操作,其中每一个音系操作均构成了和谐串行理论的生成器所能够驾驭的一次音变。如果把输入项文件称作"**亚韦尔玛尼语.txt**",那么就应该把生成器文件称为"**亚韦尔玛尼语.txt_操作**"。请看下文:

(19新) OT 助手的生成器文件:亚韦尔玛尼.txt_操作

```
[操作]
[长名]              增音-i
[主动]              是
[定义]              i
[违反的忠实性]      Dep
```

［操作］
［长名］　　　　　删音-V
［主动］　　　　　是
［定义］　　　　　［aeiou］
［违反的忠实性］　Max

［操作］　　　　　　　　　　　　　　　　　　　新13
［长名］　　　　　缩短
［主动］　　　　　是
［定义］　　　　　A　　　a
［定义］　　　　　E　　　e
［定义］　　　　　I　　　i
［定义］　　　　　O　　　o
［定义］　　　　　U　　　u
［违反的忠实性］　Id(长)

［结束操作］

在 OT 助手文档中有对操作文件具体做法的详细说明，在此不再赘述。相反，我只想阐释一下这些一个个操作都可以做哪些事情。首先是"增音-i"，它只需在任何位置插入 *i* 音。其次是"删音-V"，即删除任何位置上的短元音。再有是"缩短"，即缩短任何位置上的长元音。这些操作应用于输入项 taxAka，便会给出如下的候选项集合：

(20[新]) 从 (19[新]) 获得的 taxAka 的候选项集合

itaxAka,tiaxAka,taixAka,...
txAka,taxAk
taxaka

183

制约条件文件包含一组标记性制约条件以及出现在操作文件[违反的忠实性]行列中的忠实性制约条件占位符。对"亚韦尔玛尼语.txt"而言,制约条件文件就应叫作"亚韦尔玛尼语.txt_制约条件"。请见下文:

(21^新) OT 助手的 C_{ON} 文件:亚韦尔玛尼语.txt_制约条件

[制约条件]
[长名]   *Comp-Syll
[主动]   是
[类型]   标记性
[定义]   [^aeiou][^aeiouAEIOU]([^aeiouAEIOU]|$)

[制约条件]
[长名]   *V#
[主动]   是
[类型]   标记性
[定义]   [aeiouAEIOU]$

[制约条件]
[长名]   Dep
[主动]   是
[类型]   忠实性

新14   [制约条件]
[长名]   Max
[主动]   是
[类型]   忠实性

[制约条件]
[长名]   Id(长)
[主动]   是
[类型]   忠实性

[结束制约条件]

第二章 如何构建分析

为简化操作说明，我选择从音段序列而非音节序列的角度来界定标记性制约条件。*Comp-Coda 遭到违反的情况有三种：辅音丛，长元音后接两个辅音，或长元音＋辅音＋词边界。除了长元音不符合结构描写的第一款外，*Comp-Coda 与此相同。*V# 的违反，是由词尾元音引发的，无论这个词尾元音是长的还是短的。

在我们继续审视 OT 助手用这些文件可以做哪些事情之前，我需要花点时间说明一下我们在这里已经做了和尚未做好了哪些事情。我们对生成器和 CON 进行了理论解读，而且还把它们转换成了 OT 助手可以理解的一种格式。这种格式本身并不是什么理论之物，而事实上全是化繁就简的妥协做法而已。除了这些注意事项外，我们所做的这些事情还是十分有用的，它让我们必须对生成器和 CON 的作用做出明晰化的假设，而且正如我们这里将要看到的，它也让我们能对这些假设进行验证。

假设我们有三个亚韦尔玛尼语文件，OT 助手便可以进行类型运算。有关类型学概念的解释，见本书第五章以及该章有关和谐串行理论的补充部分。如同我们使用 OT 软件一样，我们现在只打算运用 OT 助手对我们已做的亚韦尔玛尼语的分析进行核查。OT 助手的输出项，如下所示：

(22新) 亚韦尔玛尼语文件的 OT 助手输出项

输入项	taxAka	xatka	ʔilkhin
1	taxAka	xatka	ʔilkhin
2	taxAka	xatka	ʔilikhin, ʔilikihin
3	taxAk	xatka	ʔilkhin

（续表）

输入项	taxAka	xatka	?ilkhin
4	taxAk	xatka	?ilikhin, ?ilkihin
5	taxAk	xatk	?ilkhin
6	taxAk	xatik	?ilikhin, ?ilkihin
7	taxAik	xatka	?ilikhin, ?ilkihin
8	taxAik	xatik	?ilikhin, ?ilkihin
9	taxak	xatka	?ilkhin
10	taxak	xatka	?ilikhin, ?ilkihin
11	taxak	xatk	?ilkhin
12	taxak	xatik	?ilikhin, ?ilkihin

语法 1: Dep, Max, Id(长) ≫ *Comp-Syll, *Comp-Coda, *V#

语法 2: *Comp-Syll, *Comp-Coda, Max, Id(长) ≫ *V#, Dep

语法 3: Dep, Id(长) ≫ *Comp-Coda ≫ *V# ≫ *Comp-Syll, Max

语法 4: *Comp-Coda, Id(长) ≫ *V#, Dep ≫ *Comp-Syll, Max

语法 5: *V#, Dep, Id(长) ≫ *Comp-Syll, *Comp-Coda, Max

语法 6: *V#, Id(长) ≫ *Comp-Coda, Max ≫ Dep ≫ *Comp-Syll

语法 7: *Comp-Coda, Id(长) ≫ *V# ≫ *Comp-Syll, Max ≫ Dep

语法 8: *V#, Id(长) ≫ *Comp-Syll, *Comp-Coda, Max ≫ Dep

语法 9: Dep ≫ *Comp-Coda ≫ *V# ≫ *Comp-Syll, Max ≫ Id(长)

语法 10: *Comp-Coda ≫ *V#, Dep ≫ *Comp-Syll, Max ≫ Id(长)

语法 11: *V#, Dep ≫ *Comp-Syll, *Comp-Coda, Max ≫ Id(长)

语法 12: *V# ≫ *Comp-Syll, *Comp-Coda, Max ≫ Dep ≫ Id(长)

表中除第一行外，所有各行都表示一种不同的语言，即在制约条件某种等级排列方式下能从已知的输入项中获取的一种不同的表层形式组。每一种语法就是生成那一种语言的等级排列方式。

因为我们此刻的目的仅仅是要确认我们对亚韦尔玛尼语的分析是否正确，所以，我们要做的只是从表中找出某一含有表层形式

taxak、xatka 和?ilikhin 的语言。语法 10 与该描述（近乎）相同,语法 10 与我们对亚韦尔玛尼语的分析相一致,因此可以确认我们的分析是正确的。

我说语法 10 与亚韦尔玛尼语**近乎**相同,是因为语法 10 实际上给/?ilkhin/提供了两个表层形式?ilikhin 和?ilkihin。点击 OT 助手中的它们,便会出现说明为什么有两个表层形式的竞选表:这两个形式在所有制约条件的表现上不分伯仲,打成平手。所以说,OT 助手不仅仅可用以确认等级排列的基本正确性,还可以披露分析中的不足之处:即还需要另外一个制约条件来确定插入元音添加到三辅音丛中的哪个位置。这一发现证实了 OT 助手能够自动生成和评估候选项的价值所在。

习题

7[新]　请运用 OT 助手核查你所给出的对习题 3[新] 中帕劳语问题的答案。

8[新]　阅读 OT 助手手册 1.2 节中对平局的讨论（可从 http://web.linguist.umass.edu/~OTHelp/OTHelp2man.pdf 网址下载获取）,然后应用 OT 助手对(13[新])中开罗语语料进行和谐串行理论分析。OT 助手是如何处理中间步骤中的平局的?

2.12　制约条件等级排列中的逻辑式及其用途

分析过程中产生的问题之一是:哪些成对的优选项～败选项给制约条件等级排列提供的信息量最大? 在构建汇总竞选表时,最好是把给我们想要证明的等级排列方式提供最大信息量的那些一对对优选项～败选项选进来。在进行分析时,知道对哪一组优选项或败选项的进一步研究可能会带来对制约条件等级体系的进一步认识,这可能是非常有用的。

诸如此类的问题,看一看优选论的基本逻辑,便会有了答案。艾伦·普林斯撰写了一系列论文(Brasoveanu and Prince 2005; Prince 2002a,2002b,2006a,2006b),探讨优选论中的逻辑问题。在这一节,我们将看一看优选论的逻辑式是如何能帮助分析的,第五章将看到它们又是如何用于语言类型学研究的。重要的是要知道这里和第五章描述的推理方法不只是很有用的技术方法,其效能已在形式上得到证实。

优选论的逻辑式是以 ERC 的属性为基础的(Prince 2002b:1—2),ERC 是**元素性等级排列条件**(elementary ranking condition)的英文缩写。一个 ERC 中包含了由对某一对优选项～败选项进行比较而获取的所有等级排列信息。所以,一个 ERC 完全等同于像(85)那样的佐证表中的某一单行——它包含了对应于每一个制约条件的 W、L 或一个空白单元格。在下面的讨论中,ERC 有时以竞选表格式出现,有时以 W、L 和代表空白单元格的 e 构成的有序 n-元组这种更为紧凑简洁的形式出现。例如,(85)中的第一行可以简单地表示为(e,W,e,L,e,e)。记住 ERC 是没有被等级排列的,它们之所以不能被等级排列,是因为它们将被用以确定何为等级排列。制约条件在 ERC 中的排序是任意的,但在所有我们打算比较或组合的 ERC 中均是恒定的。

在本节开头部分,我就曾明确地提出哪些成对的优选项～败选项给等级排列提供的信息量最大的问题。现在,我们可以把这一问题重新表述如下:一个 ERC 在什么时候**蕴含**另一个 ERC?(97)是蕴含原理示意图。这里,我们有两个竞选表格式的 ERC。

ERC(a)明确表明制约条件 1 统制制约条件 3,因为制约条件 3 的 L 受到制约条件 1 的某个 W 的统制,且制约条件 1 在 ERC 中是唯一赋予 W 的制约条件。另一方面,ERC(b)有两个 W,这仅仅说明要么制约条件 1 要么制约条件 2 统制制约条件 3。因此说,ERC(b)不如 ERC(a)信息量大,这正如"我体重 155 磅"或"我一只手能举起 155 磅"的命题不如"我体重 155 磅"的命题信息量大一样。ERC(a)蕴含 ERC(b)。一般来说,如果有两个 ERC,除了第一个 ERC 中的空白单元格在第二个 ERC 中被 W 取代,其余地方都相同,那么第一个 ERC 蕴含第二个 ERC。

(97) 蕴含一:ERC(a)蕴含 ERC(b)

	优选项	败选项	制约条件 1	制约条件 2	制约条件 3
a.	优选项 1	败选项 1	W		L
b.	优选项 2	败选项 2	W	W	L

另外一种蕴含情况如(98)所示。每一个 L 必须受到某一个 W 的统制,因而 ERC(a)告诉我们制约条件 1 同时统制制约条件 2 和制约条件 3。ERC(b)仅仅告诉我们制约条件 1 统制制约条件 3,所以 ERC(a)更有意义。ERC(a)蕴含 ERC(b)。一般来说,如果两个 ERC 是相同的,除了第一个里面的 L 被第二个里面的单元格取代,那么第一个 ERC 蕴含第二个 ERC。

(98) 蕴含二:ERC(a)蕴含 ERC(b)

	优选项	败选项	制约条件 1	制约条件 2	制约条件 3
a.	优选项 1	败选项 1	W	L	L
b.	优选项 2	败选项 2	W		L

普林斯(Prince 2002b:5)把这些关系概括为(99)中的两条蕴含规则:W-延伸和 L-撤除。在(97)中,ERC(a)是通过 W-延伸来蕴含 ERC(b)的:除增加的 W 外,(b)与(a)相同。在 ERC 的紧凑型格式中,ERC(W,e,L)蕴含 ERC(W,W,L)。在(98)中,ERC(a)是以 L-撤除来蕴含 ERC(b)的:(b)除失去的 L 外,其余均与(a)相同。在 ERC 的紧凑型格式中,(W,L,L)蕴含(W,e,L)。

(99) ERC 蕴含规则

a. W-延伸
ERC 可通过用某个 W 替代某个空白单元格的方式来蕴含由它获取的其他任何一个 ERC。

b. L-撤除
ERC 可通过用某个空白单元格替代某个 L 的方式来蕴含由它获得的其他任何一个 ERC。

有关这些观点的具体应用,可参看(100),它是从 2.3 节中对亚韦尔玛尼语的分析汇总竞选表(33)稍做改动而成的。ERC(e)是(e,e,e,W,L),ERC(d)是(e,e,W,W,L)。除(e)中的空白单元格被(d)中的 W 取代之外,(d)与(e)完全相同。因此,ERC(e)蕴含 ERC(d)。ERC(a)与 ERC(d)也构成蕴含关系,ERC(a)是(e,e,W,L,L),把 L-撤除应用于其第一个 L,便可得到 ERC(e,e,W,e,L)。把 W-延伸应用于其最后的 *e*,便得到(e,e,W,W,L),而这与 ERC(d)完全相同。因此说,ERC(a)也蕴含 ERC(d)。总而言之,ERC(d)未能提供(a)或(e)所能提供之外的任何有关等级排列的信息。

(100) /taxa:-kʔa/→[ta.xakʔ]的 ERC(≈(33))

	优选项	败选项	*Comp-Syll	*Cunsyll	*V#	Max	Ident(长)
a.	ta.xakʔ	ta.xa:.kʔa			W	L	L
b.	ta.xakʔ	ta.xa:kʔ	W				L
c.	ta.xakʔ	ta.xa:.kʔ		W			L
d.	ta.xakʔ	ta.xa:			W	W	L
e.	ta.xakʔ	tax				W	L

现在让我们用日常语言来说一说(100)中的蕴含关系是否一切都确实一清二楚。ERC(d)告诉我们*V#**或** Max 统制 Ident(长)，ERC(e)告诉我们 Max 统制 Ident(长)。命题"Max 统制 Ident(长)"蕴含命题"*V# **或** Max 统制 Ident(长)"。换言之，ERC(d)并没有告诉我们任何超出 ERC(e)能告诉我们的东西。

(a)和(d)是(100)中所涉及的另一个蕴含关系。ERC(a)告诉我们*V#统制 Max 和 Ident(长)，ERC(d)告诉我们*V#**或** Max 统制 Ident(长)。命题"*V#统制 Max **和** Ident(长)"蕴含命题"*V#统制 Ident(长)"，而这本身又蕴含命题"*V# **或** Max 统制 Ident(长)"。换言之，ERC(d)并没有告诉我们任何超出 ERC(a)能告诉我们的东西。

前面这两段颇为烦琐的解释，有助于突出(99)中 ERC 蕴含规则的真正用途。原则上，我们可以采用我们所熟知的"和"和"或"逻辑式提出我们对 ERC 蕴含关系的推演方式，但那样做会令人痛苦不堪。(99)中的规则极大地简化了操作流程，而且由形式证据所确保的这些规则的(重复)应用，可产出一个 ERC 中所有的蕴含关系(Prince 2002b:6)。

ERC 的蕴含关系告诉我们哪对优选项～败选项的比较会给

等级排列提供的信息量最大,因此我们可以用它来确定哪些候选项是分析所必需的。(100)中的(d)被另外的 ERC 蕴含,因此,我们可以安全地把(d)从竞选表中删除,而且这既不会损失等级排列的信息量,也不会影响等级排列论证的合理性。

和谐限定是一种蕴含关系的特例。竞选表(101)是从前面 2.6 节中讨论和谐限定时呈现的竞选表(51)摘录而来。候选项(g)不仅被候选项(a)和谐限定,也被(e)和谐限定,因为(g)不仅拥有(a)违反标记的真子集,也拥有(e)违反标记的真子集。因而,无论这些制约条件怎样等级排列,(g)都不会胜出。

(101) 违反竞选表中的和谐限定

/taxaː-kʔa/	*COMP-SYLL	*C^{unsyll}	*V#	MAX	IDENT(长)
a. ta.xakʔ				*	*
e. ta.xaː			*	**	
f. tax				***	
g. ta.xa			*	**	*

我们可以用比较竞选表把(101)进行重新表述,由此得到一个 ERC 集合,其结果见(102)。当某个败选项被优选项和谐限定时,败选项的 ERC 中就没有了 L。这就是(g)行的情况。此外,(g)也被另一个败选项(e)和谐限定,ERC(e)是通过 L-撤除规则蕴含 ERC(g)的,这并非偶然:如果某个败选项和谐限定了另外一个败选项,那么**限定**候选项的 ERC 就蕴含**被限定**候选项的 ERC (Prince 2002b:第六部分)。但是,反之则不然:(f)以 W-延伸和 L-撤除方式蕴含(g),但(f)并不和谐限定(g),因为(f)并不拥有(g)违反标记的真子集。

(102) 竞选表(101)的 ERC 格式

/taxaː-kʔa/	*Comp-Syll	*Cunsyll	*V#	Max	Ident(长)
a. →ta.xakʔ					
e. ta.xaː			W	W	L
f. tax				W	L
g. ta.xa			W	W	

为了便于分析和说明，通常最好的做法是把被和谐限定的候选项从竞选表中移除。最容易识别的是被优选项和谐限定的候选项，因为它们的特点是 ERC 中没有 L。当识别和移除了所有 ERC 被蕴含的败选项时，被其他败选项和谐限定的候选项也将被自动移除。采用上述方式，便可以产出一个规格上已被压缩的汇总竞选表，它给等级排列提供的信息量绝不亚于大量列出各种各样候选项的竞选表。（但被和谐限定的候选项对语言类型研究非常重要，见本书第五章。）

制约条件等级排列的逻辑关系，也有助于我们理解以何种方式能够把从一对对不同的优选项～败选项中获取的等级排列信息综合起来，推论出整个制约条件的等级体系。竞选表(103)说明，优选项 1～败选项 1 的 ERC 本身只告诉我们制约条件 1 或制约条件 2 统制制约条件 3，而优选项 2～败选项 2 的 ERC 本身也只告诉我们制约条件 1 或制约条件 3 统制制约条件 2。换言之，每一行只是证明了一种析取关系，即两个制约条件中不是这个制约条件就是那个制约条件统制第三个制约条件。单看这些行，其信息量远不如把它们放到一起来看。把它们放在一起，可以告诉我们制约条件 1 一定统制制约条件 2 和制约条件 3，其他等级排列均不起作用。

(103) 有两个构成析取关系的等级排列

优选项	败选项	制约条件1	制约条件2	制约条件3
优选项1	败选项1	W	W	L
优选项2	败选项2	W	L	W

即便是分析和推演像(103)这种相对比较简单的析取例子,都会很容易让我们纠缠不清,陷入混乱。所以,想一想要解决涉及两对以上优选项～败选项的更为复杂的析取问题,会是怎样?幸运的是我们有一种非常简单的解决方法:**ERC 融合法**。普林斯(Prince 2002b:14)证明 ERC 集合的所有结果都可以通过把它们按照(104)中的规则进行融合方式获取。与 L 融合,得到的总是 L;与 e 融合,跟同值的融合一样,结果不变。L 地位特殊,其原因很清楚:优选项之所以成为优选项,是因为**每一个 L 必须受到某一个 W 的统制**。**任何**正在被融合的 ERC,如果在某个位置上有了一个 L,那么,由于这个 L 一定要受到某个 W 的统制,它们便好像是**都**拥有了 L 一样。

(104) ERC 融合规则(Prince 2002b:7)

a. L 占先

L 与 W、L 或 e 融合的结果均为 L。

b. e 认同

e 与 W 融合的结果是 W,与 L 融合的结果是 L,与 e 融合的结果是 e。

c. 自我认同

任何与它自己融合的结果仍是它自己。

让我们再回到(103)。ERC(W,W,L)与 ERC(W,L,W)组合

的结果应该是 ERC(W,L,L),这就像(103)推论得出的:制约条件 1 统制制约条件 2 和 3。因为每一个 L 必须受到某个 W 的统制,ERC(W,L,L)明确指向制约条件 1 统制制约条件 2 和 3 的这一等级排列方式。ERC(W,W,L)与 ERC(W,L,W)的融合见(105)所示。根据自我认同规则,两个 W 融合为一个 W;因 L 占先规则,与 L 融合为 L。当两个 ERC 按照这些规则融合时,如普林斯(Prince 2002b:14)的证据所证实的那样,所产生的 ERC 是有关等级排列的可靠信息。

(105) (W,W,L)与(W,L,W)的融合

优选项1~败选项1	W	W	L
优选项2~败选项2	W	L	W
融合的结果	W	L	L
所应用的(104)中的融合规则	(c)	(a)	(a)

ERC 融合法可以用来检测不一致性问题(Prince 2002b:11)。在前面一节中,我们采用 RCD 来说明(93)佐证表存在着不一致性问题:(93)中没有哪一种制约条件等级排列能够说明它的全部成对的优选项~败选项。当两个或两个以上的 ERC 存在着不一致性问题时,它们的融合就是一个不包含 W 的 ERC。由于无制约条件青睐优选项,这一分析所存在的问题是确定无疑的。(106)中的 ERC 集合与(94)一样,它是 RCD 因无法找出任何可以等级排列的制约条件而停滞后留下了的存在不一致性问题的 ERC 集合。它融合为没有 W 的(L,e,e,L,L,e,L),这证实了这些 ERC 向制约条件等级排列提出了前后不一致的要求。

(106)=(94),+ERC 融合结果

	优选项	败选项	*V#	*Comp-Syll	*C^{unsyll}	I$_D$(长)	Dep	Dep-C	Max
a.	lan.hin	la:.ni.hin				L	W		
b.	lan.hin	la:.hin				L			W
c.	ta.xak^ʔ	ta.xa:.k^{ʔ}a	W			L			L
d.	ta.xak^ʔ	tax				L			W
e	xat.k^{ʔ}a	xat	L						W
f.	xat.k^{ʔ}a	xa.tik^ʔ	L				W		W
g.	ʔi.lik.hin	ʔil.hin					L		W
融合结果			L			L	L		L

上述这一过程已经证实存在着不一致性问题,但它除了说明(106)中某些一对对优选项~败选项的子集是有问题的之外,并没有找出问题之所在。(106)中一对对优选项~败选项的数量并不大,所以尝试着对这些 ERC 子集是否存在不一致性问题进行一一核查,还是合乎情理的。我们从检查一对对 ERC 开始,查清它们融合成什么样的结果:

- 让我们从 ERC(a)开始。任何一个可与(a)融合后产生没有 W 的 ERC 的 ERC,都必须用 Dep 列中的 L 匹配(a)那一列中的 W。唯一一个在 Dep 这一列中有 L 的 ERC 是 ERC(g)。(a)与(g)的融合结果是(e,e,e,L,L,e,W),因而(a)与(g)之间并没有存在不一致性问题。所以,单独一个 ERC 与(a)的融合,并不会造成不一致性问题。

- 现在让我们来看一看 ERC(b),看看所有在 Max 这一列中有可以匹配(b)在该列中 W 的 L 的 ERC,只有 ERC(c)符合这一要求。融合(b)与(c)的结果是(W,e,e,L,e,e,L),所以仍不存在着不一致性问题。

- ERC(c)在 *V# 列中有 W。ERC(e)和(f)有 L 与此匹配，融合(c)与(e)的结果是(L,e,e,L,e,e,L)，因此我们找到了造成不一致性问题的一对 ERC。

为确定(c)和(e)会否是唯一造成不一致性问题的原因，我们还可以查一查如果把它们从佐证表中移除，RCD 还能否成功运作。其结论是肯定的。

知道(c)和(e)是造成不一致性问题的原因，这有助于提示我们到哪里寻找一种解决这一问题的方法：它们其中的一对优选项～败选项是有问题的，问题一定是与它们出现差异的 *V# 或 M_{AX} 中一个制约条件有关。正如我们从前面对这个例子所做的讨论中所知道的那样，问题是出在 M_{AX} 上。

在使用 ERC 融合分析方法时有两点注意事项：首先，我们不能得出这样的结论：ERC 集合仅仅是因为融合成一个有 W 的 ERC 就是一致的。例如，(93)中的 ERC 融合成(L,W,W,L,L,L)，但是，正如我们刚刚所看到的那样，那些 ERC 中的某个子集仍存在着不一致性问题。推论只能是单向的：如果某个 ERC 集合融合成没有 W 的 ERC，那么它便存在着不一致性问题，但融合成一个有 W 的 ERC，则并不能保证它没有不一致性问题。其次，存在不一致性问题的 ERC 集合中的不一致性问题，有可能源自大小不一的子集。寻找存在不一致性问题子集的方法是，如果二元子集没有不一致性问题的话，可能还要看一看三元、四元或更大的子集。最糟糕的情况是，ERC 全集有不一致性问题，而它的所有真子集却没有。幸运的是，这最糟糕的情况并不常见，因此这一方法仍然十分有用。

语言学家们并不都是习惯于研究理论的形式化基础的这一主

张。但是,正如我们所看到的,优选论形式化基础的研究不仅已让我们看到了一种更为抽象的特性,还为分析提供了某些实用性手段。

问题

41 四制约条件的 ERC 看起来像是 (e, W, W, L)、(W, e, e, e) 等。单独来看,哪个四制约条件的 ERC 比其他四制约条件的 ERC 所含有的有关等级排列的信息量要大?哪个四制约条件的 ERC 不含有任何等级排列的信息?哪个四制约条件的 ERC 含有某些等级排列的信息,但量却是最少的?

习题

42 下面的违反竞选表是对莫里斯(Morris 2000)在分析"西班牙南部和西部发现的"一种西班牙语变体中的 /s/ 音送气问题时提出的竞选表进行组合并稍做修改而成。莫里斯对制约条件的界定以及所假定的表征形式在现有语境中并不重要,故此请照搬接受。

你要做的事情如下:

a. 请把它改写成比较竞选表。

b. 找出任何受到优选项和谐限定的败选项,请解释一下我们怎样能够在原违反竞选表和比较竞选表中确定它们受到了和谐限定。

c. 请采用违反竞选表来找出受其他败选项和谐限定的败选项。并请采用比较竞选表来说明受和谐限定的候选项与和谐限定它们的候选项之间的蕴含关系。

d. 改写比较竞选表,请移除所有受和谐限定的候选项。

第二章　如何构建分析

e. 请确定在剩下的候选项之间所存在的任何一种蕴含关系。

f. 改写比较竞选表,移除被蕴含的各行。请把它与原(大的)竞选表进行比较,并说明为什么没有损失任何有关等级排列的信息。

g. 请采用你已简化的竞选表来确定任何一种制约条件等级排列方式。

/susto/ '惊吓'	I$_{DENT}$ (−cont)	I$_{DENT}$ (+cont)	I$_{DENT}$ (延展)	*Coda [+cont]	*Coda [延展]	D$_{EP}$ (联结)	U$_{NIF}$
a. →súh.to		*			*		
b. sús.to				*	*		
c. súh.θo	*				*	*	
d. sú^{h}t.to		*			*	*	
e. súθ.θo	*			*	*	*	
f. sút.to		*	*			*	
g. súð.ðo	*		*	*		*	
h. sú.θo							*
i. sú.ðo	*		*				*
j. sú.to			*	*			*

43　下面的竞选表是在隆巴尔迪(Lombardi 1999)对瑞典语浊音性所做的分析基础上构成的。(制约条件的定义见(36)。)你要做的事与上一题相同。

输入项		A$_{GREE}$([浊])	*V$_{OICE}$	I$_{DENT}$([浊])	I$_{DENT_{Onset}}$([浊])
/skuːg/	a. →skuːg	*			
'森林'	b. skuːk			*	
/vigsəl/	c. →viksəl			*	
'婚姻'	d. vigsəl	*	*		
	e. vigzəl		*	*	*

(续表)

输入项		Agree([浊])	*Voice	Ident([浊])	Ident_Onset([浊])
/stekdə/ '油炸的'	f. →stektə			*	*
	g. stekdə	*	*		
	h. stegdə		**	*	
/εgdə/ '拥有的'	i. →εgdə		**		
	j. εkdə	*	*	*	
	k. εktə			**	*
	l. εgtə	*	*	*	*

第三章 如何将分析写成论文

3.1 引言

艰难的语料分析工作基本完成，这时便到了可以开始撰写论文的时候了。本章就论文撰写方法给出建议。有些建议只适用于优选论(3.3节)，但多数也同样适用于其他课题研究。这些建议散见于本章的字里行间，处处告诉你怎样把论文写清楚、写明白。

写清楚很重要，原因有三：第一，我们需要读者能理解我们的研究。教师常因误读了学生学期论文的开题报告，错误地认为其研究行不通。常有作者抱怨刊物编辑误读了他/她的论文而很不公正地退稿。如果我们多注意一下，写清楚一些，这些问题是可以避免的。第二，读者很忙。因为有很多论文要读，而时间又很有限，因此读者就需要很快判断论文是否与他的研究兴趣相关、值不值得一读。读者因时间紧，会对行文不清晰、结构不明朗的论文失去耐心。第三，思路不清晰，就不可能写得清楚。想写清楚的强烈愿望，会促成思考习惯，进而能更深入地理解理论或分析方法。写作过程中会有很多发现，常常能使分析有很大的改进和改善。

本章中给出的仅仅是建议，而非铁律。由于时间精力有限，我们在写的时候都会打些折扣。毫无疑问，本书的读者会发现，我有时也未必言听计从,完全照自己的话去做。我们所能做的就是尽力为之,这样至少比我们不做任何努力写出来的要好、要清晰。

3.2 论文如何组织和编排

一篇文章的总体框架取决于它属于哪类作文:是习题解答、小论文还是学位论文。这里给出的建议适用于中等长度的文章,诸如 12～20 页的学期论文或会议论文,或是 40～50 页的期刊论文或专著、学位论文中的某个章节。用文字撰写习题答案时,遵循这里的大部分建议去做,也未尝不是个好主意。把习题答案写清楚,是练习把论文写清晰的良机。

正像本书的章节一样,语言学论文常常使用数字标出各个章节。数字标出章节,不是什么美文,而是为了使论文结构前后一致,逻辑性强,这样做可以让写作很容易地从论文的一部分转到另一部分。如果数字标出的章节用了黑体字,而且标题信息丰富,那么读者就可以快速浏览论文并获知作者论述的要点。读者如果时间很紧,还可以只找出相关章节来阅读。

通常把第一部分称为"引言",原因是显而易见的。或许把它叫作"鱼钩"更为准确,因为它往往是作者吸引读者眼球的唯一机会。引言部分需要抓住读者的注意力,而抓住读者注意力的最好方式是求异求新,出其不意。

文学作品是通过提出疑问、制造悬念来吸引读者的注意力。任何领域的非小说类作品,包括语言学论文在内,均是通过提出问题并立刻给出解决方案来吸引读者的注意力。引言部分给出的解决方案没必要很具体、很专业,也不需要个个都事出有因——那是

第三章　如何将分析写成论文

论文余下部分要做的事——但是呈现它们的方式必须能让相关领域的专家立刻理解和领会。

对于在引言中立刻给出问题答案的做法,通常会有三种反对意见。第一种反对意见是,这似乎有悖逻辑:"我怎么能在没有充分证据和论证的情况下说出论文的主要结论呢?"第二种反对意见是,它无视所有前人对这一主题的研究:"我们怎么能在没有首先说明和评价他人的解决方案的情况下提出自己的解决方案呢?"第三种反对意见是,这泄露了论文结论:"如果读者已经知道了我要说什么,他们怎么会继续看我的论文呢?"

这些反对意见都源自读者处理专业性论文引言的不当方式。读者在阅读引言时,并不是想找出全部的证据或文献述评,而只是期待了解作者论述的结果,即对问题的描述以及对建议或结论的概述。如果他们对这个话题感兴趣,这些信息足以抓住读者的注意力并说服他们读完余下的部分。读者在读专业性论文的引言时,当然并不想要你给他们呈上一道难题,激发他们读下去的兴趣。语言里尽是难题,有经验的读者希望看到问题的解决方案。如果引言中提出了问题而没有给出解决方案,读者通常不会费力劳神地在余下的章节中到处搜寻,企望作者会提出引人入胜的解决方案。

多数语言学论文中的第二部分是回顾和评价前人对问题的研究成果。在我看来,这往往是不妥的。前人的研究成果需要得到肯定,但不应该分散对该论文提出的观点的注意力。新观点与前人观点做比较,必须是在阐述完新观点之后进行的。在此之前进行这种比较,显然是毫无意义的。

这个建议常遭到的反对意见是:"读者如果没有先看到前人解

决方案的不足,怎么会接受新的解决方案?"这一反对意见也同样源自读者做事情的不当方式。读者对新观点的容纳能力并非有限,不是必须要弃掉老的观点才能接纳新的观点。相反,聪明的读者习惯于暂时接受有悖于先前看法的假说。这种反对意见也是源自对何为学术的不当理解。牛顿曾说过:"如果说我比别人看得更远,那是因为我站在巨人的肩膀上。"虽然他的研究是真正革命性的,但他并不固守巨人们的陈说旧论。有时候,语言学知识远比我们预想的要更具有累积性和渐进性。即便是错误的观点,也会有助于我们的理解。那么,在批驳某个观点之前,明智的做法是好好想一想你自己的研究该如何从中汲取养分。

这条建议是有例外的,即很少见到一个问题可能有某个普遍接受且不容置疑的解决方案。如果要让读者关注这一问题的新建议,就需要让读者消除这样的想法,即普遍接受的解决方案真的是如同他们所认为的那么好。只有在这种情况下,论文的第二部分甚至第一部分才需要说一说前人理论的缺陷。然而,即便如此,对新老观点所做的比较,仍然应该置于对新观点的详述之后进行。

论文的第二部分不应是文献回顾,而应是对相关理论内容的介绍。这包括必需的背景假设和新的观点。如果论文没有什么新的理论介绍,而主要是展现某种分析,那么这部分便可以简而言之:"本文将采纳普林斯和斯莫伦斯基(Prince and Smolensky 1993/2004)提出的优选论,具体地说将采用……概念。"如果论文旨在引入一种新的制约条件或对已有的制约条件进行修改,那么第二部分就应对所提出的创新之处进行阐释。这一阐释应包括对新的制约条件的界定、它在优选论内外的渊源以及针对这一制约条件在分析中的论证方式方法所做的初步描述。假如正确无误地

第三章　如何将分析写成论文

完成了这项工作,那么将是非常典型地把已在第一部分初步描述的内容进行复述而已。用几种不同的方式把论文的主要观点告诉读者,这很好,没有什么不妥。读者不会感到厌烦、不可接受,反而会心存感激。

顺便说一下,把创新说明放到第二部分,并不意味着要给读者罗列一长串的制约条件。我们切不可指望读者在阅读论文的过程中记住三个以上的新的制约条件。如果某一学术观点需要有七个新的制约条件,那么这一学术观点及其阐释所用的数个制约条件均应出现在第二部分。如果这一分析需要有七个新的制约条件,而这些制约条件又无法归入一两个主要学术观点之下,那么可能需要你对全文进行反思,或许你想做的东西太多了。

建议把创新说明放到第二部分,有时遇到的另一种反对意见是:"在读者还没有看到所有的这些证据和论证之前,我怎么能说服读者接受我的观点呢?"答案是我们并没有指望读者在第二部分就接受我们的观点,第二部分的目的是要告诉读者什么是我们希望之后的论证要说服他们的。如果第一、二部分写得很好,那么读者就会知道该论据由何而来(问题的提出)、止于何处(提出的解决方案),并且也会对其间论述的何去何从有所了解。

这样撰写文章的第一、二部分,可以给读者一个论文总体框架,把零散的论证片段组成一张思想蓝图。读者没必要记住几个看似彼此无关但在结论部分却捆绑在一起的论点(那是悬疑小说的典型写法,并不适用于专业论文),也没必要为猜中作者论证意图而力争构建自己的某种思想框架。

论文的中间章节是论证和分析的展开部分。这部分提出优选论中特有的挑战性问题,并分别加以阐释(3.3节)。

在撰写专著或论文中间章节[①]时,也会遇到一些较为普遍的问题。除非内容相对简单明了,否则阐述的排序永远是个问题。应该先说理论的哪个方面,后说哪个方面?我在撰写本书时为这个问题也煞费苦心。人们在读过此书概要或手稿之后,不时地向我提出如果采用别的结构编排可能效果会更好的一些建议。这些建议都非常好,也有很好的理据。但是,我最终采用的结构编排也有很好的理据。

阐释任何复杂的专业问题,原本就是一道难题。我们喜欢以线性方式呈现论据或论点,有组织地组段成篇,因此无须向读者许诺:"第七小节将对此进行阐释。"或者"我们将在第九章看到造成这种情况的原因。"可惜的是,复杂的专业问题极少适宜纯线性的阐述方式。各种学术观点彼此相互依存,因此使用绝对纯线性组段成篇的呈现方式是根本行不通的。本书该如何编排,不同的人有不同的看法,这些看法没有错,我的看法也没有错。既然完全线性的阐述方式是靠不住的,那么,我们每个人便对哪种是本书最好的编排方式持有不同的观点和看法。

不存在完美无缺的编排方式,认识到这一点令人欣慰,让人超脱。认认真真地想一想中间部分的编排方式问题;一边撰写,一边不断审视自己的决定。别的不要担心,尤其不要担心你确立的结构编排方式会存在缺陷,那些都是无法避免的。

论文的最后部分是结论,结论所谈的内容很多都应与引言相同:应阐述问题及其解决方案,应简要评述问题与解决方案之间相关联的分析与论证要点。语言学领域的惯常做法是在结论部分对

[①] 我对结构编排问题的看法深受贝克尔(Becker 1986)的影响。

文中遗留问题进行讨论，并对提出的解决方案如何在将来的研究中进一步发展做出展望。这很好，但一定要适可而止。结论部分提出的问题太多，会让读者认为论文尚未真正结束，还需要做更多的工作。

习题

1 请在 ROA 网上浏览三篇论文的结构，它们与本节中的指导原则或多或少是否一致？若不一致，请解释怎么不一致，可否改正？

2 设想你要根据亚韦尔玛尼语的语料撰写一篇论证设立一条不同的 Max-C 制约条件的论文（见 2.10.3 节），请写出论文的前两部分。（不要太多，几页就足够了。）

3 下面一段是在 2.9 节中所做的分析基础之上为一篇有关助动词 *do* 的论文撰写的引言，这里，我已竭尽全力把它写糟[②]。请解释这段引言错在哪里，并写出一段好的引言，然后把我、你所写的与格里姆肖（Grimshaw 1997:381）的原文第三小节引言部分进行比较。（如手边没有那期《语言学研究》（*Linguistic Inquiry*），可参看 ROA-68 上的论文第 8～9 页。）

> 自乔姆斯基（Chomsky 1957）以来，句法学家已被英语 *do* 的问题所困扰。哪里允许 *do*？哪里不允许？这些问题从未得到令人满意的答案。本文在回顾自乔姆斯基开始的所有先前的分析并论证这些分析存在着严重错误之后，将提出最后的解决 *do* 难题的方案。这一解决方案将

---

② 感谢凯瑟琳·弗拉克帮我把这一段改写得如此之糟。

对今后的英语等其他语言的各种别的句法问题研究具有惊人的启示作用。

4 为你自己论文的开头撰写一段好的文字,同时也有意撰写一段不好的文字。并以此同样的方法为你最近读过的一篇文章撰写一段好的文字和一段坏的文字。

3.3 怎样呈现优选论分析

假如已做了可能做的所有第二章的分析工作,全文的结构编排也已根据3.2节中的建议确定下来,现在到了以读者最易懂、最有说服力的形式把该分析写出来的时候了。

在撰写优选论分析论文时,会遇到在其他理论中很少遇到的一些难题。原则上,制约条件彼此之间均可发生交互作用,因此说优选论分析是个极为严密的、前后连贯一致的整体。但除非整个分析仅有两三个制约条件,如果把所有的制约条件和盘托出的话,读者便无法驾驭。所以,我们需要找出一种把整个分析分解开来、能够有条不紊地进行阐释的方法。在优选论分析中,最好是先确定那些制约条件不发生交互作用的情况。

为此,请看一看你在分析过程中构建的汇总竞选表。差不多每个竞选表中都有某些制约条件既不青睐优选项,也不青睐败选项。这些既不青睐优选项又不青睐败选项的制约条件,对等级排列的结果或效果不产生任何影响,因而可以从竞选表中剔除出去(2.7节)。这就意味着在引入那些制约条件之前,就可以合情合理地对竞选表进行探讨。换言之,撇开既不青睐优选项又不青睐败选项的制约条件,我们便可以有条不紊地呈现我们的分析了。

第三章　如何将分析写成论文

竞选表(1)~(4)是对亚韦尔玛尼语的分析,其中有些是自2.3节以来介绍后所做的改进。总的来看,除竞选表(2)外,其余竞选表中均有一个以上的既不青睐优选项也不青睐败选项的制约条件,它们分别是:(1)中的 *V# 和 MAX-V,(3)中的 IDENT(长),(4)中的 *V#、IDENT(长)和 MAX-V。我们有充足的理由说明每种情况中的特定制约条件为何与其无关。例如,亚韦尔玛尼语里没有一个标记性制约条件青睐长元音的,而 IDENT(长)只是在反短元音化时才会发挥作用。因此,在输入项中只有短元音时,该制约条件可以完全被忽略,如(3)和(4)所示。

(1) /la:nhin/ → [lan.hin]

	/la:nhin/	MAX-C	*COMP-SYLL	*C^{unsyll}	DEP	*V#	IDENT(长)	MAX-V
a.	→lan.hin						*	
b.	la:n.hin		*W				L	
c.	la:.n.hin			*W			L	
d.	la:.ni.hin				*W		L	
e.	la:.hin	*W					L	

(2) /taxa:kʔa/ → [ta.xakʔ]

	/taxa:kʔa/	MAX-C	*COMP-SYLL	*C^{unsyll}	DEP	*V#	IDENT(长)	MAX-V
a.	→ta.xakʔ						*	*
b.	ta.xa.kʔa					*W	L	L
c.	ta.xa:kʔ		*W				L	*
d.	ta.xa:.kʔ			*W			L	*
e.	ta.xa:.kʔaʔ					*W	L	L
f.	tax	*W					L	***W

209

(3) /xatkʔa/→[xat.kʔa]

/xatkʔa/	Max-C	*Comp-Syll	*C^{unsyll}	Dep	*V#	Ident(长)	Max-V
a. →xat.kʔa					*		
b. xatkʔ		*W			L		*W
c. xat.kʔ			*W		L		*W
d. xat	*W				L		*W
e. xa.tikʔ				*W	L		*W
f. xat.kʔaʔ				*W	L		

(4) /ʔilkhin/→[ʔi.lik.hin]

/ʔilkhin/	Max-C	*Comp-Syll	*C^{unsyll}	Dep	*V#	Ident(长)	Max-V
a. →ʔi.lik.hin							
b. ʔilk.hin		*W		L			
c. ʔil.k.hin			*W	L			
d. ʔil.hin	*W			L			

145 　　显而易见,(1)～(4)是分析工作的所有结果,但并非向他人解释这一分析的起点。在优选论的文献中,不乏有这样的论文:开篇便是一个以上的长长的竞选表,紧接着随意解释或论证一通。还有非常多的论文一上来就高调断言某种制约条件的等级排列,而且常常是没有什么根据的全部等级排序(见2.2节)。这种阐述方式无助于读者理解分析,也不可能让他们相信该分析是正确的。事实上,以这种方式呈现的分析常常会错误百出。假如作者不是以谨慎论证方式而是以纯断言方式呈现分析,那么这种分析很可能是一上来也没有经过任何论证就贸然提出的。那样的话,出错是不可避免的。

　　阐述的目的是以递增和互动方式呈现分析,这就是为什么我们先要辨别出拥有既不青睐优选项也不青睐败选项的制约条件的竞选表。竞选表(4)中这样的制约条件最多,或许这里是开始呈现分析的最佳之处。因此,先给读者的语料和描述性概括应该是三辅音丛插入[i]音的证据。

以摆出语料(如第一章例(2)所示)及其所支持的描述性概括开篇,接着要讲清楚两点:一、用 *COMPLEX-SYLLABLE 和 *C^{unsyll} 排除掉忠实性分析辅音丛的各种可能的方式。即使在这一初始阶段,就告诉读者这两个制约条件在亚韦尔玛尼语里从未被违反过,它们理应不被统制,也是有所助益的。二、既然该语言有增音而不是删辅音,*COMPLEX-SYLLABLE 和 *C^{unsyll} 便会迫使 DEP 而非 MAX-C 的违反。

在下面竞选表(5)～(7)中,所呈现的分析中必须包括等级排列的形式化论证,这些等级排列的论证把从所研究的语料集中选出的优选项跟每一个败选项逐一进行比较。等级排列的论证中包含了先前(在2.3节中)分析已证明与/ʔilkhin/→[ʔi.lik.hin]映射相关的所有制约条件——换言之,这些是在[ʔi.lik.hin]与其他候选项的竞争中支持优选项或败选项的制约条件。(即(4)中没有空白列的制约条件。)每个竞选表也应伴有某些文字说明,以免除读者要找出竞选表阐释的分析重点之所在的负担。

以下是怎么写成这部分论文的例子:

> 竞选表(5)比较了非忠实性优选项[ʔi.lik.hin]与忠实性败选项*[ʔilk.hin]。由于[ʔi.lik.hin]中有增音,因而违反了 DEP。当然,忠实性候选项满足了 DEP,但却是以把音序[ʔilk]分析为单独一个 CVCC 音节为代价,这违反

了标记性制约条件 *COMPLEX-SYLLABLE。为使优选项 [ʔi.lik.hin] 更和谐，必须让 *COMPLEX-SYLLABLE 统制 DEP。

（5） *COMPLEX-SYLLABLE ≫ DEP

/ʔilkhin/	M$_{AX}$-C	*COMP-SYLL	*C^{unsyll}	D$_{EP}$
a. →ʔi.lik.hin				
b. ʔilk.hin		*W		L

竞选表（6）中的败选项也是忠实项，但其音节分析有所不同。把 *[ʔil.k.hin] 中的 [k] 音分析为一个附加成分，即该辅音是音系词节点下的一个直接成分。附加成分违反了 *C^{unsyll}，那么也必须让该制约条件统制 DEP。

（6） *C^{unsyll} ≫ DEP

/ʔilkhin/	M$_{AX}$-C	*COMP-SYLL	*C^{unsyll}	D$_{EP}$
a. →ʔi.lik.hin				
b. ʔil.k.hin			*W	L

竞选表（5）和（6）都说明了为什么不可以对三辅音丛输入项进行忠实性的音节化分析，忠实性分析要求允许出现大音节或含有未被音节化的辅音的音节，这两种情况在亚韦尔玛尼语里从未见到过，所以 *COMPLEX-SYLLABLE 和 *C^{unsyll} 一定不受任何统制。因为发生的是元音插入，而非对上述两个制约条件的违反，所以两个制约条件都必须统制 DEP。

竞选表(7)呈现的是另外一类不同的败选项。形式*[ʔil.hin]是以删音而非增音方式同时满足了等级排列最高的两个标记性制约条件,但辅音删除方式却同样被等级排在 D<small>EP</small> 之上的 M<small>AX</small>-C 淘汰出局。

(7) M<small>AX</small>-C ≫ D<small>EP</small>

/ʔilkhin/	M<small>AX</small>-C	*C<small>OMP</small>-S<small>YLL</small>	*C^{unsyll}	D<small>EP</small>
a. → ʔi.lik.hin				
b. ʔil.hin	*W			L

我们现在可以转到另一则语料集了。理想的阐述方法仍然是:如果可能的话,将所有的制约条件一次性呈现出来。竞选表(1)是完美的,因为它要求我们只引入一个新的制约条件 I<small>DENT</small>(长)进行阐述。那么,接下来的是介绍语料和提出闭音节元音缩短的描述性概括。在探讨[i]增音之后提出论据,这种方法是合乎逻辑的,因为两件事是有关联的,都是在忠实性候选项违反了其中一个不受统制的音节标记性制约条件 *C<small>OMPLEX</small>-S<small>YLLABLE</small> 或 *C^{unsyll}时出现的。最为重要的比较——首先应该讨论的——是 I<small>DENT</small>(长)与统制它的忠实性制约条件 D<small>EP</small> 之间的关系。(8)中给出的等级排列论证应是本文在这一点上论述的主要着眼点。尽管 M<small>AX</small>-C、*C<small>OMPLEX</small>-S<small>YLLABLE</small> 和 *C^{unsyll}在(8)中都不起什么作用,但由于它们在别的候选项与这同一个优选项[lan.hin]进行比较时都起作用,所以最好还是把这些制约条件保留在竞选表中。这让读者容易拿(8)与其他出现该优选项的竞选表做比较。

(8) DEP ≫ IDENT(长)

/laːnhin/	MAX-C	*COMP-SYLL	*C^{unsyll}	DEP	IDENT(长)
a. →lan.hin					*
b. laː.ni.hin				*W	L

(8)中等级排列的论证完全站得住脚,跟整个分析也是一致的,尽管随后证明 *V# 等级应排在 DEP 与 IDENT(长)之间。我们可以确信这一点,是因为在向读者呈现略去 *V# 的这一竞选表之前,我们已查明 *V# 与/laːnhin/→[lan.hin]的映射是无关的。

在给出(8)及其证据之后,我们便能做好阐释(1)中余下的候选项了。虽然等级排列的论证通常应以一次给出一个败选项的方式呈现,但此时此刻给读者一个含有多个败选项的竞选表(9),也未尝不可。考虑到都是读者看到过的,(9)中没有提供什么有关等级排列的新信息,一切都是意料之中的事,因此我们就不会有一次处理好几个败选项会产生混乱的危险。

(9) /laːnhin/→[lan.hin]的总汇

/laːnhin/	MAX-C	*COMP-SYLL	*C^{unsyll}	DEP	IDENT(长)
a. →lan.hin					*
b. laːn.hin		*W			L
c. laː.n.hin			*W		L
d. laː.ni.hin				*W	L
e. laː.hin	*W				L

现在需要讨论的只剩下 *V# 和 MAX-V 两个制约条件了,这两个制约条件在下面两个竞选表中或青睐优选项或青睐败选项,

因此无法把它们一次性同时引入。那么,问题在于先讨论哪一个映射:(2)中的/taxa:kʔa/→[ta.xakʔ]还是(3)中的/xatkʔa/→[xat.kʔa]?我们可以通过使用等级排列逻辑式(见2.12节)来回答这个问题。在(10)中,我使用了竞选表(2)并把其制约条件等级排列打乱,迫使我们看一下哪种等级排列是该竞选表可用以证明的。(违反标记也因与等级排列逻辑式无关而被略去。)在(11)中,我对(3)做了同样的处理。我用黑框把(10)和(11)中的败选项行给圈了出来,这样就可以把它们叫作所谓的 ERC 集合了(Prince 2002b)。

(10) 竞选表(2)中的等级排列信息

/taxa:kʔa/	*V#	Max-C	*Comp-Syll	*Cunsyll	Dep	Max-V	Ident(长)
a. →ta.xakʔ							
b. ta.xa:.kʔa	W			L	L		
c. ta.xa:kʔ			W				L
d. ta.xa:.kʔ				W			L
e. ta.xa:.kʔaʔ				W	L	L	
f. tax		W				W	L

(11) 竞选表(3)中的等级排列信息

/xatkʔa/	*V#	Max-C	*Comp-Syll	*Cunsyll	Dep	Max-V	Ident(长)
a. →xat.kʔa							
b. xatkʔ	L	W		W			
c. xat.kʔ	L			W		W	
d. xat	L	W				W	
e. xa.tik	L				W	W	
f. xat.kʔaʔ	L				W		

每一个 ERC 集合可以为等级排列提供哪些新信息呢？回想一下 2.12 节中讨论过的蕴含问题,像(W,W,L)具有两个 W 和一个 L 的 ERC,只能说明两个青睐优选项的制约条件之一统制青睐败选项的制约条件,它是由(W,e,L)和(e,W,L)这两种只有一个 W 的 ERC 产生的。除最后一行,(11)中的各行都有两个 W 和一个 L,所以,竞选表(11)提供给我们的等级排列信息是:DEP 统制 *V# 是确定无疑的,还有 *V# 或是受 MAX-V 的统制或是受 MAX-C、*COMPLEX-SYLLABLE 和 *C^{unsyll} 所有三个制约条件的统制这种合取中的一种析取形式。对于在先前的分析中没有见过 *V# 的读者而言,会难以接受这种析取中的任何一种形式。所以,假如我们先要呈现 /xatkʔa/→[xat.kʔa] 的映射,那么,读者会一直处于那种必须记住这种合取的析取的尴尬境地,直到后面提出证据把它化解之时。由于要加重读者没有必要的记忆负担,因此那不是个完美的阐述方案。

另一方面,(10)中的这一 ERC 集合提供了更为清晰的有关等级排列的信息。(b)行和(e)行各自只有一个 W,它们呈现了三块读者尚未见过的牢靠的等级排列数据:*V# 统制 MAX-V、*V# 统制 IDENT(长),以及 DEP 统制 MAX-V。竞选表(10)的(f)行中确实有两个 W 和一个 L,所以孤立地看,它仅仅告诉我们 MAX-C 或 MAX-V 统制 IDENT(长),但前面阐述的等级排列论证(见竞选表(9))已证明 MAX-C 的等级排在前面,因而这一析取问题已得到解决。

那么,正确的阐述策略是把信息量更大的 /taxa:kʔa/→[ta.xakʔ] ERC 集合(10)所证明的等级排列论证呈现给读者。读者看到这一点之后,就能更好地理解 /xatkʔa/→[xat.kʔa] 映射的等级排列结果。所以,呈现分析的下一步是,展示/taxa:kʔa/→[ta.xakʔ]映射的证据,提出描述性概括,把读者引向(12)和(13)中的等级排列论证。在对这些等级排列论证做出解释之后,就要适时地向读者呈现多个败选项的竞选表(2),并表明该分析已对更大范围的候选项进行了研究和解读。

(12) *V# ≫ Ident(长),Max-V

/taxa:kʔa/	Max-C	*Comp-Syll	*Cunsyll	Dep	*V#	Ident(长)	Max-V
a. →ta.xakʔ						*	*
b. ta.xa:.kʔa					*W	L	L

(13) Dep ≫ Max-V

/taxa:kʔa/	Max-C	*Comp-Syll	*Cunsyll	Dep	*V#	Ident(长)	Max-V
a. →ta.xakʔ						*	*
b. ta.xa:.kʔaʔ				*W		L	L

论文至此,读者已准备好要看一看/xatkʔa/→[xat.kʔa]映射的证据和描述性概括。如前所示,孤立地看,这一映射给我们提供了一种析取方式:*V#受 Max-V 的统制,或者受 Max-C、*Complex-Syllable、*Cunsyll 和 Dep 等所有这几个制约条件的统制。但是,由于读者已经看过了(12)中等级排列的论证,因而知道*V#是不可能受 Max-V 的统制的,所以它一定是受到其他四个制约条件的统制。现在该是适逢其会,把多个败选项的竞选表(3)呈现给读者,说明把四个不同的等级排列论证压缩为单一一个的时候了。

我们来回顾一下这些有关呈现分析的建议,并浏览一下作为分析过程中的组成部分提出的汇总竞选表。哪个竞选表里有最多的、既不青睐优选项也不青睐败选项的制约条件?把它找出来。在引入这些制约条件之前,可以给出这个竞选表中的所有等级排列信息。它的讨论应该包括:给出语料及其所要说明的描述性概括,使用仅有一个败选项和至今所引入的所有制约条件的竞选表以及以此表形式呈现的等级排列论证,并给出包含所有已涉及的制约条件和所有潜在的相关败选项的汇总竞选表。只要可能,继续以此同样的方式一次增加一个制约条件。当对以下呈现内容有疑问时,看一看竞选表中的具体信息,特别是等级排列信息丰富的竞选表中的具体信息。

显然,这些建议并不能取代经冥思苦想后提出来的呈现分析的最好顺序,但是它们在强制执行各种说明文争取实现的标准方面处于优势地位。呈现分析要以渐进的方式进行:要零敲碎打地给读者提供新信息,否则量过大,一下子消化不了。在论述的每个点上,读者对整个分析的认识和了解是准确的,但并不全面:他们看到的总是已知有可能影响某一特定映射的所有制约条件;他们从不会因后来引入的制约条件动摇先前的等级排列论证或因改变对某个候选项未能胜出的已有解释而陷入窘境,不得不对其分析的思想蓝图进行彻底修改;他们从不会怀疑作者隐瞒重要信息而质疑其品格。

这里提出的写作建议之一可能有些争议。(感谢艾伦·普林斯,他让我相信这一做法是明智的。)先前的多数优选论文献是通过一系列只有一个优选项、一个败选项和两个制约条件的竞选表展开分析的。众所周知的这些 2×2 竞选表,已经成为提出等级排列论证的事实标准。2×2竞选表的优点是:它直接聚焦在某一孤立的交互作用之上。这也是它的主要缺点所在:它所依靠的是其余制约条件等级体系与正确构建等级排列论证毫无相关的这一假象。这里的建议是:创建等级排列论证所采用的竞选表还应只有一个败选项,但要包括**所有**青睐优选项或败选项的制约条件。如果觉得太多,那么起码要包括所有的青睐优选项的制约条件,因为它们有可能动摇等级排列论据的正确性。接下来,其余青睐败选项的制约条件可放在不同的竞选表中加以处理。至关重要的是:从头到尾都要向读者呈现他们所需要的对等级排列论据正确性有评估作用的一切信息。总而言之,2×2竞选表做不到这一点。

在普林斯(Prince 2002a)发明比较竞选表之前,采用2×2竞选表的另一理由是因为难以从较大的违反竞选表中提取出等级排列的论据。然后,比较竞选表使得我们非常容易地确定等级排列的论据,因此,为确保读者理解而把每个竞选表限定在两个制约条件的做法,再也没有必要了。

习题

5 按照本节建议,从下面的分析中选取一到多个分析撰写成文:

 a. 英语助动词 *do*(2.9节)。

 b. 毛利语的辅音删除(第二章习题8)。

 c. 帕劳语的元音弱化(第二章习题9)。

 d. 迪乌拉福尼语(第二章习题21)。

 e. 阿克辛宁卡坎帕语(第二章习题34)。

新15 新⁴ 和谐串行理论分析论文写作技巧

撰写和谐串行理论分析论文,比撰写标准 OT 理论分析论文更难、更具挑战性。难度增加的原因是不知道从哪里开始介绍音系推导。音系推导必须提升和谐性程度,但和谐性提升则取决于等级排列,而等级排列的论据又有赖于音系推导。那你从哪里开始解这团乱麻呢?

答案是:从推导过程短且重要的语料开始。它们都是一次音变后发生聚合的例子。因此,没有人想从讨论亚韦尔玛尼语里词尾删音和元音缩短后发生聚合的例子 /taxa:-k$^{\text{?}}$a/→*ta.xak$^{\text{?}}$* 开始,而都想从只有一次缩短音变的例子 /la:n-hin/→*lan.hin* 开始。该

新16 音变一旦得到分析,便已为后面的分析奠定了基础,即表明 *ta.xak$^{\text{?}}$* 的推导必须经过中间形式 *ta.xa:k$^{\text{?}}$* 而非 *ta.xa.k$^{\text{?}}$a*,否则元音缩短音变将无法做到和谐性提升。

要尽可能多地呈现短的推导过程,一旦做到这一步,某些等级排列方式便会显现。但仍有某些等级排列方式,只能通过对长推导过程的研究获知。竞选表(10新)呈现的便是这类等级排列方式的例证之一:*V# 统制 *COMP-SYLL。那么,向读者解释这一问题的最佳方式是什么?我的建议的是:就像下面这样,首先给出推导方式,然后对其进行论证。

i. 说出推导过程:"推导过程先是词尾删音,后是元音缩短,即 /taxa:-k$^{\text{?}}$a/→*ta.xa:k$^{\text{?}}$*→*ta.xak$^{\text{?}}$*";

ii. 用如(10新)和(11新)那样的竞选表来演示产生这一推导过程所需的等级排列方式;

iii. 阐释为什么不把词尾删音与元音缩短做这样的排序就得不到正确结果。

简言之，要采用**演绎**方式而非**归纳**方式进行论述。把推导过程这张牌亮在桌面上，然后说明它为什么获胜。

可能需要特别说明的一点是：如（15新）和（16新）所示，和谐串行理论中的中间步骤存在着无法解决或难以解决的平局问题。作者和读者要冒的风险是：这类平局最后会成为一种主要干扰因素，要你采用别的推导方式并配以很多竞选表。正如我们前面看到的那样，中间步骤的这些平局是没有什么意义的，因为它们的结局无论如何全都是一样的，所以在它们身上花费心思，事实上是得不偿失的。比较好的叙述策略是：第一次出现平局时提一下，然后就说出某个后面论述中用以处理该问题的临时规则。譬如，类似这样的规则会有助于化解（15新）和（16新）中元音缩短的例子。

> 语法无法确定哪个非重读元音在 $maʃaːfuiːnʃ$ 中是先变成短元音的。尽管无据可依，但在下面的分析中，我将假定元音的缩短是从左往右进行的。

需要特别说明的另外一点是：和谐串行理论中存在着不确定性的音变过程排序问题。当两个音变过程之间没有发生交互作用时，无论哪个音变过程先出现，都无关紧要。例如，阿克辛宁卡坎帕语有插入 t 音和插入 a 音两个增音音变（本书第二章习题34）。t 增音是对违反 ONSET 的回应，而 a 增音则是对违反 CODA-COND 的回应。

在 /no-n-tʃʰik-wai-i/ → $nonˉtʃʰikawaiti$ 的推导过程中，哪个增音音变是先发生的？答案有赖于 ONSET 与 CODA-COND 的等级排

列:哪个等级排列更高,哪个将先得到处置。就 $no\tilde{n}t\int^{h}ikawaiti$ 的推导而言,两种等级排列方式中任何一种都会产生同样的表层形式,因此无所谓哪个制约条件等级排列更高。如果有其他语料为 ONSET 与 CODA-COND 之间的等级排列方式提供依据,那很好;但如果没有,可按照我提出的处理平局的建议去做:在论述过程中第一次遇到这种情况时,把问题说清楚,然后声明并随后用临时规则加以处置,比如,"我将假定 ONSET 统制 CODA-COND"。

3.4 学术研究的职责

好的学术研究要求我们为任何不属于自己的观点、制约条件、理论或思想及时提供引用的原始出处。这一简单的原则在优选论中有几点分歧需要梳理和澄清。这里的建议,主要是为最终要发表的论文提出的,这类论文的引文标准要求很高。学期论文朝这个标准的方向努力,也不失为一件好事。

首先,虽然正确的引用是至关重要的,但是过度引用则会显得天真稚嫩。某些观点如果已到了普遍熟悉和接受的程度,也就不再需要引用了。乔姆斯基和哈勒(Chomsky and Halle 1968)(SPE)的区别特征理论便是一例。这一领域中的专业人员每次运用其中的特征时,不用标明引自 SPE,尽管他们仍将标明引自 SPE,倘若讨论的主题就是特征本身。

优选论尚未达到像 SPE 特征理论那样的普遍熟悉和接受程度,而且可能永远也做不到。因此,普林斯和斯莫伦斯基合著的开创性著作成为每一篇应用优选论的论文最起码的参考文献之一;具体方面的优选论研究,则需要更为完整的参考文献。由于普林斯和斯莫伦斯基合著的这部专著现有几个版本,所以引用起来有点复杂。(见 ROA-537 扉页上的发表前的历史说明)。引用文献的一般规则是:当有几个版本存在时,总是引用已正式出版的版本。但这可能会导致与时代不相符的奇怪错误:"在普林斯和斯莫伦斯基(Prince and Smolensky 2004)提出的理论基础上,约翰斯(Johns 1997)主张……"。最好还是遵循本书的做法:把引文写成 Prince and Smolensky(1993/2004)以及参考文献中的如下信息:

> Prince, Alan and Smolensky, Paul (1993/2004) *Optimality Theory: Constraint Interaction in Generative Grammar*. Malden, MA & Oxford, UK: Blackwell. [Revision of 1993 technical report, Rutgers University Center for Cognitive Science. Available on Rutgers Optimality Archive, ROA-537.]

引用的页码应来自正式出版的版本。另外,由于本书的章节、示例和脚注的编号在所有版本中都保持不变,所以它们可以为多数场合的引文所用。

优选论中的另一个引文问题是如何引用先前的对某个制约条件的研究。这样做很重要,因为这是对学术贡献的一种承认。另一重要的原因是,先前对支持制约条件 X 或类似别的语言的制约条件 X 的各种研究,也是独自对 X 的一种支持。既然制约条件声称属于制约条件的普遍集合,那么它们就需要各自得到其所能得到的支持。倘若时间和篇幅允许的话,理想的做法是引文甚至向读者提供 X 的证据要点,如:"约翰斯(Johns 1997)主张 X,

是基于图尼卡语③(Tunica)里[n]在短语结尾处的增音"。这非常重要——也更容易做到——特别是在先前的有关制约条件 X 的文献不很丰富、知之者甚少之时。

与此相关的一个问题是,引用制约条件的先前研究,要回溯到什么时候？理想的是自始至今。忠实性制约条件是优选论独创的,而许多标记性制约条件会追溯到 20 世纪七八十年代优选论之前的文献著述。例如,ONSET 便是如此。特别是在句法中,标记性制约条件多是相当于其他当代语言学理论有关结构的某些观点或主张,如格里姆肖(Grimshaw 1997：377)在说明 OPERATOR-IN-SPECIFIER 和 OBLIGATORY-HEADS 有关优选论之外的来源的这些文字。

> OP-SPEC 是基于瑞泽(Rizzi 1996)和黑格曼(Haegeman 1992)有关指定语位置与句法算子之间的特殊关系提出来的……
>
> 这一附加投射没有中心成分,因此违反了如在海德尔(Haider 1989)要求投射必须有(词库体现的是语迹占据的)中心成分的 OB-HD。

显而易见,我们并不要求作者对分析中涉及的每一个制约条件都溯本求源,一追到底,但是,如果制约条件是研究的重点,特别是已排入出版计划,那么花些功夫讲清楚该制约条件的来龙去脉,肯定也是值得的。

假设你正在撰写一篇关于主题 T 的论文,那么你必须做哪些

---

③ 图尼卡语是美国密西西比河中下游谷地生活的印第安人图尼卡部落所操的一种语言。——译者

第三章 如何将分析写成论文

有关 T 的前期准备工作？当然，要阅读其相关资料，但应该如何引用？在 3.2 节中，我解释了为什么在没有呈现自己的分析之前不应评议以往的研究。但如果已完成了包含你分析 T 的论文部分，下一步怎么办？

以前关于 T 的所有研究都要**引用**，但不需要对所有的进行**讨论**。当我们选择先前哪些研究进行讨论时，如果有的话，应以通过与之对比来进一步阐释自己分析的特性为目的。例如，假设我们在把 2.3 节中优选论对亚韦.尔玛尼语的分析与基斯伯斯（Kisseberth 1970）的共谋理论进行对比（见 1.1 节）。较为适宜的是采用这种对比方法来解释优选论如何获取阻断效应和触发效应，而早先的理论只适用于阻断效应。那么我们使用早期的理论，只是作为衬托，不是想办法要去驳倒它。

批驳做法是一种很糟的阐述方法，这有种种原因。首先，它常常是有失公允的。为了让批评产生更深刻的印象，一些批评常是基于枝节细末或旁枝末节提出来的。语言学家不是律师，无论多么无关紧要或不一致但却能提供足够多的论据，企望某个论据会给法官留下深刻印象。第二，批驳做法常常会适得其反。在绝大多数情况下，作者给别的理论提出的问题，结果会变成他或她自己理论的问题。第三，这种阐述方法多是无效的。读者永远不会相信一个新的理论或分析方法的正确性，仅仅是源于别的理论或分析方法是错误的。远离批驳做法的最后原因是，这一做法完全不是出于什么崇高之志。

在适宜评议先前的研究之时，有某几种形式应该遵循。要客观展开批评。不要说"约翰斯（Jones 1997）的增音理论……，约翰斯指出这……，约翰斯在有关……方面是错误的……"，而要说"约翰斯(Jones 1997)的增音理论……,增音理论指出这……,增音理论在有关……方面所做的预言是错误的……"。简要概述该研究方法的主要前提,并说明它如何适用于其最初打算解决的某些数据。此时,可以开始跟新的理论进行比较。紧紧抓住本质上的区别,摒弃无关紧要或易变的细节,决不要为新的理论尚未解决的问题而责怪旧的理论。决不要抨击所评论的著作人的动机、智力、学问或出身。不要自以为了解他/她的精神状态:"X一定认为……,X肯定知道……"。不要指责以前研究对现在理论的无知。

我们一直在谈论如何**提出**批评,因而这也是个谈论如何**接受**批评的好机会。批评有多种形式。对学生而言,可以从教师对学期论文的反馈意见开始。接下来是几个委员会评委对资格论文的反馈意见。这可为接受会议摘要或期刊投稿的匿名审稿意见做好准备。最终,你会看到对你研究的书面批评。

我们大家都在各自的观点形成等其他专业研究上投入了各自的精力和心血,所以对接受批评总带有一种情感成分。我们的投入随专业的进展而增加,但这种情感成分一般都不会减少的,它有可能从饱受摧残的身心变得愤愤不已。应对批评,需要理性思维。由于理性思维与强烈情绪不能和谐共存,所以最好把批评搁置一天或一周,等情绪消退之后再说。这也有助于提醒自己:批评的对象是观点而非性格或智力等因素(即使批评者有时可能会忘记这一点)。要抑制冲动,不要立即采取诸如辍学或发封盛怒的邮件等不可逆转的行动。

这让我们记住,善意的批评是一种宝贵的学习经历,它使我们的研究和写作得到改进。当我收到本书手稿的匿名评审意见时,两位审稿人都说本章中的某些建议过于另类——我有时想要为品

第三章 如何将分析写成论文

味立法。我的第一反应是愠怒:"建议当然是另类和个性化的。这是个人的专著,他们如果不喜欢,可以自己写书!"(我抑制住自己,只是自言自语地道出所有这一切,没有公开表露,以致让自己难堪。)冷静下来之后,我意识到他们的抱怨是有一定道理的。我对其中的一些建议做了删除或软化处理,并设法为我的建议提供更多的理由,让这些建议看上去不像是个人偏好。当然,这也说明了两位审稿人的说法一致,而且他们很显然是真正的、对待工作很认真负责的专业人士。

即使是很差的批评,也有它的用途。最糟糕的批评是文不切题,因为审稿人完全误解了这个提议的要义。正是由于这一误解,这些批评缺乏相关性,因而无法回应;它们是对审稿人自己想象出来的而非作者提出的某个理论的批评。但误解本身却是一条很重要的信息。显然,如果作者阐述不够清晰,见多识广的读者也不能全面抓住问题的要点。经验法则:如果你被误解,你就应该假设这是你的问题,遵照本章的指南去做,这会有助于你避免此类问题。

批评和建议的来源是多方面的,前后不一是常有的事。人们经常抱怨论文答辩委员会委员或刊物审稿人给出的评语并不一致。假如修改的最终目的是取悦所有的人,那么抱怨合情合理,但那样做却是错误的。我们的目的是要尽可能地把事情做好,当然一件事该怎么做,不同的人会有不同的想法。想一想所有这些建议,多多地跟你的论文评审委员会主席或刊物主编磋商磋商,选好一条最佳路径。

最后一点是关于怎样跟刊物编辑打交道。编辑常告诉作者"要修改并重新提交"。作者有时会把这理解为一种婉拒论文的方式,其实不然,就是字面意思而已:编辑期待甚至希望作者认真对待审稿人的意见,花大力气修改论文,并把论文投给本刊,再做一轮评审。很少论文一投就被接受。一投再投(给几个刊物)后才被接受的论文,是很常见的。如果在修改稿中附上一封针对审稿人具体意见的回复性解释,那么重新提交后被接受的可能性会大增。解释一下为什么在修改稿中没有回应某些批评意见。如果在修改稿的正文中论及重要的批评意见,并将它们纳入全文讨论之中,那么重新提交后被接受的可能性也会大增。添加一些脚注,并注明"匿名审稿人指出",并不表示打算回应重要的反对意见。

习题

6 福多尔和莱波雷(Fodor and Lepore 1998)是对詹姆士·普斯特乔夫斯基(James Pustejovsky)所著一书的回应。(该书与优选论无关。)浏览该文,并阐述他们是如何应对写作的批评问题。根据以上言论,你会以不同的方式应对此事吗?(你如果手边没有刊发该文的那期《语言学研究》,可以从 http://ruccs.rutgers.edu/pub/papers/lexicon27.pdf 网站下载该文。)

7 看一下你自己写的一两篇文章,你是如何应对写作的批评问题的?你现在应对此事会有所不同吗?如果有,重写这一段文字。

3.5 如何把论文写清楚

到目前为止,本章所谈的一切事实上都是如何把论文写清楚、写明白。语言学或其他专业领域的写作不必文雅,不必刻意追求技巧,但一定要清楚。它必须将作者的理论和分析充分、准确地转达给读者。

许许多多的书里全都是很好的、如何使行文清楚的一般性建议。让我把书中说的东西再重复一遍,就毫无意义了。确切地说,我在这里将专注于一些非常具体的建议,以应对语言学领域中常见的清晰易懂写作风格的敌人,它们按照重要程度从上往下依次进行排列:

时而抽象,时而具体。当解释变得越来越抽象时,读者一定会竭力把页面上的文字与其知识和经验中的某些东西进行联想。下文引自乔姆斯基(Chomsky 1995:171),该例很好地体现了这一难点。(PLD 代表原始语料,P&P 代表乔姆斯基(Chomsky 1981)等著作中创立的原则与参数模型。)

考量经济性是作为评估指标的组成部分进入早期研究之中的。一般认为,评估指标是在已知 PLD 的情况下,为规则系统选择一种特别具体的核准格式。随着研究的深入,评估指标的预想作用已渐衰微,一般认为它在 P&P 理论之中已是完全无足轻重了:这一原则十分有限,PLD 在正常情况下足以设定判定语言的参数值。

但是,早期研究中所探究的此类经济性原则在阐释语言属性方面发挥了重要作用。如果以恰当方式将此类原则公式化,那么有可能走向最简设计,即一种把语言表达式仅仅看作以最佳方式满足界面条件的形式对象的语言理论。再进一步的话,就要说明按照从(虚拟)概念的必要性领域获取的想法用公式来表述语言的基本原则。

另一方面,当解释变得越来越具体时,如在对某些语料的长篇描述中,读者就会失去把呈现给他们的事实组织起来的抽象框架。在开始提供语料之前,他们需要有那一概念框架,需要有人不时地提醒他们如何把一组组语料纳入该框架之中。例如,在呈现任何分析之前,便在论文前面部分对亚韦尔玛尼语的事实进行冗长的描述,这并不是明智之举。要回想起10~20页之前呈现的未分析的语料,这对读者而言,要求太高。

帮读者处理语料。继续前一点,掌握陌生语料的相关性是很难的,所以,读者非常感激在这项任务中给予他们的任何帮助。将例子进行归类,并安排其在文中呈现的次序,始终应把描述性概括与呈现分析相匹配。可选择时,要设法把最简单、最简短的例子放在最前面,因为它们最引人关注。每个已编号的例子都应有像"增音证据"那样的标题。(如果论文涉及多种语言,请使用"亚韦尔玛尼语的增音证据"的标题。)而且,例子前的文字应当告诉读者语料的相关性。语言学论文常使用像"请考虑以下语料"的语句介绍例子,而这对读者无所助益。比较好的是在介绍语料时,说明其所要证明的内容:"以下语料表明在亚韦尔玛尼语里三辅音丛中的前两个辅音之间插入[i]音"。

决不要误导读者。语言学领域中极为常见的阐述方法,包括给读者很不完整的语料、不正确的概括或错误的分析。然后指出这些缺陷之所在,把缺失的东西找回来以挽救局面。这种阐述方法很糟糕,会让读者生气、令他们沮丧,让他们失去对作者的信任,这样的方法不会让读者相信这一分析是正确的。好比一本普遍都感兴趣的自传,它常对作者发现分析的过程进行概述。据说列昂

第三章　如何将分析写成论文

纳德·布龙菲尔德④曾就撰写分析文章说道:"不要把客人带进厨房"(Joos 1967:13)。当然,本书有所不同,因为它更像是一堂烹饪课;《学做优选论》一书旨在让客人瞧见从食物购买到洗碗等厨房里发生的种种事情。

采用能说明问题的最简语料。尽可能设法采用剔除了无关的复杂因素的语料。例如,在亚韦尔玛尼语里存在着某些复杂的元音音质交替现象。由于元音音质不是分析的对象,因而我在2.3节中只选择了无元音音质交替变化的语料。另一种方法是,告诉读者无须考虑摆在其面前的示例中的元音音质交替变化,但这样更会让人费解。

顺便说一下,我并不是要彻底排除像元音音质交替变化之类的复杂因素,它们必须是在对亚韦尔玛尼语更为全面的分析中得到处理,如麦卡锡(McCarthy 2007a:109—118)。更确切地说,问题在于作者需要周密操控何时并以何种方式把其他现象呈现给读者。

恰当运用第一人称。在作者陈述自己的观点或建议时,本书及大多数语言学文献都使用了第一人称单数,而在作者想要读者参与分析过程时则多使用第一人称复数。例如,"我认为在语言学著作和刊物里使用第一人称单数,是十分恰当的。"但是"我们在阅读语言学著作和刊物时,应该问问自己怎么写才更清楚。"请远离那编辑味十足、听上去总是那么做作的**我们**。"我们在自己的行文

---

④　列昂纳德·布龙菲尔德(Leonard Bloomfield,1887—1949),美国著名语言学大师,语言学结构主义描写学派的奠基人,其代表作是《语言论》(*Language*,美国纽约亨利霍尔特出版社 1933 年出版。中译本:袁家骅等译,商务印书馆 1980 年出版)。——译者

中,避开使用代词我。"当然,如有合作作者的,可以使用**我们**。科研论文中从来不用第二人称。甚至是在本书中,我在使用第二人称时是很吝啬的,因为它有些刺耳难听。

制约条件要使用好记易懂的名称。制约条件如果有标准名称,一般应使用这个名称。但如果引入新的制约条件,就要争取让它的名称能反映出它的功能。麦卡锡和普林斯(McCarthy and Prince 1995,1999)提出的忠实性制约条件 DEP 和 MAX 便是告知什么不可以做的好的范例,格里姆肖(Grimshaw 1997)的制约条件 OPERATOR-IN-SPECIFIER 和 OBLIGATORY-HEADS 是很好的楷模。我主张给新的制约条件取两个名字:一个是像 OPERATOR-IN-SPECIFIER 那样的全称,一个是像 OP-SPEC 那样的与其全称相一致的简称。全称应全文使用,以减少读者对回忆的需要;简称可用于空间比较紧张的竞选表等之类的场合。全称和简称应在第一次界定制约条件的时候同时给出。

给制约条件取个易念的名称,也是个很好的主意。你如果需要在某些地方做报告呈现你的研究成果,那么这就很有用了,而且还有可能让你提出的制约条件更加广为流传。

少用脚注。很多语言学论文的脚注实在太多,而且颇为冗长。我自己,也推荐读者使用以下化简脚注的方法。我在写作时,会让自己自由地想写多少脚注就写多少。但是,在完工之前,我会专门通读一遍脚注。(许多文字处理软件都有从一条脚注直接跳到下一条脚注的用法。)我在阅读每条脚注时,都要问问自己这条脚注是否应该或可能提到正文之中。主要问题和关键引用不可以归入脚注之列;它们需要放到正文之中。只要知道分析的问题不可以淹没在脚注之中,通常这就足以激发我们想方设法进行补救。正文到脚注的相互参考,也表明脚注内容很重要,应当移至正文之中。

当脚注内容不值得移至正文之中时,我会自问该脚注有无存在的必要。有时,还发现脚注的读者只有我自己——它只不过是自己记事忆情的笔记而已,把这样的笔记复制一份,然后把它们从文中删去。

真的需要注意时才可使用"注意"。"注意"这样的字眼在语言学文献中都已经用烂了。(2007年2月,我得到了ROA网站使用了近千条这样的词语的谷歌统计结果。)它们是想要人们注意但常常又是些不值得人们注意的事,因而现已变得几乎毫无意义。要设法把这些词语的使用仅限于观察到的重要事实上。

把长串引语拆短。既然单独一段引语都甚至会中断语流,那么,一长串引语出现在句子或段落中间,会非常分心分神。要设法把长串引语移至句末或段尾位置。如果引语特别长,不妨把它放到脚注里,可以对脚注中的引语进行自然分组并加以解释。

句子决不要以例子编号开头。不应写成"(7)包含语料……",而应写成"例(7)包含语料……"。以例子编号开头的句子令人困惑,因为它们像是例子,而不像是正文。

翻译引言。人们期望任何一位语言学家都能看懂法语、德语、拉丁语或希腊语引语的日子早已结束了。

恰当使用 $cf.$。$cf.$ 是拉丁语 $confer$ 的缩写,意思是"比较!"。在语言学论文里,常常在非有意比较时使用了它。"重音事实($cf.(7)$)表明……"或"优选论(cf. Prince and Smolensky 1993/2004)。"如果不是真的比较,请略去 $cf.$ 或用"参见"代替。

习题

8　请在谷歌搜索引擎中输入搜索字符串:"consider the following(请考虑下列)"*site:roa.rutgers.edu*。找出以此来介绍语料的五个例子,然后改写清楚,使之更便于读者阅读。

9　同样在谷歌搜索引擎中 ROA 网页上输入"notice that"或"note that",找出五个例子,评估一下它们是否把读者的注意力吸引到了值得注意的事情上来。在不影响意义的情况下,该词语可否被删除?

10　改写本书 3.5 节开头部分源自乔姆斯基的引言,使之更清楚、更明白。假如对乔姆斯基所说的这段内容不熟悉,可选一段其他作者写的难懂的话语,对它进行改写。

11　查阅一下本书中的一些制约条件名称,你有没有找到晦涩难懂的?你会如何给它重新命名,让它更清楚一些?

12　查阅一下本书所有的脚注,你能否找出应该删除或移至正文之中的脚注吗?找出普林斯和斯莫伦斯基(Prince and Smolnsky 1993/2004;见 ROA 网站中的#537)中的五个脚注看一看,提出同样的问题,并说明你的推论过程。

3.6　关于研究课题的一般性建议

选好研究课题至关重要,因为一篇论文即使行文再好,论证再充分,但选题很糟,那也会让人大失所望。本节内容是对 2.1.1 节中有关优选论科研选题建议的补充,但这里的建议多是与优选论无关,可适用于学期论文以及更大的科研项目。重要提醒:本节内容反映了我个人的观点,有些可能未必广为接受。

第三章　如何将分析写成论文

在科研课题的选择上存在着无法回避的在创新与熟知之间抉择上的紧张与压力。课题需要建立在前人研究的基础之上,同时也应为新的发现提供机会。成功的研究往往取决于在两个矛盾因素方面找到适当的平衡。

最好不要选择已被充分研究过的题目,因为这种课题没有创新的空间,不易做出成绩。譬如,我的博士论文涉及节律音系学和阿拉伯语非串联构词学两部分。那个时候,许多人研究节律音系学,但却无人问津非串联构词学。正是非串联构词学这部分,结果得到了几乎所有人的关注,特别是我能够把它与当时公认的自主音段音系学的发现联系起来,从而在创新与广为熟知的理论之间达到了平衡。

平衡创新与熟知的最好方法,常常是在一些关于有趣论题的最新文章或手稿中寻找问题,特别要注意脚注和结论部分。脚注常常会透露分析中的漏洞,结论是作者常常承认其分析有局限性的部分。诸如"这可作为今后研究的一个选题"或"任何理论都有这一问题"之类的话语,是引导你走向潜在科研课题的方向标。你要建立在前人的基础上,同时也要有些新的说法。重要提醒:不要满足于只是提出异议,比较好的研究是既有负面评论,也有正面建议。

另外一种成功取得这种平衡的策略是,设法把别人的分析方法应用于某种尚无人分析过的语言之中。尤其是在优选论中,这种研究方法很重要,因为语言之间的差异对理解制约条件集合 C_{ON} 的构成是决定性的。这方面的具体研究,请参见第五章。

还有某些更为抽象的方法来找到好的科研选题,这些方法可用于优选论外的其他理论以及语言学领域外的其他领域。这些想法如下：

颠覆传统思维。社会学家霍华德·贝克尔⑤(Becker 1998：1—2)描述他的导师埃弗里特·休斯⑥是怎样研究术语"族群"的界定问题。传统做法是自上而下界定的："一个族群是通过体貌特征、语言、宗教、习俗、制度或'文化特质'中的一种或几种而有别于其他族群的"(Hughes 1984：153)。然而，休斯却把这一传统思维颠覆过来，提出了自下而上的界定方法："它之所以是个族群，是因为群内和群外的人都知道它是个族群，因为群内群外的人们在谈话、感受和做事方面，都像是不同的族群"(Hughes 1984：153—154)。语言学里类似的例子很多。利伯曼和普林斯(Liberman and Prince 1977)把节律树视为最基础的，认为节律栅是由节律树推导而来；但普林斯(Prince 1983)却认为节律栅是最基础的。管约论把格从名词短语的表层属性转变为更为深层的东西。在不充分赋值理论中，对立是词库中的一个属性，但在优选论中，对立则是表层形式的一个属性(2.8 节)。

摒弃基本假设。乔姆斯基和拉斯尼克(Chomsky and Lasnik 1977)的过滤器模式抛弃了强制性转换和选择性转换之间的区别，而管约论则走得更远。普林斯和斯莫伦斯基(Prince and Smolensky 1993/2004)采用了类似的做法，抛弃了音系规则。这种变化没必要惊天动地，也不值得研究。它非常简单，比方说问一

---

⑤ 霍华德·贝克尔(Howard Becker, 1928—)，美国社会学家，"社会标签理论"的积极倡导者，代表作是《局外人：越轨的社会学研究》(*Outsiders: Studies in the Sociology of Deviance*，美国自由出版社，1963 年)。——译者

⑥ 埃弗里特·休斯(Everett C. Hughes, 1897—1983)，美国社会学家，其著作多关注于种族关系、工作和职业以及田野工作的方法论。——译者

问 DEP 制约条件是否真的必要(Gouskova 2007，Urbanczyk 2006)。毕竟，最终的结果可能证明基本假设是必要的，然而，这一结果甚至可能很有意义，特别是当这个问题从未被研究过时。

直面不为人知(或未曾提及过)的问题。想想人们不以为然的事情，挖掘隐性假设并使之成为显性假设，抑或直面几乎所有人都否认的问题，这往往都会有所助益。在论及"音系核心思想中的概念危机"时，普林斯和斯莫伦斯基就是这么做的(1.1节)。制约条件如何影响规则应用，是几乎所有人都拒绝直视的美杜莎[7]。

把隐性变为显性。此事的一种做法是对某些想法进行严格的形式界定，这种想法虽然在分析中偶尔出现，但从未得到详述。比如，栗栖(Kurisu 2001)就是用语素体现制约条件这样做的，该制约条件在先前的各种分析中一直处于非常朦胧的边缘地位。

以少成多。有时好像每篇论文都意在提出某种新机制。不妨在去掉方法或限定其范围后再来看看你能走多远，如不妨问问同界制约条件是否真的有必要？它们起什么作用？其他什么方法可以起那样的作用？

整合。许多有趣想法是由预先存在的两种或多种观点综合而来的。例如，威尔逊(Wilson 2000，2001)提出的"定向制约条件"，便是把音系规则的属性与通常的优选论标记性制约条件综合起来得出的。要警惕这种把两个理论的所有资源进行简单组合而后形成第三个更为超强理论的诱惑！综合不等于并集。

放弃。如果是件难事，它可能是无法做成的事，那也可能是发

---

[7] 美杜莎(Medusa)是希腊神话中令人恐惧的双翼蛇发女妖，据说任何直视美杜莎双眼的人都会变成石像。——译者

现真知灼见之所在。例如,佩特(Pater 1999)引入了诸如[mp]之类"鼻音＋清阻塞音"的辅音丛所违反的标记性制约条件。在为该制约条件构建一种形式解释的努力上,我们已无路可走。佩特的观点是,既然不能从形式上对这一制约条件进行解释,那么便可以从发音和感知的角度对其进行解释。

　　最后一条建议:宁可做错,也不要做些无关轻重之事。有趣的错误观点是这一领域里进步的主要引擎。这是你在拟定批评意见时要谨言慎行的另一个理由。

第四章 发展新的制约条件

4.1 引言

优选论不是一种制约条件的理论,而是一种制约条件交互作用的理论。除了制约条件的普遍性以及它们仅限于标记性和忠实性两类制约条件外,优选论对制约条件并无太多说法。做优选论,就离不开制约条件理论 CON,但优选论本身对这一理论的指导却微乎其微。

鉴于这个原因,有时候很难把优选论的分析过程从 CON 的理论构建过程中剥离出来。在做分析的过程中,常常会发现先前提出的制约条件有欠妥当。这就意味着在做分析时偶尔也要做些有关 CON 的理论建构工作。行使理论家角色的职责是存在的,因此本章的目的重在阐明如何最为有效地履行这一职责。

在我们进入详述之前,先要做一番澄清工作。在这一章,我将描述如何缜密地提出对 CON 的修改建议。这个任务不同于引入一条临时性制约条件。引入一条临时性制约条件,意在避免从分析要点上走神分心或临时弥补分析者对文献知识上的缺陷。即便是临时性制约条件,也应该给予恰当的界定,但是要让它们在形式、功能或类型上都事出有因,那太不合情理。当然,任何保留到最后撰写分析论文时的临时性制约条件,都应照此方式告知读者。

4.2 何时需要修改制约条件集合

假设已知某些语料和一个制约条件集合(如果你喜欢,可以是一个小型制约条件集合)。如果这一分析产生了一个与优选项不分胜负的败选项,或者这一分析所要求的等级排列前后矛盾,那么这个小型制约条件集合对于该语料集合而言是远远不够的。我们已在2.4节中对候选项平局情况有过讨论,之前也探究过等级排列论证中出现前后矛盾的情况,最先是作为等级排列中的悖论问题(见2.10.3节),而后又把它与RCD查寻不一致性的能力(见2.11节)和ERC融合法(见2.12节)相联系。

我们在2.10.3节中看到:仅有单一的 DEP 和 MAX 的制约条件集合,是无法把亚韦尔玛尼语里的删音音变与增音音变成功有效地协调一致的。正如我在下面表(1)中所做的那样,只要把等级排列的论证放在一起,其中的前后不一致问题便一览无遗。(没有其他什么制约条件青睐优选项或败选项。)这种不一致性问题,在此一目了然。当然也可以用 RCD 或 ERC 融合法展示。RCD 因无法找出不青睐任何败选项的制约条件而戛然而止;因为 L 在各列中均占据统制地位,所以,ERC 融合后的结果便是(L,L,L)。

(1) 亚韦尔玛尼语里的不一致性问题

输入项	优选项	败选项	IDENT(长)	DEP	MAX
/taxa:-kʔa/	ta.xakʔ	ta.xa:.kʔaʔ	L	W	L
/ʔilk-hin/	ʔi.lik.hin	ʔil.hin		L	W

第四章 发展新的制约条件

在优选论文献中,通常不以该方式呈现这种制约条件集合功能缺陷问题的论证,而是作者一般先建构一种等级排列方式,然后展示该等级排列方式在遇到新的语料时错选优选项的情形。例如,如果先前论述使用[ʔi.lik.hin]对应*[ʔil.hin]来证明 M<small>AX</small> 是统制 D<small>EP</small> 的,那么便会给出一个像(2)的竞选表来证实等级排列中的悖论问题。(除海盗骷髅旗之外,以此目的采用过的图标还有:炸弹、皱眉的小脸等。)

(2) (**不推荐的**)提出等级排列悖论问题的方式

/taxa:-kʔa/	M<small>AX</small>	D<small>EP</small>
a. ☠ ta.xakʔ	*!	
b. ta.xa:.kʔaʔ		*

这不是展示和讲解等级排列悖论问题的最佳方法,原因有三:首先,这种方法会产生一种不应有的用特定方式解决悖论问题的偏见。它会误导读者(有时甚至作者自己),使他们以为[ta.xakʔ]是那个问题语料,因而解决方法一定是要改变对[ta.xakʔ]的分析,而不是改变对[ʔi.lik.hin]的分析。实际上,任何促使其产生不一致性问题的等级排列论证,都应为这种等级排列中存在的不一致性问题分担同等责任。其次,竞选表(2)给人的印象是这一分析过程如同遁入一个反复走进死胡同的迷宫;而竞选表(1)给人的印象则是,逐渐积累对某个系统的了解过程。作为一种阐述手段,(1)是有效的,因为它没有减弱读者对这个分析或分析者的信任。再次,竞选表(2)没有把针对两个不同候选项的所有制约条件都纳入其中,所以它不能为有关等级排列中有无悖论问题呈现一切所需的证据。

如(1)所示,悖论是一组前后矛盾的等级排列论证,所以无论我们对制约条件进行怎样的等级排列,也无法解决这一等级排列的悖论问题。遇到等级排列中的悖论,有时会激发你对这一分析的基本假设进行重新思考:或许底层表征形式的假设出了问题,或许改用不同的表征理论将会改变这种情形。虽然就这些细节提出具体的建议,已超出了本书的写作范围,但是在对解决等级排列悖论的总体思路没有做过认真探讨之前,绝不能将其搁置一旁。

另一种解决等级排列悖论的方法是改变制约条件集合。那么,如何做到这一点?我们下面以(1)为例。把一个制约条件彻底删除(即把它从制约条件集合中移除),永远都是无济于事的。纯粹出于假设,我们把 DEP 或 MAX 删除,那么(1)中便有一行没有 W,而这对解决等级排列的悖论问题将无所裨益。但是,如果增加一个制约条件,且这个制约条件具有正确的青睐关系,将会产生作用。新的制约条件至少需要给某一行增加一个 W,且必须给另外某一行增加一个 L(见(3))。通过支持某个候选项竞争中的优选项而非支持其他候选项竞争中的败选项,可以破除等级排列中的悖论问题。当然,新的制约条件也可以与其他制约条件发生交互作用,并且也可以对其他某对优选项～败选项产生影响,所以,它产生的效果需要放到该语言的整个语法中加以核查。

(3) 解决(1)中悖论问题的三种方式

优选项	败选项	I$_{\text{DENT}}$(长)	D$_{\text{EP}}$	M$_{\text{AX}}$	新的制约条件
ta. xakʔ	ta. xaː. kʔaʔ	L	W	L	W
ʔi. lik. hin	ʔil. hin		L	W	

第四章 发展新的制约条件

或者

优选项	败选项	IDENT(长)	DEP	MAX	新的制约条件
ta.xakʔ	ta.xaː.kʔaʔ	L	W	L	
ʔi.lik.hin	ʔil.hin		L	W	W

或者

优选项	败选项	IDENT(长)	DEP	MAX	新的制约条件
ta.xakʔ	ta.xaː.kʔaʔ	L	W	L	W
ʔi.lik.hin	ʔil.hin		L	W	W

这个新的制约条件来自哪里？它往往不是新的，而只是先前未被分析者所知而已。查阅一下4.6节中的忠实性制约条件列表或4.8节中的音系标记性制约条件列表，便可从中得到某些启发。本小节以及本章其他地方，也提到了一些用较长篇幅专门探讨某类制约条件的著述。如果这一努力仍不能奏效，使用谷歌搜索 ROA，可能有望浮出某些线索。制约条件有时确实是新的，或者旧的制约条件改头换面后已近乎是全新的。在这种情况下，分析者有责任给这一制约条件下个准确的定义，阐明它的一些理论原理，还有它带给语言类型学上的影响。这些就构成了本章以及下一章将要论述的主要内容。

习题

1　下面给出了瓦尔皮里语(Warlpiri)里一般语音模式的代表性语料(Nash 1979,1980)。例(a)说明：当词根以[i]结尾时，元音和谐音变将把后面一个音节中的/u/变成[i]，然后再是下一个音节，依次类推。例(b)表明：如果/u/之前是个唇辅音([w],

[m]、[p]),那么它就不会受和谐音变的影响。最后,例(c)说明:前面的唇辅音不会导致其后的/i/变为[u]。

请把标记为星号的形式用作败选项,采用 IDENT(圆唇性)和下面所给出的两个制约条件为瓦尔皮里语构建一个像(1)那样的竞选表。所需的等级排列是否前后一致?是否存在等级排列的悖论问题?请说明你的答案。

底层形式	表层形式	
a. /maliki-kuḻu-ḻu-lku-cu-lu/	[malikikiḻiḻilkicili]	'狗-随伴格-作格-然后-我-它们'
	*[malikikuḻuḻulkuculu]	
b. /ŋali-wuru/	[ŋaliwuru]	'我们两个(内包的)-强调性的'
	*[ŋaliwiri]	
/ŋamiɲi-puɭaci/	[ŋamiɲipuɭaci]	'叔叔-你'
c. /wipi-mi/	[wipimi]	'辐射出去'
	*[wupumu]	
/wapiri-mi/	[wapirimi]	'隐蔽'

瓦尔皮里语的制约条件:

a. *iCu(临时性的,见 4.8 节有关同化部分)

给每一个相邻音节中有[i]和[u]的音序(如*[malik**iku**······]),赋予一个违反标记。

b. LABIAL-ATTRACTION(LABATT)

给每一个[Pi]音序,赋予一个违反标记。这里,[P]代表[w]、[m]和[p]中的任何一个唇辅音,如*[wi]、*[pi]。

2 下面给出了望加锡语(Makassarese)[①]里一般语音模式的

---

① 望加锡(Makassar),亦译"孟加锡",旧称"乌戎潘当",汉名"锡江",是印度尼西亚南苏拉威西省的首府,位于苏拉威西岛西南部,濒临望加锡海峡,是苏拉威西岛上最大的城市。望加锡语(Makassarese)就是这一地区人们使用的一种语言。——译者

代表性语料(Aronoff et al. 1987)。例(a)说明：该语言不允许除[ʔ]和[ŋ]之外的其他任何辅音出现在词尾，这一要求是通过在[ʔ]之后插入元音实现的。例(b)说明：如果底层是元音结尾的词，那么就不会插入[ʔ]。

请把标记为星号的形式用作败选项，采用下面所给的两个制约条件和 DEP 为望加锡语构建一个像(1)那样的竞选表。所需的等级排列是否前后一致？是否存在等级排列的悖论问题？请说明你的答案。

底层形式	表层形式	
a. /rantas/	[rantasaʔ]	'脏的'
	*[rantasa]	
	*[rantas]	
/tetter/	[tettereʔ]	'快的'
/jamal/	[jamalaʔ]	'淘气的'
b. /lompo/	[lompo]	'大的'
	*[lompoʔ]	
/manara/	[manara]	'塔'
/balao/	[balao]	'鼠'

望加锡语的制约条件：

a. *V#

给每一个以元音结尾的词，赋予一个违反标记。

b. CODA-CONDITION(CODA-COND)(涵盖型制约条件)

给每一个除[ʔ]和[ŋ]之外的词尾辅音，赋予一个违反标记。

4.3 如何发现新的制约条件

假设这一分析过程止步于等级排列的悖论问题，现就需要一个新的制约条件。我们在前面一节已对这一制约条件需要什么样的青睐关系做过阐释,但我们如何从青睐关系走到对这一新的制约条件做出具体的定义呢?下面,我先从一个实例说起,进而说明一些更为普遍的方法。

在对阿克辛宁卡坎帕语里一些交替音变(见第二章习题 34)的分析过程中,艾伦·普林斯和我碰到了类似于(4)中的等级排列悖论问题。形式[iŋ. ko. ma. ti]要求把 No-Diphthong 等级排在 Dep 之上,因为它有增音[t],而败选项有个二合元音但没有增音。但[i. tʃʰi. kai]却要求相反的等级排列,因为它的二合元音未被插入的辅音分隔开来。

(4) 阿克辛宁卡坎帕语中的等级排列悖论问题

输入项	优选项	败选项	No-Diphthong	Dep
/i-tʃʰik-ai/'他割伤我们'	i. tʃʰi. kai	i. tʃʰi. ka. ti	L	W
/i-N-koma-i/'他将划桨'	iŋ. ko. ma. ti	iŋ. ko. mai	W	L

正如我在前面一节中所强调的那样,等级排列的悖论是对称性的,所以我们不应带有诸如"某种等级排列是正确的"之类的偏见进入分析。相反,我们应该坦诚地看一看陷入悖论中的例子造成彼此区别的各种不同方式。区别之一是,[i. tʃʰi. kai]中的二合元音前是[k],而 *[iŋ. ko. mai]不是。凭借音系方面的一般经验,抑或见到更多的阿克辛宁卡坎帕语里的例子,都会很快地让我们相信这条路是行不通的。事实上,唯一重要的区别似乎是两个词的形态组合。在优选项[i. tʃʰi. kai]中,二合元音中的两个元音隶属同一个语素,而它们在败选项 *[iŋ. ko. mai]中却分属两个不同的语素。换句话说,在败选项 *[i. tʃʰi. ka. ti]中,插入辅音把一个语素分割开

第四章 发展新的制约条件

来,而它在优选项[iŋ. ko. ma. ti]中则是位于两个语素之间。

描述(4)中区别的这两种方式,导致产生了两种对制约条件集合可能的添加方法。麦卡锡和普林斯(McCarthy and Prince 1993a,1993b)中添加的制约条件是 ALIGN-RIGHT(词干,音节),该制约条件的定义是:"给每一个不是音节尾的词干尾辅音,赋予一个违反标记"。这一制约条件青睐优选项[iŋ. ko. ma. ti]而非败选项*[iŋ. ko. mai]。[iŋ. ko. ma. ti]遵守了 ALIGN-RIGHT(词干,音节),是因为/koma/的词干尾音[a]也是音节尾音;而*[iŋ. ko. mai]违反了该制约条件,是因为词干尾音[a]出现在音节之中。ALIGN-RIGHT(词干,音节)未对[i. tʃʰi. kai]与*[i. tʃʰi. ka. ti]做出区分,/tʃʰik/的词干尾音[k]不可能成为音节尾,因为[k]不是这一语言可能有的音节尾。这两个候选项均违反了 ALIGN-RIGHT(词干,音节)。

如果把 ALIGN-RIGHT(词干,音节)添加到(4)中,悖论问题便迎刃而解了,如(5)所示。现由这两对优选项~败选项可以得知:ALIGN-RIGHT(词干,音节)统制 DEP,DEP 统制 NO-DIPHTHONG,悖论问题从而消失。此外,在我们对照这个分析的其余部分查验 ALIGN-RIGHT(词干,音节)的这一等级排列时,没有出现任何解决不了的难题,因此把它添加到系统之中,似乎是理据充分、牢固可靠的。

(5) 在(4)中增添 ALIGN-RIGHT(词干,音节)后的情况

输入项	优选项	败选项	NO-DIPHTHONG	DEP	ALIGN-R
/i-tʃʰik-ai/ '他割伤我们'	i. tʃʰi. kai	i. tʃʰi. ka. ti	L	W	
/i-N-koma-i/ '他将划桨'	iŋ. ko. ma. ti	iŋ. ko. mai	W	L	W

247

解决(4)中悖论问题的还有另一种方法,它源自插入辅音把*[i. tʃʰi. ka. ti]而非[iŋ. ko. ma. ti]中的语素分隔开这一观察结果。假设有一种形式的忠实性制约条件 DEP,它对这种差别非常敏感——我们暂且把它叫作 DEP语素,并定义为:"给每一个语素内的增音,赋予一个违反标记"。把这个制约条件添加到(4)中,也可以解决悖论问题,如(6)所示。这里,由两对优选项~败选项可以得知:DEP语素 统制 NO-DIPHTHONG,NO-DIPHTHONG 统制 DEP,悖论问题从而消失。此外,在对照这一分析的其余部分查验 DEP语素 的这一等级排列时,也没有出现任何难题。

(6) 在(4)中增添 DEP语素 后的情况

输入项	优选项	败选项	NO-DIPHTHONG	DEP	DEP语素
/i-tʃʰik-ai/	i. tʃʰi. kai	i. tʃʰi. ka. ti	L	W	W
/i-N-koma-i/	iŋ. ko. ma. ti	iŋ. ko. mai	W	L	

下面我们对阿克辛宁卡坎帕语的简短讨论做个总结,有两种解决等级排列悖论问题的方法。我们开始以很客观的态度来分析 NO-DIPHTHONG 与 DEP 最终应该怎样等级排列,从而找到了两种完全合情合理的解决方法。至于这两种方法中哪一种是正确的,还需要通过语言类型学研究来获得最终的解答(见第五章)。事实上,这两种可能的添加到制约条件集合中的方法,均能找到各自的证据来加以支持。普林斯和斯莫伦斯基(Prince and Smolensky 1993/ 2004)在对拉尔迪尔语的分析时最先引入了 ALIGN-RIGHT(词干,音节),我们在麦卡锡和普林斯(McCarthy and Prince 1993a)中的几处地方同样都能找到这一基本思想的应用。DEP语素 在文献

中通常被认为是 CONTIGUITY(CONTIG)或 OUTPUT-CONTIGUITY (O-CONTIG),这几种形式的制约条件均可以阻止词内以及语素内的插音(Gouskova 2003;Kenstowicz 1994;Lamontagne 1996; McCarthy and Prince 1995,1999;Spencer 1993;Stemberger and Bernhardt 1999)。

这个例子阐明了一种如何行之有效地发现或找出一个新的制约条件以解决等级排列悖论问题的策略模式。第一,采用极为相似的优选项来例示这一悖论。由于优选项如此相似,它们之间为数不多的几点差别,很有可能是发现新的制约条件的关键所在。第二,仔细清点优选项之间的差异,记住该差异可能涉及标记性或忠实性问题。体现在语法输出项中的任何语言结构属性,以及输入项与输出项一致性的任何一个方面,原则上均可用于新提出的、可以解决等级排列悖论问题的制约条件。第三,不要盲目相信解决悖论问题的某个特定方法一定是正确的。人们往往自然而然地认为,最先发现的等级排列是正确的,但这种认识是毫无理据的。新的制约条件原则上可以青睐其中任何一个造成等级排列悖论问题的优选项。

习题

3 请提出一种解决习题 1 中等级排列悖论问题的方法,并说明你是怎么提出来的。(即给出类似于本节中的解释。)

4 请提出一种解决习题 2 中等级排列悖论问题的方法,并说明你是怎么提出来的。

4.4 如何定义新的制约条件

制约条件是以其赋予违反标记进行界定的。如果一个制约条件青睐候选项1而不是候选项2,那么它就必须赋予候选项1比候选项2更少的违反标记。在什么时候赋予违反标记、赋予多少等方面,制约条件的定义需要写得清清楚楚、明晰无误。几乎没有什么比这一点更重要的了。

在我看来,每一个制约条件的定义都应该先说:"给每一个……,赋予一个违反标记"。这个格式可作为制约条件定义中一条很好的恰当贴切的提示,它们有助于避免在分析进行到不同阶段出现制约条件微微偏离其作用的问题,也使在陈述制约条件时做些(诸如把"制约条件"变成真正的改写规则之类的)不合规定之事变得困难重重。

在优选论中,一个制约条件只做一件事情:给基于输出结构的候选项或不同于输入项的候选项,赋予某些数量的违反标记。所提出的任何制约条件的定义,如不能做到或不能明明白白地做到这一点,那么显然是有问题的。这就是我为什么要坚持这样的固定说法:"给每一个……,赋予一个违反标记"。

在定义制约条件时,要特别小心以下几点。绝不要在定义中使用诸如"避免""不应该""倾向于"或"必须"之类的字眼。比如说"避免无音节首的音节"或"音节的大小不应该超过CVC",这些话毫无意义,反而会造成对制约条件起什么作用与评估器起什么作用的误解和迷惑。制约条件只不过是给候选项赋予违反标记而已;违反标记得以避免,是由评估器处理它们的方式所致。

第四章　发展新的制约条件

制约条件不应该仿效评估器，进行显性比较。制约条件中不能出现像"[l]作音节核比[n]更好"或"有生命的名词作主语，比无生命的名词更好"这样的说法。而应把制约条件的定义改写为："给音节核的[n]比音节核的[l]，赋予更多的违反标记"或"给无生命的主语比有生命的主语，赋予更多的违反标记"，把评判"孰优孰劣"这部分工作留给评估器。(有关此种做法的具体细节，请参见4.5.3节。)鉴于同样的原因，如果定义中出现诸如"更大""最接近"之类的比较级或最高级形容词，也是不对的。如果更大或最接近是最好的，那么我们定义的制约条件就应该让更小的或更远的得到更多的违反标记，这也是把比较的决定权留给了评估器。

一种更不易察觉的危险是，在制约条件的定义中重现制约条件的交互作用，泄露存在这一问题的是在定义中出现了像"除非当……时"或"只有当……时"之类的短语。如果碰到像"无音节首的音节是被禁止的，(除非是在短语开始位置)"或"只有当 CP 是补语时，才可以删除 CP 的中心语或指定语"之类的定义，要立马产生怀疑[2]。"除非当……时"或"只有当……时"之类的条款，或许掩盖了某些其他等级排列更高的制约条件。正如我们在第一、二章看到的那样，"除非当……时"或"只有当……时"所产生的结果，理应通过等级排列获得。

最后，制约条件一定不能读起来像是改写规则——制约条件的定义中不应该有"构成完美的抑扬格音步"或"移位 *wh*"等说法。改写规则所产生的这些效果，近似于优选论中标记性统制忠实性

---

[2]　这些构想分别源自普林斯和斯莫伦斯基(Prince and Smolensky 1993/2004：20)和佩塞兹基(Pesetsky 1998：357)。需要注意的是，在上述两种情况下，制约条件不是作为制约条件集合的正式提案而是暂作权宜之用而提出来的。

的制约条件等级体系所产生的效果。

4.5 标记性制约条件的属性

4.5.1 标记性制约条件如何赋予违反标记

标记性制约条件是基于所评估的输出形式中某些属性的存在与否来赋予它违反标记的。虽然输出项的任何一个方面原则上均可以是某一标记性制约条件的针对目标,但这些制约条件的作用范围也还是非常受限的。标记性制约条件不能提及输入项或输入项到输出项的映射。例如,由底层/i/推导出来而非插入的[i]所违反的制约条件,不可能是标记性制约条件,除非这种差异某种程度上体现在输出结构中(关于制约条件 F$_{\text{ILL}}$,请参见4.6.4节)。标记性制约条件也不能提及整个音系或其他输出项的属性。例如,任何标记性制约条件都不可以说"如果元音音长是音位性的,那么给每一个闭音节中的长元音,赋予一个违反标记",因为元音音长在某个语言里是不是音位性的,是整个语言演绎的结果,而不是正在评估的实际输出形式。对标记性制约条件的最后一个限制是,它们不能受到未纳入表征理论之中的任何属性的影响。例如,当且仅当输出表征形式包含了有关绝对音长的信息,音段绝对音长的制约条件才会有意义。

正如"给每一个……,赋予一个违反标记"这一说法所建议的那样,仅仅一个制约条件就可以给一个候选项赋予多个违反标记。制约条件的定义,精确地说明了违反标记的数量是如何确定的,那么有时便会有人问道:到底怎样才能做到这一点。对于像 O$_{\text{NSET}}$

第四章 发展新的制约条件

这样的制约条件来说,其定义违反标记的次数是自上而下计算("给每一个元音开头的音节,赋予一个违反标记")还是自下而上计算("给每一个音节起始的元音,赋予一个违反标记"),都是无关紧要的,两种方式所赋予的违反标记数量是相同的。但是,对于别的制约条件,那就非同小可了。给 NO-CODA 是自上而下的定义还是自下而上的定义,其结果则完全迥异。当音节尾含有不止一个辅音时,自上而下的定义("给每一个有辅音尾的音节,赋予一个违反标记")与自下而上的定义("给每一个位于音节尾的辅音,赋予一个违反标记"),其算法截然不同。如采用自上而下方式,音节[pænt]与[pæn]在这一制约条件上则不分胜负,两个均各自得到一个违反标记;但如按照自下而上的定义,[pænt]的表现则比[pæn]更糟。

我没有遇见过有关 NO-CODA 在这个问题方面的证据,但别的制约条件则出现了这样的问题。以 *C^{unsyll} 为例,它的作用是禁止未被音节化的辅音,那么到底如何界定它? 它是实施韵律层级体系要求的一个制约条件家族(关于这一概念,请参阅 4.7.2 节),韵律层级体系把音系结构组成一个由大到小连续的结构成分体系,如(7)所示。韵律层级体系的结构是由可违反的制约条件实现的(Ito and Mester 1992/2003, Selkirk 1995),其中有阻止越过层级体系层级的制约条件。正如(8)所示的亚韦尔玛尼语[ʔil. k. hin],一个未被音节化的辅音便是一个越过音节层级直接附加到音系词上的结构成分。塞尔扣克把这些不允许跨越层级的制约条件称为 EXHAUSTIVITY(n),因为它们要求层级体系中 $n-1$ 层级上的所有结构成分必须得到 n 层级上的结构成分的彻底分析。(有关对韵律层级体系的进一步说明和阐释,请参见本节末尾方框内的文字。)

(7) 韵律层级体系(部分)

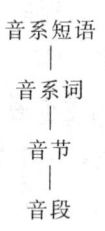

$$音系短语 \\ | \\ 音系词 \\ | \\ 音节 \\ | \\ 音段$$

(8) 被[ʔil.k.hin]中的[k]越过的音节层级

[(ʔil)_{音节} k (hin)_{音节}]_{词}

这里关注的问题是：*C^{unsyll}，亦可称为 EXHAUSTIVITY（音节）或简写为 EXH(syll)，其定义应该是自上而下的还是自下而上的？或是自上而下的（"给每一个直接统制音段的音节，赋予一个违反标记"），或是自下而上的（"给每一个受到音系词节点直接统制的音段，赋予一个违反标记"）？我们可以通过一些观察来回答以上问题，比如单独一个音系词中含有的未被音节化的辅音不止一个时，会发生什么情况？

在古典阿拉伯语里，类似于*V#的一个制约条件引发删除音系短语末尾位置上的短元音。我把这一制约条件叫作*V]_{短语}。由于阿拉伯语的音节最大上限跟亚韦尔玛尼语一样，都是 CV: 或 CVC，*V]_{短语}有时造成末尾辅音不能被音节化，如(9)所示。因此，*V]_{短语}不仅要统制 MAX-V，而且也要统制 EXHAUSTIVITY（音节）。请参见(10)中的等级排列论证。

第四章　发展新的制约条件

（9）古典阿拉伯语里短语末尾位置上未被音节化的辅音

底层形式	短语尾	短语中	
/ʔal-kitaːb-u/	ʔal. ki. taːb	ʔal. ki. taː. bu	'书本（主格）'
/ʔal-bakr-i/	ʔal. bak. r	ʔal. bak. ri	'幼小骆驼（与格）'
/katab-tu/	ka. tab. t	ka. tab. tu	'我写过'

（10）*V]_短语 ≫ EXHAUSTIVITY（音节）, MAX-V

/ʔal-bakr-i/	*V]_短语	E_XH(syll)	M_AX-V
a. →ʔal. bak. r]_短语		*	*
b. 　ʔal. bak. ri]_短语	*W	L	L

在短语末尾以外的位置上，倘若辅音不能被音节化，就会用增音的方法来解决。例如，/staktab-tu/（'我要人写'）变成了[ʔis. tak. tab. tu]，这里插入了[ʔi]，因而就不会留下未被音节化的[s]。这说明 EXHAUSTIVITY（音节）统制 DEP，如（11）所示。

（11）EXHAUSTIVITY（音节）≫ DEP

/staktab-tu/	E_XH(syll)	D_EP
a. →ʔis. tak. tab. tu		**
b. 　s. tak. tab. tu	*W	L

如果/staktab-tu/出现在短语末尾位置上，有两个辅音很可能无法被音节化，它们是起始位置上的[s]和末尾位置上的[t]。如果 EXHAUSTIVITY（音节）是自上而下定义的，那么包含至少一个未被音节化音段的所有音系词，将会受到同样的对待。如（12）所示，其结果是败选项行只有 L 而没有 W。这就是用此方式定义 EXHAUSTIVITY（音节）的主要症结所在。

(12) 自上而下定义 E̲x̲h̲a̲u̲s̲t̲i̲v̲i̲t̲y̲(音节)所产生的错误结果

/staktab-tu/	*V]_短语	E_xh(syll)	M_ax-V	D_ep
a. →ʔis. tak. tab. t]_短语		*	*	**
b.　　s. tak. tab. t]_短语		*	*	L
c.　ʔis. tak. tab. tu]_短语	*W	L	L	**

另一方面,如果是自下而上定义的,那么每一个未被音节化的音段各自均获得一个违反标记。在这种情况下,如(13)所示,原先希望的结果恰好是正确形式[ʔis. tak. tab. t]。这告诉我们:自下而上定义 E̲x̲h̲a̲u̲s̲t̲i̲v̲i̲t̲y̲(音节)的方式更胜一筹。这个结果可能没有什么大惊小怪的,但通过仔细论证把它确定下来,仍是振奋人心的一件事。

(13) 自下而上定义 E̲x̲h̲a̲u̲s̲t̲i̲v̲i̲t̲y̲(音节)所产生的正确结果

/staktab-tu/	*V]_短语	E_xh(syll)	M_ax-V	D_ep
a. →ʔis. tak. tab. t]_短语		*	*	**
b.　　s. tak. tab. t]_短语		**W	*	L
c.　ʔis. tak. tab. tu]_短语	*W	L	L	**

这个例子教会了我们应该如何去定义制约条件。这里讨论的问题不是 E̲x̲h̲a̲u̲s̲t̲i̲v̲i̲t̲y̲(音节)**什么时候**被违反,而是它被违反的**程度如何**。我们要回答这个问题,就需要找到一种语言,使得 E̲x̲h̲a̲u̲s̲t̲i̲v̲i̲t̲y̲(音节)在这种语言里虽受统制,但仍发挥潜在的作用。一方面它必须受到统制,因为一种语言如果始终要把它所有的辅音音节化,那么我们就无法预测候选项中所含有的未被音节化辅音的数量要达到多少才会有重大影响。但另一方面 E̲x̲h̲a̲u̲s̲t̲i̲v̲i̲t̲y̲(音节)仍发挥着潜在的作用,因为我们通过(12)与(13)的比较发现,定义 E̲x̲h̲a̲u̲s̲t̲i̲v̲i̲t̲y̲(音节)的问题取决于它的作用程度是否超过这

个候选项集合。根据第一个定义，EXHAUSTIVITY(音节)在(12)中并没有起作用，因而把决定权交给了 DEP，做出了错误的决定。根据第二个定义，EXHAUSTIVITY(音节)在(13)中是起作用的：并不是"无故"把增加的未被音节化辅音添加到已含有未被音节化辅音的词里的。很显然，更具区别作用的自下而上的定义是正确的。

顺便提一句，由这个例子可以得出：自下而上定义制约条件的方式适用于任何一种情况的结论，是错误的。贝克曼(Beckman 1997:19)认为标记性制约条件是以一种缺乏区分性的方式对自主音段结构进行评估的。当几个音段可以共享同一组区别特征(Goldsmith 1976a,1976b)时，把像*Mid 这样的制约条件定义为"给每一个特征组[-高,-低]，赋予一个违反标记"，还是"给每一个与特征组[-高,-低]相联结的元音，赋予一个违反标记"，是没有什么区别的。贝克曼在对肖纳语(Shona)元音和谐的分析中采用了第一种定义方式③。

> **说明：韵律层级体系**
>
> 韵律层级体系是由塞尔扣克(Selkirk 1980)、内斯珀尔和沃格尔(Nespor and Vogel 1986)、英克拉斯(Inkelas 1989)等人提出来的，其思想是：每一个音系表征形式都包含了由话语、语调短语、音系短语、音系词、音步、音节和音段这种从上到下组成的成分结构层级。每一个话语包含一个或多个语调短语，每一个语调短语包含一个或多个音系短语，依次类推。倒过来说，每一个音段归属于某个音节，每一个音节归属于某个音步，依次

---

③ 与此不同的观点，可参见巴克维克(Bakovic 2000:第六章)。

类推。最开始人们认为韵律层级体系的结构是固定不变的,是具有普遍性的,但塞尔扣克(Selkirk 1995)、伊藤和梅斯特尔(Ito and Mester 1992/2003)提出层级体系的某些方面能由可违反的制约条件来实现。

文中讨论了 EXHAUSTIVITY(音节)家族中的制约条件,它们不允许出现跨越韵律层级的结构,以满足所说的严格分层要求。例如,音节如果直接附加到音系词上,将违反 EXHAUSTIVITY(音步)。这种情况常出现在要把奇数音节分析成双音节音步的时候,如(18)中加拉瓦语(Garawa)④的[('punja)_{音步}la]_词。

NONRECURSIVITY 制约条件是因韵律结构成分自我统制而被违反。例如,我们通常把后缀不影响重音位置分配的英语单词看作一类结构,如[[kind]_词ness]_词或[[draw]_词ing]_词。NONRECURSIVITY(词)便是被这类结构违反的。

HEADEDNESS 制约条件是在 n 类结构成分不包含任何 $n-1$ 类结构成分的情况下被违反的。例如,HEADEDNESS(词)要求每一个音系词内都至少要有一个音步。HEADEDNESS 是个可违反的制约条件,这方面的证据并不会比证明 EXHAUSTIVITY 和 NONRECURSIVITY 是可违反的证据多多少。

韵律层级体系的其他方面——如词包含音步,但反之则不成立——似乎是完全不可违反的,因此可以认为它们是在生成器之中编码的。

---

④ 加拉瓦语(Garawa),澳大利亚的一种原住民语言,现已消亡。——译者

4.5.2 梯度评估的制约条件

正如我们在前一小节中看到的,当一个候选项含有多个被禁止的结构时,制约条件就可以赋予它多个违反标记。优选论自始以来,就有人提出还有一种制约条件赋予多个违反标记的方式:**梯度评估**(gradient evaluation)。其中心思想是:制约条件可以根据某一个结构偏离某种要求的远近距离,给这一结构赋予不同数量的违反标记。现有文献中虽然有几种类别的梯度性制约条件,其中也包括几个梯度性忠实性制约条件(有关这方面的综述,可参见 McCarthy 2003c:82),但至今最为常见的均属**线性梯度**(linear gradience)。

制约条件以线性梯度方式对违反进行评估,以此著称的是**同界制约条件**(alignment constraint)。梯度同界制约条件应用于形式[...X...]ᵧ的音系结构或句法结构,ALIGN-LEFT(X,Y)要求每一个结构成分 X 在某个 Y 中位于起始位置,ALIGN-RIGHT(X,Y)则是这一形式的镜像。倘若同界制约条件是梯度评估的,那么,ALIGN-LEFT(X,Y)所赋予的违反标记数量则是由每一个 X 与 Y 开头之间插入的结构数量决定的。

普林斯和斯莫伦斯基(Prince and Smolensky 1993/2004)是把这些制约条件作为形态中缀法理论的组成部分引入的,其中心思想是:每一个中缀均与一个可违反的制约条件相关联,这个制约条件根据它是前缀还是后缀把它联结到词首或词尾的位置上。如果某个词缀的同界制约条件受到关键性统制,那么就会把这个词缀从边界位置移至其偏爱的位置。音节结构制约条件,如 ONSET 和 NO-CODA,常常是造成中缀的诱发因素。

例如,纳卡奈语(Nakanai)⑤里的名词化语素/il/,如果存在的话便是一个加在词根首辅音之后的中缀⑥,见(14)中的黑体字母。

(14) 纳卡奈语里加中缀的情况(Johnston 1980)

词根	加中缀后的词根	
[au]	[**il**au]	'掌舵'
[ali]	[**il**ali]	'宴席'
[taga]	[t**il**aga]	'害怕'
[gogo]	[g**il**ogo]	'同情'
[peho]	[p**il**eho]	'死亡'

要使/il/成为中缀,ALIGN-LEFT(*il*,词干)就一定要受到关键性统制。如(15)所示,由于增音和删音可为避免出现无中缀音节尾提供两种选择方式,因此统制它的制约条件中不仅要有忠实性制约条件 DEP 和 MAX,还要有 NO-CODA。

(15) NO-CODA,DEP,MAX≫ALIGN-LEFT(*il*,词干)

/il-taga/	NO-CODA	DEP	MAX	ALIGN-LEFT(*il*,词干)
a. →ti. la. ga				*
b. il. ta. ga	*W			L
c. i. li. ta. ga		*W		L
d. i. ta. ga			*W	L

---

⑤ 纳卡奈语(Nakanai),巴布亚新几内亚西新不列颠省纳卡奈部落使用的语言,属南岛语系马来-波利尼西亚语族。——译者

⑥ 纳卡奈语里还有另一种语素变体:后缀/la/。它用于两个音节以上长度的词干之中,如[sagegela]'幸福'。有关如何在/il/与/la/之间做出选择的分析,可参见麦卡锡(McCarthy 2003c)。

第四章 发展新的制约条件

ALIGN-LEFT(*il*,词干)是梯度性的,其论据来自中缀较浅的[ti. la. ga]与中缀较深的 *[ta. gi. la]之间的比较。这两个候选项在其余所有制约条件上不分胜负,因此它们的胜负必须通过其违反 ALIGN-LEFT(*il*,词干)的程度来决定。一般认为,像 ALIGN-LEFT(*il*,词干)这样的制约条件是以中间音段数量的多少来衡量违反的严重程度,因此,[ti. la. ga]得到一个违反标记,而 *[ta. gi. la]则得到三个违反标记,如(16)所示。ALIGN-LEFT(*il*,词干)虽被统制,但当两个候选项在所有等级排列更高的制约条件上难分胜负时,便交由它来决定,此时它仍能提出最浅深度加中缀的要求。

(16) 梯度性的 ALIGN-LEFT(*il*,词干)

/il-taga/	NO-CODA	DEP	MAX	ALIGN-LEFT(*il*,词干)
a. →ti. la. ga				*
b.　ta. gi. la				*** W

前面推荐的制约条件定义公式,可用来定义 ALIGN-LEFT(*il*,词干):"给在语素[il]左边与词干左边界之间介入的每一个音段,赋予一个违反标记",也可以用于格里姆肖(Grimshaw 2002)提出的句法同界制约条件。例如,她提出的制约条件 HEADLEFT,用同界术语可以表述为 ALIGN-LEFT(head(XP),XP)。这一制约条件给在 XP 中心语与其左边界之间介入的每一个结构成分,赋予一个违反标记。因此,它所赋予的违反标记,如(17)所示。

(17) A<small>LIGN</small>-L<small>EFT</small>(head(XP),XP)所做的梯度评估

	A<small>LIGN</small>-L<small>EFT</small>(head(XP),XP)
a. →[Head Comp Spec]_{XP}	
b. [Spec Head Comp]_{XP}	*
c. [Spec Comp Head]_{XP}	**

但还有一类同界制约条件,它们可能不适宜界定制约条件的这种方式。麦卡锡和普林斯(McCarthy and Prince 1993a)采纳罗伯特·基什内尔(Robert Kirchner)的建议,使用 A<small>LIGN</small>-L<small>EFT</small>(音步,词)和 A<small>LIGN</small>-R<small>IGHT</small>(音步,词),以获得跟规则节律音系学中方向性音步分析方法相同的效果。(有关节律音系学,请参见本节末尾方框内的简要文字说明。)

加拉瓦语(Garawa)里的重音问题(18),便是如何进行这一分析的最好例证。在这一语言里,主重音落在起始音节上,次重音(标记为 ˌ)落在每一个从右往左数的偶数音节上。这一重音类型表明,加拉瓦语的节律音步是严格意义上的双音节扬抑格。在以规则为基础的音系学中,第一条规则把唯一的主重音赋予词首音步,接着另一条规则从词尾开始,从右往左赋予次重音音步。这条规则把每一对音节组成一个音步,直至余下不足两个未成音步的音节为止。(这里引用加拉瓦语的例子,用的不是国际音标,而是原有的拼写方式。)

(18) 加拉瓦语的重音(Furby 1974)

示例	音步分析	
ˈyami	(ˈσσ)	'眼睛'
ˈpunjala	(ˈσσ)σ	'白色'

'watjimˌpaŋu	('σσ)(ˌσσ)	'腋窝'
'kamlaˌřinji	('σσ)σ(ˌσσ)	'手腕'
'yakaˌlakaˌlampa	('σσ)(ˌσσ)(ˌσσ)	'松散的'
'ŋankiřiˌkirimˌpayi	('σσ)σ(ˌσσ)(ˌσσ)	'打飞回标'
'ŋampaˌlaɲinˌmukunˌjina	('σσ)(ˌσσ)(ˌσσ)(ˌσσ)	'在我们许多'
'nařiŋinˌmukunˌjinaˌmiřa	('σσ)σ(ˌσσ)(ˌσσ)(ˌσσ)	'在你自己许多'
'nimpaˌlaɲinˌmukuˌnanjiˌmiřa	('σσ)(ˌσσ)(ˌσσ)(ˌσσ)(ˌσσ)	'从你们自己两个'

在优选论框架内分析这些实际语料,需要解决的问题之一是,有哪些不同的方式把像"在你自己许多"这种由奇数音节组成的长词分析成多个双音节音步问题？(19)中列出了需要考虑的几种可能性,这些候选项保持了主重音的位置不变,这与该语言完全一致。它们之间的不同在于次重音音步是如何分析奇数音节序列的。

(19) 对['nařiŋinˌmukunˌjinaˌmiřa]的几种节律分析

a. → ('naři)ŋin(ˌmukun)(ˌjina)(ˌmiřa)
b. ('naři)(ˌŋinmu)kun(ˌjina)(ˌmiřa)
c. ('naři)(ˌŋinmu)(ˌkunji)na(ˌmiřa)
d. ('naři)(ˌŋinmu)(ˌkunji)(ˌnami)řa

麦卡锡和普林斯(McCarthy and Prince 1993a)对这些语言事实所做的优选论分析,主要是靠制约条件 ALIGN-RIGHT(音步,词)就(19)中的候选项做出的决定。制约条件的定义,见(20)。这个定义与我们前面见到的其他制约条件定义有所不同,因为它使用了两次全称量词:"为每一个音步"和"给……每一个音节"。它对每一个音步的同界情况做出梯度评估,然后总结每一个音步的违反标记,以确定整个词的表现情况。

(20) ALIGN-RIGHT(音步,词)

为每一个音步,给在那个音步右边与词的右边界之间介入的每一个音节,赋予一个违反标记。

把 ALIGN-RIGHT(音步,词)应用于(21)中的语料。(因有太多的违反,故改用数字,而不用星号表示。)例如,候选项(a)的起始音步后面有七个音节,因而得到七个违反标记。第二个音步中有四个音节未能同界,等等。一般来说,次重音音步如要最大限度满足 ALIGN-RIGHT(音步,词),就必须尽可能地远离右边界。(还有些候选项在 ALIGN-RIGHT(音步,词)上表现得甚至更好。习题 10 将要求你处理这些候选项。)

(21) ALIGN-RIGHT(音步,词)做出的评估结果

	音步1	音步2	音步3	音步4	总和
a. → (ˈnaři)ŋin(ˌmukun)(ˌjina)(ˌmiřa)	7	4	2	0	13
b. (ˈnaři)(ˌŋinmu)kun(ˌjina)(ˌmiřa)	7	5	2	0	14W
c. (ˈnaři)(ˌŋinmu)(ˌkunji)na(ˌmiřa)	7	5	3	0	15W
d. (ˈnaři)(ˌŋinmu)(ˌkunji)(ˌnami)řa	7	5	3	1	16W

ALIGN-RIGHT(音步,词)和 ALIGN-LEFT(音步,词)都使用了两次全称量词,这使得它们有别于其他制约条件。有些学者已对 ALIGN(音步,词)的替代形式进行了探索,这些替代形式可能已足以满足需要(见 Kager 2001, McCarthy 2003c)。那么,单独一个全称量词,很有可能就足以满足任何一个制约条件的定义了,因此在定义新的制约条件时,采用"给每一个……,赋予一个违反标记"这一公式,是完全可以信赖的。

说明：节律音系学

自利伯曼和普林斯（Liberman and Prince 1977）以来，词重音的这一属性多是用节律结构（特别是音步）来解释的。一个音步通常由两个音节组成，其中一个是被指定的中心音节或负载重音的音节。如果中心音节是在音步首，那么音步就是扬抑格；如果中心音节在音步尾，那么音步就是抑扬格。一般来说，分析重音系统，其目的在于确定音步是扬抑格还是抑扬格，以及确保音步出现在词中的正确位置上。

许多语言，包括加拉瓦语在内，都是明确禁用单音节音步的。那么，在这类语言里，FOOT-BINARITY（音节）是不受统制的。

在加拉瓦语里，所有音节在重音方面都是得到平等对待的。因此，我们说它的重音系统是不受重量影响的。但在许多其他语言里，重音系统则是受重量的影响，它们对待轻重音节的方式截然不同。如果一个音节含有一个长元音（在所有语言里）或有音节尾辅音（在某些语言里），这个音节则为重音节。在受重量影响的重音系统里，制约条件 WEIGHT-TO-STRESS（WSP）[⑦]是活跃的。

除加拉瓦语所阐释的音步分析的方向外，重音系统中还有个重要因素：是 NON-FINALITY 制约条件家族。如果词尾音节归入了音步，那么它便违反了 NON-FINALITY（音步）；如果重音或主重音是在词尾音节上，那么它便违反了 NON-FINALITY（'σ）。

[⑦] 把制约条件 WEIGHT-TO-STRESS 简称为 WSP，是因为它源自普林斯（Prince 1990）提出的"重量到重音原则"（Weight-to-Stress Principle）。

4.5.3 和谐同界衍生的制约条件

"同界"这个词的意思,完全不同于**和谐同界**(harmonic alignment)短语中的"同界"。和谐同界,是普林斯和斯莫伦斯基(1993/2004:161—162)把它作为一种联系制约条件与自然语言量级(scale)的方式引入的。以和谐同界方式获得的这一制约条件系统,通常被用于说明所蕴含的语言普遍现象(5.1 节)。我们在此只讨论与语言量级相关的标记性制约条件,但这种观点也适用于忠实性制约条件(有关这方面的研究,可参阅 de Lacy 2002)。

语言里有很多的自然量级,响度量级按照强度大小把音段进行了排序(Parker 2002);元音在量级的一个顶端,其次是流音、鼻音、擦音和塞音(见习题 7)。有生性(animacy)层级按照与说话人的亲近或相似程度把名词和代词进行了排序(Silverstein 1976);第一人称代词在量级的一个顶端,其次是第二人称代词、第三人称代词、专有名词、人类名词、有生的名词和无生的名词。量级不是制约条件,而和谐同界建立了量级与一组相关制约条件之间的联系。

和谐同界有两项要求:一项是像响度或有生性这样的自然语言量级,另一项是语言结构中的某个位置喜欢由量级这一端上的东西而非另一端上的东西占据。音节核是语言结构的一个位置,它更趋向于被高响度的音段填充;音节首是语言结构的另一个位置,它更趋向于被低响度的音段填充。主语位置更青睐有生性量级高的名词或代词,而宾语位置则更青睐有生性量级低的名词(Aissen 1999)。每一种情况,和谐同界都会把结构位置与量级组合起来,创建出一组制约条件,并让它们按照位置与这个位置所青睐的量级之间的匹配程度来鄙弃候选项。

现有两种形式化做法。在普林斯和斯莫伦斯基的原著中,和谐同界生成了一个**普遍固定的**制约条件**层级体系**。例如,假定有一相对简单的响度量级形式,(22)便含有这一固定的有关音节核响度的制约条件层级体系。既然塞音是最不受青睐的音节核,那么 *NUCLEUS/PLOSIVE(*NUC/PLO)就是那一等级排列最高的制约条件,接着是 *NUCLEUS/FRICATIVE(NUC/FRIC),等等。(元音是标记性最少的音节核,因此也就不需要制约条件 *NUCLEUS/VOWEL[⑧]。)因为这是普遍固定的层级体系,这些制约条件就一定会以此排序方式出现在每一种语言的语法里,因而塞音总是标记性最多的音节核。

(22) 固定的音节核响度制约条件层级体系

*NUC/PLOSIVE ≫ *NUC/FRICATIVE ≫ *NUC/NASAL ≫ *NUC/LIQUID

此外,和谐同界可用来创建一个以紧要关系形式出现的制约条件集合(见2.4节)。其大意是:塞音违反了该集合中的每一个制约条件,擦音除满足一个制约条件外违反了余下所有的制约条件,依此类推,如(23)所示。例如,每一个含有塞音、擦音或鼻音的音节核,均违反了一次 *NUCLEUS/PLOSIVE-NASAL(读作"星号音节核,从塞音到鼻音")。每一个制约条件指的均是始终包括塞音这种响度最低量级的某一连续相邻响度位置组。

---

⑧ 关于量级上为什么一定没有反标记性最少成分的制约条件,可参见古斯柯娃(Gouskova 2003)。

(23) 以紧要关系形式出现的音节核响度制约条件

*NUCLEUS/PLOSIVE-LIQUID(*NUC/PLO-LIQ)

*NUCLEUS/PLOSIVE-NASAL(*NUC/PLO-NAS)

*NUCLEUS/PLOSIVE-FRICATIVE(*NUC/PLO-FRIC)

*NUCLEUS/PLOSIVE(*NUC/PLO)

在上述两种不同的制约条件体系中,任何一种体系都能说明把音段响度与其能否填充音节核相联系的这种蕴含型普遍现象。这一蕴含型普遍现象的证据来自诸如以下的这些观察结果:所有语言都有音节核,但有些语言(如西班牙语或阿拉伯语)禁用所有的辅音音节核。有些语言允许作为音节核的音段是:元音和流音(如斯洛伐克语)或者元音、流音和鼻音(如德语、英语)。贝贝尔语(Berber)[9]的某些变体在合适条件下允许包括塞音在内的任何音段充当音节核(Dell and Elmedlaoui 1985,1988)。根据这些观察结果,我们可以给出的结论是:如果一种语言允许 X 类型的音段充当音节核,那么它也一定允许比 X 响度更高的所有类型的音段充当音节核。

如果想了解(22)中的固定层级体系是如何阐释所蕴含的这一普遍现象,请看下面(24)。在这一竞选表中,DEP 等级排在 *NUCLEUS/LIQUID 之下。(假定 MAX 统制 DEP。)因此,如选择的是成音节性塞音、擦音、鼻音或流音,*NUCLEUS/LIQUID 以及所有等级排列更高的制约条件就会促发增音。这便是古典阿拉伯语的情况,即一种不允许任何成音节辅音的语言。如果 DEP 的等级排

---

[9] 贝贝尔语(Berber),长期生活在北非地区的土著居民贝贝尔人所操的一种语言。目前,大约有 1100 万讲贝贝尔语的人居住在摩洛哥、阿尔及利亚、突尼斯、利比亚和埃及等国。——译者

第四章 发展新的制约条件

得高一些,那么某些成音节性辅音就会得到允许。当然,响度最高的永远都会列在其中。例如,英语的 *bottle*(瓶子)一词违反了 *NUCLEUS/LIQUID,*button*(按钮,纽扣)违反了 *NUCLEUS/NASAL。总而言之,DEP、MAX 及其相关的一些忠实性制约条件,它们在固定层级体系中的位置为某一种语言的音节核设定了最低响度阈值(sonority threshold)。

(24) 古典阿拉伯语里的增音与成音节辅音

输入项	优选项	败选项	*NUC/PLO	*NUC/FRIC	*NUC/NAS	*NUC/LIQ	DEP
/ktub/ '写!'	ʔuk.tub	k.tub	W				L
/ftaħ/ '打开!'	ʔif.taħ	f.taħ	*	W			L
/mlik/ '占有!'	ʔim.lik	m.lik			W		L
/rkab/ '骑行!'	ʔir.kab	r.kab				W	L

如果制约条件以(23)那样的紧要关系形式出现,那么最低响度阈值也就由选择哪个制约条件统制忠实性制约条件来设定,而其他制约条件的等级排列则无关紧要。(构成紧要关系的制约条件是不能直接进行等级排列的,其原因可参阅 2.4 节。) 如竞选表(25)所示,这里把 *NUCLEUS/PLOSIVE-LIQUID 与其他制约条件分割开来,是因为它们无助于决定哪个候选项是优选项,因此是不能进行等级排列的。只有最后一对优选项~败选项证明了 *NUCLEUS/PLOSIVE-LIQUID ≫ DEP 这一等级排列,其余的 *NUCLEUS 制约条件均不能说明[ʔir.kab]为何比[r.kab]更和谐。

（25）增音与成音节性辅音——紧要形式

优选项	败选项	*N̩ᵤc/Pʟₒ-Lɪǫ	Dᴇᴘ
ʔuk. tub	k. tub	W	L
ʔif. tah	f. tah	W	L
ʔim. lik	m. lik	W	L
ʔir. kab	r. kab	W	L

*N̩ᵤc/Pʟₒ	*N̩ᵤc/Pʟₒ-Fʀɪc	*N̩ᵤc/Pʟₒ-Nᴀs
W	W	W
W	W	
		W
W		

概括地说，和谐同界选取某一语言量级 s 和某一结构位置 p，并用 s 一端上所厌弃的成分填充 p。根据自己的理论意向，可以把这些成分组成一个固定的层级体系或一组以紧要关系形式出现的制约条件。这一固定层级体系由反对出现在 s 中每一个位置 p 上的制约条件组成：等级排列最高的制约条件指的是那个最不青睐 s 的那一端上的制约条件，由此往下不青睐程度逐级递减。紧要关系形式中的制约条件阻止从 s 的一系列级阶上获取的成分在位置 p 上出现，这些制约条件所涉及的范围必须是连续性的，都必须包含所厌弃的 s 的那一端。无论在何种情况下，只要语言量级涉及蕴含共性问题，这些概念在音系学和句法中均有重要的应用价值。

本节的余下部分将论及一个更为高端的问题：固定层级体系与紧要关系之间的区别。你若是初次阅读，可跳过去，待以后再来看这一部分。

没有理由认为，我们需要用和谐同界来同时生成固定层级排列和紧要关系体系，那么哪一个是正确的？时常有人认为紧要关系的做法比较好，因为它们不需要规定某种固定的等级排列方式。但是两种方法均要有某种形式的规定：一种方法要求固定等级排列，另一种则要求固定在量级一端的连续性区间。在所有其他方

第四章 发展新的制约条件

面都一样的情况下,紧要关系做法比固定层级体系可预测的可能有的语言种类要多。这是二者之间更为本质上的区别。

这一区别只是当构成紧要关系的制约条件是以**反帕尼尼等级排列方式**(anti-Paninian ranking)排列时才出现(Prince 1997b)。由于帕尼尼曾探讨过一种具体优先于一般的情况,反帕尼尼等级排列方式指的是在构成紧要关系的制约条件之中更为普遍的制约条件关键性地等级排在更为具体的制约条件之上的一种情况,这一点已被由统制传递性获得的论据所证实。这方面的现实例子有很多(如德·莱西(de Lacy 2002:62—63)谈及的牙纳桑语(Nganasan)[⑩],但为了简单起见,我用一个虚构的例子来说明。这一虚构语言中的问题是:在无增音或删音的情况下,如何把输入项/pmr/作为单独一个音节进行音节化。它应是"复杂音节首+成音节性音段[r]"的[pmṛ]还是"简单音节首+成音节性音段[m]"的[pm̩r]? 这是在[pmr]的更好音节核与[pmr]的简单音节首之间的选择问题。

下面(26)中给出了这一虚构语言中的"事实"。(a)是[pm̩r]与*[pmṛ]进行比较,比较的结果表明:如果二选一要求音节核的响度要低于流音,那么该语言就接受复杂音节首((b)和(c)的比较情况与之相似)。(d)中[ps̩m]与*[psm̩]之间的选择,涉及某一响度比鼻音还低的候选项与某一复杂音节首的候选项之间的比较,相对于音节核[s],音节核[m]在响度上具有的优势,不足以压过对复杂音节首的鄙弃((e)中的比较结果与之类似)。最后,(f)中

---

⑩ 牙纳桑语(Nganasan),亚洲北部泰梅尔半岛中部和西南部牙纳桑人使用的语言,属乌拉尔语系萨莫耶德语族中的一种语言。——译者

[pts]与*[pts]的比较结果延续了(d)和(e)中确立的同一种模式：相对于塞音音节核，擦音音节核在响度上的优势无法压过*COMPLEX-ONSET。

(26) 用于阐释反帕尼尼等级排列方式的虚构例子

输入项	优选项	败选项	比较
a. /pmr/	pmr	*pmr	复杂音节首 对应 音节核＜流音
b. /psr/	psr	*psr	复杂音节首 对应 音节核＜流音
c. /ptr/	ptr	*ptr	复杂音节首 对应 音节核＜流音
d. /psm/	psm	*psm	音节核＜鼻音 对应 复杂音节首
e. /ptm/	ptm	*ptm	音节核＜鼻音 对应 复杂音节首
f. /pts/	pts	*pts	音节核＜擦音 对应 复杂音节首

我们的分析从比较[pts]～*[pts]开始。两个候选项都同等程度地违反了*NUCLEUS/PLOSIVE-LIQUID、*NUCLEUS/PLOSIVE-NASAL 和*NUCLEUS/PLOSIVE-FRICATIVE，因此这些制约条件均与此无关。然而，它们在*NUCLEUS/PLOSIVE 上却有不同的表现：[pts]违反了它，而*[pts]遵守了它；它们在*COMPLEX-ONSET 上表现也不同，这一制约条件倾向选择[pts]。既然[pts]是优选项，*COMPLEX-ONSET 就必须统制*NUCLEUS/PLOSIVE，如(27)所示。其他所有*NUCLEUS 制约条件在这一竞争中既不青睐优选项，也不青睐败选项，所以我们可以将它们从竞选表中略去。

(27) *COMPLEX-ONSET ≫ *NUCLEUS/PLOSIVE

/pts/	*COMP-ONS	*NUC/PLO
a. →pts		*
b. pts	*W	L

第四章 发展新的制约条件

[p̣sm]与*[ps m]之间的比较结果跟上面的很相似。*COMPLEX-ONSET 青睐优选项,而*NUCLEUS/PLOSIVE-FRICATIVE 青睐败选项,这便导致了(28)中的等级排列论证。其他所有*NUCLEUS 制约条件在这一竞争中既不青睐优选项,也不青睐败选项,所以我们可以将它们从竞选表中略去。

(28) *COMPLEX-ONSET ≫ *NUCLEUS/PLOSIVE-FRICATIVE

/psm/	*COMP-ONS	*NUC/PLO-FRIC
a. →pṣm		*
b. psm	*W	L

最后,要让[pṃr]击败*[p m r],*NUCLEUS/PLOSIVE-NASAL 就必须统制*COMPLEX-ONSET,如(29)所示。其他所有 *NUCLEUS 制约条件又一次在这一竞争中既不青睐优选项,也不青睐败选项,所以我们可以将它们从竞选表中略去。

(29) *NUCLEUS/PLOSIVE-NASAL ≫ *COMPLEX-ONSET

/pmr/	*NUC/PLO-NAS	*COMP-ONS
a. →pṃr		*
b. pmr	*W	L

汇总竞选表(27)—(29)中的所有等级排列信息,我们可得到(30)中的等级体系。这是个反帕尼尼的层级体系,紧要关系中的一般制约条件*NUCLEUS/PLOSIVE-NASAL 统制更为具体的制约条件*NUCLEUS/PLOSIVE-FRICATIVE 和*NUCLEUS/PLOSIVE。构成紧

要关系的制约条件决不可以进行直接等级排列(见 2.4 节),因而说明这必然涉及经由 *COMPLEX-ONSET 实现的制约条件统制的传递性问题。

(30) 反帕尼尼制约条件层级体系

*NUC/PLO-NAS ≫ *COMP-ONS ≫ *NUC/PLO-FRIC, *NUC/PLO

这个体系不能跟固定层级体系中的制约条件一起分析(参见习题 14)。总的来说,当制约条件是以紧要关系形式出现时,反帕尼尼等级排列就会同等对待高标记性量级一端上的所有成分。由于塞音、擦音和鼻音都违反了等级排列最高的 *NUCLEUS/PLOSIVE-NASAL,因而(30)对待它们,犹如它们具有相同的响度一样。帕尼尼等级排列(具体先于一般)同等对待低标记性量级一端上的所有成分。固定层级体系和帕尼尼等级排列给出的结果是一样的,但固定层级体系无法产生反帕尼尼等级排列的效果。假如现实语言真的有这样的情况,那么以紧要关系方式而非固定等级排列方式构建制约条件的观点便得到了证实。

习题

5 把 ?is. tak. ta. bit]_{短语}、si. tak. tab. t]_{短语} 和 si. tak. ta. bit]_{短语} 三个候选项添加到古典阿拉伯语的竞选表(13)中,它们会给这个竞选表所阐释的分析带来麻烦吗?如果会的话,你如何解决这些问题?(请务必使用本章介绍的方法来说明你的答案。)

6 某些语言似乎可以容忍未被音节化辅音出现在词尾位置上,但绝不允许它们出现在其他位置上。那么,假设有这么一个制

第四章　发展新的制约条件

约条件,任何一个非词尾位置上的未被音节化辅音都会一次性违反它。这个制约条件的存在,会不会影响在(12)与(13)比较基础上自下而上构建的 EXHAUSTIVITY(音节)这一论据？请说明你的答案。

7　普林斯和斯莫伦斯基(Prince and Smolesnky 1993/2004)提出了根据响度量级上的位置评估音节核的 HNUC 这一制约条件。音段的响度越低,它作为音节核就越差,因此得到的违反标记就越多。例如,音节[ps]从 HNUC 得到的违反标记比音节[pl]要多。请使用"给每一个……,赋予一个违反标记"这一格式来给 HNUC 下个定义。你可以假定响度层级包含以下量级：

级阶	音段
4	流音
3	鼻音
2	擦音
1	塞音

8　从下面的语料可以很明显地看出,他加禄语(Tagalog)[11]语素[um]加在词根起始辅音或辅音丛之后形成中缀[12]。(这个语素在这里是用黑体标出的,以便易于找到。)你的任务是:同样采用正文中对纳卡奈语/il/的常用方法来分析这一中缀的位置定位。尤其注意这里所提供的败选项,此刻暂不考虑习题 9 提供的额外语料。

---

[11]　他加禄语(Tagalog),亦译"塔加洛语",属南岛语系马来－波利尼西亚语族,是菲律宾国语及官方语言之一。——译者

[12]　他加禄语把所称的实施者焦点动词标记为现实体(realis aspect)和不定式。这一语言还有一种具有类似音系分析的中缀[in],它把其他类型动词也标记为现实体。

词根	带中缀的词根	败选项	
[su. lat]	[su. **m**u. lat]	*[**um**. su. lat]	'白色'
		*[**ʔum**. su. lat]	
		*[su. l**u**. **m**at]	
		*[su. la. **t**um]	
[grad. wet]	[gru. **m**ad. wet]	*[**um**. grad. wet]	'毕业'
		*[**ʔum**. grad. wet]	
		*[g**um**. rad. wet]	
		*[gra. d**um**. wet]	
		*[grad. w**u**. **m**et]	
		*[grad. we. **t**um]	

9 事实上,他加禄语里中缀[um]的位置随辅音丛起始词根的不同而有所不同,如下所示。由于我们尚未讨论过变异现象,你要把这些变异形式看作源自不同语法的结果,也就是说,你要提出一种与习题 8 不同的等级排列方式。(首先要了解优选论是如何分析变异现象的,你完全可以提前阅读 6.2 节并借鉴其中所提出的某些具体建议。)

词根	带中缀的词根	败选项	
[grad. wet]	[g**um**. rad. wet]	*[**um**. grad. wet]	'毕业'
		*[**ʔum**. grad. wet]	
		*[gru. **m**ad. wet]	
		*[gra. d**um**. wet]	
		*[grad. w**u**. **m**et]	
		*[grad. we. **t**um]	

10 我们继续来分析加拉瓦语,以便处理下列败选项。完成这项任务另外所需要的制约条件,已在败选项之后一一列出。

*[(ˈnaři)ŋinmukun(ˌjina)(ˌmiřa)]

*[(ˈnaři)ŋinmukunjina(ˌmiřa)]

*[(ˈnaři)ŋinmukunjinamiřa]

第四章　发展新的制约条件

* [na('ři ŋin)(₁mukun)(₁jina)(₁miřa)]
* [nařiŋin('mukun)(₁jina)(₁miřa)]
* [nařiŋinmukun('jina)(₁miřa)]
* [nařiŋinmukunjina('miřa)]
* [('naři)(₁ŋin)(₁mukun)(₁jina)(₁miřa)]

增加的重音制约条件:

a. EXHAUSTIVITY(音步)(通常称为 PARSE-SYLLABLE)
   给每一个不属于任何音步的音节,赋予一个违反标记。

b. ALIGN-LEFT(词,中心语(词))
   给每一个不是以中心音步(即主重音音步)开头的词,赋予一个违反标记。

c. FOOT-BINARITY(音节)(FOOT-BIN(syll))
   给每一个单音节音步,赋予一个违反标记。

11　请以固定层级体系和紧要关系两种形式提出下列量级和偏好组合的和谐同界:

a. 响度量级(如习题 7 给出的)和对低响度音节首的偏好;
b. 有生性量级(如文中给出的)和对高有生性主语的偏好;
c. 有生性量级和对低有生性宾语的偏好

12　下面的语料取自两岁左右儿童习得美国英语(Gnanadesikan 1995/2004)时的话语。请解释:选择删除哪个辅音、保留哪些词首辅音丛[13]的决定因素有哪些?

---

[13]　[s]辅音丛中的塞音是清音不送气,英语的"浊"塞音通常在词首也是清音不送气,所以,它们彼此相同。因此,成人发 *skin* 拼写中的 *k* 音与儿童发音中的音标[g]是没有什么实际差别的。

成人	儿童
clean	[kin]
friend	[fɛn]
please	[piz]
skin	[gɪn]
sky	[gɑj]
sleep	[sip]
slip	[sɪp]
snookie	[sʊki]
snow	[so]
spill	[bɪw]
spoon	[bun]
star	[dɑː]

13　英语允许流音和鼻音充当音节核,但不允许塞音和擦音。请为像英语那样的语言构建类似于(24)和(25)的分析。你的分析应该能够处理下列每一对优选项～败选项。

输入项	优选项	败选项
a. /mitr̩/	[mitr̩]	*[mitrə]
b. /batn̩/	[batn̩]	*[batə]
c. /ups̩/	[upsə]	*[ups̩]
d. /mutk̩/	[mutkə]	*[mutk̩]

14　如果你读了较为高端的讨论反帕尼尼等级排列方式的文字部分,请进一步论证说明(26)中的虚构语言是无法通过采用(22)中的固定层级体系获得的。

新5　和谐串行理论对量级型制约条件的影响

在贝贝尔语里,任何音段均可以充当音节核,但无论何时,一有机会,总是优先选择响度更高的音节核。例如,/t-rgl-t/的音节

第四章　发展新的制约条件

化是以流音而非塞音充当音节峰（由大写字母标示）的，即 $tR.gLt$ 而非 $^*trGlt$。但如果周边没有响度更大的辅音，那么塞音也有可能成为音节峰。

普林斯和斯莫伦斯基（Prince and Smolensky 1993/2004）一书的第二章中有对贝贝尔语的分析。有些令我们诧异的是，他们没有采用本章前面(22)、(23)中提到的那种通过和谐同界直接与响度量级相关联的制约条件。普林斯和斯莫伦斯基采用的不是(22)中的那种形式的制约条件，而是被称之为 H_{NUC} 的一种制约条件，这种制约条件直接参照响度层级："响度高的音节核比响度低的音节核更和谐"。虽然该制约条件表明了一种倾向性，但我们仍可以很容易地做到：在维持它直接与响度层级相关联的情况下，把它转述成一种赋予违反标记的制约条件。

(23^新) H_{NUC}：给比 a 响度每低一级的音节核，赋予一个违反标记（McCarthy 2003c:82）。

我们把以这种方式界定的制约条件称为**量级型的**（scalar）制约条件。

佩特（Pater 即出）指出了 H_{NUC} 在对贝贝尔语的并行分析中并不能达到预期的效果。当一个有两个辅音音节核的候选项与另一个仅有一个辅音音节核的候选项竞争时，就会出现这一问题。请对/kšm/的分析形式 $K.\check{s}M$ 与 $^*k\check{S}m$ 进行比较。H_{NUC} 赋予 $K.\check{s}M$ 中的 K 一次违反标记**加上** M 一次违反标记，但却**仅仅**赋予 $^*k\check{S}m$ 中响度量级介于 K 与 M 之间的 $\check{S}$ 一次违反标记。因此，H_{NUC} 更青睐于错误的形式 $^*k\check{S}m$。在优选论的标准并行处理模式中，我们想要 H_{NUC} 对 M 与 Š 进行比较，但这根本就无法进行比较。M 的响度虽然很高，但却被 K 的低响度所拖累。

我们需要的是能够一次比较一个音节核，和谐串行理论让我们能够做到这一点。若让一个辅音成为音节峰只占和谐串行理论中的一步推导过程，便可以做到一次只比较一个音节核。由输入项 /kšm/ 开始，其第一步音系推导过程中的非忠实性候选项有：Kš.m、kŠm 和 k.šM。H_{NUC} 选择了 k.šM，而它又成为了第二步音系推导过程的输入项。在第二步中，K.šM 胜出，这是因为 Š 虽然比 K 做音节核更好，但它已成为了 M 为音节核的音节（必需的）首音。

这个例子诠释了标准 OT 理论与和谐串行理论之间的不同。由于标准 OT 理论是对全部的候选输出项进行比较，因此它有可能产生诸如 M 被非邻接的 K 所拖累的非局部性的交互作用。相比之下，在和谐串行理论中，由于是逐个比较辅音音节核，所以确定哪个辅音充当音节核最好，完全是局部性的。正如我们将要看到的，我们有理由认为和谐串行理论的局部性限制更符合语言的实际表现。

4.6 忠实性制约条件的属性

4.6.1 对应理论

由于最近提出的制约条件大多数都是标记性类型的制约条件，因此截至目前，本章论述的重点都放在了标记性制约条件上。不过，有时确有必要提出一种新的忠实性制约条件。忠实性制约条件是根据输入项与输出项之间的差别程度赋予违反标记的。原则上，输入项与输出项之间的任何差异，都会招致对忠实性的某种

第四章 发展新的制约条件

违反。尽管许多常用的忠实性制约条件不会考虑非忠实性映射发生的语境,但我们还是会看到忠实性制约条件也有可能仅限于某些语境。

对应理论为界定忠实性制约条件提供了一个总体框架(McCarthy and Prince 1995,1999),其中心思想是:生成器提供的每一个候选项都包含了输出表征形式以及输入项与输出项之间的某种关系。这就是所谓的对应关系,通常用符号"$\mathfrak{R}$"表示,关系 $\mathfrak{R}$ 把输入项中的某些或所有语言成分与输出项中的某些或所有语言成分联系在一起。

下面(31)列出了输入项/kal/的某些候选项及其对应关系。我现在要在这里做到一清二楚,明晰无误,所以采用了比你通常在文献中看到的更详细的方式呈现这些对应关系。为避免歧义,我给输入项和输出项中的音段或其他成分都做了数字索引,并把每一个候选项的对应关系界定为一组有序对(i,o),其中 i 是输入项中的成分,o 是输出项中的成分[14]。

(31) 输入项/$k_1 a_2 l_3$/的一些候选项

候选项	对应关系	说明
a. [$k_1 a_2 l_3$]	{(k_1,k_1),(a_2,a_2),(l_3,l_3)}	忠实性候选项
b. [$k_1 a_2$]	{(k_1,k_1),(a_2,a_2)}	输入项中的/l/被删除
c. [$k_1 a_2 l_3 ə_4$]	{(k_1,k_1),(a_2,a_2),(l_3,l_3)}	输出项中增加了[ə]音
d. [$k_1 a_2 r_3$]	{(k_1,k_1),(a_2,a_2),(l_3,r_3)}	/l/变成了[r]
e. [$k_1 l_3 a_2$]	{(k_1,k_1),(a_2,a_2),(l_3,l_3)}	/a/与/l/变换了位置

---

[14] 关于某些与此有所不同的对应理论的形式化方法,请参见沃尔夫和麦卡锡(Wolf and McCarthy 2010)。

在忠实性候选项(a)中,每一个输入音段都有一个与之对应的完全相同的输出音段。在有删音的候选项(b)中,输入项中的/l/在输出项中没有与之对应的音段——它没有出现在那一组有序对中。在有增音的候选项(c)中,输出项中的[ə]在输入项中没有与之对应的音段,所以它也没有出现在那一组有序对中。候选项(d)说明了一种改变特征值的方式:输入项中的/l/在输出项中所对应的是一个与之不同的音段[r]。(有关这一问题的更多论述,参见4.6.2节。)最后,候选项(e)是换位音变的典型例子,对应音段在输入项与输出项中的排序不同。

上面(31)中的候选项(b)违反了制约条件 MAX, MAX 的定义如(32)所示。这个定义与我们将要看到的其他定义一样,首先要确认构成输入项和输出项的成分序列。由于它要求保留输入的音段,它把输入项中的成分全部量化,要求它们中的每一个都要在输出项中有相对应的成分。在(31)的候选项中,只有(b)违反了 MAX,而且仅违反了一次。MAX 的定义,等同于给每一个不在对应关系领域之内的输入成分赋予一个违反标记。

(32) MAX(不删音)

设:输入项 = $i_1 i_2 i_3 \cdots\cdots i_n$,输出项 = $o_1 o_2 o_3 \cdots\cdots o_m$。

如果没有 o_y,这里 $i_x \mathfrak{R} o_y$,

给每一个 i_x,赋予一个违反标记。

上面(31)中的候选项(c)违反了制约条件 DEP, DEP 的定义见(33)。DEP 仅仅是 MAX 的镜像,它把输出项中的成分全部量化,要求每一个都要在输入项中有相对应的成分。DEP 的定义,等同于给每一个不在对应关系范围内的输出成分赋予一个违反标记。

(33) DEP(不增音)

设：输入项＝$i_1 i_2 i_3 \cdots\cdots i_n$，输出项＝$o_1 o_2 o_3 \cdots\cdots o_m$。

如果没有 i_x，这里 $i_x \mathfrak{R} o_y$，

给每一个 o_y，赋予一个违反标记。

除这些基本制约条件外，还有其他形式的 MAX 和 DEP，它们的辖域仅限于词或语素内的位置。删除中间音段，便违反了 INPUT-CONTIGUITY(I-CONTIG)；中间插入音段，便违反了 OUTPUT-CONTIGUITY(O-CONTIG)。(OUTPUT-CONTIGUITY 曾出现在 4.3 节对阿克辛宁卡坎帕语的分析中。)在位置忠实性制约条件的标题下，我们曾提出了仅作用于起始位置的 MAX 和 DEP 形式的制约条件，将在 4.6.3 节做进一步讨论。

对应理论也承认两个输入音段有可能融合为一个输出音段，我们把这一现象称作音段融合(segmental coalescence)，梵语(34)便是例证之一。在这一语言里，音序/ai/和/au/分别合并为[ē]和[ō]，两个输入音段对应同一个输出音段。形式上，这一关系是通过给输入音段两个数字索引来表示的：/$a_1 i_2$/ →[$ē_{1,2}$]。融合音变违反了制约条件 UNIFORMITY，其定义见(35)。此外，输出音段特征上有别于两个对应的输入音段，因此融合音变过程也违反了下面将讨论的 IDENT(特征)或 MAX(特征)制约条件。

(34) 梵语的元音融合(Whitney 1889)

底层形式	表层形式	
/tava$_1$ i$_2$ ndra/	[tavē$_{1,2}$ ndra]	'为你，因陀罗[15](呼格)'

---

[15] 因陀罗(Indra)，又称"帝释天"，印度教诸神之首、雷神和战神，空界的主宰。释尊成道后佛教产生，因陀罗成为释尊之守护神，称为帝释天。——译者

/hita₁ u₂ pda₃ i₄ ʃah/　[hitō₁ ,₂ pdē₃ ,₄ ʃah]　'友善的忠告'

(35) UNIFORMITY(UNIF)(不融合)

设：输入项＝i₁ i₂ i₃ ……i_n，输出项＝o₁ o₂ o₃ ……o_m。

如果 i_x ℜ o_z , i_y ℜ o_z ,

给每一对 i_x 和 i_y，赋予一个违反标记。

UNIFORMITY 有个与之对称的制约条件，叫作 INTEGRITY，我们把定义这一制约条件的任务留作习题 15。

下面(36)中的制约条件要求在输出项中保留输入成分的原有排序。诸如(31e)中的音系换位音变，就违反了这个制约条件；句法移位或许也违反了这个制约条件(有关另一种处理句法问题的做法，请参见 2.9 节)。习题 21 要求你采用这一制约条件进行分析。

(36) LINEARITY(LIN)(不换位，不移位)

设：输入项＝i₁ i₂ i₃ ……i_n，输出项＝o₁ o₂ o₃ ……o_m。

如果 i_w ℜ o_x , i_y ℜ o_z ; i_w 先于 i_y , o_z 先于 o_x ,

给每一对 i_w 和 i_y，赋予一个违反标记。

LINEARITY 的定义比迄今看到的其他忠实性制约条件要复杂得多，因此它是讲授如何定义忠实性制约条件的一个很好的实例。跟通常的忠实性制约条件一样，其定义首先要确立一种参照输入项和输出项中音段等其他结构成分的方式："设：输入项＝i₁ i₂ i₃ ……i_n，输出项＝o₁ o₂ o₃ ……o_m"。在给出几个条件之后，提出描述赋予违反标记的方式："给每一对 i_w 和 i_y"。首先给出的条件是"如果 i_w ℜ o_x , i_y ℜ o_z"，换言之，这是有关成对输入音段的

第四章 发展新的制约条件

制约条件,每个输入音段都有相对应的输出音段。定义条件中的最后两个条件是用对应理论的术语对换位音变的描述。

为什么定义需要设立"如果 $i_w \Re o_x, i_y \Re o_z$"这样的条件?因为这是唯一一种我们可以用对应术语论述换位音变的方式。如(37)所示,输入项/kəl/映射到输出项[klə]的方式有两种:一是换位音变,二是删音和增音并用,两种方式截然不同。这些候选项彼此不同,因为每一个候选项都是由输出形式**及**其对应关系组成。该定义中的条件"如果 $i_w \Re o_x, i_y \Re o_z$"告诉我们:候选项(a)违反了这一制约条件,而候选项(b)没有违反;但是(b)违反了 MAX 和 DEP,而(a)没有违反。

(37) 跟删音和增音进行比较的换位音变——输入项[$k_1 ə_2 l_3$]

候选项	对应关系	说明
a. [$k_1 l_3 ə_2$]	{(k_1, k_1),($ə_2, ə_2$),(l_3, l_3)}	/ə/与/l/换位音变
b. [$k_1 l_3 ə_4$]	{(k_1, k_1),(l_3, l_3)}	删除输入的/ə/,插入输出的[ə]

为了避免在定义忠实性制约条件时出现问题,我们就要想方设法把必须满足相关忠实性制约条件的条件与导致实际违反的条件区分开来。LINEARITY 与已删除的或已插入的音段无关,因此我们把对应要求写入定义的前面。如果音段被重新排序,那么就违反了它,那便是我们在定义的余下部分中所要说的内容。为了保险起见,我们应该用各种不同的非忠实性映射来对新定义的忠实性制约条件进行验证,以确保该定义达到其预期目的。在验证新提出的忠实性制约条件时,一定要用数字索引把对应关系写出来、写清楚,并检查定义中的条件是否准确施用。这将避免出现一些不必要的麻烦以及意想不到的后果。

4.6.2 特征忠实性

IDENT(特征)制约条件已见于本书的不同地方,它们要求对应音段必须具有相同的特征值。例如,(38)是对 IDENT(圆唇性)的界定,该制约条件提出输入与输出对应的音段必须在[圆唇性]上具有相同的特征值。瓦尔皮里语里的元音和谐便涉及了违反这一制约条件的情况(参见习题 1)。例如,关于/$m_1 a_2 l_3 i_4 k_5 i_6$-$k_7 u_8 l_9 u_{10}$-$l_{11} u_{12}$-$l_{13} k_{14} u_{15}$-$c_{16} u_{17}$-$l_{18} u_{19}$/→[$m_1 a_2 l_3 i_4 k_5 i_6 k_7 i_8 l_9 i_{10} l_{11} i_{12} l_{13} k_{14} i_{15} c_{16} i_{17} l_{18} i_{19}$]的映射,就从这个制约条件那里得到了六个违反标记。

(38) IDENT(圆唇性)

设:输入音段=$i_1 i_2 i_3 \cdots\cdots i_n$,输出音段=$o_1 o_2 o_3 \cdots\cdots o_m$。

如果 $i_x \Re o_y$,且 i_x 与 o_y 在特征[圆唇性]上具有不同的值,

那么给每一对 i_x 和 o_y,赋予一个违反标记。

IDENT(特征)的最初形式由佩特(Pater 1999)提出,它把正负特征值处理为两个不同的制约条件。当[+圆唇性]的输入音段与[-圆唇性]的输出音段相对应时,IDENT(+圆唇性)便被违反。这一现象见于瓦尔皮里语:在[-圆唇性]的输入音段与[+圆唇性]的输出音段相对应时,IDENT(-圆唇性)便被违反。你将在习题 16 中看到,这一稍复杂的 IDENT(特征)分析方法,在分析融合现象时非常管用。

IDENT(特征)制约条件把区别特征值处理为音段属性值(attribute),属性值是用来描写事物的,它们脱离所描写的事物也就不复存在,这便是 *SPE* 对特征的认识(Chomsky and Halle

1968)。音段之间存在着对应关系,特征一致性始终受到音段对应关系的调整,I<small>DENT</small>(特征)制约条件正是基于这一思想提出来的。因此,我们可以把 I<small>DENT</small>(特征)制约条件分析方法称为**特征忠实性的音段理论**(segmental theory of featural faithfulness)。

把特征作为属性值,不是处理区别特征的唯一思路。在自主音段音系学(Goldsmith 1976a,1976b)中,音段像是一个分子,携带了由特征充当的原子,特征原子可以独立于音段分子之外,而且还可以从一个音段分子移到另一个音段分子。

自主音段思想是可以移植到对应理论之中的。特征本身是有对应关系的,因此有针对每一个自主音段音层的 M<small>AX</small>(特征)和 D<small>EP</small>(特征)制约条件。这方面的例子,如(39)所示。它们构成了**特征忠实性的自主音段理论**(autosegmental theory of featural faithfulness)。

(39) M<small>AX</small>(圆唇性)

设:输入[圆唇性]音层=$r_1 r_2 r_3 \cdots\cdots r_n$,输出[圆唇性]音层=$R_1 R_2 R_3 \cdots\cdots R_m$。

如果没有 R_y,这里 $r_x \mathfrak{R} R_y$,

那么就给每一个 r_x,赋予一个违反标记。

D<small>EP</small>(圆唇性)

设:输入[圆唇性]音层=$r_1 r_2 r_3 \cdots\cdots r_n$,输出[圆唇性]音层=$R_1 R_2 R_3 \cdots\cdots R_m$。

如果没有 r_x,这里 $r_x \mathfrak{R} R_y$,

那么就给每一个 R_y,赋予一个违反标记。

有某些证据表明:特征忠实性的音段理论存在着不足之处,因此需要自主音段理论。库斯科盖丘亚语(Cuzco Quechua)[16]里的喉音化(和送气)对立分布(Parker 1997，Parker and Weber 1996)，便是这方面的例证之一。其情况可以简述如下：喉音化只能出现在塞辅音上，如[p]、[t]、[tʃ]、[k]和[q]而非[m]、[r]、[s]等。此外，喉音化仅限于词根最左边的塞音，这些限制如(40)所示。

(40) 库斯科盖丘亚语里的喉音化限制

可能的词	不可能的词
[pʼataj] '咬'	*[patʼaj]
[mitʃʼu] '混合的'	*[mʼitʃu]

有很多语言都像库斯科盖丘亚语那样，其喉音化仅限于塞音。(41)中的制约条件说明了这种常见的受限情况，而喉音化在位置上受限并不常见。这一制约条件的作用，看上去很像(42)中的同界制约条件。

(41) GLOTTAL/PLOSIVE(GL/PL)

给每一个喉音化的辅音(即[+紧喉性])而非塞音(即不是[-持续性，-响音性])，赋予一个违反标记。

(42) ALIGN-LEFT(+紧喉性，词根)(ALIGN-L(+cg, rt))

给每一个介于[+紧喉性]辅音与词根左边界之间的音段，赋予一个违反标记。

---

[16] 库斯科盖丘亚语(Cuzco Quechua)，秘鲁南部城市库斯科居民使用的一种盖丘亚语。盖丘亚语是美洲使用人数最多的土著语言，主要分布在7个国家，秘鲁是盖丘亚语地理分布最广的国家，覆盖了该国24个地区，库斯科是其中之一。——译者

第四章　发展新的制约条件

没有办法把这两个标记性制约条件与 IDENT（紧喉性）忠实性制约条件进行等级排列，以再现从库斯科盖丘亚语里所观察到的受限情况。输入项/pʔataj/和/mitʃʔu/需要忠实性地映射到[pʔataj]和[mitʃʔu]，因为它们两个都是这个语言可能有的词。鉴于基础丰富性原则（2.8 节），语法也需要处理好输入项/patʔaj/和/mʔitʃu/，要它们**非忠实性**地映射到某种可能有的词（或许[pataj]和[mitʃu]）。(43)中的几对优选项～败选项透露了某种不一致性：/mitʃʔu/→[mitʃʔu]的这一忠实性映射要求 IDENT（紧喉性）统制 ALIGN-LEFT（＋紧喉性，词根），而/patʔaj/→[pataj]的这一非忠实性映射则要求这两个制约条件正好相反的等级排列。

(43) 特征忠实性音段理论的问题

输入项	优选项	败选项	G_L/P_L	ALIGN-L（＋cg,词根）	IDENT（＋cg）
/pʔataj/	pʔataj	pataj			W
/mitʃʔu/	mitʃʔu	mitʃu		L	W
/patʔaj/	pataj	patʔaj		W	L
/mʔitʃu/	mitʃu	mʔitʃu	W		W

为了解决这个问题，我们首先应该重新考虑导致等级排列悖论的两种映射方式。/mitʃʔu/→[mitʃʔu]的映射看上去无懈可击。由于库斯科盖丘亚语里有[mitʃʔu]这样的词，它们必定源自某一输入项，很难想象会有源自于[mitʃʔu]之外的其他任何输入项。（例如，如果没有普遍性的喉音化音变，且[mitʃu]也是个该语言可能有的词，那么[mitʃʔu]就不可能通过喉音化[mitʃu]获得。）另一方面，/patʔaj/→[pataj]的映射仅仅是一种假设而已，基础丰富性要求语法通过把/patʔaj/映射为某种形式来处理诸如此类的输

入项。忠实性映射*[patʔaj],所得到的不是个可能有的词,所以我们认为/patʔaj/仅仅是失去了喉音化特征的结果,即[pataj]。这种认为,也许是错误的。(参见 2.10.4 节有关处理基础丰富性问题。)

然而,假设正确的映射是/patʔaj/→[pʔataj],即喉音化从中间的塞音上转移到起始的塞音上。要让特征能够像这样移动,那么就必须把特征作为自主音段来表征。用我们的话来说,这就意味着要用 MAX(＋紧喉性)取代 IDENT(＋紧喉性)。在/patʔaj/→[pʔataj]的映射过程中,输入的[＋紧喉性]特征与输出的[＋紧喉性]特征构成了对应关系,尽管它们所联结的音段不同。我在(44)中所采用的表现方式是:在单独的一个自主音段音层上把[＋紧喉性]特征简写为 cg,并同时给对应的输入与输出特征上做了数字索引。MAX(＋紧喉性)只有在输入的 cg 特征没有相对应的输出项时才被违反。

(44) 特征忠实性的自主音段理论

输入项	优选项	败选项	ALIGN-L(＋cg,词根)	MAX(＋cg)
/pʔataj/ | cg_1	pʔataj | cg_1	pataj		W
/mitʃʔu/ | cg_1	mitʃʔu | cg_1	mitʃu	L	W
/patʔaj/ | cg_1	pʔataj | cg_1	patʔaj | cg_1	W	

假设改变了,等级排列的境况肯定也大为改观。(44)中的几对优选项～败选项都一致证明了 MAX(＋紧喉性)统制 ALIGN-LEFT(＋紧喉性,词根)的等级排列。究竟是为什么在这种情况下

特征忠实性的自主音段理论行之有效而音段理论却不行呢？因为音段理论只有一种处理输入项/pʔataj/的方法，即把它映射到[pataj]。把它映射到[pʔataj]是没有任何道理的，那会造成对IDENT(紧喉性)的更多违反，额外增加了对[pataj]的违反次数。然而，按照特征忠实性的自主音段理论，/patʔaj/→[pʔataj]的映射意义非凡，因为它把[＋紧喉性]特征值从一个音段转移到另一个音段上，以改善它的联结方式来保留这一特征。(更多有关这一分析的讨论以及对库斯科盖丘亚语的广泛探讨，可参见习题18、19。)

IDENT(特征)和MAX(特征)均已被广泛用于音系分析之中。如在盖丘亚语里，如果不是强制要求MAX(特征)制约条件，学者们往往会采用IDENT(特征)制约条件。实际上，某些学者(如Lombardi 1995/2001)把IDENT(特征)和MAX(特征)制约条件都用于同一个分析之中。IDENT(特征)制约条件的魅力在于它们更易于使用，尽管MAX(特征)制约条件在某些情况下是不可或缺的。想必音系学理论没必要给每一个区别特征提供两个制约条件[17]，因此这个问题终究没能得到解决。

4.6.3 位置忠实性

位置忠实性(positional faithfulness)制约条件，是基于把忠实性制约条件视为相对于某些较为凸显的场合应用这一观点提出来的(Beckman 1997,1998；Casali 1996,1997)，这些不仅包括如音系词首或音节首位置等音系场合，也包括如词根或词素等形态场合

---

[17] 另一种可能性是：某些特征系统性地需要IDENT(特征)制约条件，而其他某些特征则系统性地需要MAX(特征)制约条件。参见戴维斯和申(Davis and Shin 1999：291)提出的建议。

(McCarthy and Prince 1995)。本努埃-刚果语族埃梅语(Emai)[18]里的某些交替音变,就说明了位置忠实性的作用(Casali 1996: 62—68,Schaefer 1987)。

在埃梅语里,Oɴsᴇᴛ 在 $V_1 \# V_2$ 词的音渡处通过删除 V_1 或 V_2 得到满足。(在一定条件下,V_1 变成滑音,见习题 20。)如(45)所示,如何从这些选项中进行选择,取决于含有 V_1 和 V_2 的语素是词汇性的,还是功能性的。(这里,在底层表征中已把要删除的元音用黑体标出。)

(45) 埃梅语的(部分)描述性概括

在 $V_1 \# V_2$ 词的音渡处是不允许无辅音首的音节的,这一规定的实施是通过:

a. 如果其中的一个语素是词汇性的,别的是功能性的,那么删除功能性语素中的元音。

  /ɔli ebe/ [ɔlebe] '那个_功能 书_词汇'
  /uk͡pode ɔna/ [uk͡podena] '道路_词汇 这个_功能'

b. 如果两个语素都是词汇性的,或都是功能性的,那么删除词尾元音 V_1。

  /kɔ ema/ [kema] '种植_词汇 山药_词汇'
  /fa edi/ [fedi] '摘_词汇 棕榈坚果_词汇'

分析埃梅语的主要意图在于说明选择删除哪一个元音。一种倾向是不删除属于词汇语素的元音,另一种倾向是不删除在语素起始位置上的元音。正如我上面曾提到过的,起始位置以及与词汇语素的相关性是可能导致更具忠实性的两个要素,因此需要

---

[18] 埃梅语(Emai),非洲尼日利亚南部埃多族使用的一种语言。——译者

(46)中所界定的两个制约条件:

(46) MAX 位置型制约条件

设:输入项=$i_1 i_2 i_3 \cdots\cdots i_n$,输出项=$o_1 o_2 o_3 \cdots\cdots o_m$。

a. MAX$_{起始}$

如果 i_x 是在语素起始位置上,而且没有 o_y,这里 $i_x \mathfrak{R} o_y$,那么就给每一个 i_x,赋予一个违反标记。

b. MAX$_{词汇}$

如果 i_x 是在词汇性语素中,而且没有 o_y,这里 $i_x \mathfrak{R} o_y$,那么就给每一个 i_x,赋予一个违反标记。

在/uk͡pode$_{词汇}$ɔna$_{功能}$/→[uk͡podena]的映射过程中,ONSET 迫使删除功能性语素起始位置上的[ɔ]。这说明 ONSET 统制 MAX 和 MAX$_{起始}$,如(47)所示。

(47) ONSET ≫ MAX 和 MAX$_{起始}$

/uk͡pode$_{词汇}$ɔna$_{功能}$/	ONSET	MAX	MAX$_{起始}$	MAX$_{词汇}$
a. →u.k͡po.de.na	*	*	*	
b. u.k͡po.de.ɔ.na	**W	L	L	

在/kɔ$_{词汇}$ ema$_{词汇}$/→[kema]的映射过程中,ONSET 迫使删除词汇性语素结尾位置上的元音。这说明 ONSET 统制 MAX$_{词汇}$[19],如

---

[19] 像/oa$_{词汇}$ isi$_{功能}$ɔie$_{功能}$/→[oasɔie]这样的例子说明埃梅语是默许词中元音音序的。但对于这些音序是如何音节化的,虽然沙佛(Shaefer 1987)没有给出任何说法,但至少可以推测某些可能是异音节性的([o.a.sɔi])。因此,无辅音首的音节可以出现在词中位置,但如果出现在词首位置,就会被删除。这一点说明,埃梅语里这一等级排列高的标记性制约条件仅适用于词首音节。弗莱克(Flack 2007)已确认有若干语言要求词首而非词中必须有音节首。这一点促使她对 ONSET$_{词}$ 与 ONSET$_{音节}$ 这两个制约条件进行了区分。埃梅语允许短语起始位置的无辅音首的音节(如[uk͡podena]),也可能是基于类似的缘由。

293

(48)所示。

(48) O<small>NSET</small> ≫ M<small>AX</small> 和 M<small>AX词汇</small>

/kɔ<small>词汇</small> ema<small>词汇</small>/	O<small>NSET</small>	M<small>AX</small>	M<small>AX起始</small>	M<small>AX词汇</small>
a. →ke. ma		*		*
b. kɔ. e. ma	*W	L		L

竞选表(47)和(48)中的等级排列论证说明了 O<small>NSET</small> 统制三个 M<small>AX</small> 制约条件,但却没有告知我们这些 M<small>AX</small> 制约条件彼此之间是如何进行等级排列的。因为 M<small>AX</small> 比 M<small>AX起始</small> 和 M<small>AX词汇</small> 更紧要,所以不能直接构建 M<small>AX</small> 与两个位置忠实性制约条件之间的任何等级排列论证(见 2.4 节)。但是,两个位置忠实性制约条件之间并未构成紧要关系:并不是词汇语素中的每个音段都在语素起始位置上,也不是每个在语素起始位置上的音段都是词汇语素。所以,如果语境适宜,M<small>AX起始</small> 与 M<small>AX词汇</small> 就会彼此发生冲突。要见证这一冲突,就需要一个在删除词汇语素末尾元音还是删除功能语素起始元音之间进行选择的例子。而/uk͡pode<small>词汇</small> ɔna<small>功能</small>/这个例子恰好具有这些特点:功能性语素/ɔna<small>功能</small>/的起始元音被删除,因此违反了 M<small>AX起始</small>,但没有违反 M<small>AX词汇</small>,这说明 M<small>AX词汇</small> 的等级排列更高。

(49) M<small>AX词汇</small> ≫ M<small>AX起始</small>

/uk͡pode<small>词汇</small> ɔna<small>功能</small>/	O<small>NSET</small>	M<small>AX</small>	M<small>AX词汇</small>	M<small>AX起始</small>
a. →u.k͡po. de. na	*	*		*
b. u.k͡po. dɔ. na	*	*	*W	L

第四章 发展新的制约条件

在优选论中,一个制约条件即使受到关键性统制,也仍会发挥作用。正如竞选表(49)所示,MAX词汇虽受到 ONSET 的统制,但仍会发挥作用。MAX起始也受到关键性统制,但如果条件适宜,如当 V_1 和 V_2 都是在词汇语素中时,也仍会发挥作用。竞选表(50)便呈现了这样的案例。MAX起始使语素起始元音免予被删除,因此两个候选项在 MAX词汇上打成了平局。

(50) 必不可少的 MAX起始

/kɔ词汇 ema词汇/	ONSET	MAX	MAX词汇	MAX起始
a. →ke. ma		*	*	
b. kɔ. ma		*	*	*W

位置忠实性理论中的一个普遍性问题是找出可以界定特定忠实性位置的种种因素。MAX词根、MAX词汇 和 MAX起始,均是受基于形态或音系所界定的语境的影响。伊藤和梅斯特尔(Ito and Mester 1999)提出日语的音系要求从词类角度对忠实性制约条件进行区分。虽然词类有参照词源的名称,但我们仍可以采用形态以及音系、拼写、词源等标准来确立语素成为某一特定词类的成员条件。下面(51)列出了他们称之为**词层**(strata)的那些词类。

(51) 日语的词层(Ito and Mester 1999)

  a. 和语:大多为日语本族语素[20]

    例:[kotoba]'词汇、语汇',[oto]'声音'

---

[20] 和语,即日语。日语本族语素一般采用的是训读方式,古汉语借入语一般采用的则是音读方式。——译者

b. 汉语：古汉语的借入语

　　例：[geŋ-go-geku]'言语学'='语言学'

c. 拟声拟态语

　　例：[pera-pera]'(讲话)流利'，[mota-mota]'慢慢地、磨磨蹭蹭地'

d. 外来语：指较新的借入语

　　例：[raŋge:dʒi raboratori:]'语言实验室'

有关词层的忠实性制约条件，其证据部分源于每一个词层所允许的表层音序中的差异性。例如，外来语词层允许浊的重叠阻塞音([bb]、[dd]和[gg])：[webbu]'网络'、[kiddo]'小孩'、[suragga]'重击手'，但其他三个词层则不允许。比如，在和语词层，虽然前缀词根/ow/'追逐'一般会引发其后的辅音叠音化，但当其后的辅音是浊的阻塞音时，那么它就变成了[oN]：对比/ow-kake-ɾu/→[okkakeru]'追赶'与/ow-das-u/→[ondasu]，*[oddasu]'赶出去'。诸如此类的观察结果表明需要对 IDENT外来语 与 IDENT和语 制约条件做出区分：前者的等级排在禁用浊叠音的标记性制约条件之上，而后者则排在它之下。

位置忠实性理论中的另一个普遍性问题是有关为特定忠实性位置找出适宜的表征层面。定义位置是基于输入项还是输出项呢？MAX(V:)是一个受输入位置影响的位置忠实性制约条件(Gouskova 2003, McCarthy 2005)，这一制约条件阻止删除底层的长元音。例如，开罗阿拉伯语里有词中[i]音省略现象：/ʃirib-u/→['ʃirbu]'他们喝了'；还有非重读音节中的长元音变短现象：/ma:sik-hum/→[ma'sikhum]'持有它们'。如果中间非重读元音[i]是从/i:/获得的，MAX(V:)就会阻止把它删除：/ji-ʃi:l-u:-na/→[jiʃi'lu:na]，*[jiʃ'lu:na]'他们问我们'。所以，当底层长元音在输

第四章　发展新的制约条件

出项中变为短元音时，MAX(V:)将保护它免予被删除。

另一方面，某些忠实性制约条件必定受到基于输出项所界定的位置的影响。贝克曼（Beckman 1998：第三章）提出了一组 IDENT.σ(特征)位置忠实性制约条件，这些制约条件要求输出项中的重读元音要与输入项的对应项具有同样的特征值。她把这些制约条件用于分析非重读音节中的元音弱化现象。我们已在第二章的习题 9 中看到过这一现象，现将帕劳语中的语料重复如下，见(52)：

(52) 帕劳语中的元音弱化

底层形式	名词	名词—'我的'	名词—'我们的'	
/ʔabu/	[ʔáb]	[ʔəbúk]	[ʔəbəmám]	'灰烬'
/mada/	[mád]	[mədák]	[mədəmám]	'眼睛'
/keri/	[kér]	[kərík]	[kərəmám]	'问题'
/ʔuri/	[ʔúr]	[ʔərik]	[ʔərəmám]	'笑'
/ʔara/	[ʔár]	[ʔərák]	[ʔərəmám]	'价格'
/buʔi/	[búʔ]	[bəʔik]	[bəʔəmám]	'配偶'
/duʔa/	[dúʔ]	[dəʔák]	[dəʔəmám]	'技能'
/badu/	[bád]	[bədúk]	[bədəmám]	'岩石'

这一现象是通过把禁用外围元音([i]、[e]、[a]、[o]和[u])的标记性制约条件等级排在 IDENT（高）、IDENT（低）和 IDENT（后）之上进行分析的。至关重要的是，同样的这些标记性制约条件要受到均用于阻止重读元音特征变化的 IDENT.σ（高）、IDENT.σ（低）和 IDENT.σ（后）的统制[21]。由于重音位置是由语言的语法决定的，这种研究方法只有在 IDENT.σ(特征)制约条件受输出项中的重音位置影响时才有效。这同样也适用于像 IDENT音节首(浊音性)的制约

---

[21] 有关不采用位置忠实性的元音弱化理论，请参见克罗斯怀特（Crosswhite 2004）。

条件(见习题 17):音节化是由语言的语法决定的,因此,只要查看一下输出项,便可以确认辅音做音节首的地位。

至于哪些位置忠实性制约条件应受输入结构影响,哪些应受输出结构影响,迄今为止尚未有普遍性的提案。任何人要提出位置忠实性制约条件,都需要注意这个问题,并要在制约条件的定义中指明适用的表征层面。

新18 新6 和谐串行理论对忠实性理论的影响

和谐串行理论对忠实性理论产生了几方面的重要影响。一方面是它对对应理论的必要性提出了质疑,另一方面是它解决了位置忠实性制约条件所产生的严重问题。

OT 助手是在不诉诸于对应关系的情况下应用和谐串行理论的。它的做法是把忠实性违反与生成器操作应用联系到一起。例如,Dep 在 /ʔilk-hin/→ʔilikhin 的映射中遭到违反,这不是因为输出项中的 i 没有与之对应的输入项,而是因为插入操作的应用产生了这种映射。倘若我们把忠实性在 OT 助手中的应用视为类似的忠实性理论,那么我们就可以说生成器包含了一组操作及其所违反的忠实性制约条件:

(24新) 操作型忠实性理论

生成器中的操作	Con 中的忠实性制约条件
插音	Dep
删音	Max
[αF]变为[-αF]	Ident(F)
变位	Linearity

第四章 发展新的制约条件

把其中一项操作应用到某一特定语境或范域中,可引发更多的忠实性违反。例如,删除词中的某个音段,不仅违反了 MAX,也违反了 INPUT-CONTIGUITY(见本书 197 页)。

和谐串行理论对忠实性理论产生的另一方面影响是,它解决了标准 OT 理论中突出的位置忠实性制约条件问题[22]。请想一想位置忠实性制约条件如 IDENT_{重音}(鼻音性),它意在保持重读音节中的鼻音性对立。当它等级排在 *V_{鼻音性} 之前,而 *V_{鼻音性} 又统制不受位置影响的忠实性制约条件 IDENT(鼻音性)时,其结果是楠考里岛语之类的这种语言(Radhakrishnan 1981)。在这种语言里,元音鼻化在重读音节中保持对立,而在非重读音节中发生中和。在下面程式化的例子中,我们假定重音是扬抑格,那么 TROCHEE 是不受统制的:

(25^新) 已被证实的位置忠实性的作用(标准 OT 理论)

bādō	IDENT_{重音}(鼻音性)	PARSE-SYLL	TROCHEE	*V_{鼻音性}	IDENT(鼻音性)
a. → (bádo)				*	*
b. (bádo)	*W			L	**W
c. (bádō)				**W	L
d. (badó)			*W	*	*
e. bado		**W		L	**W

由于 *V_{鼻音性} 的作用,鼻化元音在非重读音节中发生中和化，_{新 19}变成了口元音,如(25^新 a)所示。但在重读音节(比较(25^新 b))中,由于 IDENT_{重音}(鼻音性)的存在,就没有发生中和化音变。

---

[22] 以下内容引自麦卡锡(McCarthy 2010a)。

优选论并行处理模式中的这一问题,最先是由罗尔夫·诺伊尔(Rolf Noyer)发现的(转引自 Beckman 1998:脚注 37),它指的是:在位置忠实性制约条件做出关键性比较的候选项中,更具忠实性的位置保持不变。只有在这种情况下,位置忠实性制约条件才会产生预想的结果。(25新)就是这种情况:/ā/的表层体现形式在(25新 a)和(25新 b)中都是重读的,重读上与此不同的或完全不重读的候选项如(25新 d)和(25新 e),却被别的制约条件所淘汰,因此它们并不是靠 IDENT重音(鼻音性)排除的。

现在我们再来看一看当胜选项的重音方式与此不同时会发生什么情况。在(26新)中,TROCHEE 的等级排在 *V鼻音性 的下面,结果是重音从底层的鼻化元音转移到了底层的口元音上。之所以发生这样的重音移动,是因为位置忠实性制约条件对两个重音位置不同的候选项(26新 a)与(26新 b)做了关键性的比较。

(26新) 未被证实的位置忠实性的作用(标准 OT 理论)

pāko	IDENT重音(鼻音性)	PARSE-SYLL	*V鼻音性	IDENT(鼻音性)	TROCHEE
a. →(pakó)				*	*
b. (páko)	*!			*	
c. (pǎko)			*!		
d. pako		**!		*	

当同一种语法与其他形式的口鼻元音组合(即/bādō/、/sato/或/kafō/)一同呈现时,它将默认扬抑这种重音模式。因此,在这种虚构的语言里,重音通常落在倒数第二个音节上,但当倒数第二个音节的底层元音是鼻音,末尾底层元音是口音时,重音则落在词尾音节上——即使两个元音最后在表层都体现为口元音。真实语言都不会有这样的表现。

第四章 发展新的制约条件

产生这个问题的根源是什么？位置忠实性制约条件可能会受到语法指派的诸如重音等结构的影响。在标准 OT 理论中，由于表层形式是语法获取的唯一的表征层面，所以标准 OT 理论的位置忠实性制约条件必须去这么界定："如果表层表征形式中的一个音段出现在重读音节中，那么它就必须忠实于它的底层对应项"。若位置忠实性制约条件是以此方式界定的，那么(26新)中的那种问题就无法避免。

杰斯尼(Jesney 即出)指出：当采用和谐串行理论并参照**输入项**的韵律结构来界定位置忠实性制约条件时，这个问题便可以得到解决："如果生成器的输入项中的某个音段出现在重读音节中，那么它必须忠实于它的底层对应项"。在和谐串行理论中，生成器的输入项没必要一定是那个底层表征形式，所以它可以拥有由语法指派的结构形式。此外，对于所有正在比较中的候选项，输入项都是一样的。因此就不会出现(26新)那样的问题。

/pāko/的和谐串行理论推导过程如下。第一步可选做指派重音，也可选做 ā 去鼻音化。如果 *V鼻音性 统制 Parse-Syllable，那么去鼻音化音变便会优先进行，我们就会得到一种不受位置忠实性影响的语言。如果 Parse-Syllable 的等级排列前面，那么就会首先实施重音指派，如竞选表(27新)所示。因渐变性之故，就不可能同时发生重音(重新)指派和去鼻音化音变。

(27新) /pāko/的音系推导步骤一

/pāko/	Ident重音(鼻音性)	Parse-Syll	*V鼻音性	Ident(鼻音性)	Trochee
a. → (páko)			*		
b. (pako)		**W	L	*W	
c. (pākó)			*		*W

接下来,第二步的音系推导发生了聚合,如(28^{新})所示。输入项(páko)中有个重读鼻化元音,由于这个元音在成为步骤二的输入项时已经是重读元音了,因此被重新界定的 I$_{DENT}$重音(鼻音性)使它避免了发生去鼻音化音变。

(28^{新})/pāko/的音系推导步骤二

(páko)	I$_{DENT}$重音(鼻音性)	P$_{ARSE}$-S$_{YLL}$	*V鼻音性	I$_{DENT}$(鼻音性)	T$_{ROCHEE}$
a. →(páko)			*		
b. (pāko)	*W		L	*W	
c. (pākó)			*		*W

这里(27^{新} c)和(28^{新} c)中尾音重读的候选项(pākó)未能胜出,这对于论证和谐串行理论至关重要。该候选项如若要留存下来,就要在下一步的音系推导中变为(pakó),那样和谐串行处理模式便与优选论的并行处理模式一样,将做出同样糟糕的预测。但事实上,它没有,因为和谐串行理论没有超前预测功能;一个未能在步骤 n 中和谐性提升的候选项是不可能取胜的,只是因为它的和谐性要在步骤 $n+1$ 中得到进一步的提升。在第五章和谐串行理论补充部分中,我们将看到在分析类型变化时,和谐串行理论的音系推导,中途中止于**局部最优项**(local optimum)上——有时候,中途中止也未尝不是一种正确的做法。

问题

9^{新}　融合是指两个辅音合二为一的音变过程,合并后的音段将它先前的两个音段特征值结合到一起。本书 197 页讨论了融合的对应理论处理方法:融合本身违反了 UNIFORMITY,每个匹配不上的特征值也违反了 IDENT 制约条件。例如:/ai/→$\bar{e}$ 不仅违反了 UNIFORMITY,也违反了 IDENT(＋低)(因为[＋低]的/a/对应的是 $\bar{e}$ 的[－低])和 IDENT(＋高)(因为[＋高]的/i/对应的是 $\bar{e}$ 的[－高])。

这里的问题是:这个融合观可以移入到操作型忠实性理论中去吗?为什么说可以或不可以?如果不可以,那有没有其他更适合于操作型理论分析这种现象的方法呢?(提示:请参见本书 2.6.2 节。)

4.6.4 优选论早期文献中的忠实性制约条件

在阅读普林斯和斯莫伦斯基(Prince and Smolensky 1993/2004)等早期撰写的优选论著作时,你会遇到所应用的忠实性制约条件与对应理论看上去完全不同。尽管这种忠实性制约条件已不再使用,但要想理解优选论早期文献,就必须对它有所认识和了解。

普林斯和斯莫伦斯基认为生成器有某种称之为"**包含**(containment)"的限制。包含,指的是底层表征形式中的所有音系成分都必须保留("包含")在每一个候选输出形式之中,与"对应"之间的主要区别在于"包含"分析中没有字面意义上的删音过程。相反,删音的结果是通过(53)中另外设立的三个假设共同作用获得的,而这三个假设在优选论出现之前均已存在。

(53) 忠实性包含模式中的假设

a. 底层表征形式中没有音节结构;

b. 音段在输出项中可以保持未纳入音节结构状态;

c. 如果音段在输出项中未纳入音节结构,那么它就得不到语音解释。

根据这些假设,像英语 long(比较 longer)中的词尾删除音段/g/确实是存在于语法的输出项中,只是未被音节化而已——用他们的描写方法是[lɔŋ<g>]。未被音节化的[g]违反了制约条件 Parse,任何其他未纳入音节结构的音段也都是如此。既然 Parse 只对输出项而不对输入项与输出项的关系进行评价,那么实际上,保持未纳入音节结构状态就等于被删除,所以 Parse 是那种反删音的忠实性制约条件,即便它以标记性制约条件的形式出现。

普林斯和斯莫伦斯基也对增音做出了与此相关的一种假设,而这在优选论出现之前已存在。这个假设的主要内容是:增音不是简单的插入音段,而是受到音节的过度分析。在过度分析中,所产生的音节带有结构空位。(请参见 1.2 节中方框内的文字。)这些空位的语音内容是在音系的语法完成其工作之后确定的。没有音段内容的音节位置,违反了源自 Fill 家族的忠实性制约条件,即违反了防止音段结构与韵律结构之间出现这样的不匹配情况的忠实性制约条件。例如,与古典阿拉伯语[ʔuktub](源自/ktub/)相对应的音系输出项是[ONktub],这里 O 和 N 分别代表空的音节首和音节核。O 转写为[ʔ]、N 转写为[u],则是在由 OT 音系语法获得的解释输出结构的另一个语法模块中实现的。

对应理论主要是取代了早期所运用的忠实性制约条件。这有几个原因:对应理论更灵活,可适用于音段删除和增加等之外的各种音变现象;对应理论还可以避免早期方法中无法避免的某些实证问题。

例如,包含理论在处理删除音段间的同化上遇到麻烦。在马耳他阿拉伯语里,辅音丛发生浊音同化(Borg 1997),该语言在某些语境中还有元音删除音变。删除元音后产生的辅音丛,发生浊音同化音变:/ni-ktib-u/→['nigdbu]'我们写'。但是,倘若采用包含理论,就会遇到这么一个问题:在['nigd<i>bu]中,未被分析的元音把同化的辅音给隔开了。任何一种语言都不曾有跨越某个已被分析的元音进行同化,在此需要说明的是:为什么浊音同化可以无视输出项中未被分析的元音而继续进行呢?

采用韵律过度分析实现的增音,也是有问题的。假如音系的输出项是[ONktub],那么动用音系原则也不能解释为什么要用[ʔ]填充O、要用[u]填充N。然而,很显然,音系学应在决定选择哪个插入音段上发挥作用。音系学告诉我们:跟许多其他语言一样,古典阿拉伯语的增音为什么是非标记性的[ʔ]而不是高标记性的[ʕ]音系学说明插入的元音为什么一定要与下一个相邻元音在[圆唇性]上保持一致:[ʔuktub]的增音是[u],但[ʔifʕal]'做!'和[ʔidˤrib]'打!'的增音则是[i]。(更多有关增音音质的阐述,可参见 Lombardi(1997/2002,2003)。)

习题

15 请用(35)中 UNIFORMITY 的定义作为范例,给制约条件 INTEGRITY 下个定义。INTEGRITY 在称之为二合元音化或元音分裂的现象中遭到违反。例如,在斯洛伐克语里长元音/ē/变成二合元音[ie](Rubach 1993)。(长元音/ō/和/æ/也受到影响,分别变成[uo]和[iæ]。)请展现例子/ʒēn/→[ʒien]'妇女(所有格)'中的音段对应关系,并说明你的制约条件是如何被违反的。

16 请完成对梵语融合音变的分析,以确保你的分析能回答如下的问题:(a) UNIFORMITY 为什么会被违反?(提示:也可考虑其他几种分析方法。)(b)是什么因素决定了所获得的元音高度、前后以及是否圆唇等特征？（提示：考虑一下 IDENT（＋特征）与 IDENT（－特征）的等级排列。）

17 在隆巴尔迪（Lombardi 1999）对德语音节尾去浊音化的分析中（见第二章竞选表（39）），有一个位置忠实性制约条件 IDENT音节首（浊音性），一旦输出项中音节首位置上的音段在浊音性上有别于其输入项中相对应的音段，它便会被违反。请给出 IDENT音节首（浊音性）和 MAX音节首（浊音性）的正式定义。（后者可能更难。）鉴于正文中所给出的原因，最关键的是你的制约条件要对音段**在输出项中**作音节首的地位很敏感。

18 文中对库斯科盖丘亚语的 MAX（＋紧喉性）分析在某些方面是不完整的。请回答以下有关某些不完整方面的问题：

a. 就输入项/mitʃʔu/而言，为什么优选项[mitʃʔu]完胜败选项＊[mʔitʃu]？

b. 输入项/mʔitʃu/映射为哪种形式？

c. 在(44)的最后一行，非忠实性候选项胜出，而且该行只有 W，没有 L。为什么这个问题令人担忧？（提示：可考虑语言的类型变化。）

d. 请用下面 MAX（特征）/IDENT（特征）研究忠实性的方法（McCarthy 2000a）所需的一个或两个制约条件来解决（c）中提出的问题。

NO-DELINK（＋紧喉性）

设：输入音段音层＝$i_1 i_2 i_3 \cdots\cdots i_n$，输出音段音层＝$o_1 o_2 o_3 \cdots\cdots o_m$。
设：输入[cg]音层＝$g_1 g_2 g_3 \cdots\cdots g_p$，输出[cg]音层＝$G_1 G_2 G_3 \cdots\cdots G_q$。
如果 g_w 以自主音段方式与 i_x 相联结，$g_w \mathfrak{R} G_y$，$i_x \mathfrak{R} o_z$，而且 G_y 不与 o_z 相联结，

那么给每一个 g_w,赋予一个违反标记。

N$_{O}$-L$_{INK}$(＋紧喉性)

设:输入音段音层＝$i_1 i_2 i_3\cdots\cdots i_n$,输出音段音层＝$o_1 o_2 o_3\cdots\cdots o_m$。
设:输入[cg]音层＝$g_1 g_2 g_3\cdots\cdots g_p$,输出[cg]音层＝$G_1 G_2 G_3\cdots\cdots G_q$。
如果 G_y 以自主音段方式与 o_z 相联结,$g_w \mathfrak{R} G_y$,$i_x \mathfrak{R} o_z$,而且 g_w 不与 i_x 相联结,
那么给每一个 G_y,赋予一个违反标记。

19　下面提供了更多有关库斯科盖丘亚语的语言事实,请把它们整合到正文的分析中。

　　a. 假如词根中没有塞音,那么它的任何辅音都不可能喉音化:虚拟形式/mʔaru/、/marʔu/和/mʔarʔu/都映射为[maru],而不是它们的忠实候选项 *[mʔaru]、*[marʔu]和 *[mʔarʔu]。

　　b. 不允许喉音化辅音出现在音节尾。因此,喉音化仅限于词最左边的音节首位置:比较 *[rakʔta]与[raktʔa]'厚的'。

　　c. 后缀不允许发生喉音化,而且后缀不会诱发前面的词根发生喉音化。因此,虚拟形式/tanta词根-kʔuna后缀/映射到[tantakuna],而不是 *[tantakʔuna]、*[tʔantakuna]或 *[tantʔakuna]。

20　下面额外提供了一些有关埃梅语 $V_1 \# V_2$ 音渡的音系信息,请把它们整合到文中所给出的分析之中。你可以假定底层元音映射为表层滑音违反了制约条件 I$_{DENT}$(音节峰)。如果元音和滑音在高度上出现差别,比如在/e/→[j]的映射中,I$_{DENT}$(高)也被违反。你还需要假定埃梅语里有个不受任何统制的禁用降二合元音的标记性制约条件(降二合元音,即指元音后接滑音的二合元音,比如[aw]或[aj])。

如果 V_1 和 V_2 都包含在词汇语素之中,而且 V_1 是高元音[i]或[u],那么 V_1 就会变成发音部位相同的[j]或[w]:

/ku amɛ/   [kwamɛ]   '泼词汇水词汇'
/fi ɔpia/   [fjɔpia]   '掷词汇短剑词汇'

21　下面是贝都因阿拉伯语的语料,这些语料阐释了一种音变,这种音变影响[a]加上所谓的腭辅音(比如[ʔ]、[h]、[ʕ]、[ħ]、[ʁ]、[χ])构成同音节音序(Al-Mozainy 1981)。请分析这一音变现象。

底层形式   表层形式
/baʁθa/   [bʁa.θa]   '灰色'
/dahma/   [dha.ma]   '暗红色'
/ja-χdim/   [jχa.dim]   '他服务'
/ʔistaʒʔal/   [ʔist.ʔa.ʒal]   '他匆忙进行'
/maχsˤuːr/   [mχa.sˤuːr]   '被忽视(阳性单数)'
/maħzuːm-ah/   [mħa.zuː.mah]   '绑住(阴性单数)'

然后请把下列语料整合到你的分析中。

底层形式   表层形式
/balah/   [ba.lah]   '约会'
/balah-kin/   [ba.lah.kin]   '你们的(阴性复数)约会'
/manaʕ/   [ma.am]   '他禁止'
/manaʕ-na/   [ma.naʕ.na]   '我们禁止'

4.7　证明制约条件的合理性

4.7.1　证明制约条件合理性的三种方式

优选论声称制约条件归属普遍性制约条件组件 Con,因此,我们需要根据眼下某些分析所需之外的东西来提出它们存在的理据。同样,我们在评价别人的研究时,也应该问一问如何证明他们的制约条件是有充分理据的。否则,那个制约条件真的只不过是一种临时性的权宜之计而已。

第四章 发展新的制约条件

目前有形式、功能和类型学三种论证制约条件合理性的方式。类型学论证方式是最后对制约条件的验证方法,但极为耗时,这是本书第五章的主要内容。形式和功能两种论证方式就比较省时,但基本上它们不如类型学论证方式那么引人注目。最好的结果是,类型学的论证常常可以得到形式或功能论证的支持。当然,在像学期论文这种时间有限的演练中,对新的制约条件进行类型学论证,可能寥寥无几甚至根本没有。

4.7.2 形式上证明制约条件的合理性

CON 不是一个制约条件的清单,而是一种理论。这一理论尚未完善,还常有某些含混不清之处,不过它仍可以用来帮助论证新的制约条件的合理性。(有关 CON 的理论概述以及某些相关文献的介绍,可参见 McCarthy 2002:11—22,43—44。)

将制约条件归入制约条件**家族**(families),常常可以用来帮助论证制约条件。家族是形式上类似的制约条件集合。如果新提出的制约条件合乎已知的某一制约条件家族,那么那个制约条件的可信度便得到增长。此外,一个家族中制约条件共有的形式属性,可让你预知应有其他哪些方面的制约条件可以补足该家族预计有的成员资格,如果新提出的制约条件实现了这些期望之一,那么它的可信度会得到进一步的提升。

所有的制约条件,或属于标记性家族,或属于忠实性家族。诚然,由于这些家族(尤其是标记性家族)规模庞大、形式多样,能够说出某一新的制约条件是其中一个家族的成员,也只是有助于适度增加它的可信度。另一方面,如果新的制约条件无法归入标记性或忠实性家族,那么它就会立即遭到质疑。这都需要我们从其他方面对它的合理性进行无可辩驳且稳妥有效的论证,也需要对它在 CON 理论上以及优选论总体上所产生的更为广泛的影响进行认真细致的研究。

较小的制约条件家族,是由定义类似的制约条件构成的。由和谐同界从单一语言量级上衍生的制约条件,可视为构成一个制约条件的家族。各种各样的 IDENT(特征)或 MAX(特征)制约条件,可以说构成了一个家族,位置忠实性制约条件同样也是一个家族。由于其中某些特征型制约条件也是位置忠实性制约条件,现在用"家族"这个词来打比方,显然有些不够严格,因为一个制约条件可以同时隶属于好几个不同的家族。

虽广为人知的是同界制约条件这个家族,它也是目前数量最多并由共有的**制约条件范式**(constraint schema)所定义的制约条件家族。一种范式指的是界定某一特定类型制约条件的格式。麦卡锡和普林斯(McCarthy and Prince 1993a)提出了界定同界制约条件的范式,(54)所给出的这一范式为界定要求语法和/或韵律成分边界相互匹对的制约条件提供了一种通用的方法。在这个定义中,GCat 代表语法范畴集合{词根,词干,句法词,XP,……},PCat 代表韵律范畴集合{音节,音步,音系词,音系短语,……}。

(54) 同界制约条件范式(McCarthy and Prince 1993a:80)

ALIGN(Cat1,边界 1,Cat2,边界 2)=$_{定义}$

$\forall$ Cat1 $\exists$ Cat2,使 Cat1 的边界 1 与 Cat2 的边界 2 发生重合,这里 Cat1,Cat2 $\in$ PCat$\cup$GCat,边界 1,边界 2 $\in$ [右,左]

任何一个可以按照同界范式定义的制约条件,均可以说是隶属于同界家族并据此获得某种形式上的合理性证明。

上面(54)中的同界范式有几个问题,是不容忽视的。最明显的问题是,它没有具体说明如何计算违反的情况。(麦卡锡和普林斯(McCarthy and Prince 1993a:135—136)提出了这个问题,但留下了"将来探讨的空间"。)这也导致在随后的研究中出现了前后不一致问题,这就是为什么我建议采用"给每一个……,赋予一个违反标记"这种格式来定义制约条件的理由之一。另一个问题是,(54)范式中并未明确提出同边界的和不同边界的同界均隶属于同一个制约条件家族。本书中所有关于同界制约条件的例子,均是同边界的制约条件: ALIGN(Cat1,左边,Cat2,左边),即写作 ALIGN-LEFT(Cat1,Cat2); ALIGN(Cat1,右边,Cat2,右边),即写作 ALIGN-RIGHT(Cat1,Cat2)。不同边界的同界制约条件,似乎比较罕见,性质上更为另类,或许不应该将其归入同界家族,其定义的范式也要重新表述,以便允许只参照单独一个边界[23]。

局部合取(local conjunction)是另一种界定新的制约条件的范式(Smolensky 1995,1997,2006),它为制约条件排除"差中之差"提供了论据。例如,我们有各种理由认定 CON 含有一个制约条件 *VOICED-OBSTRUENT(*VOI)(即不允许出现像[bdg]这种浊阻塞音)以及另一个制约条件 NO-CODA。我们把 *VOICED-OBSTRUENT 和 NO-CODA 两个制约条件组合在一起,就得到了第三个制约条件,这个制约条件会因浊阻塞音出现在音节尾位置上而被违反。凭直觉,如果浊阻塞音是标记性的,音节尾也是标记性的,那么浊阻塞音的音节尾更应该是标记性的,它们是差中之差。这个组合型制约条件,可用以说明德语等其他语言中的音节尾去浊音化音变。德语允许有音节尾,也允许有浊的阻塞音,但不允许浊阻塞音

---

[23] 在麦卡锡和普林斯(McCarthy and Prince 1993a,1993b)中有一个不同边界的同界制约条件的例子: ALIGN(后缀,左边,音系词,右边)在阿克辛宁卡坎帕语的论证分析中是个不可或缺的制约条件。

的音节尾。这就是局部合取的"合取"部分。

215　　形式上说,两个不同的制约条件 CONST1 和 CONST2 在范域 δ 内的局部合取(写成[CONST1 & CONST2]$_δ$)构成一个制约条件,δ 内 CONST1 和 CONST2 的任何被违反,都造成这个制约条件一次被违反[24]的情况。在刚才讨论的例子中,[*VOICED-OBSTRUENT & NO-CODA]$_{音段}$是个合取制约条件。如(55)所示,在德语里,这个合取制约条件统制 IDENT(浊音性),IDENT(浊音性)本身又统制合取制约条件中的制约条件 *VOICED-OBSTRUENT。(有关德语浊音交替现象的不同研究方法,可参见第二章的(38)和(39)。)

(55) 德语中的[*VOICED-OBSTRUENT & NO-CODA]$_{音段}$

/bad/	[*Voi & No-Coda]$_{音段}$	IDENT(浊音性)	*VOI
a. →bat		*	*
b. bad	*W	L	**W
c. pat		**W	L

局部合取的"局部"部分与两个制约条件违反的相邻性有关。竞选表(55)展现了阻止浊阻塞音作为音节尾的制约条件的潜在用途。在此情况下,我们可能会说同一个**音段**违反了 *VOICED-OBSTRUENT 和 NO-CODA,所以合取的范域就是"音段"。但是,禁止任何一个同时违反 *VOICED-OBSTRUENT 和 NO-CODA 的**音节**的制约条件[*VOICED-OBSTRUENT & NO-CODA]$_{音节}$或许并没有什么用。也就是说,我们似乎并没有找到不允许 *[bad]、*[bat] 和

---

[24] 如果满足一个制约条件被视为 T,违反视为 F,那么制约条件合取就相当于逻辑上的析取。

*[pad]但允许[ba]和[pat]的语言。同样,禁止词内浊阻塞音用作音节尾的制约条件[*Voiced-Obstruent & No-Coda]词也没有什么用。这个制约条件将会排除*[batak],但仍允许[bata]和[patak]。换言之,我们在考虑单独一个音段而不是一个音节或一个词时,把*Voiced-Obstruent 和 No-Coda 组合在一起,是有道理的。不论何时提出合取制约条件,指明其范域都是非常重要的。在各种著述中,我们有时会看到没有范域的合取,但那是疏漏所致。

巴勒斯坦阿拉伯语里的咽化和谐,为证明局部合取制约条件的合理性提供了一个很好的例证(Davis 1995, McCarthy 1997)。首先来交代一下背景:咽化是通过特征[舌根后缩性](简称[RTR])表征的。出于发音的原因(见 4.7.3 节),存在着不允许同时出现舌根后缩和舌体提升或前移的标记性制约条件(Archangeli and Pulleyblank 1994),其定义见(56)。因为有这些制约条件,前或高音段往往抵制变为[+RTR],这就意味着它们可以阻止咽化和谐音变。

(56) [RTR]制约条件

a. *RTR/Front

给每一个[+RTR,-后]的音段,赋予一个违反标记。

b. *RTR/High

给每一个[+RTR,+高]的音段,赋予一个违反标记。

巴勒斯坦南部方言里有个很有趣的例子:右向咽化和谐只是被[i]、[j]、[ʃ]或[dʒ]阻断(见(57)),这正是前**且**高的音段类。但和谐却不被前但不高的音段(如[e])或高但不前的音段(如[u])阻断(见(58))。

(57) 咽化和谐被[＋高，－后]阻断

底层形式	表层形式	
/tˤi:n-ak/	[tˤi:nak]	'你的泥'
/sˤajja:d/	[sˤaˤjja:d]	'猎人'
/ðˤajj-a:t/	[ðˤaˤjj-a:t]	'噪声类型（复数）'

(58) 咽化和谐未被[－高，－后]或[＋高，＋后]阻断

底层形式	表层形式	
/sˤe:f-ak/	[sˤeˤ:fˤaˤkˤ]	'你的剑'
/tˤu:b-ak/	[tˤuˤ:bˤaˤkˤ]	'你的街区'

我们假定[＋RTR]的右向和谐是由制约条件 ALIGN-RIGHT(＋RTR,词)要求的。（关于同界和同化音变，可参见4.8节。）竞选表(59)汇总了等级排列这些制约条件的证据。(b)中的这对优选项～败选项要求 ALIGN-RIGHT(＋RTR,词)统制*RTR/FRONT,(c)中的那对要求 ALIGN-RIGHT(＋RTR,词)统制*RTR/HIGH,但(a)中的这对却说*RTR/FRONT 或*RTR/HIGH 统制 ALIGN-RIGHT(＋RTR,词)——这是个前后矛盾的例子。

(59) 没有局部合取的情况下,制约条件集合无法胜任

	输入项	优选项	败选项	*RTR/FRONT	*RTR/HIGH	ALIGN-R
a.	/tˤi:n-ak/	tˤi:nak	tˤiˤ:nˤaˤkˤ	W	W	L
b.	/sˤe:f-ak/	sˤeˤ:fˤaˤkˤ	sˤe:fak	L		W
c.	/tˤu:b-ak/	tˤuˤ:bˤaˤkˤ	tˤu:bak		L	W

第四章　发展新的制约条件

上面(59)中的制约条件体系不够完善,局部合取为扩展这一体系并使之臻于完善,提供了一种很好的方式。[+RTR]的右向同化只是被前且高的音段阻断,所以我们需要合取制约条件[*RTR/F<small>RONT</small> & *RTR/H<small>IGH</small>]<small>音段</small>。正如(60)所示,它的等级排在 A<small>LIGN</small>-R<small>IGHT</small>(+RTR,词)之上。组成合取制约条件的单个制约条件,等级都排在这一同界制约条件之下。这样,合取制约条件排除掉差中之差的候选项,即:前且高的[+RTR]音段绝对比只是前的[+RTR]音段或只是高的[+RTR]音段更差。

(60) [*RTR/F<small>R</small> & *RTR/H<small>I</small>]<small>音段</small> ≫ A<small>LIGN</small>-右边(+RTR, 词) ≫ *RTR/F<small>R</small>, *RTR/H<small>I</small>

优选项	败选项	[*RTR/F<small>R</small> & *RTR/H<small>I</small>]<small>音段</small>	A<small>LIGN</small>-R	*RTR/F<small>R</small>	*RTR/H<small>I</small>
tˢiːnak	tˢiːnˢakˢ		W	L	W	W
sˢeːfˢakˢ	sˢeːfak		W	L	
tˢuːbˢakˢ	tˢuːbak		W			L

如此例所示,两个标记性制约条件的局部合取是另一个标记性制约条件。同样,两个忠实性制约条件的局部合取是另一个忠实性制约条件。譬如,假如低元音变为高元音,如/æ/→[i],那么[低]和[高]都改变了它们的特征值。这就是对合取忠实性制约条件[I<small>DENT</small>(低) & I<small>DENT</small>(高)]<small>音段</small>的一次违反。(关于标记性与忠实性的合取形式,参见 Łubowicz(2002)和 Ito and Mester(2003b)。)制约条件还可以与本身就是合取制约条件进行合取,从而剔除差中之差的差,等等⑳。

---

⑳　更多有关局部合取的参考文献,参见麦卡锡(McCarthy 2002:43)。

制约条件自我合取这个概念有些不同。制约条件 C 在范域 δ 内自我合取,通常写成 C_δ^2,对它的一次违反,是由对 C 的至少两次(确切地说在某些形式上)明显不同的违反实现的(Smolensky 1997,2006)。在音系学中,标记性制约条件的自我合取已被用作响度理论(在斯莫伦斯基的著作中)和异化理论(Alderate 1997; Ito and Mester 1998,2003a)的基础㉖。在句法中,它已被用作语障理论的基础(Legendre,Smolensky and Wilson 1998)。

我们来看一看异化作为自我合取的例子。在塞里语(Seri)㉗和古典阿拉伯语里,[ʔVʔ]音节是绝对不允许的;第二个喉塞音因而被删除(见(61))。喉塞音的特征是[＋紧喉性]。因为有些语言没有[＋紧喉性]音段,所以就一定存在禁用特征值的标记性制约条件 *[＋紧喉性]。在塞里语和阿拉伯语里,音节范域内自我合取的这个制约条件 *[＋紧喉性]$_\sigma^2$ 统制 MAX。与此相同但范域扩大的合取制约条件,在库斯科盖丘亚语里是把它用作对整个词的类似限定。

(61) 塞里语和阿拉伯语里的[ʔ]异化

    a. 塞里语(Marlett and Stemberger 1983:628)

底层形式	表层形式	
/ʔa-aːʔ-sanx/	[ʔaː. sanx]	'谁曾被抱着'
	*[ʔaːʔ. sanx]	
/ʔi-ʔ-aːʔ-kaʃni/	[ʔi. ʔaː. ka. ʃni]	'我现被咬'
	*[ʔi. ʔaːʔ. ka. ʃni]	

㉖ 铃木(Suzuki 1998:96-97)对异化的局部合取理论做了评析。
㉗ 塞里语(Seri),墨西哥北部索诺拉省海岸线上彭塔楚埃卡(Punta Chueca)和埃尔德塞蒙波克(El Desemboque)两个村落上的居民曾使用过的一种墨西哥土著语。——译者

b. 阿拉伯语（Wright 1971:18）

底层形式	表层形式	
/ʔa-ʔman-a/	[ʔaː. ma. na]	'他曾相信'
	*[ʔaʔ. ma. na]	
/ʔ-u-ʔmin-u/	[ʔuː. mi. nu]	'我相信'
	*[ʔuʔ. mi. nu]	
/ʔi-ʔman-u-n/	[ʔiː. maː. nun]	'信念'
	*[ʔiʔ. maː. nun]	

有些制约条件之所以不可缺少，似乎是有其他理据的。制约条件范式或局部合取，可用以证明这类制约条件的合理性。但它们能否用以预测制约条件的存在？也就是说，我们能否找出所有韵律与语法范畴组合的同界制约条件？每一个标记性制约条件能否在每一个可能的范域内与其他每一个标记性制约条件组合？制约条件合取能否无限制地递归性应用？就我们目前的认识水平来看，可能根本无法回答这些问题。已有的一些研究对同界（McCarthy and Prince 1994b）和局部合取（Fukazawa 1999；Fukazawa and Miglio 1998；Ito and Mester 1998，2003b；Łubowicz 2005，2006）提出了某些限制条件，但问题远没有得到解决。目前 Con 的理论尚在发展完善之中，我们仍无法完全预知。

习题

22　日语本族语或和语词汇中有对浊音性的两条限制（4.6节）：

（i）禁止浊的重叠阻塞音：*[bb]、*[dd]、*[gg]等

（ii）不允许词根含有一个以上的浊阻塞音：*[gotaba]、*[kodoba]、*[godoba]等

请仔细分析这些观察结果。你的分析应将虚拟形式/kadda/映射到[katta]而非*[kadda]，/gada/映射到[gata]而非*[gada]。

23 在确认了你对和语词汇音系方面的分析后,请将你的分析进一步扩展,用来解释以下对外来语词层的观察结果(Kawahara 2006)。在处理变异形式时,可借鉴习题 8 和 9 的做法。

允许词中含有浊的重叠阻塞音

[sunobbu] '势利小人'
[habburu] '哈勃'
[reddo] '红的'
[heddo] '头'
[eggu] '蛋'
[furaggu] '旗子'

允许词中含有两个浊的阻塞音

[bagi:] '童车'
[bobu] '鲍勃'
[dagu] '道格'
[giga] '巨大'

但在含有两个浊阻塞音的词中,其中之一是叠音,叠音可选择性地去浊音化

[gebburusu]~[geppurusu] '戈培尔'
[guddo]~[gutto] '好'
[beddo]~[betto] '床'
[deibiddo]~[deibitto] '大卫'
[doraggu]~[dorakku] '药品'

4.7.3 功能上证明制约条件的合理性

语言现象的功能主义研究方法是要寻求超越形式语法属性之外的解释。功能主义的一种极端观点认为,形式语法完全是多余

的。但一种更为普遍持有的立场是:分析和解释都应把形式属性与功能属性结合在一起。近年来优选论已成为这种发展势头的一股重要力量。

优选论诞生之前,形式语法研究与功能解释研究几乎是各行其道,独自发展。音系领域的情况便可窥见一斑,句法领域也是如此。SPE 传统的音系学理论是纯形式的,音系音变的成因"完全被置于语法之外,被置于形式或理论分析领域之外,沉迷现状,不思改变。"(Prince and Smolensky 1993/2004:234)。下列引文对这一立场做了很好的概括:

> 任何一种完好的音系学理论,都必须包含界定自然音变的假设。虽然其中许多可以通过诉诸在特征系统的特征之上界定的同化概念来表达,但很显然不是所有的自然音变都适用这一模式。比如,许多语言都有一条将辅音前和辅音尾位置上的辅音变为 ʔ 或 h 的规则,显然这不是一种同化性质的音变。然而,音系学理论一定要有某种设置,可用以表达这样的事实:在这个位置上中和为喉塞音,是一种自然法则,它完全不同于比方说中和为 l 的情况。(Kenstowicz and Kisseberth 1979:251)

我们通常把这些"假设"表示为倾向或趋向:重读元音往往是长元音,叠音往往是无嗓音的,语言的元音系统往往是三角形的(i-a-u 或 i-e-a-o-u),等等。这些是功能性的假设,因为它们有助于发音(叠音是无嗓音的)或听辨(元音系统是三角形的)。

很显然,功能性倾向在音系形成过程中是一股重要力量,但是在那个时期,倾向性是位于形式语法之外的。相对基于规则应用的理论,倾向性是个毫无用处的概念。而且倾向性之间相互矛盾。易于发音,常常是以牺牲听辨上的区别性为代价换来的;保持听辨上的区别性,常常需要在发音上更审慎,因而增加了发音上的难度。倾向性中所存在的矛盾,致使形式圈子中的学者对功能主义产生极大质疑,好像功能主义拿不出什么像样的东西,不过是仅此而已。

显而易见,优选论跟这个问题息息相关。优选论不需要有一种形式规则的设置,也不需要有一种解释规则的功能倾向性设置。相反,可违反制约条件把这些倾向性模式化,这些制约条件本身构成了形式语法,用等级排列来解决制约条件之间的冲突。形式语法与功能解释,原则上可以在优选论制约条件的等级体系中达到和谐统一。

从功能角度证明制约条件的合理性,这个想法在音系和句法中都尤为重要。所以我要对此加以一一说明。在音系学中,正如前文已经指出的那样,易于发音和听辨是解释的标准模式。例如,日语等其他语言都表现出需要禁用浊重叠阻塞音这一制约条件(见 4.6.3 节),该制约条件的功能解释源自空气动力学(Ohala 1983)。要保持嗓音,空气就必须流过声门,所以声门下的压力就必须持续高于声门上的压力。如果在唇或舌通道处闭塞或收窄,那么声门上的压力就会增加,恐怕要超过声门下的压力。器官组织的某些被动扩张有助于吸收增加的声门上压力,但是如果闭塞维持时间很长,那么要保持嗓音,就变得愈加困难。因此,浊叠音造成了发音上的问题,这个问题在发单个浊音或双清音时是不存在的。浊叠音不是不可能,比如说阿拉伯语里就有浊叠音,但它们很难发。禁用浊叠音的制约条件,是优选论语法形式化体现发音

第四章 发展新的制约条件

困难的一个例证。

其他制约条件具有听辨上的解释。正如我们在埃梅语里看到的那样,词根或语素起始位置常常是要保持更大忠实性的地方,需要像 MAX$_{起始}$ 那样的制约条件。为什么是词的起始位置而不是其他位置?贝克曼(Beckman 1998:第二章)指出:对起始位置的更大忠实性有利于词汇提取,因为有大量来自于心理语言学研究的证据表明,起始音节在词汇提取和单词识别中至关重要。

迄今为止,优选论中产生了大量有关功能解释音系制约条件的研究成果。海因斯、基什内尔和斯蒂里亚德(Hayes, Kirchner and Steriade 2004)合编的著作是最近出版的一部论文集;保罗·博尔斯玛(Paul Boersma)在 ROA 网站和他的个人主页(www.fon.hum.uva.nl/paul/)上的电子告示,是另外一个重要资源。麦卡锡(McCarthy 2002:233)列出了早期这方面的参考文献,另一部早期的参考文献是阿钱格里和蒲立本(Archangeli and Pulleyblank 1994)。

如前所述,对优选论音系学中制约条件的功能解释,通常是减轻说话人或听话人的负担。优选论句法中也提出了类似的解释。例如,哈斯佩尔玛斯(Haspelmath 1999:185)为制约条件 STAY(2.9 节)提出了基于听话人和说话人的解释:"把东西留在正规位置,有助于听话人分辨语法关系、说话人降低加工成本"。艾森(Aissen 2003)提出了一种理论,这一理论说明为什么某些语言只是在宾语具有相对标记性时才有宾语的显性格标记(比如,因为它们属于高度有生性——参见 4.5 节以及习题 11)。"正是那些最像典型主语的直接宾语得到了显性格标记……。从功能上说,非典型宾语的显性标记有助于对它的理解,这是它而非其他成分最为需要的"(437—438页)。布鲁斯南和艾森(Bresnan and Aissen 2002)一文是对优选论句法功能研究的一种最佳的解释,也是对纽迈耶(Newmeyer 2002)批评这种研究的一种很好的回应。

有些音系学家可能会坚持认为没有功能上理据的制约条件就不合法,还有些音系学家不会那么严格,尽管他们可能把功能解释视为制约条件最强有力的理据。另外还有些音系学家可能把功能因素与形式因素等量齐观,认为二者同等重要,都是证明制约条件合理性的有效方法,几乎没有人否认功能思路的作用。考虑给制约条件提供功能理据,在优选论句法领域并非那么广泛,尽管这可能将会有所变化。

虽然功能解释非常普遍,尤其是在音系学领域,但有时却忽视了一个非常重要的问题:功能驱动的制约条件是如何与它们的解释相关联?功能因素是怎样说明或解释制约条件的存在?有三种不同的方法来回答这些问题:

(i) **种系发生学** 制约条件是与生俱来的。它们在人类进化过程中与人类大脑、声道、感知系统一同发展,即从那个时候就开始了。乔姆斯基和拉斯尼克(Chomsky and Lasnik 1977:437)接受的是 *[$_{NP}$NP 时态 VP]过滤器这种似乎基于加工思路的一种解释。令人担忧的是:自然选择能够说明天生禁用浊叠音或其他制约条件的出现吗?(相关讨论,可参见 Bresnan and Aissen(2002:89)。)

(ii) **个体发生学** 制约条件是与生俱来的。学习者在他们早期试发浊叠音的经历中意识到发这些音存在着空气动力学上的困难。因此,他们设定禁用它们的制约条件(Hayes 1999)。反对意见是：即使周围语言中没有浊叠音，学习者仍需要学习这个制约条件，因为有充分证据证明说话人知道不可能从周围语言里学到这个制约条件（有关这方面的概述，可参见 Bresnan and Aissen 2002:87—89）。由于周围语言不是激发学习者试发浊叠音的，他或她一定是在咿呀学语的前语言阶段得知空气动力学上的问题的。最为理想的是，我们能相信那个"好像源自罗曼·雅柯布森之口的神话：在咿呀学语的高峰时期，婴儿可以轻松发出世界上所有语言的语音"（Salzmann 2001:605）。但这个神话已被彻底戳穿。首先，咿呀学语深受周围语言的影响（Vihman 1996:18）。其次，咿呀学语表明"根本没有诸如挤喉音、内破音、舌颤音、吸气边音等多种罕见语音，而有充分证据证明这些音确实出现在世界上某些语言里"（Oller 2000:52）。

（iii）**历时说** 制约条件不是与生俱来的。它们是学习者从周围语言中归纳出来的。功能因素在历史演变中半路杀出，制约条件是由功能驱动的，似乎只是因为它们必须要处理早期历史变化的结果（Blevins 2004, Hale and Reiss 2000, Myers and Hansen 2005, Newmeyer 2002）。跟前面的解释一样，令人担忧的是：说话人知道他们不可能从周围语言里学到那些制约条件。

4.8 常用音系标记性制约条件的分类清单

这绝不是一个详尽无遗的清单，但它完全够用。像这样的一份大纲，是不能用来深入研究复杂问题的，因此我经常会去参考相关文献，而不是想方设法在这里解决问题。

当作者猜想某些现象需要两个或两个以上的制约条件，但这些制约条件的细节尚不清楚或彼此无关时，他有时会采用一个**涵盖型制约条件**（cover constraint）。涵盖型制约条件替代（"涵盖"）某些未知或不那么相关的制约条件。下面是关于优选论的早期文献中常用的涵盖型制约条件，我会尽可能地引用它们涵盖的制约条件家族细节的相关研究。

音节制约条件（多数源自 Prince and Smolensky 1993/2004）
关于响度及其在制约条件定义中的作用，也可参见 4.5 节。

名称	给每一个……，赋予一个违反标记
*[μμμ]$_σ$	……超重（＝三莫拉）音节。（在第二章，这个制约条件被称之为 *COMPLEX-SYLLABLE。）其他管辖音节重量的制约条件及相关问题，可参见 Morén(1999)，Rosenthall(1994) 和 Sherer(1994)。
*COMPLEX-ONSET(*COMP-ONS) *COMPLEX-CODA(*COMP-CODA)	……在指定位置的同音节辅音丛。有时组成涵盖型制约条件 *COMPLEX。
*C^{unsyll} 或 *APPENDIX(*APP)	……未被音节化音段。等同于 EXHAUSTIVITY（音节）或普林斯和斯莫伦斯基的忠实性制约条件 PARSE。
*NUCLEUS/X(*NUC/X)	……音节核位置上归属响度类 X 的音段。有时称为 *PEAK/X。它取代了普林斯和斯莫伦斯基（Prince and Smolensky 1993/2004）的制约条件 HNUC。
*ONSET/X *CODA/X	……指定位置上归属响度类 X 的音段。二者有时组合成为涵盖型制约条件 *MARGIN/X。
CODA-CONDITION(CODA-COND)	……不与音节首辅音联结的辅音部位特征值(Ito 1989)。有时用作包括 CODA-CONDITION 本身在内的对辅音丛加以一系列限制的涵盖型制约条件。
NO-CODA	……音节尾辅音

NO-VOICED-CODA	……音节尾位置上的浊阻塞音（或未被允准的与音节首联结的浊阻塞音）。有争议，参见 6.6 节。
NUCLEUS(NUC) 或 HAVE-NUCLEUS(HAVE-NUC)	……无音节核的音节。等同于 HEADEDNESS（音节）。
ONSET	……无音节首的音节。
SONORITY-SEQUENCING(SON-SEQ)	……诸如俄语 [rta] '嘴巴' 那种有悖响度层级的音节首或尾辅音丛。这是个涵盖型制约条件，它包含限定同音节音序响度层级的一个制约条件家族。参见 Baertch (1998, 2002) 的提议。

韵律层级制约（多数源自 Selkirk 1995）

名称	给每一个……，赋予一个违反标记
EXHAUSTIVITY(X)(EXH(X))	……不受某个 X 类结构成分统制的 X−1 类结构成分。（参见 4.5.1 节。）
HEADEDNESS(X)(HEAD(X))	……缺少中心成分的 X 类结构成分。（参见 4.5.1 节。）
NONRECURSIVITY(X)(NONREC(X))	……受某个 X 类结构成分统制的 X 类结构成分。（参见 4.5.1 节。）
WRAP(X,Y)	……不包含在 Y 类结构成分中的 X 类结构成分（Truckenbrodt 1995）。

韵律-形态界面制约条件

名称	给每一个……，赋予一个违反标记
ALIGN-LEFT/RIGHT(MCat, PCat)	……形态范畴 MCat 的左/右边没有与韵律范畴 PCat 左/右边重合的情况（McCarthy and Prince 1993a）。MCat 的可能取值是词根、词干、句法词和 XP，PCat 的可能取值是音节、音步、音系词和音系短语。这里的定义是范畴型的，关于这些制约条件是否是梯度评估的，请参见麦卡锡（McCarthy 2003c）。

L$_X$ ≈ P$_R$　　　　　　　　　　……没有被分析成韵律（＝音系）词的词库（＝形态句法）词（源自 Prince and Smolensky 1993/2004:51）。一般认为这个制约条件是生成器固有的属性。

跟重音相关的制约条件（多数源自 Prince and Smolensky 1993/2004）

名称	给每一个……，赋予一个违反标记
*C$_{LASH}$	……（对）相邻重读音节。
*L$_{APSE}$	……（对）相邻非重读音节。
F$_{OOT}$-B$_{INARITY}$(F$_T$-B$_{IN}$)	……不含有至少两个莫拉或音节的音步（McCarthy and Prince 1986/1996, Prince 1983）。这个制约条件常被拆成 F$_{OOT}$-B$_{INARITY}$（莫拉）和 F$_{OOT}$-B$_{INARITY}$（音节）两个制约条件，有时还被拆成 F$_{OOT}$-B$_{INARITY}$-MAX 和 F$_{OOT}$-B$_{INARITY}$-M$_{IN}$，即要求至多/至少两个莫拉或音节。
F$_{OOT}$-F$_{ORM}$(F$_T$-F$_{ORM}$)	常用作 F$_{OOT}$-B$_{INARITY}$、G$_{ROUPING}$H$_{ARMONY}$ 和 R$_{HYTHM}$T$_{YPE}$ 的涵盖型制约条件。
G$_{ROUPING}$H$_{ARMONY}$(G$_{RO}$H$_{ARM}$)	……（HL）音步（H 和 L 分别代表重和轻音节）。源自 Prince (1990)。
I/TL	……('HL) 或 ('LH) 重量不同的双音节扬抑格音步或 (L'L) 重量相等的双音节抑扬格音步。它是 Hayes(1995)提出的抑扬格/扬抑格法则的简写形式。
N$_{ON}$-F$_{INALITY}$(N$_{ON}$-F$_{IN}$)	通常指下面三个制约条件之一。因准确所需，故不应使用这个制约条件。
N$_{ON}$-F$_{INALITY}$（音步）	……归属音步的词尾音节。
N$_{ON}$-F$_{INALITY}$（中心语（词））	……承载主重音的词尾音步。
N$_{ON}$-F$_{INALITY}$('σ)	……重读词尾音节。
P$_{ARSE}$-S$_{YLLABLE}$(P$_{ARSE}$-σ)	……非音步音节。等同于 E$_{XHAUSTIVITY}$（音步）。

PEAK-PROMINENCE(PK-PROM)	……固有凸显低的重读音节。作为一个涵盖型制约条件,它有时替代 STRESS-TO-WEIGHT,而且已被用于分析像[ə]这种抗重音的元音。请参见 de Lacy(2002:第三、四章)以及书中有关响度驱动的重音方面的文献。
RHYTHMTYPE=IAMB (RHTYPE=I 或 IAMB)	……中心不在结尾位置的音步。等同于 ALIGN-RIGHT(中心语(音步),音步)。
RHYTHMTYPE = TROCHEE (RHTYPE=T 或 TROCHEE)	……中心不在起始位置的音步。等同于 ALIGN-LEFT(中心语(音步),音步)。
STRESS-TO-WEIGHT(SWP)	……重读的轻音节。(还可参见 PEAK-PROMINENCE。)
WEIGHT-TO-STRESS(WSP)	……非重读的重音节。源自 Prince(1990)。

下面的同界制约条件,亦常用于重音分析。(有关这些制约条件的定义及其应用,请参见(54)和 4.5 节。)其中一些可能还有别的称谓,如在普林斯和斯莫伦斯基(1993/2004)中称为 EDGEMOST 或在麦卡锡和普林斯(1993a)中称为 ALL-FOOT-LEFT/ALL-FOOT-RIGHT。

ALIGN-LEFT(音步,词),ALIGN-RIGHT(音步,词)

ALIGN-LEFT(词,音步),ALIGN-RIGHT(词,音步)

ALIGN-LEFT(中心语(词),词),ALIGN-RIGHT(中心语(词),词)

音段属下的制约条件

不考虑受影响音段出现的音段或韵律语境,这些制约条件都是阻止标记特征值或标记特征组合的。把所有已提出的这样的制约条件全部列出,是不现实的,但这类制约条件的总体结构,是比较清晰的。

名称	给每一个……,赋予一个违反标记
*[＋浊音性]（或 *浊音性） *[＋紧喉性] *[＋鼻音性] *[＋圆唇性] 等等	……具有这个特征值的音段。每一个标记特征值,都应有一个这样的制约条件。但至今尚未搞清楚的是:所有特征是否都有标记值？哪个值是标记性的？
* B<small>ACK</small>/N<small>ONROUND</small> 等等	……具有这种特征值组合的音段。这一组合的标记性很可能是因听辨原因所致:圆唇甚至比单纯舌位后移更能降低 F2 的高度,从而强化了对后位性的感知。其他很多制约条件,大概都是禁用听辨标记性的特征组合。
* D<small>ORSAL</small> * L<small>ABIAL</small> * C<small>ORONAL</small>	……具有这一部位发音特征的辅音。关于不同发音部位的相对标记性问题,请参阅 de Lacy（2002）、Gnanadesikan（1995/2004）、Lombardi（1997/2002）和 Prince and Smolensky（1993/2004;9.1.2 部分）。de Lacy 还探讨了拥有标记性部位特征的音段更具忠实性问题。
* RTR/H<small>IGH</small>（或 H<small>IGH</small>/ATR） * RTR/F<small>RONT</small>（或 F<small>RONT</small>/ATR） 等等	……[＋RTR,＋高位性]等音段。正如我们在 4.7.2 节所看到的那样,这些特定组合的标记性都因发音所致。其他很多制约条件,大概都是禁用发音标记性的特征组合。
* V# 或 F<small>INAL</small>-C	……以元音结尾的音系词。（有关这一制约条件的某些证据,请参见 Gafo 1998、McCarthy 1993、McCarthy and Prince 1994a、Orie and Bricker 2000:299—300 以及 Wiese 2001。）

异化制约条件

关于局部合取,请参见 4.7.2 节。

五花八门的音段间制约条件

许多音段序列制约条件都是处理同化音变的临时性或涵盖型制约条件,我们将在此加以论述。这里,表中列出了本质上与同化音变无关的几个音段间制约条件。

名称	给每一个……,赋予一个违反标记
*NC̥ 或 *NT	……鼻音+清阻塞音的音序(Pater 1999)。参见 3.6 节。
No-Diphthong(No-Diph)	……二合元音。参见 4.3 节。
No-Geminate(No-Gem)	……叠辅音。
No-Long-Vowel 或 *V:	……长元音。
No-Voiced-Geminate 或 *DD	……浊重叠阻塞音。参见 4.6.3 节、习题 22 和 4.7.3 节。
Syllable-Contact(Syll-Con)	……响度上升的异音节辅音丛。这是个涵盖型制约条件;这一制约条件的具体内容,参见库兹科娃(Gouskova 2004)。

同化制约条件

同化(包括远距离和谐音变在内)是一种极为常见的音系音变,因此可能让人意想不到的是:仍有些涉及标记性制约条件的主要问题尚未解决。

我们下面采用(62)中瓦劳语(Warao)里鼻音和谐的例子来阐释这些问题。鼻音性从底层的鼻辅音开始往右同化,影响元音和滑音(包括[h]在内)。其他辅音如'阴影'中的[k]音无法鼻化,鼻化音变也无法跨过它们,鼻音同化因而遭到阻断。

(62) 瓦劳语里的鼻音和谐(Osborn 1966)

底层形式	表层形式	
/moau/	mõãũ	'把它给他!'

/nao/	nāō	'过来!'
/inawaha/	ināwāhā	'夏季'
/mehokohi/	mēhōkōhi	'阴影'
/naote/	nāōte	'他将过来'
/panapana hae/	panāpanā hāē	'它是个海豚'

关于这一现象的研究方法主要有两种,均可以在文献中找到。但这两种方法都存在着威尔逊(Wilson 2003,2004,2006)和麦卡锡(McCarthy 2004)中所阐述的几个严重问题。其中有一种方法,它涉及的局部制约条件不允许出现和谐化特征彼此相反的相邻或邻近音段序列。第二章(59)例子中的制约条件*NV[−鼻音性],就是这类制约条件的一个例证,因为任何一个[+鼻音性][−鼻音性]相邻音段序列都违反了这一制约条件。本章习题1中的制约条件*iCu是这方面的另一个例证。这样的制约条件是临时性的,通常用在发生局部同化或作者的主要关注点不在同化音变的具体内容时。有时把它们称之为局部一致或制约条件 AGREE。

局部一致制约条件能很好地解释/moau/→[mōāū]这样的例子。如竞选表(63)所示,只有优选项中没有[+鼻音性][−鼻音性]音序,因此只有这个候选项满足了*NV[−鼻音性]。(违反*NV[−鼻音性]的音序已用黑体标出。)

(63) 把*NV[−鼻音性]应用到/moau/→[mōāū]的情况

/moau/	*NV[−鼻音性]	IDENT(鼻音性)
a. →mōāū		***
b. **mo**au	*W	L
c. mōau	*W	*L
d. mōāu	*W	**L

330

现在让我们来看(64)。由于*[nāōtē]违反了不受任何统制的禁用非鼻化塞音的制约条件,完全满足*NV_[-鼻音性]是不可能的。所有余下的候选项都含有[+鼻音性][-鼻音性]音序,因此它们在*NV_[-鼻音性]上打成了平局,于是决定权便留给了忠实性制约条件,而忠实性制约条件却错误地支持了*[naote]。这是采用局部制约条件促发长距离同化方法中普遍存在的一个问题:预言了一种"酸葡萄"效应,即如果不能让它一路和谐到词尾,那么和谐化音变就会彻底破产㉘。但这种事情永远不会发生,和谐化音变总是能走多远走多远,而后才会停下脚步。

(64) *NV_[-鼻音性]败于/naote/→[nāōte]的映射

/naote/	*NV_[-鼻音性]	IDENT(鼻音性)
a. →nāōte	*	**
b. **na**ote	*	L
c. nãote	*	*L

另一种研究同化的方法是采用同界制约条件。这种方法如(65)所示,是以特征的自主音段表征形式为先决条件的(Goldsmith 1976a,1976b)。ALIGN-RIGHT(+鼻音性,词)要求每一个特征值[+鼻音性](即(65)中的 N)都必须与词尾音段相联结。如果像 ALIGN-RIGHT(音步,词)那样去评估(见(21)),那么就

㉘ "酸葡萄"这个词语源于《伊索寓言》中一个有关狐狸和葡萄的寓言。狐狸当摘不到葡萄时便宣称葡萄肯定是酸的。我相信杰伊·帕吉特(Jaye Padgett)是第一个在音系学研究中使用这个词语的。

会产生理想的结果。跟局部一致性制约条件不同,这种方法不会产生"酸葡萄"效应。

(65) 采用 A_{LIGN}-R_{IGHT}(＋鼻音性,词)的和谐化音变(N 表示[＋鼻音性])

N N | | /panapana hae/	A_{LIGN}-R(＋鼻音性,词)	I_{DENT}(鼻音性)
a. → N N panapanahae	7	5
b. N N panapanahae	12W	L
c. N N panapanahae	8W	4L

然而,基于同界的和谐化研究方法也有问题。A_{LIGN}-R_{IGHT}(＋鼻音性,词)会因每一个[＋鼻音性]与词尾之间的干扰音段而被违反一次,因此,如果 M_{AX} 的等级排列足够低的话,那么它原则上就可以通过删除音段得到满足。如(66)所示,删除将会影响因某个干扰性音段所阻止的没有发生和谐化音变的音段。由于没有任何一种语言会因此而删除这些音段,同界方法所做出的这一预测,当然是不受欢迎的。

(66) 一种糟糕的预测：通过删除方法改进和谐

N | /naote/	A_{LIGN}-R（＋鼻音性，词）	M_{AX}	I_{DENT}（鼻音性）
a. → N ／|＼ nao		**	**
b. N | naote	**** W	L	L
c. N ／|＼ naote	** W	L	**

我向本书读者推荐的是：避免采用局部一致性制约条件，除非同化音变与所讨论的主题关系不大，否则局部一致性制约条件遇到阻断情况便无法运作，而阻断在和谐化音变中极为常见，因此很可能会给分析带来不必要的麻烦。我们可以采用同界制约条件，但要注意：它在统制 I_{DENT} 以及 M_{AX}、D_{EP} 等其他忠实性制约条件时，会做出极为怪异的预测。如何妥善处理和谐化音变问题，至今仍是一个尚未解决、还有待深入的研究课题。

新7 和谐串行理论与同化制约条件   新21

和谐串行理论为解决标记性制约条件青睐删音这一难题提供了一种新的视角。请参见麦卡锡（McCarthy 即出）。

第五章　语言类型与普遍现象

5.1　阶乘类型学

普林斯和斯莫伦斯基(Prince and Smolensky 1993/2004)提出 C<small>ON</small> 是具有普遍性的,而且制约条件的等级排列方式是语言之间的唯一差别。这就意味着 C<small>ON</small> 的排列组合界定了人类语言语法所允许的整个变异范围。总之,它的主张是:C<small>ON</small> 的每一种排列组合方式就是一种可能的语法,现存的每一种语言均是由 C<small>ON</small> 的排列组合方式构成的一种语法。因为研究语言之间的变异被称为类型学,而且 n 个成分的排列数量等于 n 的阶乘数量($n!=1*2*...*n$),所以我们把某个由 C<small>ON</small> 所预测的虚拟语法称作它的**阶乘类型学**(factorial typology)。

有 $n!$ 种可能的语法,并不意味着存在 $n!$ 种可能的语言。两个制约条件如何进行等级排列,有时并不重要。我们在 2.4 节中已知晓等级排列论证的某些局限性,这些局限性所涉及的情况有:两个制约条件可能有两种不同的等级排列方式,但所产出的却仍是同一种语言。

但是,如果改变两个或多个制约条件的等级排列方式,往往真的会导致另一种语言的生成,因此研究各种等级排列组合所产生的结果,是优选论实证研究的一个重要方面。有关 CON 中一些制约条件假设的提出,也许始于要分析某一特定语言,但它不可就此止步不前。倘若一个制约条件真的是普遍性的,那么它可能而且也应该带来超越解决某一特定语言具体问题的效果。我们需要研究这个制约条件与其他制约条件进行不同等级排列后会发生什么情况?换言之,我们需要深入分析任何一个新提出的制约条件对阶乘类型学所产生的影响。如果新的制约条件导致一种有确凿证据支持的可能的语言类型变化,那么我们就有了最为可靠的理由认为这一制约条件是正当可行的。但是,如果新的制约条件导致不可能的类型预测,甚至更糟糕的是削弱我们已有的限制程度适中的类型体系,那么这个制约条件就很令人质疑了。毫不夸张地说,阶乘类型学有助于我们在有竞争力的各种制约条件定义之间做出选择,或有助于我们化解诸如有无单独禁止元音和辅音增音的忠实性制约条件之类的问题。有关制约条件集合的阶乘类型学的研究方法,参见本章 5.3~5.5 节中所做的阐述。

阶乘类型学之所以很重要,还有其他方面的原因。如果我们要研究某些现象或不同语言构建的特性,那么阶乘类型学可以成为一种我们用来解释观察结果的方法(见 5.6 节);如果我们要对语言的普遍现象做出假设,那么阶乘类型学可以是为其寻找解释的地方(见 5.2 节)。

5.2 语言普遍现象及其优选论的解释

语言普遍现象(language universal)是一种被认为适用于所有可能的人类语言且对语言学理论具有重要意义的观察。普遍现象体现为三种基本类型：每一种语言都没有 x，每一种语言都有 x，每一种语言有 x 的也都有 y。我们把前两种类型的普遍现象称为**绝对型的**（absolute）或**范畴型的**（categorical），最后一种称为**蕴含型的**（implicational）。

绝对型普遍现象的音系例子是这样的：

虽然有些语言没有元音开头的音节和/或辅音结尾的音节，但无论哪一种语言，它都会有辅音开头的音节或元音结尾的音节（Jakobson 1962:256）。

蕴含型普遍现象的音系例子是：如果一种语言允许音节以辅音丛结尾，那么它也允许音节以单辅音结尾。很多普遍现象在格林伯格（Greenberg 1978）中也都是这么表述的。句法方面的例子是：如果一种语言的非人类性宾语有显性格标记，那么它的人类性宾语也有显性格标记（Aissen 2003）。

在优选论中，解释绝对型语言普遍现象的总体策略取决于阶乘类型学。如果每一种语言都有 x，那么无论 CON 中的制约条件是哪一种等级排列，x 一定都会成为某个输入项的最佳候选项。这就意味着，CON 中的任何一个标记性制约条件都不会给 x 的每一个单独实例赋予一个违反标记。（这还意味着，即便把 CON 中的标记性制约条件汇总起来也不可能有此作用。）

每一种语言都有一些以辅音开头的音节，我们现以这个绝对型普遍现象为例。为了说明这一点，我们不得不说 CON 中不存在制约条件 NO-ONSET（即被辅音开头音节违反、而被元音开头音节满足）。假若有 NO-ONSET 这样的制约条件，那么把它等级排在 ONSET 之上，比方说 DEP 就会生成一种始终避免出现辅音开头音节(如/panta/→[əp. an. ət. a])的语言。(5.5节将会再次讨论哪些制约条件绝不可以出现在 CON 中的问题。)

基础丰富性(见1.7节)在对绝对型普遍现象的解释中发挥着重要作用。正是因为存在着基础丰富性,所以无法靠窜改输入项来改变这一普遍现象。比如,不可能存在输入项全部由元音组成的语言。

蕴含型普遍现象涉及相对标记性问题。如果在某一种语言里,x 的出现始终意味着 y 的出现,反之则不然,那么 x 一定普遍比 y 更具标记性。在优选论中,"普遍更具标记性"的意思是"不管如何等级排列,x 都比 y 更具标记性"。因此,CON 中必须有青睐 x 而非 y 的标记性制约条件,但绝不可以有青睐 y 而非 x 的标记性制约条件。

例如,如果音节以一个或多个辅音结尾,那么它就违反了制约条件 NO-CODA;如果音节以两个或多个辅音结尾,那么它另外还违反了 *COMPLEX-CODA。CVC 和 CVCC 音节违反了 NO-CODA,但 CVCC 音节还违反了 *COMPLEX-CODA。因此,CVCC 音节比 CVC 音节更具标记性。还有,如果一种语言有 CVCC 音节,就意味着它还应有标记性低的 CVC 音节。无论忠实性制约条件与 NO-CODA、*COMPLEX-CODA 之间如何等级排列,都无法分析出一种允许有 CVCC 音节但不允许有 CVC 音节的语言。(1)中呈现了这种等级排列要求前后矛盾的情况。我们可以预测:根据 CON 的理论,此种语言是不存在的。

(1) 一种不可能的语言:有 CVCC 音节但没有 CVC 音节

输入项	优选项	败选项	NO-CODA	*COMPLEX-CODA	DEP
/patka/	pa. tə. ka	pat. ka	W		L
/pantka/	pant. ka	pa. nə. tə. ka	L	L	W

跟绝对型普遍现象的解释一样,蕴含型普遍现象的解释同样有赖于两种重要因素:一是 CON 中不允许出现某些假想的制约条件,二是基础丰富性。CON 中不可以包含所有 CVC 音节都违反但某些 CVCC 音节满足的标记性制约条件。倘若此类制约条件真的存在,就将颠覆这种普遍性蕴含关系。而且,任何一种语言都不可能预先把所有诸如/patka/之类的输入项全部删掉,以此来颠覆这种普遍性蕴含关系。

许多蕴含型普遍现象涉及诸如响度之类的语言量级。例如,在任何一种拥有流音的语言里,如果它允许鼻音充当音节核,那么流音也一定能充当音节核。前面 4.5 节已对量级应用于制约条件体系的方法及其类型学意义做过阐释。

通过以上的分析,我们可以很清楚地看出:优选论对语言普遍现象的预测,很大程度上取决于对 CON 中制约条件所持有的某些特定假设。然而,还有一些普遍现象,它们源于优选论的固有属性,几乎不需要依赖对 CON 做出的任何假设。这方面最引人注目的是**和谐性提升**(harmonic improvement)(Moreton 2003,Prince 1997a)。

因为 CON 中只有标记性和忠实性两类制约条件,所以某个非忠实性候选项获胜的必要条件是:它的标记性一定要低于忠实性候选项。假设输入项是/bi/,每一个忠实性制约条件都会支持忠实性[bi]成为输出项。那么如果要让非忠实性候选项[be]胜出,某个标记性制约条件 M 就必须支持[be]而非[bi],而且它还必须等级排在每一个/bi/→[be]映射所违反的忠实性制约条件之上。优选论的基本假设带来的结果是:非忠实性只有在它改善了标记性的情况下才能成为可能,这里的改善是由这个语言中等级排列的普遍标记性制约条件决定的。

莫尔顿(Moreton)提出了这一结果的形式证明方法并探讨了它所产生的实际结果。其中一个最重要的结果是：OT 语法无法分析拥有/bi/→[ba]和/ba/→[bi]映射模式(即称作**循环链变** circular chain shift)的语言。要理解其中的道理,请考虑一下语法必须满足的要求：

- 就输入项/bi/而言,候选项[ba]比候选项*[bi]更和谐。由于*[bi]是完全忠实项,而[ba]则不是,所以青睐[ba]而非*[bi]的制约条件一定是标记性制约条件。因此,等级排列最高的区分[ba]与*[bi]的制约条件,一定要青睐[ba]、不青睐*[bi]。
- 就输入项/ba/而言,输出项[bi]比候选项*[ba]更和谐。既然*[ba]是完全忠实项,青睐[bi]而非*[ba]的制约条件就一定是一个标记性制约条件。因此,等级排列最高的区分[bi]与*[ba]的制约条件,一定要青睐[bi]、不青睐*[ba]。

很显然,这里前后矛盾：任何一种标记性制约条件的等级排列,都无法做到青睐[ba]而非*[bi]的同时又青睐[bi]而非*[ba]。标记性制约条件无法区分源自不同输入项而输出项却碰巧相同的情况,忠实性制约条件也绝不可能选择非忠实性的输出项。因此,优选论的标准理论模式是无法分析循环链变现象的。

5.3 探究制约条件集合的阶乘类型学

任何对优选论阶乘类型学的探究,都始于某个制约条件集合、某个输入项集合以及某个对应这些输入项的候选输出项集合。因为有且仅有这些制约条件的排列组合才是可能的语法，所以制约条件对哪些是可能的语言、哪些是不可能的语言做出预测。我们在讨论中始终认为，一种语言就是输入项到输出项的系统映射。

一种显而易见的阶乘类型学研究方法是：使用蛮力对所有可能的制约条件等级排列的结果进行评估。首先列出制约条件集合的所有排列组合方式，然后让所选的输入项和候选项集合通过每一种等级排列方式的筛选。习题 1 要求你采用这种做法，在已知只有两个输入项，每个输入项各有三个候选项的条件下，对四个制约条件集合的阶乘类型做出判定。这或许是人工可能完成此项工作的上限。即便使用计算机，随着制约条件数量的增加，排列组合的数量激增，这种使用蛮力的方法很快会变得不堪重负、疲于应付。（请感受一下我们所说的数量，13！约等于世界人口的总数。）

另外还有一种研究阶乘类型学的方法。我们不是列出所有的语法，确定它们预测的是什么样的语言，而是列出一种语言，确定是否有一种语法可能产出这种语言。换言之，如果已知某一输入项集合及其候选项，那么我们就可以考察哪一组输入项到输出项的映射与制约条件的哪一种等级排列方式是一致的。一致性核查迅速快捷，因为它使用了通过找不到一种等级排列方式来快速检测不一致性情况的 RCD（见 2.11 节）。这种方法与某些附加效应一起，是 OT 软件处理阶乘类型学的方式（Hayes, Tesar and Zuraw 2003）。（稍后将看到，优选论逻辑式同样能够使我们改进这一方法。参见普林斯（Prince 2006a:4—8）对此问题清晰简明的介绍。）

例如，我们可以把这一方法用于分析亚韦尔玛尼语中的制约条件以及可能的输入项到输出项的映射。当 RCD 应用于包含

第五章 语言类型与普遍现象

/laːn-hin/→[lan.hin]、/taxaː-kʼa/→[ta.xaː.kʼa]、/xat-kʼa/→[xat.kʼa]和/ʔilk-hin/→[ʔi.lik.hin]的映射集合时,它找到了一种等级排列方式。因此,那些制约条件的阶乘类型可让语言分别产出这些与其输入项对应的输出项。但是,当 RCD 应用于除/taxaː-kʼa/映射到[ta.xaː.kʼaʔ]外完全相同的一个映射集合时,它就无法找到一种等级排列方式。因此,阶乘类型无法让一种语言产出这组分别与其输入项相对应的输出项。这种逻辑上可能的语言被排除在阶乘类型之外。(请记住:"语言"这个术语指的是输入项到输出项的某一映射集合,而不只是输出项的某一集合。很多对已知制约条件的等级排列方式,可以产出输出项[lan.hin]、[ta.xaː.kʼaʔ]、[xat.kʼa]和[ʔi.lik.hin]的集合,如果输入项与输出项保持完全相同的话。)

我给 OT 软件键入了亚韦尔玛尼语的 Excel 文档(见第二章(96)),要求就制约条件、输入项和候选项这一集合算出它们的阶乘类型。为了易于处理,我做了一项简化,把制约条件 *C^{unsyll} 以及违反它的候选项移除,因为它们无法为我们提供很多从 *COMPLEX-SYLLABLE 以及违反它的候选项那里得不到的信息。现在剩下六个制约条件,因此可能有 6! ＝720 种等级排列方式。由于四个输入项依次有 4 个、5 个、4 个和 3 个候选项,所以有 4＊5＊4＊3＝240 种逻辑上可能有的"语言①"。而 OT 软件只找到了适用于(2)中 18 种组合的等级排列方式。

---

① 我略去了候选项[xa.tikʼ],因为这个候选项受到[xat.kʼaʔ]的和谐限定。请参见第二章脚注 28。

(2) 源自 OT 软件的阶乘类型

	/laːn-hin/	/taxaː-kʔa/	/xat-kʔa/	/ʔilk-hin/
a.	lan. hin	ta. xakʔ	xat. kʔa	ʔi. lik. hin
b.	lan. hin	ta. xakʔ	xat. kʔa	ʔilk. hin
c.	lan. hin	ta. xakʔ	xat. kʔa	ʔil. hin
d.	lan. hin	ta. xakʔ	xatkʔ	ʔilk. hin
e.	lan. hin	ta. xakʔ	xat	ʔil. hin
f.	lan. hin	ta. xakʔ	xat. kʔaʔ	ʔi. lik. hin
g.	laːn. hin	ta. xaː. kʔa	xat. kʔa	ʔi. lik. hin
h.	lan. hin	ta. xaː. kʔa	xat. kʔa	ʔilk. hin
i.	lan. hin	ta. xaː. kʔa	xat. kʔa	ʔil. hin
j.	lan. hin	ta. xaː. kʔaʔ	xat. kʔaʔ	ʔi. lik. hin
k.	lan. hin	ta. xaː. kʔaʔ	xat. kʔa	ʔilk. hin
l.	laːn. hin	ta. xaː. kʔa	xat. kʔa	ʔilk. hin
m.	laːn. hin	ta. xaːkʔ	xatkʔ	ʔilk. hin
n.	laːn. hin	ta. xaː. kʔaʔ	xat. kʔaʔ	ʔilk. hin
o.	laː. ni. hin	ta. xaː. kʔa	xat. kʔa	ʔi. lik. hin
p.	laː. ni. hin	ta. xaː. kʔaʔ	xat. kʔaʔ	ʔi. lik. hin
q.	laː. hin	ta. xaː. kʔa	xat. kʔa	ʔil. hin
r.	laː. hin	tax	xat	ʔil. hin

研究制约条件集合的阶乘类型学,其目的在于对某种语言存在的可能性做出预测,然后用事实验证这些预测。显然,我们所选择的制约条件集合做出了诸多预测——我们知道逻辑上可能的输出项组合有 240 种,但只有(2)中的 18 种组合是预测可能的语言。那么其他逻辑上可能的 92% 发生了什么事?为什么有些语言是可能的而有些却是不可能的?

我们需要一种能够从像(2)那种复杂类型中找出并理解那些模式以及所预测的普遍现象的方法。我将倒过来解释怎么做

第五章 语言类型与普遍现象

这件事:我先从(2)中的一种模式开始,然后说明这一模式从制约条件集合中产生的理由,最后讨论找寻其他模式中所遇到的普遍问题。

我们所要分析(2)中的模式是这样的:每个有[ta. xa:. kʔaʔ]的音系,都有[xat. kʔaʔ],但反之则不然。(有这两种形式的音系是(j)、(k)、(n)和(p),只有[xat. kʔaʔ]的音系是(f)。)换言之,在这个特定制约条件集合的条件下,如果增音映射/taxa:kʔa/→[ta. xa:. kʔaʔ]是最优的,那么增音映射/xatkʔa/→[xat. kʔaʔ]也一定是最优的。要想在这一阶乘类型学研究上取得进展,我们需要搞清楚该制约条件集合为什么有这一蕴含关系。

普林斯(Prince 2006)阐释了阶乘类型学中的这种蕴含关系是如何由优选论的逻辑式推出的(见2.12节)。这里,我用亚韦尔玛尼语的示例对他的某些观点进行总结。例(3)包含了要求映射/taxa:kʔa/→[ta. xa:. kʔaʔ]是最优的 ERC,例(4)在映射/xatkʔa/→[xat. kʔaʔ]上的情况完全相同。[xat. kʔaʔ]的 ERC 是[ta. xa:. kʔaʔ]的 ERC 的真子集。由于 ERC 提出了对等级排列的要求,这意味着所有必须满足[xat. kʔaʔ]胜出的等级排列要求也必须满足[ta. xa:. kʔaʔ]的胜出。[xat. kʔaʔ]的 ERC 告诉我们:MAX 统制 DEP 或 MAX-C,*COMPLEX-SYLLABLE 统制 DEP。[ta. xa:. kʔaʔ]的 ERC 表达了完全相同的意思,此外还提出了 *V# 统制 DEP 的要求。因此,把[ta. xa:. kʔaʔ]选为最优项的任何一种制约条件等级排列方式,也必定会把[xat. kʔaʔ]选为最优项。这就是为什么(2)演算出的阶乘类型中没有那种有[ta. xa:. kʔaʔ]但没有[xat. kʔaʔ]的音系的原因。

（3）/taxaːkʔa/→[ta.xaː.kʔa?]的 ERC

优选项	败选项	*V#	*COMP-SYLL	ID(长)	DEP	MAX-C	MAX
ta.xaː.kʔa?	ta.xaː.kʔa	W			L		
	ta.xaːkʔ		W		L		W
	ta.xakʔ			W	L		W
	tax				L	W	W

（4）/xatkʔa/→[xat.kʔa?]的 ERC

优选项	败选项	*V#	*COMP-SYLL	ID(长)	DEP	MAX-C	MAX
xat.kʔa?	xat.kʔa	W			L		
	xatkʔ		W		L		W
	xat				L	W	W

/laːn-hin/→[laː.hin]和/ʔilk-hin/→[ʔil.hin]是两个辅音删除的映射，其 ERC 集合之间也存在类似的关系。（6）中[ʔil.hin]的 ERC 是（5）中[laː.hin]的 ERC 的真子集。因此，我们想要找到的是：每个有[laː.hin]的音系也有[ʔil.hin]，但反之则不然。（2）中的(q)和(r)有[laː.hin]，二者也都有[ʔil.hin]，这些是正确的。但音系(c)、(e)和(i)有[ʔil.hin]，但没有[laː.hin]。预测发生的是：要[laː.hin]成为最优项，IDENT(长)必须统制 MAX-C 和 MAX，但这一等级排列并不是要[ʔil.hin]成为最优项的必要条件。（等级排列的条件可以从（5）中直接读取，因为 ERC 并不是与（6）共有的。）

（5）/laːn-hin/→[laː.hin]的 ERC

优选项	败选项	*V#	*COMP-SYLL	ID(长)	DEP	MAX-C	MAX
laː.hin	lan.hin			W		L	L
	laːn.hin		W			L	L
	laːni.hin				W	L	L

344

(6) /ʔilk-hin/→[ʔil.hin]的 ERC

优选项	败选项	*V#	*Comp-Syll	Id(长)	Dep	Max-C	Max
ʔil.hin	ʔilk.hin		W			L	L
	ʔi.lik.hin				W	L	L

我们还找出了(7)和(8)中[laː.ni.hin]和[ʔi.lik.hin]ERC集合之间的真子集关系。所以,在所预测的阶乘类型中,拥有映射/laːn-hin/→[laː.ni.hin]的语言是拥有映射/ʔilk-hin/→[ʔi.lik.hin]的语言的真子集。

(7) /laːn-hin/→[laː.ni.hin]的 ERC

优选项	败选项	*V#	*Comp-Syll	Id(长)	Dep	Max-C	Max
laː.ni.hin	lan.hin		W	L			
	laːn.hin	W		L			
	laː.hin				L	W	W

(8) /ʔilk-hin/→[ʔi.lik.hin]的 ERC

优选项	败选项	*V#	*Comp-Syll	Id(长)	Dep	Max-C	Max
ʔi.lik.hin	ʔilk.hin		W		L		
	ʔil.hin				L	W	W

另一种利用 ERC 研究阶乘类型学的方法是,找寻宣称存在前后不一致等级排列要求的 ERC。例如,(5)和(6)的最后一行是 ERC(e,e,e,W,L,L),而(7)和(8)中的最后一行是 ERC(e,e,e,L,W,W),两行 ERC 融合的结果是(e,e,e,L,L,L),这表明它们两个存在前后不一致问题。(ERC 融合法的定义,见第二章中的

(104)。)因此,这一制约条件集合的预测结果是:没有任何一种语言能把/laːn-hin/→[laː. hin]与/ʔilk-hin/→[ʔi. lik. hin]组合在一起,也没有任何一种语言能把/laːn-hin/→[laː. ni. hin]和/ʔilk-hin/→[ʔil. hin]组合在一起。这跟我们在研究 ERC 集合之间子集关系时所发现的内容一模一样。

　　研究阶乘类型学的最终目标是提出可以跨语言复查的预测。因此,最有用的预测是那些对任何一种特定语言的具体细节不予考虑的预测。例如,可以把(5)～(8)的观察结果更为抽象地理解为对最大音节为 CVC 的语言在如何处理底层形式/CVːC/和/CVCC/音序上提出的一种要求。删除辅音与插入元音,都是以上两种情况的选项,另外/CVːC/的情况还有元音缩短这一选项,而对于/CVCC/输入项而言,则没有元音缩短选项。这种差异反映在如下的事实里:(6)是(5)的真子集,(8)同样也是(7)的真子集。使之成为真子集关系的这两种不匹配情况涉及这样一种 ERC:在这个 ERC 中,IDENT(长)是唯一青睐优选项的制约条件,而*[lan. hin]又是它所鄙弃的败选项。那么,由这一制约条件集合所产生的总体类型预测是:如果/CVːC/不发生元音缩短音变,最大音节为 CVC 的语言将以完全一样的方法处理/CVːC/和/CVCC/这两个音序。这个预测很可能最后被证实是错误的,但那也是个进步,即便它告诉我们有关 CON 的一个假设是错误的。

　　这个例子阐释了第一章的观点(其实早在优选论初期就已提出)。优选论的分析不仅仅是对某些事实的局部性描写,而且是含蓄地提出了对普遍语法的诉求。优选论假定 CON 是普遍性的,语言之间的不同在于等级排列的不同。藉此假设,优选论**本质上是一种语言类型学理论**。对某些具体语言的分析与对所有语言的主张,是密切相关的。这就是为什么我强调对新提出的制约条件所产生的类型学影响进行研究的重要性。有关具体做法,请参见5.4节。

这个例子还阐释了阶乘类型学研究的总体思路。假设我们已对某一具体语言中的某些现象做了分析,下一步想知道的是该分析对其他语言隐含地预测了哪些东西。我们有一个用于分析的制约条件集合,若采用第二章所建议的方法,还将有一个充分运用制约条件的输入项和候选项集合。一般来说,如果要做好阶乘类型学的研究,就需要不同组合的候选项,既有支持各种制约条件关系的候选项,也有反对各种制约条件关系的候选项。

如果输入项和候选项的数量不是太大,我们可以给每一个候选项创制一个像(3)~(8)那样的 ERC 集合,以便探究其阶乘类型。不要把制约条件进行等级排列,而要始终保持一种制约条件的排序,便于比较。再来看源自不同输入项的输出项 ERC 集合,如果两个源自不同输入项的输出项拥有相同的 ERC 集合,那么它们在阶乘类型学预测的语言里始终会一起出现。换言之,这两个输入项到输出项的任何一种映射出现在某个语言里,都会导致另一种映射也在这个语言里出现。如果它们的 ERC 集合之间存在着一种子集关系,那么提出更加严格的等级排列要求的那一种,将也会导致另外一种出现在所预测的语言里。(第二章(99)中的W-延伸规则与L-撤除规则也有助于对类型学的探究,请参见普林斯(Prince 2006a:17)给出的例子。)对任何观察结果都要用更为抽象的方式进行重新表述;这样做很有意义,因为这些主张是对一般语言而言的,而不是对某个拥有这些具体输出形式的语言而言的。

研究阶乘类型学的另一种方法,是以在 Excel 中给所有输入项及其候选项创制一个违反竞选表开始的。把这个竞选表交给 OT 软件,要求它准备一份像(2)一样的"紧凑型阶乘类型汇总表文件"。检查结果中的同现模式:是否有一些优选项必然导致其他优选项的出现?是否有一些从来不出现的组合?一种有助于找出这些模式的技巧是:把阶乘类型汇总表文件复制到电子表格或文字处理器中,然后把数据归类到不同的列上(如以列 3、4 和 1 这一先后次序归类。)甚至还有一种计算机程序可以帮你找到这些模式(请参见阿尔托·安提拉(Arto Anttila)的网页 www.stanford.edu/~anttila/research/software.html)。模式找到后,要构建 ERC 集合,以便对它们进行解释。

重要的是,要搞清楚为什么这个制约条件集合预测了某些类型而不是别的类型,这不仅仅是出于好奇心。有时,对类型做出的某些预测可能最后被证明是错误的,此时我们需要知道制约条件是在哪里出的错;预测成功时,我们也需要搞清楚其中的缘由。

习题

1　列出制约条件 O<small>NSET</small>、N<small>O</small>-C<small>ODA</small>、M<small>AX</small> 和 D<small>EP</small> 的所有排列组合形式,然后从下列每一个候选项集合中为每一个等级排列形式确定其优选项。也就是说,你要根据这几个仅有的输入项和候选项,算出这一制约条件集合的阶乘类型。

输入项	候选项
/apa/	[a.pa],[ʔa.pa],[pa]
/kat/	[kat],[ka.tə],[ka]

2　在回答习题 1 的基础上,哪些等级排列会产生相同的结果?这些等级排列又有哪些共同之处?

3 文中从对亚韦尔玛尼语的分析入手,对阶乘类型学的研究做出了阐释。请采用同样的方法,从以下分析入手对阶乘类型学进行研究。

    a. 英语助动词 *do*(2.9 节)
    b. 毛利语辅音删除(第二章习题 8)
    c. 帕劳语元音弱化(第二章习题 9)
    d. 迪乌拉福尼语(第二章习题 21)
    e. 阿克辛宁卡坎帕语(第二章习题 34)

5.4 用阶乘类型学验证新的制约条件

最初给 CON 添加制约条件的动力,可能源自在分析某一特定语言时遇到的某个具体问题,但这远远不够。CON 是普遍性的,所以引入一个新的制约条件,会产生跨语言的影响。这需要我们搞清楚这一新的制约条件是如何影响所预测的语言类型的。

例如,亚韦尔玛尼语中/ʔilk-hin/的增音结果是[ʔi.lik.hin],而不是*[ʔil.ki.hin]。我们没有想要对此做出解释,因此把*[ʔil.ki.hin]从候选项集合中略去了。为区分这两个候选项而提出的一个制约条件是 ALIGN-RIGHT(词干,音节)。如果词干/ʔilk/的尾辅音/k/不是输出项音节尾,那么就会违反这个制约条件。该制约条件青睐[ʔi.lik.hin]而不是*[ʔil.ki.hin],因为词干尾辅音/k/在前一形式中是音节尾,而在后一形式中则不是。正如普林斯和斯莫伦斯基(Prince and Smolensky 1993/2004)、麦卡锡和普林斯(McCarthy and Prince 1993a,1993b)最初设定的那样,ALIGN-RIGHT(词干,音节)也反对把/k/音删除,因为删除的音段一定不是音节尾。为论证之便,我在此先假定这种设定方式。

ALIGN-RIGHT(词干,音节)会对阶乘类型学产生哪些影响呢?首先把它添加到电子表格中,然后应用 OT 软件,所得结果显示:在这个更为简单的制约条件体系下,预测的语言不是 18 种而是 29 种,(9)中列出了所增加的 11 种语言。

(9) ALIGN-RIGHT(词干,音节)对阶乘类型学所产生的影响

	/la:n-hin/	/taxa:-kʔa/	/xat-kʔa/	/ʔilk-hin/
a.	lan. hin	ta. xakʔ	xat	ʔi. lik. hin
b.	lan. hin	ta. xakʔ	xat	ʔilk. hin
c.	lan. hin	tax	xat	ʔi. lik. hin
d.	lan. hin	tax	xat	ʔilk. hin
e.	lan. hin	tax	xat	ʔil. hin
f.	la:n. hin	ta. xa:. kʔa	xat. kʔa	ʔi. lik. hin
g.	la:n. hin	ta. xa:. kʔa?	xat. kʔa?	ʔi. lik. hin
h.	la:n. hin	tax	xat	ʔi. lik. hin
i.	la:n. hin	tax	xat	ʔilk. hin
j.	la:. hin	ta. xa:. kʔa	xat. kʔa	ʔi. lik. hin
k.	la:. hin	tax	xat	ʔi. lik. hin

我们在上一节阐述了较为简单的制约条件体系中具有的三种蕴含关系:[ta. xa:. kʔa?]⇒[xat. kʔa?],[la:. hin]⇒[ʔil. hin]和[la:. ni. hin]⇒[ʔi. lik. hin]。在包含 ALIGN-RIGHT(词干,音节)的制约条件体系下,[la:. hin]⇒[ʔil. hin]这一蕴含关系显然是不成立的,因为预测的现有两种语言把[la:. hin]与[ʔi. lik. hin]组合在了一起,如(9)中的(j)和(k)所示。

[la:. hin]⇒[ʔil. hin]这一蕴含关系发生了什么?把 ALIGN-

350

Right(词干,音节)添加到这个制约条件集合后究竟带来了哪些变化？下面我们来看 ERC 集合：(10)和(11)是把 Align-Right(词干,音节)添加到 ERC 集合(5)和(6)后的结果。要使[ʔil.hin]成为优选项,Dep 就必须统制 Align-Right(词干,音节),但该等级排列方式并不是使[laː.hin]成为优选项所必须拥有的。正因为有 Align-Right(词干,音节),[ʔil.hin]ERC 从此不再是[laː.hin]ERC 的子集了,[laː.hin] ⇒ [ʔil.hin]的这一蕴含关系也站不住脚了。采用较为简单的制约条件体系,我们得出了对类型学的总体预测：如果/CVːC/不发生元音缩短音变,最大音节为 CVC 的语言将以完全一样的方法处理/CVːC/和/CVCC/这两个音序。一旦制约条件集合含有 Align-Right(词干,音节),这种预测就再也无法沿用下去,因为这个制约条件青睐的是增音而非删音,且青睐的不是[laː.ni.hin]中的增音,而是[ʔi.lik.hin]中的增音。

(10) 添加 Align-Right(词干,音节)后的 ERC 集合(5)

优选项	败选项	*V#	*Comp-Syll	Id(长)	Dep	Max-C	Max	Align-R
laː.hin	lan.hin			W		L	L	L
	laːn.hin		W*			L	L	L
	laː.ni.hin				W	L	L	

(11) 添加 Align-Right(词干,音节)后的 ERC 集合(6)

优选项	败选项	*V#	*Comp-Syll	Id(长)	Dep	Max-C	Max	Align-R
ʔil.hin	ʔilk.hin		W			L	L	L
	ʔi.lik.hin				W	L	L	L

如果我们真要做个类型学研究项目,现在已到了一个从理论探索转入实证研究的最佳时机。我们拥有的这个制约条件体系做出预测:在没有元音缩短的情况下,/CV:C/与/CVCC/的处理方式完全一样;而另一个制约条件体系却没有做出这样的预测。此时,我们可以审视一下某些语言,核查该预测是否站得住脚。如果站不住脚,这部分对 CON 中包含 ALIGN-RIGHT(词干,音节)将无异议;如果站得住脚,就要重新考虑 ALIGN-RIGHT(词干,音节)。或许我们要对它重新定义,既要让它鄙弃[ʔi.lik.hin]中的增音而非删音,还可以对[ʔi.lik.hin]与[ʔil.ki.hin]做出必要的区分。或许我们应该找寻完全不同的研究思路,把[ʔil.ki.hin]从亚韦尔玛尼语里排除出去。

我们阐释了添加 ALIGN-RIGHT(词干,音节)后所产生的类型学影响,这一阐释凸显了优选论的一个重要方面:制约条件交互作用的潜在作用非常复杂,在没有完成实际的类型分析之前是难以把握的。看似一个很小的改变——就像我们这里所做的那样,添加一个制约条件,以排除一个问题候选项——可能会对那种预测是可能的语言产生意想不到的实质影响。至关重要的是,要想一想并对把某个制约条件添加到 CON 的决定所产生的类型学影响从头到尾做一番分析。通过采用 OT 软件和 ERC 分析法,我们便能够对这一举措所产生的类型学影响有更为深刻的理解。此时,我们到了开始从别的语言里寻找相关证据的时候了。

习题

4 假设你改变了习题 1 中的制约条件集合,用两个分别禁用元音增音和辅音增音的制约条件 DEP-V 和 DEP-C 取代 DEP。这样会对阶乘类型学产生怎样的影响？请回答并用 ERC 分析法加以说明你的答案。

5.5 不完全了解 C_{ON} 时的阶乘类型学

我们并没有完全掌握 C_{ON} 中的制约条件，在某个具体分析中一般只讨论很小的一个制约条件集合，而略去某些已知的和当然一切未知的制约条件。我在讨论中略去的制约条件，可能会影响等级排列组合的结果。那么现实的情况是：怎样能以一种可靠的方式来研究阶乘类型学？

有一种解决这个难题的方法。我们可以说明：什么样的制约条件如果有的话，会干扰类型预测。换句话说，就某一特定制约条件体系而言，一种类型学的理想结果可以说是：要使这个结果站得住脚，哪些制约条件**不**可以出现在 C_{ON} 中。5.2 节中对虚构的 NO-ONSET 所做的阐述，便简明扼要地阐释了此种推理方法。为了进一步深入研究，我们再来看另外一个例子。

这个例子来自麦卡锡和普林斯（McCarthy and Prince 1993b）的中缀叠音理论。这一理论源自提姆冈姆律语(12)的具体分析：该语言有 CV 叠音化（黑体标出）现象，即当词以辅音开头时，叠音 CV 充当前缀；以元音开头时，叠音 CV 充当中缀。

(12) 提姆冈姆律语里的中缀叠音（Prentice 1971）

a. 复制起始的 CV

[bu. lud]　　'小山'　　[**bu**. bu. lud]　　'山脊'
[li. mo]　　'五个'　　[**li**. li. mo]　　'约五个'

b. 跳过 V(C)，复制后面的 CV

　　[u. lam. poj]　　　无释义　　　[u. **la**. lam. poj]　　　无释义
　　[a. ba. lan]　　　'洗浴'　　　[a. **ba**. ba. lan]　　　'经常洗浴'
　　[om. po. don]　　'奉承'　　　[om. **po**. po. don]　　'总是奉承'

先来做一些初步的语音配列方面的工作。正如我们在第一章中所看到的那样，提姆冈姆律语允许无辅音首的音节出现在词首和词中位置，比如[am. bi. lu. o]'灵魂'。这一观察结果表明制约条件 M<small>AX</small> 和 D<small>EP</small> 统制 O<small>NSET</small>。

(13) M<small>AX</small>, D<small>EP</small> ≫ O<small>NSET</small>

/ambiluo/	M<small>AX</small>	D<small>EP</small>	O<small>NSET</small>
a. →am. bi. lu. o			**
b.　ʔam. bi. lu. ʔo		** W	L
c.　bi. lu	*** W		L

接下来是叠音中缀问题。我们将采纳中缀是最低限度错位同界的前缀或后缀这一观点（见 4.5 节），同界制约条件称为 A<small>LIGN</small>-L<small>EFT</small>(RED, 词干)（"RED"指叠音语素）。其他某个制约条件一定促发了对它的违反，这个制约条件是 O<small>NSET</small>，如竞选表(14)所示。这个竞选表的意义在于诠释了第一章中提到过的非标记性隐现情况。制约条件 O<small>NSET</small> 之所以被提姆冈姆律语的表层形式违反，是因为受到了 M<small>AX</small> 和 D<small>EP</small> 的关键性统制。在满足 M<small>AX</small> 和 D<small>EP</small> 已不再成为问题但满足 A<small>LIGN</small>-L<small>EFT</small>（RED, 词干）成为问题时，O<small>NSET</small> 就要发挥作用。这就是 O<small>NSET</small> 在提姆冈姆律语里的隐现情况。

第五章 语言类型与普遍现象

(14) O_NSET ≫ A_LIGN-L_EFT(RED,词干)

/RED-ulampoj/	M_AX	D_EP	O_NSET	A_LIGN-L
a. → u. **la**. lam. poj			*	*
b. **u**. u. lam. poj			** W	L
c. u. lam. **po**. poj				**** W
d. **la**. lam. poj	* W		L	L
e. ?**u**. ?u. lam. poj		* W	L	L

如果是辅音开头的词根，无需成为中缀，O_NSET 便可以得到满足。在这种情况下，中缀形式被和谐限定，如(15)所示。

(15) C-起始的词干不产生中缀形式

/RED-balan/	M_AX	D_EP	O_NSET	A_LIGN-L
a. → **ba**. ba. lan				
b. ba. **la**. lan				** W

凭借提姆冈姆律语的这一分析，我们对语言类型学做出了一个假设。从本小节和 4.5 节中可以看到一种由 O_NSET (或 N_O-C_ODA)统制 A_LIGN-L_EFT(RED,词干)的语法所产生的中缀形式。这其中提出的一个类型学问题是：非叠音前缀的分布与叠音前缀的分布在提姆冈姆律语里可否一致？也就是说，这个制约条件体系可否用于分析这样一种语言，即非叠音前缀/ta/放到辅音开头的词根前面(如[ta. ba. lan])，或者放到元音开头的音节后面(如[u. ta. lam. poj])？非叠音前缀若有诸如/a/、/an/或/tan/等其他形式又将如何？或者提姆冈姆律语里的中缀模式是否只限于叠音前缀？

355

要回答以上这些问题,我们就要想方设法构建一个[ta.ba.lan]和[u.ta.lam.poj]均为优选项的前后一致的 ERC 集合。正如(16)所证明的那样,如果采用当下的制约条件,是不可能的。因为预想的优选项[u.ta.lam.poj]与其竞争对手[ta.u.lam.poj]各违反 ONSET 一次,所以二者打成平局,但最后[ta.u.lam.poj]因在同界上有更好表现而胜出。这就是为什么(16)的[u.ta.lam.poj]~[ta.u.lam.poj]行中只有一个 L 而没有 W 的原因。如果采用以下制约条件集合,候选项[u.ta.lam.poj]是绝不会胜出的。

(16) 无法获得[ta.ba.lan]和[u.ta.lam.poj]

优选项	败选项	ONSET	NO-CODA	ALIGN-L
ta.ba.lan	ba.ta.lan			W
u.ta.lam.poj	ta.u.lam.poj			L

这确立了对类型学的一种预测。在这一制约条件集合的条件下,没有任何一种语言能有像/ta/这样加在辅音开头的词根前或元音开头的音节后的非叠音 CV 前缀。这同样适用于其他诸如[a]、[an]和[tan]之类逻辑上可能的非叠音前缀形式。(这个问题是下面习题 5 要求你解答的。)这个类型预测更令人惊奇和有趣的是:尽管叠音中缀相当罕见,但目前已知有另外五种语言沿用了提姆冈姆律语的模式,分别是邦阿西楠语(Pangasinan)(Benton 1971:99,177)、亚勒巴语(Yareba)(Weimer and Weimer 1970,1975:685)、奥罗卡瓦语(Orokaiva)(Healey, Isoroembo and Chittleborough 1969:35—36)、弗拉明戈湾阿斯玛特语(Flamingo Bay Asmat)(Voorhoeve 1965:51)以及梵语不定过去式和愿望式

(Janda and Joseph 1986:89,Kiparsky 1986)。这里要说明的事实是:像这样的叠音中缀如此之多,而非叠音中缀却无迹可寻,这种差异一定是有原则可依的。

当我们拥有某种类型预测时,尤其是在这种类型预测有很好的实证基础的情况下,我们需要知道 C<small>ON</small> 的预设条件是什么?怎样的制约条件倘若存在于 C<small>ON</small> 中将会消除所得到的这种类型变化?答案是:需要这样一个制约条件,它既要青睐表(16)里[u. **ta**. lam. poj]～[**ta**. u. lam. poj]行的优选项,也要同时鄙弃[**ta**. ba. lan]～[ba. **ta**. lan]行的败选项。

N<small>O</small>-H<small>IATUS</small> 是已知公认具有这种青睐关系的制约条件。O<small>NSET</small> 仅被[V. V]音序违反是个特例。这个制约条件青睐[u. **ta**. lam. poj],而非[**ta**. u. lam. poj];同时它既不青睐[**ta**. ba. lan],也不青睐[ba. **ta**. lan]。因此,它如果出现在 C<small>ON</small> 中,将有损类型学上的主张,如(17)所示。我们要获得类型学上的结果,就只能诉诸于 C<small>ON</small> 中不含有 N<small>O</small>-H<small>IATUS</small> 的理论。

(17) 添加 N<small>O</small>-H<small>IATUS</small> 到(16)后的 ERC 集合

优选项	败选项	O<small>NSET</small>	N<small>O</small>-C<small>ODA</small>	A<small>LIGN</small>-L	N<small>O</small>-H<small>IATUS</small>
ta. ba. lan	ba. **ta**. lan			W	
u. **ta**. lam. poj	**ta**. u. lam. poj			L	W

此种推理方法,特别有利于优选论的阶乘类型学研究。我们无法得知 C<small>ON</small> 中制约条件的所有一切,但我们可以谈一谈**不可以**出现在 C<small>ON</small> 中的制约条件,以免我们的类型预测遭受损毁。那往往也算差强人意了。

习题

5 竞选表(16)借用非叠音前缀[ta]确立了中缀的一部分类型。请效仿(16)的做法来分析[a]、[an]和[tan]等非叠音前缀形式。要回答的(非本练习的部分)问题是：像[ata]、[sta]、[tana]或[tanana]这种更长的非叠音前缀形式又将会怎么样？如何建立一种适用于任何长度输入项的语言类型？

6 请把败选项*[**u. l**u. lam. poj]或*[**o. m**om. po. don]纳入提姆冈姆律语的分析中。你可以采用引入其他必要的制约条件并将其进行等级排列的方式，来完成这项练习。

5.6 如何由类型学走入制约条件

截至目前，我们在讨论中所采取的方法是：首先从分析某一特定语言开始，运用阶乘类型学来确定分析的类型预测，然后进行实证研究来验证这些预测。然而，语言类型常常把实证研究放在第一步。从多种语言里收集到某些现象的实例后，人们便对语言的变异方式产生某种想法，再运用阶乘类型学对这一观察结果进行形式表述。在这种情况下，哪种做法最合适？

我所建议的方法是：设定某些制约条件，然后尝试把它们用于对正在研究的语言所做的优选论缜密分析之中。在制约条件通过分析验证之前，切不可把过多精力放在构建和论证制约条件上。我常常在自己和他人的研究中看到：当有一些对制约条件很看好的想法，一旦用于分析之中，结果却大相径庭。但这仍是一种进步，因为它往往指明了改进制约条件的方向；同时也是一种警示，告诫我们不要在试用制约条件上耽搁过多的时间。

第五章 语言类型与普遍现象

我们如何从某种跨语言现象的调查出发转到对制约条件的最初设定上？如果语料显示涉及某种语言量级，那么就应该用和谐同界来构建一个制约条件集合（见 4.5 节）；如果不是，那么就要设法找出语言之间的最小差异，并利用它们来帮助设定制约条件。这个过程用到的是优选论的一个基本假设：语言之间的任何系统性差异，都必然反映了制约条件等级排列上的某种差异。

例如，就元音高度对圆唇性和谐的影响所做的类型学调查表明，语言之间存在着某种有趣的差异（Kaun 1995）。在吉尔吉斯语（Kirgiz）(18)里，元音高度对圆唇性和谐没有影响——高(a)和非高(b)的后缀元音与高和非高的词根元音保持和谐。

(18) 吉尔吉斯语（Comrie 1981）

a. [bir-intʃi]   '第一'
 [beʃ-intʃi]   '第五'
 [altɪ-ntʃi]   '第六'
 [ytʃ-yntʃy]   '第三'
 [tørt-yntʃy]   '第四'
 [on-untʃu]   '第十'

b. [iʃ-ten]   '工作（离格）'
 [et-ten]   '肉（离格）'
 [dʒɪl-dan]   '年（离格）'
 [alma-dan]   '苹果（离格）'
 [køl-døn]   '湖波（离格）'
 [tuz-don]   '盐（离格）'

但在土耳其语(19)里，圆唇性和谐不影响非高的后缀元音(b)，只有高的后缀元音(a)才被观察到圆唇性的交替变化。

(19) 土耳其语

  a. [ip-im]   '我的绳子'
   [syt-ym]   '我的牛奶'
   [ev-im]   '我的房子'
   [tʃøp-ym]   '我的垃圾'
   [kɨz-im]   '我的女孩'
   [buz-um]   '我的冰'
   [at-im]   '我的马'
   [gol-um]   '我的(足球)射门得分'

  b. [ip-e]   '绳子(与格)'
   [syt-e],* [syt-ø] '牛奶(与格)'
   [ev-e]   '房子(与格)'
   [tʃøp-e],* [tʃøp-ø] '垃圾(与格)'
   [kɨz-a]   '女孩(与格)'
   [buz-a],* [buz-o] '冰(与格)'
   [at-a]   '马(与格)'
   [gol-a],* [gol-o]   '射门得分(与格)'

  在亚韦尔玛尼语(20)里,只有后缀元音与词根元音都为同级高度(或都是高的(b),或都是非高的(a))时,才会发生圆唇性和谐。

(20) 亚韦尔玛尼语

  a. [gijʔ-hin]   '触摸(不定过去式)'
   [muʈ-hun]   '宣誓(不定过去式)'
   [xat-hin]   '吃(不定过去式)'
   [gop-hin],* [gop-hun] '照顾婴儿(不定过去式)'

  b. [gijʔ-taw]   '触摸(动名词)'
   [muʈ-taw],* [muʈ-tow] '宣誓(动名词)'
   [xat-taw]   '吃(动名词)'
   [gop-tow]   '照顾婴儿(动名词)'

第五章 语言类型与普遍现象

而受过 SPE 传统教育的人则会忍不住地说出：吉尔吉斯语、土耳其语和亚韦尔玛尼语无非是有三种不同的圆唇性和谐音变。但这并不是优选论研究这一数据的最好方式。优选论的研究始于这样的假设：三种语言里音变的基本形式完全相同，即制约条件 ALIGN-RIGHT（＋圆唇性，词）统制 IDENT（圆唇性）。（有关和谐音变的同界制约条件，请参见 4.8 节。）语言的差异在于统制 ALIGN-RIGHT（＋圆唇性，词）的制约条件。

在吉尔吉斯语里，ALIGN-RIGHT（＋圆唇性，词）是不受任何统制的，所以［＋圆唇性］一直延展到词尾最后一个音节，无论这一过程中受到影响的是何种元音。

在土耳其语里，等级排列更高的制约条件被称为 *ROLO（Beckman 1997:24, Kaun 1995:104），它给每一个特征值为［＋圆唇性，－高位性］的元音赋予一个违反标记。如（21）所示，它等级排在 ALIGN-RIGHT（＋圆唇性，词）之上，因而阻止了结果为非高圆唇性元音的和谐音变。

（21）土耳其语里由非高的后缀元音阻断的圆唇性和谐音变[②]

/syt-e/	*ROLO	ALIGN-R（＋圆，词）	IDENT（圆）
a. →syte		*	
b.　　sytø	*W	L	*W

在亚韦尔玛尼语里，等级排列更高的制约条件是 *ROUND/αHIGH，任何共有［＋圆唇性］特征值但不共有［高位性］特征值的

[②] 我认为 ALIGN-RIGHT（＋圆唇性，词）在赋予违反标记时计算的是干扰音节而非音段的数量。

元音序列,都将违反这个制约条件(Archangeli and Suzuki 1997)。如(22)所示,它等级排在 ALIGN-RIGHT(＋圆唇性,词)之上,因而阻止了结果含有像[oCu]这样音序的和谐音变。

(22) 亚韦尔玛尼语由高度上失配元音阻断的圆唇性和谐

/gop-hin/	ROUND/αHIGH	ALIGN-R(＋圆,词)	IDENT(圆)
a. →gophin		*	
b.　 gophon	*W	L	*W

这种圆唇性和谐的类型学研究,其实质是:语言之间的差异是由某个标记性制约条件(如果有的话)统制 ALIGN-RIGHT(＋圆唇性,词),因而限制了其作用所导致的结果。这自然产生了一些问题:为什么采用这种类型学研究方法?为什么不设定几个不同的同界制约条件,并且让它们密切关注每一个触发成分和/或触发元音的不同属性?总之,我们为什么要从制约条件交互作用的差异上而不从制约条件本身的差异上获创语言类型学?

选择交互作用方法的原因有二:第一、过去积累的丰富经验告诉我们:从长远来看,这种方法更有可能产生更好且有意义的结果。因此,我们首先应关注这种主要基于等级排列组合和交互作用造成差异的类型学研究方法。第二、这种交互作用的类型学研究方法,对类型学提出了额外的可验证性要求,这已使类型学远远超出了对现象本身的研究。例如,一旦 CON 装置了 *ROLO 和 *ROUND/αHIGH,那么我们就必须要问一问它们会对与和谐音变无关的事产生何种影响。比方说,*ROLO 通过等级排列组合,可以很简单地把非高的圆唇元音从某一种语言的音段目录表中剔除。*RoLo 与位置忠实性制约条件结合(见 4.6.3 节),可以产生禁止非高元音出现在非起始或非重读音节中的作用。这些预测又一次凸显了优选论分析上的任何一个举措所产生意想不到的影响的范围和广度。如果这些意想不到的影响最后被证明是正确的,这一举措就将获得强有力的支持;否则,就需要进行修改。

习题

7 (21)中的等级排列包括通过统制传递性获得的*RoLo≫IDENT(圆唇性)。这个等级排列错误地支持了*[tʃep-im]而不是[tʃøp-ym],请想办法解决这一问题。

8 卡琴卡卡语(Kachin Khakass)里的元音和谐沿用了下面语料所阐释的模式(Korn 1969):(a)如果词根元音和后缀元音都是高元音,那么就会有圆唇性和谐;(b)否则就没有。文中提议的方法可否说明这一点?

    a. [kuʃ-tuŋ]　　　　　'鸟的'
       [kyn-ny]　　　　　'天(宾格)'
    b. [ok-tiŋ]　　　　　'箭的'
       [tʃør-zip]　　　　　'已去'
       [kuzuk-ta]　　　　'在坚果里'
       [kyn-gæ]　　　　　'一天也不差'
       [pol-za]　　　　　　'如果他是'
       [tʃør-gæn]　　　　　'谁去了'

新[8] 和谐串行理论的类型学意义　　　　新21

即便制约条件全都相同,和谐串行理论对类型变化的限制通常也要严于标准 OT 理论。以下将举例说明它们不同的原因。

*V#不允许词以元音结尾,本书第二章对亚韦尔玛尼语所做的分析证明了该制约条件存在的必要性。第四章(170—171页)上的望加锡语(Makassarese)习题需要一条称作 CODA-COND 的制约条件,该制约条件不允许词尾出现除ʔ和ŋ外的辅音。现在,假设我们把这两条制约条件以及 DEP 和 IDENT 的等级都排在 MAX 之前。在标准 OT 理论中,该语法将会删除词中ʔ或ŋ右边的所有音段:

(29^{新})标准 OT 理论对类型变化的预测

/paŋasaka/	*V#	CODA-COND	DEP	IDENT(鼻音性)	MAX
a. →paŋ					*****
b. paŋasaka	*W				L
c. paŋasakaʔ			*W		L
d. paŋasak		*W			*L
e. paŋasaŋ				*W	*L
f. paŋasa	*W				**L
g. paŋas		*W			***L
h. paŋa	*W				****L

不存在这样的语言,而且我相信大多数音系学家都会认为不**会**有这样的语言。(29^{新})中的制约条件似乎有充分的证据支持,但它们现在以这种等级排列方式做出的东西,是不会有任何证据支持的。

和谐串行理论不会做出这样的预测,它实际做出的预测要取决于*V# 与 CODA-COND 的等级排列方式。如果把*V# 的等级排在前面,那么/paŋasaka/→*paŋasak*,音系推导在此发生聚合:

(30[新]) *V# 排在最前面的和谐串行理论音系推导步骤一　　　　新 22

/paŋasaka/	*V#	D_{EP}	I_{DENT}（鼻音性）	C_{ODA}-C_{OND}	M_{AX}
i. →paŋasak				*	*
ii. paŋasaka	*W			L	L
iii. paŋasaka?		*W		L	L

(31[新]) 步骤二:发生聚合

paŋasak	*V#	D_{EP}	I_{DENT}（鼻音性）	C_{ODA}-C_{OND}	M_{AX}
a. →paŋasak				*	
b. paŋasa	*W			L	*W
c. paŋasaŋ			*W		L

另一方面,如果把 C_{ODA}-C_{OND} 的等级排在前面,那么 /paŋasaka/→*paŋasaka*,这里中间步骤发生聚合:

(32[新]) C_{ODA}-C_{OND} 排在最前面的和谐串行理论音系推导步骤一:发生聚合

/paŋasaka/	C_{ODA}-C_{OND}	D_{EP}	I_{DENT}（鼻音性）	*V#	M_{AX}
a. →paŋasaka				*	
b. paŋasak	*W			L	*W
c. paŋasaka?		*W		L	

事实上,这些制约条件的**任何**一种等级排列方式,**都不会**产生标准 OT 理论所预测的那种语言。(参见习题 10[新]。)

同样的输入项,同样的制约条件,为什么标准 OT 理论和和谐串行理论会产生完全不同的结果呢? 最直接的答案是:与和谐串行理论相比,标准 OT 理论的候选项集合要宽泛得多。标准 OT 理论在它的唯一一次评估中就给出了 *paŋ* 这个**既能满足** *V# **又能满足** CODA-COND 的候选项。而和谐串行理论则始终是触摸不到这个候选项的。步骤一中接触到离它最近的是 *paŋasak*,但结果证明这也不是通向 *paŋ* 的可行路径。*paŋasak* 虽在步骤一(30新)中胜出,但若是再往下删音,进一步删音后的候选项 *paŋasa* 却在步骤二(31新)中败下阵来。这就像《码头风云》(*On the Waterfront*)中的特里·马洛伊(Terry Malloy)③一样,*paŋ* 虽然有打败所有对手的潜能,但却从来没有成为一名竞争者。

  这个例子阐释了标准 OT 理论与和谐串行理论之间的本质区别。标准 OT 语法一定要从形式多样、体量庞大的候选项集合中找到它的**总体最优项**(global optimum)。总体最优项就是指那个最能满足制约条件等级体系的候选项——简称优选项。和谐串行理论有时候聚合在某个候选项上,而这个候选项可能仅仅是标准 OT 理论的候选项集合中的某个**局部最优项**(local optimum)。一个候选项就是一个局部最优项,它比某些而非全部候选项更和谐。事实上,和谐串行理论的音系推导,就至此终止:它到达了某个局部和谐的峰顶,周围没有任何一个候选项比它更和谐。这种情形可以图示为(33新):

---

  ③ 美国 1954 年发行反映纽约港码头装卸工人生活的著名电影,电影主人公特里·马洛伊曾是职业拳击手,他在码头做装卸工期间目睹了他的哥哥受雇杀死他的好友,而后他又结识并爱上了他好友的妹妹。正是因为哥哥的关系,他犹豫不决,无意间成了杀人犯的帮凶。——译者

(33^新）局部最优项与总体最优项

这一和谐串行理论研究的目的是要对两种实证主义说法进行验证。一种说法是：聚合到局部最优项上是必要的。换言之，在解释某些语言类型变化方面，和谐串行理论是优于标准 OT 理论的，因为和谐串行语法有时可以聚合于局部而非总体最优项上。另一种说法是：聚合到局部最优项上就已完全满足了需要。换言之，没有任何一种语言类型变化，需要和谐串行语法走到尚未有和谐性提升路径能够到达的总体最优项上。

把这些实证主义说法搞清楚，并不是一件小事。它提出了与标准 OT 理论中的语言类型学研究一样的挑战：语言的类型变化取决于有关对 Con 的假设。而且它还额外加上了另一种挑战：在和谐串行理论中，语言类型变化还取决于有关对生成器的假设。譬如，如果和谐串行理论的生成器允许一步可以删除多个音段的音序，那么标准 OT 理论与和谐串行理论在/paŋasaka/这个例子上也就不会做出不同的预测结果。这方面更为详细的讨论，见麦卡锡（McCarthy 2010b）。

这虽不是件小事，但使用 OT 助手，可使它变得轻而易举 (Staubs et al. 2010)。我们在前面阐释 OT 助手时指出它可以用于核查分析，但它的主要用途是一种用于计算各种语言类型变化的工具。有关对生成器和 Con 做的各种假设所产生的类型变化的结果，它可以根据输入项的规模大小很容易地做出评估。

在撰写这部分补充材料时，可以找到的和谐串行理论的类型学研究文献有:自主音段延展(McCarthy 2007d,即出)、词尾删音和换位音变(McCarthy 2007d)、辅音丛简化(McCarthy 2008a)、重音(Pruitt 2008)以及叠音(McCarthy, Kimper and Mullin 2010)。有一点需要特别关注和谐串行理论的语言类型学研究的是过多解决方案问题,见下面新 27 页上的分析。

习题

10[新]　请运用 OT 助手对(29[新])—(32[新])中制约条件集合的阶乘类型进行计算。先只用输入项/paŋasaka/,然后把输入项/kapaŋa/和/tapasaka/都添加进来,请对结果进行讨论。

11[新]　请运用 OT 助手来论证杰斯尼(Jesney 即出)对有关(26[新])—(28[新])中制约条件集合的主张:和谐串行理论无法产生这样一种语言:/pāko/的重音落在词首音节上,而/bādō/、/sato/和/kafō/的重音则落在倒数第二个音节上。

第六章 目前研究中的某些疑难问题

6.1 引言

本章将简要介绍当前优选论的一些研究领域。列出的所选主题并非无所不包,甚至不具有代表性——那将需要再写一本书。我也不会重新讨论本书在此之前已经讨论过的话题,如制约条件的功能理据、可学性以及优选论逻辑式问题。本章之所以选择这五个主题,是因为它们有广泛的相关性,且很大程度上不拘泥于某种特定的现象。其中两个主题涉及优选论已做出重要贡献的新的研究领域:语言内的变异现象(见 6.2 节)和语言习得研究(见 6.3 节)。其余主题涉及优选论的充分性问题:推导方式(见 6.4 节)、绝对不合乎语法性(见 6.5 节)和过多解决方案问题(见 6.6 节)。每个部分均以推荐延伸阅读书目收尾。

6.2 语言是怎样变异的?

语言的表现常常是前后不一致的。在某一言语社区甚至个人的话语中,同一件事可能有好几种说法。既然这些变异形式是由语法控制的,那么任何一种语言学理论都要为语法提供一种为同一输入项偶尔生成不同输出项的方法。

在经典优选论中,语法实际上给某一个输入项生成多个输出项只提供了一种方法:两个或两个以上的候选项必须从 CON 中的每一个制约条件那里获得数量完全相同的违反标记,且评估器必须把它们都选为优选项。如果两个候选项在同一程度上违反所有的制约条件,那么语法就无法把它们区别开来。倘若一个是优选项,那么两个都将是优选项。

实际上,这不是优选论分析变异形式的惯用方式[①]。在音系学和句法学中,制约条件集合内的制约条件数量一般都很丰富,违反情况完全相同的候选项可能从未出现过。所以,要分析变异问题,就需要对经典优选论进行修改,哪怕只做一点点的修改。

当前采用的研究方法主要有两种:多语法研究方法(Anttila 1997,Boersma 1998,Kiparsky 1993 等)和等级排列优选项的研究方法(Coetzee 2004)。在多语法研究方法中,操某一种语言的说话人可以使用 CON 的几种不同的等级排列方式。评估器每次运行时,它都会通过某个随机程序选择其中的一种等级排列方式。这里,经典优选论的评估器本质上仍保持原样,改变的只是在说话人掌握一种语言的语法所蕴含的意义上。在等级排列优选项的研究方法中,说话人可以获取到非优选项,使用评估器给这些非优选项进行等级排列。这里,经典优选项中的评估器和语法仍保持原样,改变的只是在我们所理解的什么是语法输出项上。我在这里主要集中讨论多语法研究方法。

[①] 格里姆肖(Grimshaw 1997:411)采用可能有的多个优选输出项来说明句法中的优选问题,哈蒙德(Hammond 2000)也有这方面的研究内容。

第六章 目前研究中的某些疑难问题

为了阐明这一研究方法,我们先看一个或许是唯一的最有名的音系变异的例子,即把/t/和/d/从英语词尾辅音丛中删除的现象。相关语境有以下三种:辅音前 cost me～cos' me(花费我);元音前 cost us～cos' us(花费我们);停顿前 cost～cos'(花费)。在元音前的语境中,我们必须把跨词界音节化和未音节化的候选项都考虑进去:[kɔs.tʌs]与[kɔst.ʌs]。

凯巴斯基(Kiparsky 1993)提出了一种分析此种现象的优选论方法,为了便于说明,我进行了简化,这里略去了停顿前语境的情况。(1)中给出了制约条件:*COMPLEX 是一个涵盖了*COMPLEX-ONSET 和 *COMPLEX-CODA 的制约条件,所以[kɔst.ʌs]和[kɔ.stʌs]均违反了这一制约条件。ALIGN-LEFT(句法词,音节)不允许跨词界的重新音节化,所以[kɔs.tʌs]和[kɔ.stʌs]均违反了这一制约条件。

(1) 用于分析/t/、/d/删除的制约条件(源自 Kiparsky 1993)

a. *COMPLEX

给每一个复杂音节首或复杂音节尾(如[kɔ.stʌs]或[kɔst.ʌs]),赋予一个违反标记。

b. ALIGN-LEFT(句法词,音节)

给每一个位于句法词起始位置而非音节起始位置的音段(如[kɔs.tʌs]),赋予一个违反标记。

c. ONSET

d. MAX

根据多语法变异理论,英语说话人掌握不止一种这些制约条件的等级排列方式。事实上,他们知悉这四个制约条件彼此之间没有完全等级排列,换言之,他们知晓 24 种语法,因为这些制约条件有 24 种排列组合方式。由于评估器要求等级排列,评估器每次应用时都随机选取 24 种排列组合中的一种。很显然,说话人并不需要一一学会这 24 种语法,而是通过让这四个制约条件保持无等级排列状态,说话人实际上已把这 24 种语法系统内在化了。

例如,如果输入项是[kɔst ʌs],评估器选择(2)中的等级排列方式,那么优选项便是删除[t]的[kɔs. ʌs]。其他等级排列方式也有给出这个输出项的,也有给出[kɔs. tʌs]或[kɔst. ʌs]的。

(2) 一种等级排列方式下的[kɔs. ʌs] (*cos' us*)

/kɔst ʌs/	*COMPLEX	ALIGN-L	ONSET	MAX
a. →kɔs. ʌs			*	*
b. kɔst. ʌs	*W		*	L
c. kɔs. tʌs		*W	L	L
d. kɔ. sʌs		*W	L	*
e. kɔ. stʌs	*W	*W	L	L

这种变异并非不受约束。竞选表(2)中的候选项(d)[kɔ. sʌs]和(e)[kɔ. stʌs],在这一制约条件集合中均受到候选项(c)[kɔs. tʌs]的和谐限定。受到和谐限定的候选项,无论在哪一种等级排列方式下,均不可能胜出,因此可以预知候选项(d)和(e)是不可能的变异形式。另一种对可能有的变异范围的限制,来自于无等级排列区块之外的制约条件。例如,插音*[kɔ. sət. mi:]已被证实不是 *cost me* 的变体形式,因此 DEP 的等级一定始终排在这四个制约条件之上。这就是说:这四个制约条件在整个等级体系中的某个地方构成了彼此之间无等级排列的区块。

在假定评估器同样可以选择全部等级排列方式中的任何一种

等级排列方式的前提下,这一理论也可以就变异形式的相对频次做出预测。因为很多不同的等级排列方式会给已知的某个输入项产出同一个输出项,所以某些输出项肯定要比其他输出项具有更大的可能性。所做出的预测是,观察频率,比如说[kɔs.ʌs]应近似于产出[kɔs.ʌs]的全部等级排列方式的那一部分。要让[kɔs.ʌs]胜出,*COMPLEX 和 ALIGN-LEFT(句法词,音节)必须统制 MAX,而 ALIGN-LEFT(句法词,音节)也必须统制 ONSET。由于全部等级排列方式中有五种与此等级排列要求相一致,因此[kɔs.ʌs]的预测频次是 5/24＝21%,其盖然性 79% 被赋予保留[t]的候选项[kɔst.ʌs]和[kɔs.tʌs]。百分比数的准确程度远不及预测本身重要。在元音前语境中,保留/t/应比删除/t/更常见,这一预测是正确无误的。

多语法变异理论的另一个版本是基于连续性的等级量尺(Boersma 1998,Boersma and Hayes 2001)。在这个称之为**随机优选论**(Stochastic OT)的方法中,制约条件等级排在数值量尺上。评估器应用时,正态分布的噪声因子(noise factors)被添加到每一个制约条件的量级值上。倘若两个制约条件在量尺上比较近,而且噪声因子正好把等级排列高的往下推,把等级排列低的往上拉,那么这两个制约条件的排列等级就有可能发生颠倒。这一更为丰富的变异理论,能够非常准确地重现多种观察结果。OT 软件包含了使用能够从变异语料中获取数值化等级排列方式的"渐变学习演算系统"这一选项。(有关渐变学习演算系统的说明,请参见 Boersma and Hayes (2001)。)

所有这些研究的核心思想是,语言内变异与语言间变异来源相同,均源自等级排列上的差异。(关于这方面的近期讨论,可参见 Bresnan, Deo and Sharma(2007)。)等级排列上的差异性可能是语言一成不变的固有属性,或者它们可能是每次调用评估器时可以改变的瞬时效应。无论何种方式,这一理论都强有力地预言语言的类型和变异,应是量有别、而质相同。

要了解更多有关优选论的变异研究,请参见安提拉(Anttila 2007)这篇简短却实用的综述。较为全面的参考文献,请参见麦卡锡(McCarthy 2002:230,233)和安提拉(Anttila 2006)。

习题

1 社会语言学方面的研究都强调外部社会因素在调节变异音变中的作用,如英语中的 t、d-删音现象。试问,这对于把变异整合到形式语法之中的理论来说会有问题吗?

2 英语中 t、d-删除也受到形态因素的影响(Guy 1991)。该音变现象最有可能影响词根中的 t 或 d,如在 *past*~*pas'* 中,不太可能影响不规则动词过去式形式(如 *lost*~*los'*),最不可能影响规则动词过去式形式(如 *passed*~*pass'*)。请问你如何将这一新的观察结果整合到该分析之中?

6.3 语言是如何习得的?

同语言变异一样,语言习得反映了优选论中的类型变化。发展中的语法与成人语法,均源于同一个 C_{ON}、生成器和评估器。这自然而然地会让我们做出以下的假设:儿童语法与成人语法之间构成了一个**连续体**(continuity)。发展中的语法(不同儿童一段时间内习得同一种语言,以及儿童一段时间内习得不同语言)应彼此有所不同,而此种不同无异于成人语法之间的差异。因此,最强说法是:习得中起作用的每一个音变或限制条件,同样在成年人的共时语法中都应是可能存在的,反之亦然。儿童语言与成人语言之间的任何普遍性的系统差异都必须有语法外的解释,如运动技能或感知系统的成熟程度。

雅柯布森(Jakobson 1941)指出,儿童语言与成人语言相比是无标记性的。后来的研究大多都证实了这一观点。例如,荷兰语学习者是首先习得简单音节首,然后习得复杂音节首;先习得有音节首的音节,后习得无音节首的音节(Levelt and van de Vijver 2004)。(另见第四章习题 12。)优选论为这一观察结果提出了一种形式解释:学习者偏向把标记性制约条件等级排在忠实性制约条件之上[②]。标记性制约条件的等级排在忠实性制约条件之上,除非学习者获得正面证据证明它们的等级一定要排在忠实性之下。这些证据源自所接触到的周围语言的标记性结构。例如,所有儿童最初均把 *COMPLEX-ONSET 的等级排在 MAX、DEP 等其他忠实性制约条件之上,因而儿童早期话语中只有简单的音节首。如果周围语言没有复杂音节首(如日语),那么这种等级排列方式不会随儿童成长而发生变化。如果周围语言有复杂音节首(如荷兰语或英语),那么 *COMPLEX-ONSET 最终降级至 MAX 之下。一般来说,随着标记性制约条件降至忠实性制约条件之下,儿童可使用的结构目录将逐步逼近成年人的语言结构目录。

这些真知灼见所产生的结果是,优选论已在研究中成功地把

[②] 麦卡锡(McCarthy 2002:230)列出了某些提出和研究这一观点的、可供参考的论文。

音系学理论、形式化可学性理论以及语言习得实证研究连为一体。除了自然音系学(Donegan and Stampe 1979, Stampe 1973)以外,优选论之前的生成音系学对语言习得的事实一直都困惑不解:儿童语音数量减少,这便要求儿童音系中要有成年人语言中无证据证明其存在的很多规则。在优选论中,儿童语音形式减少的过程,是满足等级排列高的普遍标记性制约条件所产生的结果。同一组标记性制约条件通过等级排列,既可以概括语言之间的差异,也可以说明某一种语言内儿童与成年人之间存在差异的原因。

任何想要了解更多这方面问题的人,都可以从最近出版的两部文集中寻求帮助。凯奇、佩特和宗内维尔德(Kager, Pater, and Zonneveld 2004)的这部文集既有习得研究,又有可学性研究。丁森和基鲁特(Dinnsen and Gierut 2008)的这部文集既有正常音系习得方面的研究,也有不正常音系习得方面的研究。麦卡锡(McCarthy 2002:232)列出了乔·佩特编写的2002年以前有关优选论习得研究的近乎全部书单。

习题

3 偏向等级排列高的标记性制约条件说明了学习者早期语言中与周围语言相比是无标记的原因,但因子集原则(Subset Principle)之故,这种偏向也是必要的。子集原则适用于正面证据学习,该原则认为学习者必须始终固守语法的更具限制性假设,直到他们得到正面证据证明周围语言限制性较少(Baker 1979, Berwick 1985, Gold 1967)。例如,学习者必须假定他们的语言禁止出现音节首辅音丛,直到他们得到正面证据证明允许出现音节首辅音丛。相反,如果学习者一上来就假设他们的语言允许出现音节首辅音丛,且周围语言恰巧是日语,那么,就没有任何以无音节首辅音丛的单词形式出现的正面证据可以帮助他们找到更具限制性的语法。(这一观点假定学习者不能发现和使用周围语言里缺失的信息。)

子集原则是如何与学习者偏向等级排列高的标记性制约条件这一主张相关联的?

4 许多儿童通过删除整个音节把所学英语单词缩减成单个扬抑格音步(['σ]音步或['σσ]音步)。下面的语料是从几个2岁左右儿童那里收集而来的(Pater and Paradis 1996)。根据连续体假设,这种缩短音变一定是由某些标记性制约条件或某些在成年人音系(可能在别的语言)中仍起作用的制约条件所致。哪些标记性制约条件或制约条件可以通过统制 MAX 来说明这些语料?请回答并加以说明。(提示:请重温一下 4.5.2 节中的制约条件以及第四章习题 10。)

成人	儿童	
a'gain	['gɛn]	'再次'
e'nough	['nʌf]	'足够'
ce'ment	['mɛnt]	'水泥'
po'tato	['teːdo]	'土豆'
spa'ghetti	['gɛːdi]	'意大利式面条'
to'gether	['gɛːdɚ]	'一起'
mu'seum	['ziːʌm]	'博物馆'
Mo'desto	['desto]	'莫德斯托市'
pa'jamas	['dʒaːməʃ]	'睡衣'
to'morrow	['mowo]	'明天'

6.4 优选论需要推导吗?

在优选论中,输入项不经过中间步骤直接映射到输出项。然而,许多音系学和句法理论都要求有中间的推导步骤。

例如,要从阿拉伯语的底层形式/ktub/得到表层形式[ʔuktub]'写!',SPE 分析法需要有(3)中的两步推导过程。第一步是在辅音丛前插入元音。元音插入后产生了以元音起始的音节,这就为要求插入[ʔ]音创造了语境条件。推导是必不可少的,因为运用元音插入规则后,[ʔ]插音规则的结构描述也能得到满足。

(3) 阿拉伯语/ktub/→[ʔuktub]的规则映射

底层形式　　　　/ktub/
元音增音　　　　uktub
[ʔ]音增音　　　　ʔuktub
表层形式　　　　[ʔuktub]

优选论处理这一问题的方式全然不同。生成器不仅限于产出只在某一点上不同于输入项的输出项。相反,生成器可以应用多次操作来获取一个单一的候选项。这意味着[ʔuk.tub]在候选项集合中,要与*[k.tub]、*[uk.tub]等其他各种形式展开竞争。评估器所比较的候选项无所不包,它们并不是走向表层结构的中间步骤,而是尽在其中的各种表层结构。

优选论为什么采用单步骤推导模式?已有诸多实证论据(有关这方面的更多论据,可参见 McCarthy(2002:138—163)中的概述),但主要原因仍是理论的经济性。多步骤推导模式往往是一种确立语言需求之间优先关系的方式,而优选论已有一种设置优先性的方式,即等级排列。

例如,在亚韦尔玛尼语里,选择元音缩短(如在/laːn-hin/→[lan.hin]中)还是元音增音(如在/ʔilk-hin/→[ʔi.lik.hin]中),就是一个设置优先性的问题。两种情况,都是怎样处理未被音节化的辅音问题。元音增音,原则上对*[laː.ni.hin]和[ʔi.lik.hin]两种情况都适用。由于/laːn-hin/选择元音缩短而非增音,SPE分析法必须把缩短规则置于增音规则之前,如(4)所示。如果规则排序相反,那么增音规则将用于这两种形式,产出错误的结果*[laː.ni.hin]。

(4) 亚韦尔玛尼语里缩短/增音规则的优选性

a. 正确的规则排序

底层形式	/laːn-hin/	/ʔilk-hin/
音节化	laː.n.hin	ʔil.k.hin
元音缩短	lan.hin	—
元音增音	—	ʔi.lik.hin
表层形式	[lan.hin]	[ʔi.lik.hin]

b. 错误的规则排序

底层形式	/laːn-hin/	/ʔilk-hin/
音节化	laː.n.hin	ʔil.k.hin
元音增音	laː.ni.hin	ʔi.lik.hin
元音缩短		
表层形式	*[laː.ni.hin]	[ʔi.lik.hin]

但是在优选论中,缩短与增音之间的优先关系是由两个忠实性制约条件的等级排列决定的(见(5))。忠实性候选项因违反*C^{unsyll}而被淘汰出局,这样就不得不违反 DEP 或 IDENT(长)。就

输入项/laːn-hin/而言,青睐缩短是因为 IDENT(长)的等级排在 DEP 之下。制约条件等级排列而非规则排序,决定了青睐[lan.hin]的竞争。输入项/ʔilk-hin/没有长元音,缩短不在选项之列,因此等级排列更高的 DEP 一定会被违反。

(5) 亚韦尔玛尼语里缩短/增音在优选论中的优选性

/laːn-hin/	*C^{unsyll}	DEP	IDENT(长)
a. → lan.hin			*
b. laː.n.hin	*W		L
c. laː.ni.hin		*W	L

/ʔilk-hin/	*C^{unsyll}	DEP	IDENT(长)
a. → ʔi.lik.hin		*	
b. ʔil.k.hin	*W	L	

优选论单步骤的推导做法是有争议的。语言学文献中有很多研究成果提出推导至少在音系学中是不可或缺的。但也有反对意见,他们则持尽量与经典优选论保持一致的立场。两方面都提出了各自的主要论点。

前者的论点是基于跨推导式的相似性(transderivational similarity)。在巴勒斯坦阿拉伯语里,短高元音在非重读开音节中通常是被删除的,从而产生了(6)中所呈现的交替音变。但(7)中字体加粗的单词起始开音节中,不重读高元音是不会被删除的。其原因是:这个元音在[ˈfihim]'他理解'一词中是重读的,因此不能被删除,这一事实可以阻止它在像[fiˈhimna]'他理解我们'之类的派生词中被删除。而[ˈfihim]对[ˈfhimna]'我们理解'却没有被影响,因此这两个词必定是以截然不同的方式相关联,自然不会引发对跨推导式相似性的要求。

(6) 巴勒斯坦阿拉伯语里的元音删除

底层形式	表层形式	
/fihim/	['fihim]	'他理解'
/fihim-u主格/	['fihmu]	'他们理解'
/fihim-it主格/	['fihmit]	'她理解'
/fihim-na主格/	['fhimna]	'我们理解'
/fihim-t主格/	['fhimt]	'我理解'

(7) 巴勒斯坦阿拉伯语里的跨推导式相似性

底层形式	表层形式	
/fihim-na宾格/	[fi'himna]	'他理解我们'
/fihim-kum宾格/	[fi'himkum]	'他理解你们'
/fihim-ha宾格/	[fi'himha]	'他理解她'
/ma fihim-ʃ否定/	[ma fi'himiʃ]	'他不理解'

自乔姆斯基、哈勒和卢科夫(Chomsky, Halle and Lukoff 1956)以来,这类现象通常都求助于转换循环操作。该循环要求规则先应用于里面一层的结构成分,然后再应用于外面一层的结构成分。除此之外,假设该循环仅限于能够像词那样独立存在的结构成分。这些假设可以说明(6)与(7)之间的差异,如下所示(引自 Brame 1973):

(i) 在像/fihim词干-na主格/'我们理解'这样的词中,因为内层结构成分/fihim/是个黏着词干,不是一个独立存在的词,所以它并不是一个循环应用域。因此,这个形式只进行了一次循环的规则应用。重音落到了倒数第二个音节之上,得到[fi'himna],然后起始音节的不重读[i]音被删除,最后获得['fhimna]。

(ii) 在像/fihim-Ø_{主格}-na_{宾格}/'他理解我们'这样的词中,内层结构成分是可独立存在的词[fihim],意思是'他理解'。第一循环时,重音规则应用于内层的结构成分,产生['fihim]。第二循环时,添加宾格后缀/na_{宾格}/之后,音系规则再次应用。重音被分配给新的倒数第二个音节[him]。但第一循环所留下的重音形式阻止了起始音节中的元音删除。

我们很轻易地就能想到,如何把循环性应用引入优选论之中。在优选论的循环理论中,循环性就意味着把生成器和评估器先后依次应用于一次比一次更大的结构成分,把前面一个循环获得的输出项作为当前这个循环的输入项。例如,首先把/fihim/'他理解'提交给生成器和评估器,进而产生['fihim]。然后,添加附属成分/-na_{宾格}/之后,再次提交给生成器和评估器。因为['fi]在第二循环的输入项中是重读音节,重读位置忠实性制约条件可以阻止它被删除,从而获得[fi'himna]'他理解我们'。肯斯托威兹(Kenstowicz 1995)、凯巴斯基(Kiparsky 2000,2003)以及鲁巴赫(Rubach 1997,2000)等许多著述中都曾提出优选论循环或"层级"等诸如此类的理论。

还有人做过许多研究,探求另外一种跨推导式相似性理论。这种理论被认为是跨推导式的或输出项到输出项的忠实性,它设定输出形式之间所存在的对应关系,这些输出形式是与语素相关的词(见4.6节)。['fihim]'他理解'与[fi'himna]'他理解我们'之间存在着输出项到输出项的对应关系,针对这一对应关系的位置忠实性制约条件使后者中的起始元音避免被删除。更多对这一理论思想的说明和阐释,可参见凯奇(Kager 1999:第六章),该章对这一问题做了很好的介绍。该理论在本瓦(Benua 1997)、克罗斯怀特(Crosswhite 1998)、佩特(Pater 2000)、斯蒂里亚德(Steriade 1997,1999,2000)等许多其他研究中得到了发展。唐宁、霍尔和拉弗尔西芬(Downing, Hall and Raffelsiefen 2005)是一部重点关注词形变化表和词形变化相似性相关问题研究的论文集。

赞同优选论中要有推导的另外一个论点是基于音系不透明现象(opacity)。不透明这一概念源于传统生成音系学理论:如果规则应用的事实或决定它是否应用的语境在表层形式中是无法看到的,那么这条规则就是不透明的(Kiparsky 1973a)。例如,贝都因阿拉伯语里有一种前元音前的腭化音变,即使触发前元音被删除此音变也会发生。以规则为基础的音系学,是把腭化规则排在词中音删除规则之前来分析两个音变之间的交互关系的,如(8)所示。这是一种称之为**反阻断**(counter-bleeding)的不透明规则排序,因为如果规则是以相反的顺序应用的,词中音删除通过剥夺它的应用机会来"阻断"腭化音变的应用。

(8) 规则音系学中的音系不透明现象

底层形式　　　　/ħaːkim-iːn/
腭化音变　　　　ħaːkʲimiːn
词中音删除　　　ħaːkʲmiːn
表层形式　　　　[ħaːkʲmiːn]

音系不透明现象给经典优选论提出了一些问题。因为标记性制约条件只看表层形式,所以青睐前元音前[k]音腭化的标记性制约条件,无法对[ħaːkʲmiːn]与*[ħaːkmiːn]的选择做出判定。由于*[ħa:kmi:n]更忠实,因而它应该胜出。音系不透明性的问题是,表层结构无法看到的条件影响着对候选项的评估,这里/k/是因后接一个表层结构中无法看到的底层/i/而被腭化。经典优选论只有通过忠实性制约条件这一种方式触及表层结构之外的表征层面,但忠实性制约条件在这里不起任何作用,因为预想的优选项[ħa:kʲmi:n]不如*[ħa:kmi:n]更忠实。

有些研究音系不透明现象的优选论方法,是通过丰富表层表征形式来维系经典优选论的基本假设的,还有些研究方法是把推导之类的东西加入优选论之中,这些问题已远远超出像本书之类的教科书内容所及的范围。但想要了解更多这方面的研究,可参见麦卡锡(McCarthy 2007a),该书对各种观点和建议进行了综述,并提出了一种全新的分析方法。较早研究这一问题的两本论文集分别是赫尔曼和范·奥斯腾多普(Hermans and van Oostendorp 1999)和罗卡(Roca 1997)。

新9 和谐串行理论与音系不透明现象

和谐串行理论是一种音系推导型理论,但不是(起码现在还不是)一种处理音系不透明现象的普遍理论。本书 270 页(8)中以规则为基础的音系推导,例示了一种称之为**反阻断**的音系不透明现象。在标准 OT 理论中,这个(源自贝都因阿拉伯语的)例子是个难题,因为删除/i/音将一下子满足两个标记性制约条件:一个是青睐腭化 *i* 音前的 *k* 音的,一个是青睐删除开音节中的短高元音的。因此,获胜的候选项应是 *k* 音未被腭化的 *ħa:kmi:n*。但实际的获胜项应是 *ħa:kʲmi:n*。它似乎没必要一定忠实,因为即使触发

腭化的 i 音没有出现在表层形式中,但它里面的 k 音已被腭化。

咋看上去,和谐串行理论也好不了多少。倘若 $ha{:}kmi{:}n$ 是步骤一中的候选项,那么它就会胜出,其胜出的理由与在标准 OT 理论中的理由是一样的。音系推导走到第二步,就都聚合在它身上。在步骤一时,$ha{:}k^ji mi{:}n$ 与 $ha{:}kmi{:}n$ 这两个候选项在禁止 k 音出现在 i 音前的制约条件上表现相同,但前者因违反了禁止开音节中出现短高元音的制约条件而败于后者。在步骤二时,$ha{:}k^j mi{:}n$ 因其非忠实性而败于 $ha{:}kmi{:}n$。

但有些音系不透明情况可以在和谐串行理论中得到分析。Elfner(2009)提出了一种对黎凡特阿拉伯语(Levantine Arabic)中重音与增音交互性问题的和谐串行理论分析。在以规则为基础的分析中,重音指派规则排在增音规则之前,如(34新 a)的音系推导所示。(把(34新 b)的音系推导放到这里,意在说明除插入的元音外其他任何方面都相同的词重音模式。)

(34新)对黎凡特重音与增音交互现象所做的以规则为基础的分析

	a. '我写给他'	b. '她写给他'
底层形式	/katab-t-l-u/	/katab-it-l-u/
重音	katábtlu	katabítlu
增音	katábitlu	

正如我们现在所看到的,和谐串行理论分析涉及同样步骤的音系推导过程。

在/katab-t-l-u/的第一步音系推导中,有获得重音的候选项 $katábtlu$ 和已增音的候选项 $katabitlu$,但没有既获得重音又已增音的候选项。

katábtlu 与 *katabitlu* 之间的竞争是哪个标记性制约条件排在前面的问题，一个是要求指派重音的制约条件（HEADEDNESS（词）——见本书 181 页），一个是禁用辅音丛的制约条件（*COMPLEX-CODA）。如果 PARSE-SYLLABLE 的等级排列在前面，那么 *katábtlu* 将在步骤一中胜出：

(35新)　/katab-t-l-u/的音系推导步骤一

/katab-t-l-u/	HEADEDNESS（词）	*COMPLEX-CODA	DEP
a. →katábtlu		*	
b.　katabtlu	*W	*	
c.　katabitlu	*W	L	*

在步骤二中，HEADEDNESS（词）已得到满足，所以排在下面一个的是 *COMPLEX-CODA，它需要通过增音得到满足。

(36新)　/katab-t-l-u/的音系推导步骤二

katábtlu	HEADEDNESS（词）	*COMPLEX-CODA	DEP
a. →katábitlu			*
b.　katábtlu		*W	L

新25 音系推导聚合于步骤三。

这一分析的关键之处是：标记性制约条件的等级排列方式决定了这些标记性制约条件所触发的音变次序。把 HEADEDNESS（词）的等级排在前面，确保了先重音指派，后增音音变。这样，重音指派时插入的元音尚未插入。这种方法或许可以用来解决

386

第六章　目前研究中的某些疑难问题

$ha:k^j mi:n$ 问题（见习题12[新]）。该方法可能普遍适用于反阻断音系不透明现象的各种情况，但仍有待观察。

反阻断音系不透明现象在和谐串行理论中甚至可能比在经典 OT 理论中的问题更大。回想一下（13[新]）中开罗阿拉伯语长元音在非重读音节中变短的例子。开罗语里还有词中删音音变，即删除 VC ____ CV 语境中的短高元音，但由长元音推导而来的短元音不可以删除：

(37[新]) 开罗语的链状音变

a. 删除 VC ____ CV 中的短高元音
　/fihim-u:/　　fihmu　　'他们理解'（比较 $fihim$ '他理解'）

b. 但如果是由长元音推导而来的，则不删除
　/ji-ʃi:l-u:-na/　　jiʃilú:na　　'他们问我们'（比较 $jiʃi:l$ '他问'）
　　　　　　　　　*jiʃlú:na

这种音变组合形式被称作**链状音变**（chain shift），因为某一音变的输出项与另一音变的输入项完全相同：在相同或重叠的语境中，A→B 且 B→C。链状音变的这一传统称谓多少会容易让人产生误解，因为重要的是这些音系音变**并没有**链接在一起：底层形式 A 根本没有映射到表层形式 C。

在标准 OT 理论中，长元音的删除可以被制约条件 MAX(V:) 阻止（Gouskova 2003）。该制约条件的界定，要让它对输入项而非输出项中的元音长度进行核查。所以，即使这些长元音已经变为了短元音，它仍可避免底层长元音遭删除。

但此做法不可以带入和谐串行理论之中。其问题是：一旦底层长元音在推导过程中变成了短元音，它与底层短元音就无法进

行区分了。没有排除(38^{新})中音系推导的现成的方法。(为节省篇幅,这里的音系推导是从重音指派之后开始的。)

(38^{新}) 不想得到的和谐串行推导方式

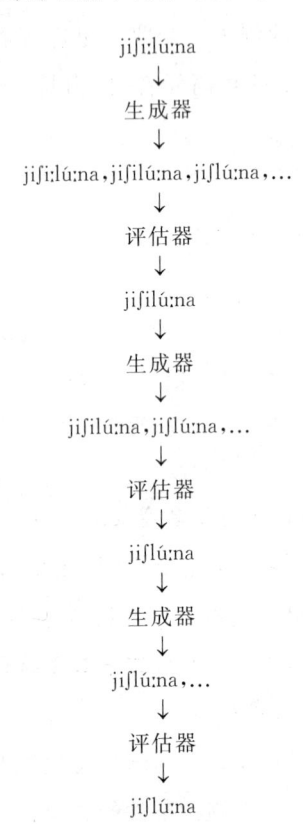

$$jiʃiːlúːna$$
$$\downarrow$$
$$生成器$$
$$\downarrow$$
$$jiʃiːlúːna, jiʃilúːna, jiʃlúːna, \ldots$$
$$\downarrow$$
$$评估器$$
$$\downarrow$$
$$jiʃilúːna$$
$$\downarrow$$
$$生成器$$
$$\downarrow$$
$$jiʃilúːna, jiʃlúːna, \ldots$$
$$\downarrow$$
$$评估器$$
$$\downarrow$$
$$jiʃlúːna$$
$$\downarrow$$
$$生成器$$
$$\downarrow$$
$$jiʃlúːna, \ldots$$
$$\downarrow$$
$$评估器$$
$$\downarrow$$
$$jiʃlúːna$$

此步音系推导的输入项是重音落在倒数第二个音节上的候选项 $jiʃilúːna$,其中它的第二个音节是短元音 i。就 M$_{AX}$(V:) 而言,这个短元音 i 无异于 /fihim-u/ 中间音节中的短元音 i。既然 /fihim-u/ → $fihmu$,那么预想的结果应是 /jiʃiːluːna/ →* $jiʃlúːna$。

388

一种解决方案是要用不同的眼光看待和谐串行理论中的忠实性制约条件。如果 Max(V:)总要回过头来看底层形式而非当下这步推导的输入项,那么就要保持/ji-ʃi-luː-na/的第二个音节中的长元音/iː/。此做法的问题是,它有悖于改进的和谐串行理论的位置忠实性理论(见新18页)。

另一种解决方案是重新审视所谓的链状音变,注意确定 A→B 映射的输出项 B 是否与 B→C 映射的输入项 B 真的完全相同。如果它们只是相似而非相同,那么和谐串行理论分析就有可能发生。更多有关这方面的分析,见习题13[新]。

最激进的解决方案是采用诸如新9页上提到的类似于候选项链理论的处理方法。优选论的候选项链理论是建立在对音系推导进行评估的基础上、一种专门针对音系不透明现象的理论。它采纳类似于和谐串行理论的生成器,应用针对操作排序的制约条件对音系推导进行比较。更多这方面的研究,可参见麦卡锡(McCarthy 2007a)。

习题

12[新]　将(35[新])和(36[新])中的反阻断音系不透明现象分析方法应用于 haːkʲmiːn 问题。为此,你需要假定词中删音是分两步进行的音系音变,即先是删除元音的一个莫拉,后是它的特征。

13[新]　(13[新])和(37[新])中的开罗语语料,用的是宽式音标。采用窄式音标(见(39[新])),底层短元音的表层体现形式是松元音 ɪ,底层长元音的表层体现形式是紧元音 iː 和 i,这里的松紧元音之间是有区别的,即便是在长元音变为短元音时(Mitchell 1956:10—11,112)[③]。

---

③　末尾高元音也是紧元音,因为它们在底层是长元音(McCarthy 2005)。

请利用这些具体信息来构建一种和谐串行理论分析,该分析无须那些总要回头来看底层形式的忠实性制约条件。

(39[新]) 开罗语语料(窄式音标——比较(37[新]))

fihɪm	'他理解'
fihmu	'他们理解'
fɪʃiːl	'他问'
fɪʃilúːna	'他们问我们'

6.5 如何说明不合乎语法性?

我们在前两章中已看到,优选论的不合乎语法性理论主要是基于候选项的竞争:*[bnæg]和*What does Robin will eat?(罗宾会吃什么?)在英语里是不合乎语法的,因为无论是哪个输入项,它们都不是其最和谐的候选项。这是优选论中唯一可能的不合乎语法性理论,因为评估器就是如此界定的。评估器寻找制约条件等级体系所最为青睐的候选项,而不是要坚持选择不违反所有制约条件的候选项,因此评估器总会把**某个**候选项选作最优的。不可违反制约条件和完全推导模式,是许多非OT理论研究不合乎语法性的公认方法,但如果不做某种重大修改,那么这种方法绝不会成为优选论的选项之一。

挑战这一观点的语料来自于音系引发的形态缺位现象。莱斯(Rice 2003,2005)有关挪威语祈使式的研究提供了一个很好的例子。祈使式除了缺少写成-e、读作[-ə]的后缀外,通常跟不定式完全相同(见(9))。但是,以辅音丛结尾的动词词根,如[pn]、[dl]或

[kl],就没有祈使式(见(10))。裸词根*[åpn]因其末尾辅音丛而无法发音,像增音*[åpən]这种显而易见的替代方法,却被大多数说话人所摈弃。这些说话人根本就没有动词"开放"的祈使式,所以当他们想要表达这个意思时,就必须采取迂回方式(通常采用情态+不定式方式)。

(9) 挪威语祈使式

不定式	祈使式	
å spise	spis!	'吃'
å snakke	snakk!	'谈'
å løfte	loft!	'举'

(10) 挪威语祈使式的缺位

不定式	祈使式	
å sykle	—	'自行车'
å åpne	—	'开放'
å paddle	—	'桨叶'

如果输入项是/sykl+祈使式/,那么此时哪个候选项会胜出?可以推定我们不会让音系生成器变得如此丰富,甚至提出迂回性短语作为竞争选手。另一种方法就是把缺位本身视为一个候选项。

普林斯和斯莫伦斯基(Prince and Smolensky 1993/2004:57—61)假设每一个候选项集合中都包含一个没有任何结构的成员,即**零项**(null output)。零项不仅仅在音系上是空的;更确切地说,它没有任何语言结构,没有音系、没有形态、没有句法、没有语义。(因此,零项不同于仅缺少音系结构的 *pro*。)比起其他候选项,零项的优势是,它没有任何结构,因而不会违反任何标记性制约条件。标记性制约条件阻止某些结构(如音系制约条件 *COMPLEX-SYLLABLE,句法制约条件 OPERATOR-IN-SPECIFIER 或 OBLIGATORY-HEADS)或者要求出现的结构具有某些属性(如音系制约条件 ONSET,句法制约条件 FULL-INTERPRETATION)④。零项没有任何结构,因而它空满足了所有的标记性制约条件。此外,鉴于沃尔夫和麦卡锡(Wolf and McCarthy 2010)所给出的原因,它也空满足了所有的忠实性制约条件。那么,零项不同于删除全部音段(即违反 MAX)但保留了形态句法结构的音系空项。这一假设是,零项只违反了一个称之为 MPARSE 的制约条件⑤,其他候选项都没有违反这个制约条件。

在莱斯的分析中,涵盖型制约条件 SONORITY-SEQUENCING (SONSEQ)排除了忠实性候选项*[sykl]作为祈使式动词'自行车!'的表层体现形式,忠实性制约条件禁止选择替代方式,如增音(*[sykəl])。这些制约条件都必须统制 MPARSE,如(11)所示。零项既无标记性,又不忠实,所以它将击败这些以及其他任何违反等级排在 MPARSE 之上的制约条件的候选项。由于零项是这一竞选表中的优选项,操挪威语的人被迫使用迂回方法来表达'自行车!'之意,因为他们确实没有这个词,甚至没有一个音系空词。

---

④ 这不是标记性制约条件类型之间原则上的区别,同一个制约条件常常可以不同方式进行界定。

⑤ 把这个制约条件称为 MPARSE,其意在唤起名为 PARSE 的制约条件,但仅限于形态。普林斯和斯莫伦斯基认为,零项的独特性在于它不能分析(=保留)输入项的形态结构。这就是为什么他们把零项称之为**零分析**(null parse)。更多有关普林斯和斯莫伦斯基研究忠实性制约条件的阐述,请参见 4.6.4 节。

第六章　目前研究中的某些疑难问题

(11) 等级排列的论证：Sonority-Sequencing, Dep≫MParse

/sykl/	SonSeq	Dep	MParse
a. →零项			*
b.　sykl	*W		L
c.　sykəl		*W	L

零项是优选论最接近于其他语言学理论所坚守的不可违反制约条件和完全推导模式。等级排在 MParse 之上的任何一个制约条件 C，实际上都是不可违反的，因为违反 C 的任何一个候选项都将败给零项。勒让德、斯莫伦斯基和威尔逊（Legendre, Smolensky and Wilson 1998：257 注释）把 MParse 的这一效应称为**和谐阈值**（harmony threshold）。然而，在保持基本原则的前提下，优选论是通过候选项竞争而非候选项评估后的核查实现这一不违反性效应的。

零项似乎是一种解决基础丰富性问题的好方法（见 2.10.4 节）。我们知道，在亚韦尔玛尼语里，所有的音节和词都是以辅音开头的，因而 /apak/ 不可能映射为 [a.pak]，但交替音变中也没有证据告诉我们 /apak/ 映射为其他哪一种形式。既然 /apak/ 映射为何种形式的任何主张都只是一个猜测而已，那为什么不将其映射为零项呢？

正是因为 MParse 所具有的和谐阈值，零项不适于这个以及许多其他基础丰富性问题。为了让零项成为 /apak/ 候选项中最和谐的候选项，如(12)所示，那么 MParse 就必须受到 Onset 的统制，从而把忠实性候选项淘汰出局。另外，要排除满足 Onset 的其他方式，MParse 还必须受到 Max 和 Dep 的统制。

（12）零项作为亚韦尔玛尼语虚拟项/apak/的优选项

/apak/	*Comp-Syll	Onset	Dep	*V#	Max	MParse	I_D(长)
a. →零项						*	
b.　a. pak		*W				L	
c.　ʔa. pak			*W			L	
d.　pak					*W	L	

但是，把（12）所要求的 Max≫MParse 这一等级排列应用到像/taxa:-kʔa/这样的例子中，就会产生不一致性问题，如（13）所示。这是和谐阀值的案例之一：如果 Max 统制 MParse 的话，那么违反 Max 的候选项永远不会胜出。Max 应该已是个事实上不可违反的制约条件。而/taxa:-kʔa/→[ta. xakʔ]的映射则表明，这个说法并不正确。

（13）与/taxa:-kʔa/→[ta. xakʔ]相矛盾的等级排列

/taxa:-kʔa/	*Comp-Syll	Onset	Dep	*V#	Max	MParse	I_D(长)
a. →ta. xakʔ					*		*
b.　ta. xa:. kʔa				*W	L		L
c.　ta. xa:kʔ	*W						L
d.　ta. xa:. kʔaʔ			*W		L		L
e.　零项					L	*W	L

另一方面，在像亚韦尔玛尼语这种没有删音交替音变的语言里，就不会有关于把 MParse 等级排在 Max 之下的反对意见。所以，原则上零项可以给予我们一种令人满意的某些但不是全部基础丰富性问题的解决方案。和谐阀值这一特性——关键性统制 MParse 的任何一个制约条件，都不能被该语法的任何一个非零

项所违反——提供了一种验证基于零项的解决方案是否可行的简易方法。

要了解更多有关零项及其相关概念,请参见莱斯(Rice 2010)所做的分析及其文中所引的相关文献。

习题

5 你能否运用零项方法重新分析第二章中(62)和(63)的马都拉语?重新分析中应把/bā/和/ma/映射为零项,把/ba/和/mā/分别映射为[ba]和[mā]。如果重新分析是可能的,请提出你的分析;如果不行,请说明理由。

6.6 忠实性就够了吗?

优选论本质上是一种类型学研究,所以,它把我们的注意力都集中在哪些语言是可能的、哪些是不可能的问题上。对阶乘类型学的探索,常常显示存在着某些缺位——即未经证实但可能存在的现象。本节将论及在满足具体标记性制约条件方式上的某些缺位问题:对忠实性制约条件进行排列组合,可以预知从未观测到的实际情形,有时把它称之为**过多解决方案问题**(too-many-solution problem)[6]。

相关的例子,可以在隆巴尔迪(Lombardi 1995/2001)一文中

---

[6] "过多解决方案"一词喻指标记性制约条件提出的非忠实性映射是"问题"的"解决方案"。它不是最佳的,但却是一种选择,"过多修补方法"会更糟。标记性制约条件不是问题,非忠实性映射也不是解决方案或修补方法。可惜的是,至今尚无人为此提出更好的名称。

找到。她一开始就提出假设有一条禁止浊阻塞音出现在音节尾的标记性制约条件 No-Voiced-Coda。在德语、波兰语、俄语等其他词尾去浊音化的语言里,No-Voiced-Coda 统制 Ident(浊音性):如/bad/→[bat]。但是,假设把它与其他忠实性制约条件的等级排列进行排列组合,如(14)~(16)所示,由此产生的类型中有两个大的缺位:一个是以删音方式避免出现音节浊音尾的语言,如(15)所示,另一个是以元音增音方式避免出现音节浊音尾的语言,如(16)所示。通常情况下,人类语言会通过删音或增音来处理音节尾,但似乎没有语言会专门以此方式来处理浊音尾。

(14) Ident(浊音性)的等级排在最后(德语)

/bad/	No-Voiced-Coda	Max	Dep	Id(浊)
a. →bat				*
b. bad	*W			L
c. ba		*W		L
d. badə			*W	L

(15) Max 的等级排在最后(无法证实)

/bad/	No-Voiced-Coda	Id(浊)	Dep	Max
a. →ba				*
b. bad	*W			L
c. bat		*W		L
d. badə			*W	L

第六章 目前研究中的某些疑难问题

(16) Dep 的等级排在最后(可能无法证实)⑦

/bad/	No-Voiced-Coda	Id(浊)	Max	Dep
a. →badə				*
b. bad	*W			L
c. bat		*W		L
d. ba			*W	L

当阶乘类型预测到无法证实且推定不可能存在的语言时，首先考虑到的解决方案是把某些制约条件从 Con 中移除，那样可能有的语法数量就会减少。但把 Max 和 Dep 移除，不是明智的选择，因为它们是分析其他语言现象必不可少的制约条件。这就是隆巴尔迪为什么对(14)～(16)中有缺陷的类型假设进行了更为彻底的修改。

她所建议的其中一个方面是与 4.6 节中探讨特征忠实性制约条件的内容相关。如果删除浊辅音的话，Ident(浊音性)就会得到空满足。这就是[ba]在(15)中胜出的原因。假设用 Max(浊音性)取代 Ident(浊音性)来改变 Con：删除浊辅音，就会跟违反音段性 Max 一样违反 Max(浊音性)。这一改变的结果是，在现有的制约条件集合中[ba]被[bat]和谐限定。(如(17)所示，制约条件未被等级排列，这是因为和谐限定是不受等级排列体系支配的。)[ba]和[bat]均违反了 Max(浊音性)，但[ba]还违反了针对整个音段的制约条件 Max。因为改变了这种对特征忠实性的看法，所以，既然只删除其[浊音性]特征就已完全满足 No-Voiced-Coda，那么删除整个尾音就变成过度删音。(关于隆巴尔迪建议

---

⑦ 科瓦科瓦拉语(Kwakwala)可能是该模式的一个例证(Struijke 1998)。

的另一方面,是习题 6 所要讨论的问题。)

(17) 采用 M<small>AX</small>(浊音性)时[ba]受到的和谐限定

/bad/	N<small>O</small>-V<small>OICED</small>-C<small>ODA</small>	M<small>AX</small>(浊)	D<small>EP</small>	M<small>AX</small>	
a. ba		*		*	受到和谐限定
b. bad	*				
c. bat			*		
d. badə				*	

隆巴尔迪分析中的关键内容是对忠实性理论进行修改,以使删除浊辅音的忠实性实质上低于单纯去浊音化。这一变化解决了一个普遍类型学问题:为什么很多语言都有音节尾去浊音化现象,却没有删除音节尾辅音现象。

斯蒂里亚德(Steriade 2001b)采取了一种理论上与此相类似的做法,但提出的基本原理却截然不同。在她看来,非忠实性的相对程度是由感知相似性决定的。说话人偏爱[bat]而不是[ba],是因为[bat]感知上与忠实性的[bad]更相似。斯蒂里亚德的理论采用一个称之为 P-Map 的普遍性感知相似性量级,来固定某些忠实性制约条件的等级排列方式。因为删除音段总要比去浊音化所引发的感知变化更大,所以 M<small>AX</small> 都普遍统制 I<small>DENT</small>(浊音性)。所以,上面(15)中的等级排列在任何语言里都不可能存在,这个类型学问题也因而得到了解决。

还有一些过多解决方案问题方面的具体情况,处理起来并非易事。标记性制约条件 C<small>ODA</small>-C<small>OND</small> 不允许音节尾允准某些辅音部位特征。这个制约条件可以通过删除辅音得到满足:/patka/→[pa.ka];还可以通过部位同化得到满足,即让辅音丛共有音节首允准的某一部位特征:/pamka/→[paŋ.ka]。原则上,这个制约条件有可能通过删除或同化辅音丛中第二个辅音得到满足,但这似乎从未发生过:/patka/→*[pa.ta],/pamka/→*[pam.pa]⑧。为什么会产生这种不对称现象呢?布卢门菲尔德(Blumenfeld 2006)和威尔逊(Wilson 2000,2001)提出,如果要解决这些问题,就得修改制约条件理论,让它们变得更像规则。麦卡锡(McCarthy 2007b)则提出了一种新的推导机制。

常常有人把提供过多解决方案的阶乘类型描述为"优选论问题之一",这恰恰是把坏消息的责任推给信使的一个例证。任何一种语言学理论都需要说明输入项与输出项可以还是不可以彼此之间有所不同的方式,这不只是优选论必须承担的某项特殊责任。优选论固有的类型学特性,是隆巴尔迪、佩特(Pater 1999)、斯蒂里亚德等学者为什么最先发现问题的原因。正如我们所见到的那样,它也可以成为找到解决方案的关键所在。

习题

6 假设没有像(16)那样的语言,隆巴尔迪用某个与语境无关的制约条件来取代 NO-VOICED-CODA,这个制约条件不允许浊阻塞音出现,并与位置忠实性制约条件 IDENT(浊音性)_{音节首}发生关键性交互作用(见第二章(39))。根据上述提示,请补充她建议的具体细节,并对其操作方式加以说明。

---

⑧ 有关删音不对称性方面的文献,请参见斯蒂里亚德(Steriade 2001b)和威尔逊(Wilson 2000,2001)。有关同化不对称性方面的研究,请参见全钟昊(Jun 1995)、奥哈拉(Ohala 1990)、斯蒂里亚德(Steriade 2001a)和韦伯(Webb 1982)。

新27 新10 # 和谐串行理论与过多解决方案问题

本书 277 页提出了过多解决方案问题:为什么辅音丛中的删音和同化总是针对它的第一个辅音?

针对这个问题,和谐串行理论给出了一个崭新的答案(McCarthy 2008a)。我将对和谐串行理论如何处理同化问题进行说明,而把删音问题作为一道习题留给读者。

核心思想是部位同化是分两步进行的音系音变过程:先是删除违反 Coda-Cond 的部位特征,而后才是后面音节首辅音的部位特征发生延展并取而代之。因此,其音系推导过程是这样的:/pamp/→[paNta]→[paȃnta]。(这里,N 代表无部位的鼻音,弧形连接符用于标示几个音同享一个部位自主音段特征。)很自然,我们假设和谐串行理论的生成器不能一步一次性完成特征的断开联结与联结这两项音系操作。该假设明确地排除了/pamta/→[paȃnta]这种单步骤音系推导方式,它必须先断开与[唇音性]的联结,然后把[舌冠性]特征延展其上。

如果把和谐串行理论的生成器限定于这种操作方式,那么接下来自然是部位同化方向上的不对称性问题。在步骤一中,删除音节尾辅音的部位特征,能满足 Coda-Cond,但删除音节首辅音的部位特征(产出无部位特征的?音),则不能。无论删除音节首辅音的部位特征,还是删除音节尾辅音的部位特征,都将引发对标记性制约条件 Have-Place 和忠实性制约条件 Ident(部位)的违反,所以有必要把这两个制约条件的等级排在 Coda-Cond 之下:

第六章 目前研究中的某些疑难问题

（40新）/pamta/→[pan͡ta]中的步骤一

/pamta/	Coda-Cond	Have-Place	Ident（部位）
a. →paNta		*	*
b.　pamta	*W	L	L
c.　panʔa	*W	*	*
d.　paᵐn͡ta	*W	L	*

表中最后一个候选项,意在表示 t 音的[舌冠性]延展到前面鼻音而同时鼻音仍保留其[唇音性]特征的情况。该候选项受到忠实性候选项[pamta]的和谐限定。

在步骤二中,无部位特征的 N 通过其后 t 音的部位特征延展,变为了 n。这样,就满足了 N 所违反的 Have-Place。

（41新）/pamta/→[pan͡ta]中的步骤二

paNta	Coda-Cond	Have-Place	Ident（部位）
a. →pan͡ta			*
b.　paNta		*W	L

接着,音系推导到步骤三（这里不予展示）发生了聚合现象。

在标准 OT 理论中,[pan͡ta]和[pam͡pa]都同等程度地满足了 Coda-Cond、违反了 Ident（部位）,所以二者都有可能成为底层 /pamta/ 的表层形式。但是,在和谐串行理论中,仅仅让表层形式成为标准 OT 理论的优选项,是远远不够的；它还必须通过一个和谐性逐级提升的中间形式链与底层形式联系起来。[pam͡pa]的情况并非如此；在我们已阐释的有关生成器的假设情况下,它需要的中间形式是[pamʔa],但如（40新）所示,该形式的和谐性就 Coda-

401

COND 而言并没有得到任何提升。在所有其他条件相同的情况下，和谐串行理论所生成的部位同化类型，要比标准 OT 理论更具限制性。这一更具限制性的类型变化，更符合我们所看到的语言事实。

习题

14[新]　请根据刚刚在分析中所呈现的某些观点，运用和谐串行理论来说明为什么辅音丛的简化是通过删除第一个而不是第二个辅音实现的：/patka/→[paka]，*[pata]。

15[新]　位置忠实性能否给过多解决方案问题提出一种具有竞争力的解决方案？请说明你的答案。

后　　记

　　我在计划和撰写这本书时，心中有着几个目标。我希望读者在学习优选论时不再犯我所犯过的错误，不再有我所有过的迷惘；我希望把那些经验丰富的践行者在做优选论分析时所采用的许多未明说的技术方法，一五一十地表述清楚；我希望更多的读者能见识到某些我以为很重要、很有用的观点和思想（比如普林斯的比较竞选表，等等）；我想指点迷津，提出一些在撰写论文时应采取的方式方法；我想以一种尽可能多的平等交换教学经验的非正式方式去实现所有的这一切。我相信我至少达到了部分的目标。

　　你若读完了这本书并做了那些习题，那么就已做好了开始进行优选论研究的准备。你有能力提出自己的分析，也有能力对呈现给你的分析做出评析。你能看出制约条件何时需要修改，何时需要删除。你知道该如何定义一个新的制约条件。你有能力评判和提出语言类型学，你还能辨识优选论的基本前提可能被证实不够充分的情形。祝你的研究好运不断！也希望听到你这方面的消息！欢迎随时给我写信，请发送至 jmccarthy@linguist.umass.edu。

参 考 文 献

以 ROA 列出的条目，均可以到罗格斯优选文档网站(http://roa.rutgers.edu)下载。

Aissen, Judith (1999) Markedness and subject choice in Optimality Theory. *Natural Language and Linguistic Theory* **17**, 673-711.

Aissen, Judith (2003) Differential object marking: Iconicity vs economy. *Natural Language and Linguistic Theory* **21**, 435-483.

Al-Mozainy, Hamza Q. (1981) Vowel Alternations in a Bedouin Hijazi Arabic Dialect: Abstractness and Stress. Doctoral dissertation. University of Texas, Austin, Austin, TX.

Alderete, John (1997) Dissimilation as local conjunction. In: Kiyomi Kusumoto (ed.) *Proceedings of the North East Linguistic Society* 27. Amherst, MA: GLSA Publications, pp. 17-32.

Anttila, Arto (1997) Deriving variation from grammar. In: Frans Hinskens, Roeland van Hout, and W. Leo Wetzels (eds.) *Variation, Change, and Phonological Theory*. Amsterdam: John Benjamins, pp. 35-68.

Anttila, Arto (2006) Bibliography of variation and gradience in phonology. Handout from course presented at Phonology Fest 2006, Bloomington, IN. [Available at www.stanford.edu/~anttila/teaching/indiana/variationbiblio.pdf.]

Anttila, Arto (2007) Variation and optionality. In: Paul de Lacy (ed.) *The Cambridge Handbook of Phonology*. Cambridge: Cambridge University Press, pp. 519-536.

参 考 文 献

Archangeli, Diana (1997) Optimality Theory: An introduction to linguistics in the 1990's. In: Diana Archangeli and D. Terence Langendoen (eds.) *Optimality Theory: An Overview*. Oxford: Blackwell, pp. 1-32.

Archangeli, Diana and Pulleyblank, Douglas (1994) *Grounded Phonology*. Cambridge, MA: MIT Press.

Archangeli, Diana and Suzuki, Keiichiro (1997) The Yokuts challenge. In: Iggy Roca (ed.) *Derivations and Constraints in Phonology*. Oxford: Oxford University Press, pp. 197-226.

Aronoff, Mark, Arsyad, Azhar, Basri, Hassan, and Broselow, Ellen (1987) Tier configuration in Makassarese reduplication. In: Anna Bosch, Barbara Need, and Eric Schiller (eds.) *CLS 23: Parasession on Autosegmental and Metrical Phonology*. Chicago: Chicago Linguistic Society, pp. 1-15.

Asimov, Isaac (1950) *I, Robot*. New York: Signet.

Baertsch, Karen (1998) Onset sonority distance constraints through local conjunction. In: M. Catherine Gruber, Derrick Higgins, Kenneth S. Olson, and Tamra Wysocki (eds.) *CLS 34, Part 2: The Panels*. Chicago: Chicago Linguistic Society, pp. 1-15.

Baertsch, Karen (2002) An Optimality Theoretic Approach to Syllable Structure: The Split Margin Hierarchy. Doctoral dissertation. Indiana University, Bloomington, IN.

Baker, C. L. (1979) Syntactic theory and the projection problem. *Linguistic Inquiry* **10**, 533-581.

Bakovic, Eric (2000) Harmony, Dominance, and Control. Doctoral dissertation. Rutgers University, New Brunswick, NJ. [Available on Rutgers Optimality Archive, ROA-360.]

Bakovic, Eric and Keer, Edward (2001) Optionality and ineffability. In: Géraldine Legendre, Jane Grimshaw, and Sten Vikner (eds.) *Optimality-Theoretic Syntax*. Cambridge, MA: MIT Press, pp. 97-112. [Available on Rutgers Optimality Archive, ROA-384.]

Becker, Howard S. (1986) *Writing for Social Scientists: How to Start and Finish Your Thesis, Book, or Article*. Chicago: University of Chicago Press.

Becker, Howard S. (1998) *Tricks of the Trade: How to Think About Your*

Research While You're Doing It. Chicago: University of Chicago Press.

Beckman, Jill (1997) Positional faithfulness, positional neutralization, and Shona vowel harmony. *Phonology* **14**, 1-46.

Beckman, Jill (1998) Positional Faithfulness. Doctoral dissertation. University of Massachusetts Amherst, Amherst, MA. [Available on Rutgers Optimality Archive, ROA-234. Published (1999) as *Positional Faithfulness: An Optimality Theoretic Treatment of Phonological Asymmetries*, New York: Garland.]

Benton, Richard (1971) *Pangasinan Reference Grammar.* Honolulu: University of Hawaii Press.

Benua, Laura (1997) Transderivational Identity: Phonological Relations Between Words. Doctoral dissertation. University of Massachusetts Amherst, Amherst, MA. [Available on Rutgers Optimality Archive, ROA-259. Published (2000) as *Phonological Relations Between Words*, New York: Garland.]

Berwick, Robert (1985) *The Acquisition of Syntactic Knowledge.* Cambridge, MA: MIT Press.

Blevins, Juliette (2004) *Evolutionary Phonology: The Emergence of Sound Patterns.* Cambridge: Cambridge University Press.

Blumenfeld, Lev (2006) Constraints on Phonological Interactions. Doctoral dissertation. Stanford University, Stanford, CA. [Available on Rutgers Optimality Archive, ROA-877.]

Blutner, Reinhard, de Hoop, Helen, and Hendricks, Petra (eds.) (2005) *Optimal Communication.* Stanford, CA: CSLI Publications.

Blutner, Reinhard and Zeevat, Henk (eds.) (2004) *Optimality Theory and Pragmatics.* Basingstoke, UK, & New York: Palgrave Macmillan.

Boersma, Paul (1998) *Functional Phonology: Formalizing the Interaction Between Articulatory and Perceptual Drives.* The Hague: Holland Academic Graphics. [Doctoral dissertation, University of Amsterdam.]

Boersma, Paul and Hayes, Bruce (2001) Empirical tests of the gradual learning algorithm. *Linguistic Inquiry* **32**, 45-86. [Available on Rutgers Optimality Archive, ROA-348.]

参 考 文 献

Boersma, Paul and Weenink, David (2007) Praat: Doing phonetics by computer (version 4.5.1.5). Computer program. [Available at www.praat.org.]

Borg, Alexander (1997) Maltese phonology. In: Alan S. Kaye (ed.) *Phonologies of Asia and Africa*. Winona Lake, IN: Eisenbrauns, pp. 245-285.

Brame, Michael (1973) On stress assignment in two Arabic dialects. In: Stephen R. Anderson and Paul Kiparsky (eds.) *A Festschrift for Morris Halle*. New York: Holt, Reinhart and Winston, pp. 14-25.

Brasoveanu, Adrian and Prince, Alan (2005) Ranking and necessity. Unpublished manuscript. Rutgers University, New Brunswick, NJ. [Available on Rutgers Optimality Archive, ROA-794.]

Bresnan, Joan and Aissen, Judith (2002) Optimality and functionality: Objections and refutations. *Natural Language and Linguistic Theory* **20**, 81-95.

Bresnan, Joan, Deo, Ashwini, and Sharma, Devyani (2007) Typology in variation: A probabilistic approach to *be* and *n't* in the survey of English dialects. *English Language and Linguistics* **11**, 301-346. [Available on Rutgers Optimality Archive, ROA-875.]

Burzio, Luigi (1994) *Principles of English Stress*. Cambridge: Cambridge University Press.

Casali, Roderic F. (1996) Resolving Hiatus. Doctoral dissertation. UCLA, Los Angeles. [Available on Rutgers Optimality Archive, ROA-215. Published (1998), New York: Garland.]

Casali, Roderic F. (1997) Vowel elision in hiatus contexts: Which vowel goes? *Language* **73**, 493-533.

Chomsky, Noam (1957) *Syntactic Structures*. The Hague: Mouton.

Chomsky, Noam (1965) *Aspects of the Theory of Syntax*. Cambridge, MA: MIT Press.

Chomsky, Noam (1968) *Language and Mind*. New York: Harcourt Brace Jovanovich.

Chomsky, Noam (1981) *Lectures on Government and Binding*. Dordrecht: Foris.

Chomsky, Noam (1991) Some notes on economy of derivation and representation.

In: Robert Freidin (ed.) *Principles and Parameters in Comparative Grammar*. Cambridge, MA: MIT Press, pp. 417-454.

Chomsky, Noam (1995) *The Minimalist Program*. Cambridge, MA: MIT Press.

Chomsky, Noam and Halle, Morris (1968) *The Sound Pattern of English*. New York: Harper & Row.

Chomsky, Noam, Halle, Morris, and Lukoff, Fred (1956) On accent and juncture in English. In: Morris Halle, Horace Lunt, and Hugh Maclean (eds.) *For Roman Jakobson: Essays on the Occasion of His Sixtieth Birthday, 11 October, 1956*. The Hague: Mouton, pp. 65-80.

Chomsky, Noam and Lasnik, Howard (1977) Filters and control. *Linguistic Inquiry* **8**, 425-504.

Clayton, Mary L. (1976) The redundancy of underlying morpheme-structure conditions. *Language* **52**, 295-313.

Coetzee, Andries (2004) What It Means to Be a Loser: Non-Optimal Candidates in Optimality Theory. Doctoral dissertation. University of Massachusetts Amherst, Amherst, MA. [Available on Rutgers Optimality Archive, ROA-687.]

Comrie, Bernard (1981) *The Languages of the Soviet Union*. Cambridge: Cambridge University Press.

Crosswhite, Katherine (1998) Segmental vs. prosodic correspondence in Chamorro. *Phonology* **15**, 281-316.

Crosswhite, Katherine (2004) Vowel reduction. In: Bruce Hayes, Robert Kirchner, and Donca Steriade (eds.) *Phonetically Based Phonology*. Cambridge: Cambridge University Press, pp. 191-231.

Davis, Stuart (1995) Emphasis spread in Arabic and Grounded Phonology. *Linguistic Inquiry* **26**, 465-498.

Davis, Stuart and Shin, Seung-Hoon (1999) The syllable contact constraint in Korean: An Optimality-Theoretic analysis. *Journal of East Asian Linguistics* **8**, 285-312.

de Hoop, Helen and de Swart, Henriette (eds.) (1999) *Papers on Optimality Theoretic Semantics*. Utrecht: Utrecht Institute of Linguistics/Onderzoeksinstituut voor Taal en Spraak.

de Lacy, Paul (2002) The Formal Expression of Markedness. Doctoral dissertation. University of Massachusetts, Amherst, Amherst, MA. [Available on Rutgers Optimality Archive, ROA-542.]

Dell, François and Elmedlaoui, Mohamed (1985) Syllabic consonants and syllabification in Imdlawn Tashlhiyt Berber. *Journal of African Languages and Linguistics* **7**,105-130.

Dell, François and Elmedlaoui, Mohamed (1988) Syllabic consonants in Berber: Some new evidence. *Journal of African Languages and Linguistics* **10**, 1-17.

Dinnsen, Daniel A. and Gierut, Judith A. (eds.) (2008) *Optimality Theory: Phonological Acquisition and Disorders*. London: Equinox Publishing.

Donegan, Patricia J. and Stampe, David (1979) The study of natural phonology. In: Daniel A. Dinnsen (ed.) *Current Approaches to Phonological Theory*. Bloomington, IN: Indiana University Press, pp. 126-173.

Downing, Laura J., Hall, T. Alan, and Raffelsiefen, Renate (eds.) (2005) *Paradigms in Phonological Theory*. Oxford: Oxford University Press.

Elfner, Emily. (2009) Harmonic serialism and stress-epenthesis interactions in Levantine Arabic. Unpublished paper, University of Massachusetts Amherst, Amherst, MA. [Available at http://www.people.umass.edu/eelfner/elfner_arabic.pdf.]

Féry, Caroline and van de Vijver, Ruben (eds.) (2003) *The Syllable in Optimality Theory*. Cambridge & New York: Cambridge University Press.

Flack, Kathryn (2007) The Sources of Phonological Markedness. Doctoral dissertation. University of Massachusetts Amherst, Amherst, MA.

Fodor, Jerry A. and Lepore, Ernest (1998) The emptiness of the lexicon: Reflections on James Pustejovsky's *The Generative Lexicon*. *Linguistic Inquiry* **29**,269-288.

Fukazawa, Haruka (1999) Theoretical Implications of OCP Effects on Features in Optimality Theory. Doctoral dissertation. University of Maryland, College Park, MD. [Available on Rutgers Optimality Archive, ROA-307.]

Fukazawa, Haruka and Miglio, Viola (1998) Restricting conjunction to constraint families. In: Vida Samiian (ed.) *Proceedings of the Western Conference on Linguistics* 9 (*WECOL* 96). Fresno, CA: Department of Linguistics, California State University, Fresno, pp. 102-117.

Furby, Christine (1974) Garawa Phonology. *Papers in Australian Linguistics* **7**, 1-11. [Pacific Linguistics, Series A, no. 37. Australian National University, Canberra.]

Gafos, Adamantios (1998) Eliminating long-distance consonantal spreading. *Natural Language and Linguistic Theory* **16**, 223-278.

Gnanadesikan, Amalia (1995/2004) Markedness and faithfulness constraints in child phonology. In: René Kager, Joe Pater, and Wim Zonneveld (eds.) *Constraints in Phonological Acquisition*. Cambridge: Cambridge University Press, pp. 73-108. [Originally circulated in 1995. Available on Rutgers Optimality Archive, ROA-67.]

Gold, E. Mark (1967) Language identification in the limit. *Information and Control* **10**, 447-474.

Goldsmith, John (1976a) Autosegmental Phonology. Doctoral dissertation. MIT, Cambridge, MA. [Published (1979), New York: Garland Press.]

Goldsmith, John (1976b) An overview of autosegmental phonology. *Linguistic Analysis* **2**, 23-68.

Goldsmith, John (1990) Autosegmental and Metrical Phonology. Malden, MA and Oxford: Blackwell.

Gouskova, Maria (2003) Deriving Economy: Syncope in Optimality Theory. Doctoral dissertation. University of Massachusetts Amherst, Amherst, MA. [Available on Rutgers Optimality Archive, ROA-610.]

Gouskova, Maria (2004) Relational hierarchies in Optimality Theory: The case of syllable contact. *Phonology* **21**, 201-250.

Gouskova, Maria (2007) DEP: Beyond epenthesis. *Linguistic Inquiry* **38**, 759-770.

Greenberg, Joseph (1978) Some generalizations concerning initial and final consonant clusters. In: Joseph Greenberg (ed.) *Universals of Human Language*. Stanford: Stanford University Press, pp. 243-280.

参考文献

Grimshaw, Jane (1997) Projection, heads, and optimality. *Linguistic Inquiry* **28**, 373-422. [Available on Rutgers Optimality Archive, ROA-68.]

Grimshaw, Jane (2002) Economy of structure in OT. In: Angela Carpenter, Andries Coetzee, and Paul de Lacy (eds.) *University of Massachusetts Occasional Papers in Linguistics* 26: *Papers in Optimality Theory II*. Amherst, MA: GLSA Publications, pp. 81-120. [Available on Rutgers Optimality Archive, ROA-434.]

Guy, Gregory (1991) Explanation in variable phonology. *Language Variation and Change* **3**, 1-22.

Hale, Kenneth (1973) Deep-surface canonical disparities in relation to analysis and change: An Australian example. In: Thomas Sebeok (ed.) *Current Trends in Linguistics*. The Hague: Mouton, pp. 401-458.

Hale, Mark and Reiss, Charles (2000) 'Substance abuse' and 'dysfunctionalism': Current trends in phonology. *Linguistic Inquiry* **31**, 157-169.

Halle, Morris and Clements, George N. (1983) *Problem Book in Phonology: A Workbook for Introductory Courses in Linguistics and in Modern Phonology*. Cambridge, MA: MIT Press.

Hamid, Abdel Halim M. (1984) *A Descriptive Analysis of Sudanese Colloquial Arabic Phonology*. Doctoral dissertation, University of Illinois, Urbana, IL.

Hammond, Michael (2000) The logic of Optimality Theory. Unpublished manuscript. University of Arizona, Tucson, AZ. [Available on Rutgers Optimality Archive, ROA-390.]

Harris, Zellig (1946) From morpheme to utterance. *Language* **22**, 161-183.

Haspelmath, Martin (1999) Optimality and diachronic adaptation. *Zeitschrift für Sprachwissenschaft* 18, 180-205. [Available on Rutgers Optimality Archive, ROA-302.]

Hayes, Bruce (1995) *Metrical Stress Theory: Principles and Case Studies*. Chicago: University of Chicago Press.

Hayes, Bruce (1999) Phonetically driven phonology: The role of Optimality Theory and inductive grounding. In: Michael Darnell, Frederick J. Newmeyer, Michael Noonan, Edith Moravcsik, and Kathleen Wheatley (eds.) *Functionalism and Formalism in Linguistics*, Volume I: *General*

Papers. Amsterdam: John Benjamins, pp. 243-285.

Hayes, Bruce, Kirchner, Robert, and Steriade, Donca (eds.) (2004) *Phonetically Based Phonology*. Cambridge: Cambridge University Press.

Hayes, Bruce, Tesar, Bruce, and Zuraw, Kie (2003) OTSoft 2. 1. Computer program. [Available at www. linguistics. ucla. edu/people/hayes/otsoft.]

Healey, Alan, Isoroembo, Ambrose, and Chittleborough, Martin (1969) Preliminary notes on Orokaiva grammar. *Papers in New Guinea Linguistics* **9**, 33-64.

Hermans, Ben and van Oostendorp, Marc (eds.) (1999) *The Derivational Residue in Phonological Optimality Theory*. Amsterdam: John Benjamins.

Hohepa, Patrick (1967) *A Profile Generative Grammar of Maori*. Baltimore: Indiana University at the Waverly Press. [Supplement to *International Journal of American Linguistics*, v. 33, no. 2. pt. 3, April 1967.]

Holt, D. Eric (ed.) (2003) *Optimality Theory and Language Change*. Dordrecht &. Boston: Kluwer Academic.

Hrafnbjargarson, Gunnar Hrafn (2004) Person meets case: Restrictions on nominative objects in Icelandic. Unpublished manuscript. University of Aarhus, Aarhus. [Available at www. hum. uit. no/a/hrafnbjargarson/handout/20040917_synsem. pdf.]

Hughes, Everett C. (1984) *The Sociological Eye*. New Brunswick, NJ: Transaction Books.

Inkelas, Sharon (1989) Prosodic Constituency in the Lexicon. Doctoral dissertation. Stanford University. [Published 1990, New York: Garland Press.]

Ito, Junko (1989) A prosodic theory of epenthesis. *Natural Language and Linguistic Theory* **7**, 217-259.

Ito, Junko and Mester, Armin (1992/2003) Weak layering and word binarity. In: Takeru Honma, Masao Okazaki, Toshiyuki Tabata, and Shin-ichi Tanaka (eds.) *A New Century of Phonology and Phonological Theory: A Festschrift for Professor Shosuke Haraguchi on the Occasion of His Sixtieth Birthday*. Tokyo: Kaitakusha, pp. 26-65. [Revision of UC Santa Cruz Linguistics Research Center report published in 1992.]

参 考 文 献

Ito,Junko and Mester,Armin. (1996)Rendaku I:Constraint conjunction and the OCP. Handout of talk presented at Kobe Phonology Forum 1996, Kobe University. [Available on Rutgers Optimality Archive,ROA-144.]

Ito,Junko and Mester,Armin (1998) Markedness and word structure: OCP effects in Japanese. Unpublished manuscript. University of California at Santa Cruz. [Available on Rutgers Optimality Archive,ROA-255.]

Ito, Junko and Mester, Armin (1999) The structure of the phonological lexicon. In: Natsuko Tsujimura (ed.) *The Handbook of Japanese Linguistics*. Oxford:Blackwell,pp. 62-100.

Ito,Junko and Mester,Armin (2003a) *Japanese Morphophonemics: Markedness and Word Structure*. Cambridge,MA:MIT Press.

Ito,Junko and Mester,Armin (2003b)On the sources of opacity in OT:Coda processes in German. In:Caroline Féry and Ruben van de Vijver (eds.) *The Syllable in Optimality Theory*. Cambridge:Cambridge University Press,pp. 271-303. [Available on Rutgers Optimality Archive,ROA-347.]

Jakobson,Roman (1941) *Kindersprache, Aphasie, und allgemeine Lautgesetze*. Uppsala:Almqvist &. Wiksell.

Jakobson,Roman (1962) *Selected Writings I: Phonological Studies*. The Hague:Mouton.

Janda, Richard and Joseph, Brian (1986) One rule or many? Sanskrit reduplication as fragmented affixation. *Ohio State University Working Papers in Linguistics* **34**,84-107.

Jesney, Karen (to appear) Positional faithfulness, non-locality, and the Harmonic Serialism solution. In: Suzi Lima, Kevin Mullin and Brian Smith (eds.)*Proceedings of the 39th Annual Meeting of the North East Linguistic Society*. Amherst, MA: GLSA Publications. [Available on Rutgers Optimality Archive,ROA-1018.]

Johnston,Raymond Leslie (1980) *Nakanai of New Britain: The Grammar of an Oceanic Language*. Canberra: Australian National University.

Joos,Martin (1967)Bernard Bloch. *Language* **41**,3-19.

Joshi, S. D. and Kiparsky, Paul (1970) *Siddha* and *asiddha* in Paninian phonology. In:Daniel A. Dinnsen (ed.)*Current Approaches to Phonological*

Theory. Indiana University Press,Bloomington,IN,pp. 223-250.

Jun,Jongho (1995)Perceptual and Articulatory Factors in Place Assimilation: An Optimality Theoretic Approach. Doctoral dissertation. UCLA, Los Angeles.

Kager,René (1999) *Optimality Theory*. Cambridge: Cambridge University Press.

Kager,René (2001)Rhythmic directionality by positional licensing. Handout of talk presented at Fifth HIL Phonology Conference (HILP 5), University of Potsdam. [Available on Rutgers Optimality Archive,ROA-514.]

Kager,René, Pater, Joe, and Zonneveld, Wim (eds.) (2004)*Constraints in Phonological Acquisition*. Cambridge:Cambridge University Press.

Karttunen,Lauri (1998)The proper treatment of optimality in computational phonology. In: *FSMNLP'98: Proceedings of the International Workshop on Finite State Methods in Natural Language Processing*. Ankara:Bilkent University,pp. 1-12.[Available on Rutgers Optimality Archive,ROA-258.]

Karttunen,Lauri (2006)The insufficiency of paper-and-pencil linguistics:The case of Finnish prosody. In: Miriam Butt, Mary Dalrymple, and Tracy Holloway King (eds.) *Intelligent Linguistic Architectures: Variations on Themes by Ronald M. Kaplan*. Stanford,CA:CSLI Publications,pp. 287-300.[Available on Rutgers Optimality Archive,ROA-818.]

Kaun, Abigail (1995) The Typology of Rounding Harmony: An Optimality Theoretic Approach. Doctoral dissertation. UCLA, Los Angeles. [Available on Rutgers Optimality Archive,ROA-227.]

Kawahara,Shigeto (2006)A faithfulness scale projected from a perceptibility scale:The case of [+voice] in Japanese. *Language* **82**,536-574.

Kenstowicz,Michael (1994)Syllabification in Chukchee: A constraints-based analysis. In: Alice Davison,Nicole Maier,Glaucia Silva,and Wan Su Yan (eds.)*Proceedings of the Formal Linguistics Society of Mid-America 4*. Iowa City:Department of Linguistics,University of Iowa,pp. 160-181. [Available on Rutgers Optimality Archive,ROA-30.]

Kenstowicz, Michael (1995) Cyclic vs. non-cyclic constraint evaluation.

Phonology **12**, 397-436. [Available on Rutgers Optimality Archive, ROA-31.]

Kenstowicz, Michael and Kisseberth, Charles (1977) *Topics in Phonological Theory*. New York: Academic Press.

Kenstowicz, Michael and Kisseberth, Charles (1979) *Generative Phonology: Description and Theory*. New York: Academic Press.

Kimper, Wendell (to appear) Locality and globality in phonological variation. *Natural Language & Linguistic Theory*. [Available on Rutgers Optimality Archive, ROA-988.]

Kiparsky, Paul (1973a) Abstractness, opacity and global rules. In: Osamu Fujimura (ed.) *Three Dimensions of Linguistic Theory*. Tokyo: TEC, pp. 57-86.

Kiparsky, Paul (1973b) Phonological representations. In: Osamu Fujimura (ed.) *Three Dimensions of Linguistic Theory*. Tokyo: TEC, pp. 3-136.

Kiparsky, Paul (1986) The phonology of reduplication. Unpublished manuscript. Stanford University, Stanford, CA.

Kiparsky, Paul. (1993) Variable rules. Handout of talk presented at Rutgers Optimality Workshop I, Rutgers University, New Brunswick, NJ. [Available at www.stanford.edu/~kiparsky/nwave94.pdf.]

Kiparsky, Paul (2000) Opacity and cyclicity. *The Linguistic Review* **17**, 351-367.

Kiparsky, Paul (2003) Syllables and moras in Arabic. In: Caroline Féry and Ruben van de Vijver (eds.) *The Syllable in Optimality Theory*. Cambridge: Cambridge University Press, pp. 147-182. [Available at www.stanford.edu/~kiparsky/Papers/syll.pdf.]

Kisseberth, Charles (1970) On the functional unity of phonological rules. *Linguistic Inquiry* **1**, 291-306.

Kitagawa, Yoshihisa (1986) Subjects in Japanese and English. Doctoral dissertation. University of Massachusetts Amherst, Amherst, MA.

Koopman, Hilda and Sportiche, Dominique (1991) The position of subjects. *Lingua* **85**, 211-258.

Korn, David (1969) Types of labial vowel harmony in the Turkic languages.

Anthropological Linguistics **11**,98-106.
Kurisu,Kazutaka (2001) The Phonology of Morpheme Realization. Doctoral dissertation. University of California, Santa Cruz, Santa Cruz, CA. [Available on Rutgers Optimality Archive,ROA-490.]
Lamontagne, Greg (1996) Relativized contiguity, part I: Contiguity and syllable prosody. Unpublished manuscript. University of British Columbia,Vancouver, BC. [Available on Rutgers Optimality Archive, ROA-150.]
Legendre,Géraldine (2001)An introduction to Optimality Theory in syntax. In: Géraldine Legendre, Jane Grimshaw, and Sten Vikner (eds.) *Optimality-Theoretic Syntax*. Cambridge,MA:MIT Press,pp. 1-28.
Legendre, Géraldine, Grimshaw, Jane, and Vikner, Sten (eds.) (2001) *Optimality-Theoretic Syntax*. Cambridge,MA:MIT Press.
Legendre,Géraldine,Smolensky,Paul,and Wilson,Colin (1998)When is less more? Faithfulness and minimal links in *wh*-chains. In: Pilar Barbosa, Danny Fox, Paul Hagstrom, Martha McGinnis, and David Pesetsky (eds.) *Is the Best Good Enough? Optimality and Competition in Syntax*. Cambridge,MA:MIT Press,pp. 249-289. [Available on Rutgers Optimality Archive,ROA-117.]
Levelt, Clara C. and van de Vijver, Ruben (2004) Syllable types in crosslinguistic and developmental grammars. In: René Kager,Joe Pater, and Wim Zonneveld (eds.) *Constraints in Phonological Acquisition*. Cambridge: Cambridge University Press, pp. 204-218. [Available on Rutgers Optimality Archive,ROA-265.]
Liberman,Mark and Prince, Alan (1977) On stress and linguistic rhythm. *Linguistic Inquiry* **8**,249-336.
Lombardi,Linda (1995/2001) Why Place and Voice are different:Constraintspecific alternations in Optimality Theory. In: Linda Lombardi (ed.) *Segmental Phonology in Optimality Theory: Constraints and Representations*. Cambridge:Cambridge University Press, pp. 13-45. [First circulated in 1995. Available on Rutgers Optimality Archive,ROA-105.]
Lombardi,Linda (1997/2002)Coronal epenthesis and markedness. *Phonology*

19,219-251. [Earlier version appears in *University of Maryland Working Papers in Linguistics* 5, pp. 156-175 (1997). Available on Rutgers Optimality Archive,ROA-245.]

Lombardi, Linda (1999) Positional faithfulness and voicing assimilation in Optimality Theory. *Natural Language and Linguistic Theory* 17,267-302. [Excerpted in John J. McCarthy (ed.) *Optimality Theory in Phonology: A Reader*, Malden, MA & Oxford: Blackwell (2004).]

Lombardi, Linda (ed.) (2001) *Segmental Phonology in Optimality Theory: Constraints and Representations*. Cambridge & New York: Cambridge University Press.

Lombardi, Linda (2003) Markedness and the typology of epenthetic vowels. Unpublished manuscript. University of Maryland, College Park, MD. [Available on Rutgers Optimality Archive,ROA-578.]

Łubowicz, Anna (2002) Derived environment effects in Optimality Theory. *Lingua* 112,243-280. [Available on Rutgers Optimality Archive, ROA-103. Excerpted in *Optimality Theory in Phonology: A Reader*, ed. by John J. McCarthy, Malden, MA and Oxford, Blackwell (2004).]

Łubowicz, Anna (2005) Restricting local conjunction. Handout of talk presented at Old World Conference in Phonology 2, Tromsø, Norway. [Available at www-rcf.usc.edu/~lubowicz/docs/ocp-2-handoutwebpage.pdf.]

Łubowicz, Anna (2006) Locality of conjunction. In: John Alderete, Chunghye Han, and Alexei Kochetov (eds.) *Proceedings of the 24th West Coast Conference on Formal Linguistics*. Somerville, MA: Cascadilla Press, pp. 254-262.

Marlett, Stephen A. and Stemberger, Joseph P. (1983) Empty consonants in Seri. *Linguistic Inquiry* 14,617-639.

McCarthy, John J. (1993) A case of surface constraint violation. *Canadian Journal of Linguistics* 38,169-195.

McCarthy, John J. (1997) Process-specific constraints in Optimality Theory. *Linguistic Inquiry* 28,231-251.

McCarthy, John J. (1999) *Introductory OT on CD-ROM*. CD-ROM. Amherst, MA: GLSA Publications.

McCarthy, John J. (2000a) Faithfulness and prosodic circumscription. In: Joost Dekkers, Frank van der Leeuw, and Jeroen van de Weijer (eds.) *Optimality Theory: Phonology, Syntax, and Acquisition*. Oxford: Oxford University Press, pp. 151-189.

McCarthy, John J. (2000b) Harmonic serialism and parallelism. In: Masako Hirotani (ed.) *Proceedings of the North East Linguistics Society* 30, 501-524. Amherst, MA: GLSA Publications. [Available on Rutgers Optimality Archive, ROA-357.]

McCarthy, John J. (2002) *A Thematic Guide to Optimality Theory*. Cambridge: Cambridge University Press.

McCarthy, John J. (ed.) (2003a) *Optimality Theory in Phonology: A Reader*. Malden, MA, & Oxford: Blackwell.

McCarthy, John J. (2003b) Optimality Theory: An overview. In: William Frawley (ed.) *Oxford International Encyclopedia of Linguistics* (2nd edition). Oxford: Oxford University Press.

McCarthy, John J. (2003c) OT constraints are categorical. *Phonology* **20**, 75-138. [Available at http://people.umass.edu/jjmccart/categorical.pdf.]

McCarthy, John J. (2004) Headed spans and autosegmental spreading. Unpublished manuscript. University of Massachusetts Amherst, Amherst, MA. [Available on Rutgers Optimality Archive, ROA-685.]

McCarthy, John J. (2005) The length of stem-final vowels in Colloquial Arabic. In: Mohammad T. Alhawary and Elabbas Benmamoun (eds.) *Perspectives on Arabic Linguistics XVII-XVIII: Papers from the Seventeenth and Eighteenth Annual Symposia on Arabic Linguistics*. Amsterdam: John Benjamins, pp. 1-26. [Available on Rutgers Optimality Archive, ROA-616.]

McCarthy, John J. (2007a) *Hidden Generalizations: Phonological Opacity in Optimality Theory*. London: Equinox Publishing.

McCarthy, John J. (2007b) Slouching towards optimality: Coda reduction in OT-CC. In: Phonological Society of Japan (ed.) *Phonological Studies* 10. Tokyo: Kaitakusha. [Available on Rutgers Optimality Archive, ROA-878.]

McCarthy, John J. (2007c) What is Optimality Theory? *Language and Linguistics Compass* **1**,260-291.

McCarthy,John J. (2007d)Restraint of analysis. In: Sylvia Blaho, Patrik Bye and Martin Krämer (eds.) *Freedom of Analysis*, 203-231. Berlin and New York: Mouton de Gruyter. Also appears in: Eric Bakovic, Junko Ito, and John J. McCarthy (eds.) (2006)*Wondering at the Natural Fecundity of Things: Essays in Honor of Alan Prince*. Linguistics Research Center, UC Santa Cruz. [Available at http://repositories.cdlib.org/lrc/prince/10.]

McCarthy, John J. (2008a) The gradual path to cluster simplification. *Phonology* **25**,271-319. [DOI: 10.1017/ S0952675708001486.]

McCarthy,John J. (2008b) The serial interaction of stress and syncope. *Natural Language & Linguistic Theory* **26**, 499-546. [DOI: 10.1007/s11049-008-9051-3.]

McCarthy,John J. (2010a)An introduction to Harmonic Serialism. *Language and Linguistics Compass* **3**,1-17.

McCarthy,John J. (2010b)Studying Gen. *Journal of the Phonetic Society of Japan* **13**,3-12.

McCarthy,John J. (2011) Perceptually grounded faithfulness in Harmonic Serialism. *Linguistic Inquiry* **42**. [Available at http://works.bepress.com/john_j_mccarthy/104/.]

McCarthy, John J. (to appear) Autosegmental spreading in Optimality Theory. In: John Goldsmith, Elizabeth Hume and Leo Wetzels (eds.) *Tones and Features*. Berlin and New York: Mouton de Gruyter. [Available at: http://works.bepress.com/john_j_mccarthy/100.]

McCarthy,John J. and Prince, Alan (1986/1996)Prosodic Morphology 1986. Technical Report. Rutgers University Center for Cognitive Science, New Brunswick, NJ. [Available at http://ruccs.rutgers.edu/pub/papers/pm86all.pdf. Excerpts appear in John Goldsmith (ed.) *Essential Readings in Phonology*. Oxford: Blackwell, pp. 102-136 (1999).]

McCarthy,John J. and Prince,Alan (1993a)Generalized Alignment. In: Geert Booij and Jaap van Marle (eds.)*Yearbook of Morphology*. Dordrecht:

Kluwer, pp. 79-153. [Available on Rutgers Optimality Archive, ROA-7.]

McCarthy, John J. and Prince, Alan (1993b) Prosodic Morphology: Constraint Interaction and Satisfaction. Technical Report. Rutgers University Center for Cognitive Science, New Brunswick, NJ. [Available on Rutgers Optimality Archive, ROA-482.]

McCarthy, John J. and Prince, Alan (1994a) The emergence of the unmarked: Optimality in prosodic morphology. In: Mercè Gonzàlez (ed.) *Proceedings of the North East Linguistic Society 24*. Amherst, MA: GLSA Publications, pp. 333-379. [Available on Rutgers Optimality Archive, ROA-13. Excerpted in John J. McCarthy (ed.) *Optimality Theory in Phonology: A Reader*, Malden, MA & Oxford: Blackwell (2004).]

McCarthy, John J. and Prince, Alan (1994b) Two lectures on Prosodic Morphology (Utrecht, 1994). Part I: Template form in Prosodic Morphology. Part II: Faithfulness and reduplicative identity. Unpublished manuscript. University of Massachusetts Amherst and Rutgers University, Amherst, MA and New Brunswick, NJ. [Available on Rutgers Optimality Archive, ROA-59.]

McCarthy, John J. and Prince, Alan (1995) Faithfulness and reduplicative identity. In: Jill Beckman, Laura Walsh Dickey, and Suzanne Urbanczyk (eds.) *University of Massachusetts Occasional Papers in Linguistics 18*. Amherst, MA: GLSA Publications, pp. 249-384. [Available on Rutgers Optimality Archive, ROA-103.]

McCarthy, John J. and Prince, Alan (1999) Faithfulness and identity in Prosodic Morphology. In: René Kager, Harry van der Hulst, and Wim Zonneveld (eds.) *The Prosody-Morphology Interface*. Cambridge: Cambridge University Press, pp. 218-309. [Excerpted in John J. McCarthy (ed.) *Optimality Theory in Phonology: A Reader*, Malden, MA & Oxford: Blackwell (2004).]

McCarthy, John J., Kimper, Wendell and Mullin, Kevin. (2010) Reduplication in Harmonic Serialism. Unpublished paper. University of Massachusetts at Amherst.

Mitchell, T. F. (1956) *An Introduction to Egyptian Colloquial Arabic*.

参 考 文 献

Oxford:Oxford University Press.

Morén, Bruce (1999) Distinctiveness, Coercion and Sonority: A Unified Theory of Weight. Doctoral dissertation. University of Maryland,College Park,MD. [Available on Rutgers Optimality Archive,ROA-346.]

Moreton,Elliott (2003) Non-computable functions in Optimality Theory. In: John J. McCarthy (ed.) *Optimality Theory in Phonology: A Reader*. Malden,MA,&. Oxford: Blackwell, pp. 141-163. [Available on Rutgers Optimality Archive,ROA-364.]

Morris,Richard E. (2000) Constraint interaction in Spanish /s/-aspiration: Three peninsular varieties. In:Héctor Campos,Elena Herburger,Alfonso Morales-Front,and Thomas J. Walsh (eds.) *Hispanic Linguistics at the Turn of the Millennium: Papers from the 3rd Hispanic Linguistics Symposium*. Somerville, MA: Cascadilla Press. [Available on Rutgers Optimality Archive,ROA-391.]

Myers,Scott (1991)Persistent rules. *Linguistic Inquiry* **22**,315-344.

Myers,Scott and Hansen, Benjamin B. (2005) The origin of vowel-length neutralization in vocoid sequences: Evidence from Finnish speakers. *Phonology* **22**,317-344.

Nash,David (1979) Warlpiri vowel assimilations. *MIT Working Papers in Linguistics* **1**,12-24.

Nash,David (1980)Topics in Warlpiri Grammar. Doctoral dissertation. MIT, Cambridge,MA. [Published (1986), New York:Garland Press.]

Nespor,Marina and Vogel, Irene (1986) *Prosodic Phonology*. Dordrecht: Foris.

Newman,Stanley (1944)*Yokuts Language of California*. New York: Viking Fund.

Newmeyer,Frederick J. (2002) Optimality and functionality: A critique of functionally-based Optimality-Theoretic syntax. *Natural Language and Linguistic Theory* **20**,43-80.

Ohala,John (1983)The origin of sound patterns in vocal tract constraints. In: Peter MacNeilage (ed.) *The Production of Speech*. New York:Springer-Verlag,pp. 189-216.

Ohala, John (1990) The phonetics and phonology of aspects of assimilation. In: John Kingston and Mary Beckman (eds.) *Papers in Laboratory Phonology*. Cambridge: Cambridge University Press, pp. 258-275.

Oller, D. Kimbrough (2000) *The Emergence of the Speech Capacity*. Mahwah, NJ: Erlbaum.

Orie, Olanike Ola and Bricker, Victoria R. (2000) Placeless and historical laryngeals in Yucatec Maya. *International Journal of American Linguistics* **66**, 283-317.

Osborn, Henry (1966) Warao I: Phonology and morphophonemics. *International Journal of American Linguistics* **32**, 108-123.

Paradis, Carole (1988a) On constraints and repair strategies. *The Linguistic Review* **6**, 71-97.

Paradis, Carole (1988b) Towards a theory of constraint violations. *McGill Working Papers in Linguistics* **5**, 1-43.

Paradis, Carole and LaCharité, Darlene (1997) Preservation and minimality in loanword adaptation. *Journal of Linguistics* **33**, 379-430.

Parker, Stephen G. (2002) Quantifying the Sonority Hierarchy. Doctoral dissertation. University of Massachusetts Amherst, Amherst, MA. [Available at http://scholarworks.umass.edu/dissertations/AAI3056268/.]

Parker, Steve (1997) An OT account of laryngealization in Cuzco Quechua. In: Stephen A. Marlett (ed.) *Work Papers of the Summer Institute of Linguistics, University of North Dakota Session*. Grand Forks, ND: Summer Institute of Linguistics. [Available at www.und.nodak.edu/dept/linguistics/wp/1997Parker.PDF.]

Parker, Steve and Weber, David (1996) Glottalized and aspirated stops in Cuzco Quechua. *International Journal of American Linguistics* **62**, 70-85.

Pater, Joe (1999) Austronesian nasal substitution and other NC effects. In: René Kager, Harry van der Hulst, and Wim Zonneveld (eds.) *The Prosody-Morphology Interface*. Cambridge: Cambridge University Press, pp. 310-343. [Available on Rutgers Optimality Archive, ROA-160. Reprinted in John J. McCarthy (ed.) *Optimality Theory in Phonology*:

A Reader, Malden, MA, & Oxford: Blackwell (2004).]

Pater, Joe (2000) Nonuniformity in English secondary stress: The role of ranked and lexically specific constraints. *Phonology* **17**, 237-274. [Available on Rutgers Optimality Archive, ROA-107.]

Pater, Joe (2012) Serial Harmonic Grammar and Berber syllabification. In: Toni Borowsky, Shigeto Kawahara, Takahito Shinya, and Mariko Sugahara (eds.) *Prosody Matters: Essays in Honor of Lisa Selkirk*. London: Equinox Publishing.

Pater, Joe and Paradis, Johanne (1996) Truncation without templates in child phonology. In: Andy Stringfellow, Dalia Cahana-Amitay, Elizabeth Hughes, and Andrea Zukowski (eds.) *Proceedings of the 20th Annual Boston University Conference on Language Development*. Somerville, MA: Cascadilla Press, pp. 540-552.

Payne, David L. (1981) *The Phonology and Morphology of Axininca Campa*. Arlington, TX: The Summer Institute of Linguistics and University of Texas at Arlington.

Perlmutter, David (1971) *Deep and Surface Structure Constraints in Syntax*. New York: Holt, Rinehart, and Winston.

Pesetsky, David (1998) Some optimality principles of sentence pronunciation. In: Pilar Barbosa, Danny Fox, Paul Hagstrom, Martha McGinnis, and David Pesetsky (eds.) *Is the Best Good Enough? Optimality and Competition in Syntax*. Cambridge, MA: MIT Press, pp. 337-383.

Prentice, D. J. (1971) *The Murut Languages of Sabah*. Canberra: Australian National University.

Prince, Alan (1983) Relating to the grid. *Linguistic Inquiry* **14**, 19-100.

Prince, Alan (1990) Quantitative consequences of rhythmic organization. In: Michael Ziolkowski, Manuela Noske, and Karen Deaton (eds.) *Parasession on the Syllable in Phonetics and Phonology*. Chicago: Chicago Linguistic Society, pp. 355-398.

Prince, Alan (1997a) Endogenous constraints on Optimality Theory. Course handout from Summer Institute of the Linguistic Society of America, Cornell University, Ithaca, NY. [Available at http://ling.rutgers.edu/

gamma/ talks/insthdt1. pdf.]

Prince, Alan (1997b) Paninian relations. Handout of talk presented at University of Massachusetts Amherst, Amherst, MA. [Available at http://ling. rutgers. edu/gamma/talks/umass1997. pdf.]

Prince, Alan (1997c) Stringency and anti-Paninian hierarchies. Course handout from Summer Institute of the Linguistic Society of America, Cornell University, Ithaca, NY. [Available at http://ling. rutgers. edu/gamma/talks/insthdt2. pdf.]

Prince, Alan (2002a) Arguing optimality. In: Angela Carpenter, Andries Coetzee, and Paul de Lacy (eds.) *University of Massachusetts Occasional Papers in Linguistics 26: Papers in Optimality Theory II*. Amherst, MA: GLSA Publications, pp. 269-304. [Available on Rutgers Optimality Archive, ROA-562.]

Prince, Alan (2002b) Entailed ranking arguments. Unpublished manuscript. Rutgers University, New Brunswick, NJ. [Available on Rutgers Optimality Archive, ROA-500.]

Prince, Alan (2006a) Implication and impossibility in grammatical systems: What it is and how to find it. Unpublished manuscript. Rutgers Optimality Archive, New Brunswick, NJ. [Available on Rutgers Optimality Archive, ROA-880.]

Prince, Alan (2006b) No more than necessary: Beyond the 'four rules', and a bug report. Unpublished manuscript. Rutgers University, New Brunswick, NJ. [Available on Rutgers Optimality Archive, ROA-882.]

Prince, Alan and Smolensky, Paul (1993/2004) *Optimality Theory: Constraint Interaction in Generative Grammar*. Malden, MA, & Oxford: Blackwell. [Revision of 1993 technical report, Rutgers University Center for Cognitive Science. Available on Rutgers Optimality Archive, ROA-537.]

Prince, Alan and Smolensky, Paul (1997) Optimality: From neural networks to universal grammar. *Science* **275**, 1604-1610.

Prince, Alan and Smolensky, Paul (2003) Optimality Theory in phonology. In: William Frawley (ed.) *Oxford International Encyclopedia of Linguistics*

(2nd edition). Oxford: Oxford University Press, vol. 3, pp. 212-222. [Available at http://ling.rutgers.edu/gamma/oiel.pdf.]

Prince, Alan and Tesar, Bruce (2004) Learning phonotactic distributions. In: René Kager, Joe Pater, and Wim Zonneveld (eds.) *Constraints in Phonological Acquisition*. Cambridge: Cambridge University Press, pp. 245-291. [Available on Rutgers Optimality Archive, ROA-353.]

Pruitt, Kathryn. (2008) Iterative foot optimization and locality in stress systems. Unpublished paper. University of Massachusetts Amherst, Amherst, MA. [Available on Rutgers Optimality Archive, ROA-999.]

Pulleyblank, Douglas (1986) *Tone in Lexical Phonology*. Dordrecht: D. Reidel.

Pulleyblank, Douglas (1988) Vocalic underspecification in Yoruba. *Linguistic Inquiry* **19**, 233-270.

Radhakrishnan, R. (1981) *The Nancowry Word: Phonology, Affixal Morphology and Roots of a Nicobarese Language*. Edmonton: Linguistic Research.

Rice, Curt (2003) Syllabic well-formedness in Norwegian imperatives. *Nordlyd* **31**, 372-384. [Available on Rutgers Optimality Archive, ROA-642.]

Rice, Curt (2005) Optimal gaps in optimal paradigms. *Catalan Journal of Linguistics* **4**, 155-170. [Available at LingBuzz, http://ling.auf.net/buzzdocs/.]

Rice, Curt (ed.) (2010) *Modeling Ungrammaticality in Optimality Theory*. London: Equinox Publishing.

Roca, Iggy (ed.) (1997) *Derivations and Constraints in Phonology*. Oxford: Oxford University Press.

Rosenthall, Sam (1994) Vowel/Glide Alternation in a Theory of Constraint Interaction. Doctoral dissertation. University of Massachusetts Amherst, Amherst, MA. [Available on Rutgers Optimality Archive, ROA-126.]

Rubach, Jerzy (1993) *The Lexical Phonology of Slovak*. Oxford: Oxford University Press.

Rubach, Jerzy (1997) Extrasyllabic consonants in Polish: Derivational

Optimality Theory. In: Iggy Roca (ed.) *Derivations and Constraints in Phonology*. Oxford: Oxford University Press, pp. 551-582.

Rubach, Jerzy (2000) Glide and glottal stop insertion in Slavic languages: A DOT analysis. *Linguistic Inquiry* **31**, 271-317.

Salzmann, Zdenek (2001) Book notice on *The Emergence of the Speech Capacity* by D. Kimbrough Oller. *Language* **77**, 604-605.

Samek-Lodovici, Vieri (1992) Universal constraints and morphological gemination: A crosslinguistic study. Unpublished manuscript. Brandeis University, Waltham, MA.

Samek-Lodovici, Vieri and Prince, Alan (1999) Optima. Unpublished manuscript. University of London and Rutgers University, London and New Brunswick, NJ. [Available on Rutgers Optimality Archive, ROA-363.]

Samek-Lodovici, Vieri and Prince, Alan (2005) Fundamental properties of harmonic bounding. Unpublished paper. University of London and Rutgers University, London and New Brunswick, NJ. [Available on Rutgers Optimality Archive, ROA-785.]

Sapir, Edward (1921) *Language*. New York: Harcourt, Brace & World.

Sapir, J. David (1965) *A Grammar of Diola-Fogny*. Cambridge: Cambridge University Press.

Schaefer, Ronald P. (1987) *An Initial Orthography and Lexicon for Emai*. Bloomington, IN: Indiana University Linguistics Club Publications.

Schane, Sanford and Bendixen, Birgitte (1978) *Workbook in Generative Phonology*. Englewood Cliffs, NJ: Prentice-Hall.

Selkirk, Elisabeth (1980) Prosodic domains in phonology: Sanskrit revisited. In: Mark Aronoff and Mary-Louise Kean (eds.) *Juncture*. Saratoga, CA: Anma Libri, pp. 107-129.

Selkirk, Elisabeth (1981) Epenthesis and degenerate syllables in Cairene Arabic. In: Hagit Borer and Joseph Aoun (eds.) *Theoretical Issues in the Grammar of the Semitic Languages* (MIT Working Papers in Linguistics 3). Cambridge, MA: Department of Linguistics and Philosophy, MIT, pp. 111-140.

Selkirk, Elisabeth (1995) The prosodic structure of function words. In: Jill

Beckman, Laura Walsh Dickey, and Suzanne Urbanczyk (eds.) *University of Massachusetts Occasional Papers in Linguistics 18: Papers in Optimality Theory*. Amherst, MA: GLSA Publications, pp. 439-470.

Sells, Peter, Bresnan, Joan, Butt, Miriam, and King, Tracy Holloway (2001) *Formal and Empirical Issues in Optimality Theoretic Syntax*. Stanford, CA: CSLI Publications.

Sherer, Tim (1994) Prosodic Phonotactics. Doctoral dissertation. University of Massachusetts Amherst, Amherst, MA.

Silverstein, Michael (1976) Hierarchy of features and ergativity. In: Robert M. W. Dixon (ed.) *Grammatical Categories in Australian Languages*. Canberra: Australian Institute of Aboriginal Studies, pp. 112-171.

Smith, Jennifer L. (2006) Loan phonology is not all perception: Evidence from Japanese loan doublets. In: Timothy J. Vance and Kimberly A. Jones (eds.) *Japanese/Korean Linguistics 14*. Stanford, CA: CSLI Publications, pp. 63-74.

Smolensky, Paul (1995) On the structure of the constraint component Con of UG. Handout of talk presented at UCLA, Los Angeles, CA. [Available on Rutgers Optimality Archive, ROA-86.]

Smolensky, Paul (1997) Constraint interaction in generative grammar II: Local conjunction, or random rules in Universal Grammar. Handout from Hopkins Optimality Theory Workshop/Maryland Mayfest '97, Baltimore, MD.

Smolensky, Paul (2006) Optimality in phonology II: Harmonic completeness, local constraint conjunction, and feature-domain markedness. In: Paul Smolensky and Géraldine Legendre (eds.) *The Harmonic Mind: From Neural Computation to Optimality-Theoretic Grammar, Volume 2*. Cambridge, MA: MIT Press/Bradford Books, pp. 27-160.

Smolensky, Paul and Legendre, Géraldine (2006) *The Harmonic Mind: From Neural Computation to Optimality-Theoretic Grammar*. Cambridge, MA: MIT Press/ Bradford Books.

Smolensky, Paul, Legendre, Géraldine, and Tesar, Bruce (2006) Optimality Theory: The structure, use, and acquisition of grammatical knowledge. In: Paul Smolensky and Géraldine Legendre (eds.) *The Harmonic Mind:*

From Neural Computation to Optimality-Theoretic Grammar, Volume 1: *Cognitive Architecture*. Cambridge, MA: MIT Press/Bradford Books, pp. 453-535.

Spencer, Andrew (1993) The optimal way to syllabify Chukchee. Handout from Rutgers Optimality Workshop I, Rutgers University, New Brunswick, NJ.

Stampe, David (1973) A Dissertation on Natural Phonology. Doctoral dissertation. University of Chicago, Chicago. [Published 1979, New York: Garland.]

Staubs, Robert, Becker, Michael, Potts, Christopher, Pratt, Patrick, McCarthy, John J., and Pater, Joe (2010) OT-Help 2.0 [computer program]. Computer program. [Available at http://web.linguist.umass.edu/~OTHelp/.]

Stemberger, Joseph P. and Bernhardt, Barbara H. (1999) Contiguity, metathesis, and infixation. In: Kimary N. Shahin, Susan J. Blake, and Eun-Sook Kim (eds.) *The Proceedings of the West Coast Conference on Formal Linguistics 17*. Stanford, CA: CSLI Publications, pp. 610-624.

Steriade, Donca (1997) Lexical conservatism and its analysis. Unpublished manuscript. UCLA, Los Angeles. [Available at www.linguistics.ucla.edu/people/steriade/papers/Korea_lexical_conservatism.pdf.]

Steriade, Donca (1999) Lexical conservatism in French adjectival liaison. In: J.-Marc Authier, Barbara Bullock, and Lisa Reid (eds.) *Formal Perspectives on Romance Linguistics*. Amsterdam: John Benjamins, pp. 243-270.

Steriade, Donca (2000) Paradigm uniformity and the phonetics-phonology boundary. In: Janet Pierrehumbert and Michael Broe (eds.) *Acquisition and the Lexicon* (Papers in Laboratory Phonology 5). Cambridge: Cambridge University Press, pp. 313-334.

Steriade, Donca (2001a) Directional asymmetries in place assimilation. In: Elizabeth Hume and Keith Johnson (eds.) *The Role of Speech Perception in Phonology*. San Diego: Academic Press, pp. 219-250. [Available at www.linguistics.ucla.edu/people/steriade/papers/ICPHS2000.pdf.]

Steriade, Donca (2001b) The phonology of perceptibility effects: The P-map and its consequences for constraint organization. Unpublished manuscript. UCLA, Los Angeles. [Available at www.linguistics.ucla.edu/people/

steriade/papers/P-map_for_phonology. doc.]

Stevens, Alan M. (1968)*Madurese Phonology and Morphology* (American Oriental Series 52). New Haven, CT: American Oriental Society.

Struijke, Caroline (1998) Reduplicant and output TETU in Kwakwala. In: Haruka Fukazawa, Frida Morelli, Caroline Struijke, and Yi-ching Su (eds.) *University of Maryland Working Papers*, vol. 7 (*Papers in Phonology*). College Park, MD: Department of Linguistics, University of Maryland, pp. 150-178. [Available on Rutgers Optimality Archive, ROA-261.]

Suzuki, Keiichiro (1998) A Typological Investigation of Dissimilation. Doctoral dissertation. University of Arizona, Tucson, AZ. [Available on Rutgers Optimality Archive, ROA-281.]

Tesar, Bruce, Grimshaw, Jane, and Prince, Alan (1999) Linguistic and cognitive explanation in Optimality Theory. In: Ernest Lepore and Zenon Pylyshyn (eds.) *What is Cognitive Science?* Oxford: Blackwell, pp. 295-326.

Tesar, Bruce and Smolensky, Paul (1998) Learnability in Optimality Theory. *Linguistic Inquiry* **29**, 229-268. [Available on Rutgers Optimality Archive, ROA-155. Reprinted in John J. McCarthy (ed.) *Optimality Theory in Phonology: A Reader*, Malden, MA, & Oxford: Blackwell (2004).]

Tesar, Bruce and Smolensky, Paul (2000) *Learnability in Optimality Theory*. Cambridge, MA: MIT Press.

Tessier, Anne-Michelle (2006) Biases and Stages in OT Phonological Acquisition. Doctoral dissertation. University of Massachusetts Amherst, Amherst, MA.

Truckenbrodt, Hubert (1995) Phonological Phrases: Their Relation to Syntax, Focus, and Prominence. Doctoral dissertation. Massachusetts Institute of Technology.

Urbanczyk, Suzanne (2006) Reduplicative form and the root-affix asymmetry. *Natural Language and Linguistic Theory* **24**, 179-240.

van Eijk, Jan P. (1997) *The Lillooet Language: Phonology, Morphology, and Syntax*. Vancouver, BC: University of British Columbia Press.

Vihman,Marilyn M. (1996)*Phonological Development*. Cambridge, MA & Oxford:Blackwell.

Voorhoeve,Clemens Lambertus (1965) *The Flamingo Bay Dialect of the Asmat Language*. The Hague: M. Nijhoff. [Verhandelingen van het Koninklijk Instituut voor Taal-,Land-en Volkenkunde,46.]

Webb,Charlotte (1982)A constraint on progressive consonantal assimilation. *Linguistics* **20**,309-321.

Weimer,Harry and Weimer,Natalia (1970)Reduplication in Yareba. *Papers in New Guinea Linguistics* **11**,37-43.

Weimer, Harry and Weimer, Natalia (1975) A short sketch of Yareba Grammar. In: Tom E. Dutton (ed.)*Studies in Languages of Central and South-Eastern Papua*. Canberra:Australian National University. [Pacific Linguistics,Series C,no. 29.]

Whitney, William Dwight (1889) *A Sanskrit Grammar*. Cambridge, MA: Harvard University Press.

Wiese,Richard (2001)The structure of the German vocabulary:Edge marking of categories and functional considerations. *Linguistics* **39**,95-115.

Wilson, Colin (2000) Targeted Constraints: An Approach to Contextual Neutralization in Optimality Theory. Doctoral dissertation. Johns Hopkins University,Baltimore,MD.

Wilson,Colin (2001)Consonant cluster neutralization and targeted constraints. *Phonology* **18**,147-197.

Wilson,Colin (2003)Unbounded spreading in OT (or,Unbounded spreading is local spreading iterated unboundedly). Handout from SWOT 8, Tucson,AZ.

Wilson, Colin (2004) Analyzing unbounded spreading with constraints: Marks, targets, and derivations. Unpublished manuscript. UCLA, Los Angeles.

Wilson, Colin (2006) Unbounded spreading is myopic. Handout of talk presented at Phonology Fest 2006,Bloomington,IN. [Available at www. linguistics. ucla. edu/people/wilson/Myopia2006. pdf.]

Wolf, Matthew (2008) Optimal Interleaving: Serial Phonology-Morphology

Interaction in a Constraint-Based Model. Doctoral dissertation. University of Massachusetts Amherst, Amherst, MA. [Available on Rutgers Optimality Archive, ROA-996.]

Wolf, Matthew and McCarthy, John J. (2010) Less than zero: Correspondence and the null output. In: Curt Rice (ed.) *Modeling Ungrammaticality in Optimality Theory*. London: Equinox Publishing. [Earlier version available on Rutgers Optimality Archive, ROA-722.]

Wright, William (1971) *A Grammar of the Arabic Language*. Cambridge University Press, Cambridge. [Third edition revised by William Robertson Smith and Michael Jan de Goeje, originally published 1896.]

Yip, Moira (2002) *Tone*. Cambridge: Cambridge University Press.

Zagona, Karen (1982) Government and Proper Government of Verbal Projections. Doctoral dissertation. University of Washington, Seattle.

制约条件索引

本索引不包括只在音系标记性制约条件分类清单（224—229页）中列出的制约条件。

重要提示：下面列出的某些制约条件是临时性的，甚至是不合法的（如 No-Onset）。因此，在未读正文的情况下，请不要在分析中使用它们。

* *ʔ# 112-113
* *[＋紧喉性]σ^2 218
* *Cʔ 112-113
* *Complex 261
* *Complex-Onset(*Comp-Ons) 51,190-192,261,264-265
* *Complex-Syllable(*Comp-Syll) 8-10,12,55-60,63-65,70,73-74,77-78,81-86,90,116-120,123,127-131,143-151,240-244,272-274
* *C^{unsyll} 8-12,19-24,35-36,41-47,50-51,55-60,63-65,70-73,76-78,85-86,90,116-120,127-131,143-151,177,240,267-268；另见 Exhaustivity（音节），Parse
* *iCu 170,230；另见 Align-Right(＋圆唇性,词)
* *lk 47,50-51
* *M$_{\text{ID}}$ 180
* *Nucleus 制约条件 187-192
* *NV$_{[－鼻音性]}$ 91-93,230-231
* *RoLo 257-258

*R_{TR}/F_{RONT} 216-217

*R_{TR}/H_{IGH} 216-217

*V# 8-13, 21-23, 35-36, 55, 58-64, 70-71, 74-75, 77-78, 81-86, 90, 108-110, 116-123, 127-128, 131-134, 143-144, 148-151, 171, 178, 242-244, 249, 273-274

*V_[＋鼻音性] 91-93

*V]_{短语} 178-179

*V_{OICE} 67-68, 134

*V_{OICED}-O_{BSTRUENT}(*V_{OI}) 214-215

[*R_{TR}/F_{RONT} & *R_{TR}/H_{IGH}]_{音段} 217

[*V_{OICED}-O_{BSTRUENT} & N_O-C_{ODA}]_{音段} 215

[I_{DENT}(低) & I_{DENT}(高)]_{音段} 217

A_{GREE}(部位) 80

A_{GREE}(浊音性) 134

A_{LIGN}-L_{EFT}(＋紧喉性, 词根)(A_{LIGN}-L(＋cg, rt)) 201-203

A_{LIGN}-L_{EFT}(音步, 词) 183-185

ZA_{LIGN}-L_{EFT}(中心语(XP), XP) 183

A_{LIGN}-L_{EFT}(*il*, 词干) 182-183

A_{LIGN}-L_{EFT}(RED, 词干) 251-252

A_{LIGN}-L_{EFT}(句法词, 音节) 261-263

A_{LIGN}-L_{EFT}(词, 中心语(词)) 194

A_{LIGN}-R_{IGHT}(＋鼻音性, 词) 231-232

A_{LIGN}-R_{IGHT}(＋圆唇性, 词) 256-259

A_{LIGN}-_{RIGHT}(＋RTR, 词) 216-217

A_{LIGN}-R_{IGHT}(音步, 词) 183-185, 231

A_{LIGN}-R_{IGHT}(词干, 音节) 106-107, 135, 172-173, 247-249

C_{ODA}-C_{OND} 106-107, 171, 277

C_{ONTIGUITY}(C_{ONTIG}) 174, 197; 另见 D_{EP语素}

D_{EP} 13-14, 19-29, 37-38, 41-51, 65, 73, 77-80, 94, 103, 106-107, 110-123, 131,

133,143-151,160,164,167-173,178-179,182,188-189,197-198,242-246,233,237,248-252,262,264,267-268,273-276

D<small>EP</small>(圆唇性)200

D<small>EP</small>-C 120,131,250

D<small>EP</small>起始-σ 51,106

D<small>EP</small>语素 173-174;另见 C<small>ONTIGUITY</small>

D<small>EP</small>-V 49-50,250

E<small>XHAUSTIVITY</small>(音步)177-180,194;另见 P<small>ARSE</small>-S<small>YLLABLE</small>

E<small>XHAUSTIVITY</small>(音节)177-180,192;另见 *C^{unsyll},P<small>ARSE</small>

F<small>ILL</small> 27,102,176,209;另见 D<small>EP</small>

F<small>OOT</small>-B<small>INARITY</small>(音节)(F<small>T</small>-B<small>IN</small>(syll))84-86,186

F<small>ULL</small>-I<small>NTERPRETATION</small>(F<small>ULL</small>-I<small>NT</small>)98-104,109

G<small>LOTTAL</small>/P<small>LOSIVE</small>(G<small>L</small>/P<small>L</small>)201

H<small>AVE</small>-S<small>TØD</small> 112-113

H<small>EAD</small>L<small>EFT</small> 183

H<small>NUC</small> 192-193

I<small>DENT</small>(＋圆唇性)199

I<small>DENT</small>(－圆唇性)199

I<small>DENT</small>(后)208

I<small>DENT</small>(紧喉性)(I<small>DENT</small>(＋cg))201-203

I<small>DENT</small>(高)208,211,217

I<small>DENT</small>(长)55-64,72-78,81-84,88,108,110,116-123,127-131,135,143-144,147-150,167,169,242,249,267-268,273-274;另见 M<small>AX</small>(莫拉)

I<small>DENT</small>(低)208,217

I<small>DENT</small>(鼻音性)231-232

I<small>DENT</small>(部位)80

I<small>DENT</small>(圆唇性)170,199-200,256-258

I_DENT(音节峰)211
I_DENT(浊音性)37,66-68,71,134,215,275-277
I_DENT_外来语 207
I_DENT_音节首(浊音性)66-68,208,210
I_DENT_和语 207
I_DENT'_σ(后)208
I_DENT'_σ(高)208
I_DENT'_σ(低)208
I_NTEGRITY 198,210

L_ABIAL-A_TTRACTION(L_AB A_TT)170
L_INEARITY 198-199,212

M_AX 24-27,29,35-38,42-43,48-51,55,58-64,70,74-87,93,103,106-123,127-135,142-151,160,167-169,178-179,182,188,196-207,210-213,218,232-233,242-246,249-252,262-266,272-277
M_AX(＋紧喉性)202-203,210
M_AX(莫拉)55,135;另见 I_DENT(长)
M_AX(圆唇性)200
M_AX(V:)207
M_AX-C 111,116-120,123,142-151,242-244,249
M_AX_起始 204-206,221
M_AX_词汇 204-206
M_AX_音节首(浊音性)210
M_AX_词根 206
M_AX_词干-尾 83-84,87,135
M_AX-V 49-50,111,143-144,148-151,178-179,274
MP_ARSE 272-274,278

N_O-C_ODA 49-51,87,176-177,181-182,214-215,237,246,252-254
N_O-D_ELINK(＋紧喉性)211
N_O-D_IPHTHONG 171-173

435

N₀-Hiatus 253-254;另见 Onset
N₀-Link(＋紧喉性)211
Non-Finality(音步)186
Non-Finality($'σ$)186
N₀-Onset 237,250
N₀-Voiced-Coda 275-277

Obligatory-Heads(Ob-Hd)97-104,109,115,154,160,272
Onset 24-26,32,42-43,48-50,73,79,106-107,113-114,154,176,181,203-206,237,246,251-254,262-263,272-274
Operator-in-Specifier(Op-Spec)97-104,109,154,160,272
Output-Contiguity(O-Contig)174,197

Parse 27,102,209,278;另见 *C[unsyll], Exhaustivity(音步), MAX
Parse-Syllable 194;另见 Exhaustivity(音步)

Round/αHigh 257-258

Sonority-Sequencing(SonSeq)272-273
Stay 97-104,109,160,222

T-Gov 66
T-Lex-Gov 66

Uniformity(Unif)133,197-198,210

Weight-to-Stress(WSP)186,233

语言索引

Arabic(阿拉伯语)
    Bedouin(贝都因)36,212,270
    Cairene(开罗)207
    Classical(古典)178,188,192,209-210,218
    Levantine(黎凡特)见第六章 新[9],
    Palestinian(巴勒斯坦)215-216,268-269
Asmat(阿斯玛特语),Flamingo Bay(弗拉明戈湾)253
Axininca Campa(阿克辛宁卡坎帕语)105,124,152,171-173,197,234,247

Berber(贝贝尔语)188

Danish(丹麦语)112-113
Diola Fogny(迪乌拉福尼语)80,87,152,247
Dutch(荷兰语)264-265

Emai(埃梅语)203-204,211,221,233-234
English(英语)3,20-21,32-33,88-90,93-94,95-103,136,180,188,194-195,
    209,261-264,265,266,271

Finnish(芬兰语)76

Garawa(加拉瓦语)180,183-186,194
Gashowu(盖斯霍伍语)114
German(德语)67,188,210,214-215,275

Hawai'ian(夏威夷语)95

Icelandic(冰岛语)31,33,34,36

Japanese(日语)115,206,219,221,264-265

Kachin Khakass(卡琴卡卡语)258
Kwakwala(科瓦科瓦拉语)278
Kirgiz(吉尔吉斯语)255,257

Lardil(拉尔迪尔语)40,174
Latin(拉丁语)31-33,134
Lillooet(利洛厄特语)参见 St'at'imcets

Madurese(马都拉语)92-93,135,274
Makassarese(望加锡语)170-171
Maori(毛利语)40

Nakanai(纳卡奈)181-182,233
Nancowry(楠考里岛语)95
Nganasan(牙纳桑语)190
Norwegian(挪威语)271-273

Orokaiva(奥罗卡瓦语)253

Palauan(帕劳语)41,207-208
Pangasinan(邦阿西楠语)253
Polish(波兰语)275

Quechua,Cuzco(库斯科盖丘亚)200-203,210,211,218

Russian(俄语)225,275

Sanskrit(梵语)197,210,253
Seri(塞里语)218
Shona(肖纳语)153
Slovak(斯拉伐克语)188,210
Spanish(西班牙语)3,95,133,188　　　　　　　　　　　　　302
St'at'imcets(斯莱特利厄姆语)102-103
Swedish(瑞典语)134

Tagalog(他加禄语)193
Tibetan(藏语)51
Timugon Murut(提姆冈的姆律语)24-25,26,250-254
Tunica(图尼卡语)153
Turkish(土耳其语)255-257

Warao(瓦老语)230-232
Warlpiri(瓦尔皮里语)170,199

Yareba(亚勒巴语)253
Yawelmani(亚韦尔玛尼语)1-4,6-12,21,22-23,25,33,40-42,47,53-65,70,
　　72-73,75-77,83-86,87,89-90,94-95,96,100-105,115-124,127-129,136,
　　143-151,159,167-169,177-178,240-244,247-249
Yokuts(约库特语)参见Gashowu,Yawelmani
Yoruba(约鲁巴语)91-92
Yowlumne(约乌卢姆尼语)参见Yawelmani

主题索引

论题的主要部分用黑体标出。

absolute ill-formedness 绝对不合格形式 见 ungrammaticality
acquisition 习得 见 learning
activity（of constraints）（制约条件的）作用程度 见 constraint activity
ad hoc constraint 临时性制约条件 **38-39**,40,166
algorithm, candidate-generation 候选项生成演算系统 见 candidate-generation algorithm
algorithm, ranking 等级排列演算方法 见 RCD
alignment, harmonic 和谐同界 见 harmonic alignment
alignment constraint 同界制约条件 **181-186**
    assimilation 同化 231-234,256-257
    in classified list of constraints 制约条件分类清单中的～ 228
    infixation 中缀 181-183,251-254
    need for restrictions on 需要对～的限定 218-219

schema for ～范式 213-214
    另见 制约条件索引（Constraint Index）中的 A_LIGN
alternations, phonological 音系交替现象
    and richness of the base ～与基础丰富性 87-88,91,113,136,273
    in OT 优选论中的～ 31-33,**37-38**
    in rule-based phonology 以规则为基础的音系学中的～ 30-31
analysis, checking 核查分析 见 checking an analysis
analysis, constructing 构建分析 见 constructing an analysis
anti-Paninian ranking 反帕尼尼等级排列 190-192；另见 stringency
apocope 词尾脱落,词尾删音 见 deletion
argument, ranking 等级排列的论证 见 ranking argument
articulation 发音 见 functionalism
assimilation 同化

主题索引

blocking 阻断 216-217
constraints 制约条件 230-233
  and containment ～与包含理论 209
  directional asymmetry 方向上的不对称性 277
  nasality 鼻音性 230-232
  pharyngealization 咽音化 215-217
  rounding 圆唇性 170, 199, **255-258**
  voicing 浊音性 16
autosegmental representation 自主音段表征
  and feature alignment ～与特征同界 231
  and feature faithfulness ～与特征忠实性 **200-203**, 211
  and markedness constraint evaluation ～与标记性制约条件的评估 180
  move toward rulelessness 朝没有规则方向发展 6

binarity, foot 音步偶分性 见 foot binarity
blocking (of harmony or feature spreading)（和谐或特征延展的）阻断 见 assimilation
blocking (of processes)（音变过程的）阻断 **2-5**, 7, 9-12
  in descriptive generalizations 描述性概括中的～ 35-37
  in syntax 句法中的～ 36

in Yawelmani 亚韦尔玛尼语里的～ 54, 59-61
bounding, harmonic 和谐限定 见 harmonic bounding

candidate-generation algorithm 候选项生成演算系统 76
candidates 候选项
  in filters model 过滤器模式中的～ 4
  finding informative losers 寻找信息量大的败选项 见 losing candidates
  inclusion in tableaux 纳入竞选表之中 82, 105, **128-129**, 133
  infinite number of 数量无限多的～ 17-18
  in syntax 句法中的～ 101-102
  另见 G<small>EN</small>
chain shift, circular 循环性链状音变 238-239
checking an analysis 核查分析 103-107
citation 引用
  of Prince and Smolensky(1993/2004) 普林斯和斯莫伦斯基(1993/2004)的～ 153
  recommended practices 推荐做法 152-154
closed syllable shortening 闭音节的缩短 见 shortening
coalescence 融合 197, 199, 210
comparison of candidates 候选项的

比较 21；另见 Eval
competition between candidates 候选项之间的竞争 16-17
    and membership of a candidate set ～与候选项集合的成员条件 101-102
Con 制约条件集合
    changing 改变：how 如何 110-111，171-176；justifying 证明合理性 212-223；when 何时 167-171，274-277
    citing previous literature 引用先前的文献 153
    role in OT research 在优选论研究中的作用 27-28，31
    role in typology 在语言类型学中的作用 17-18，247-254
    universality of ～的普遍性 15，26 另见 faithfulness constraints; markedness constraints
conflict, constraint 制约条件的冲突 见 constraint conflict
conjunction 合取 见 local constraint conjunction
conspiracy 共谋 2-5，7，9，11，89
constraint 制约条件 见 Con; defining constraints; faithfulness constraints; markedness constraints; 制约条件索引（Constraint Index）
constraint, ad hoc 临时性制约条件 见 ad hoc constraint
constraint, alignment 同界制约条件 见 alignment constraint; 制约条件索引（Constraint Index）中的 Align
constraint, defining 定义制约条件 见 defining constraints
constraint, undominated 不受统制的制约条件 见 undominated constraint
constraint, unviolated 未被违反的制约条件 见 undominated constraint
constraint activity 制约条件的作用程度 22-25，38，61，102-103
    controlled by ranking 由等级列方式控制的～ 26
    even when dominated 甚至是在被统制之时 23-25，205-206，251；另见 emergence of the unmarked
    how indicated in tableaux 竞选表的注释方式 44-45
constraint conflict 制约条件的冲突 10-13
    absence of 从未发生过～ 48，60，65-72
    checking for 核查～ 60
    essential in ranking arguments 等级排列论证中最为重要的 41-42
    in functionalism 功能主义中的～ 221
constraint conjunction 制约条件的合取 见 local constraint conjunction
constraint demotion 制约条件的降级 见 RCD

主题索引

constructing an analysis 构建分析
  descriptive generalization 描述性概括 33-39
  ranking 等级排列 41-50
containment 包含 208
contrast 对立
  when faithfulness unviolated 忠实性制约条件未被违反时的～ 65
  not mentioned in constraint definitions 制约条件定义中未被提及的～ 38
  not a property of the lexicon 不是词库的一个属性 163
  and richness of the base ～与基础丰富性 87-93, 95
correspondence theory 对应理论 27, 195-203
  compared with Parse/Fill theory 与 Parse/Fill 理论的比较 209-210
  output-output 输出到输出的～ 269-270
  另见 faithfulness constraints
criticism 批评
  receiving 接受 154-155
  writing 撰写 155-157
cycle 循环 269

defining constraints 定义制约条件 171-180
  as functions from candidate sets to candidate sets 作为候选项集合到候选项集合的函数 19
  as temporary expedients 作为权宜之计 38-39, 166
  dos and don'ts 注意事项 38-39, 62
  faithfulness 忠实性 195-212
  in a paper 论文中 140, 160
  use of universal quantifiers in 在～中使用全称量词 184-185
deletion 删音
  in Bedouin Arabic 贝都因阿拉伯语里的～ 270-271
  in child phonology 儿童音系学中的～ 266
  directional asymmetry 方向上的不对称性 277
  of English *t* and *d* 英语 *t* 和 *d* 的～ 261-263
  in hiatus in Emai 埃梅语里元音连拼分读中的～ 203-207
  of Maori final consonants 毛利语尾辅音的 40
  not as a means of harmony 不作为一种和谐方式 232
  not used to avoid voiced codas 不用于避免音节浊音尾 275
  in Palestinian Arabic 巴勒斯坦阿拉伯语里的～ 268-270
  in Parse/Fill theory 在 Parse/Fill 理论中的～ 208-209
  of Yawelmani final vowels 亚韦尔

玛尼语词尾元音的~ 53,58

另见 制约条件索引（Constraint Index）中的 M_AX

demotion, constraint 制约条件的降级 见 RCD

derivation 推导 **266-271**

descriptive generalization 描述性概括 **33-41**, 55

  for Emai 埃梅语的~ 204

  for English *do* support 英语助动词 *do* 的~ 96

  for Yawelmani 亚韦尔玛尼语的~ 54-55

  in write-up 撰写论文中的~ 145, 147, 150-151, 159

devoicing 去浊音化 67-68, 210, 214-215, 275-277

differences between languages 语言之间的不同 见 factorial typology

diphthong 二合元音 171-173, 211, 229

diphthongization 二合元音化 210

disjunction (in ranking)（等级排列中的）析取

  inadequacy of Hasse diagrams 哈斯图示的不足之处 50, 122

  peril in ranking argument 等级排列论证中的风险 **42-43**, 47, 84-85

  ranking logic 等级排列的逻辑式 **129-130**, 149-151

  resolving 解决~问题 51, **85-86**, 129-130

dissimilation 异化 218, 234

distinctive features 区别特征

  faithfulness to 对~的忠实性 37, 196, **199-203**, 211, 233, 276-277; 另见 制约条件索引（Constraint Index）中的 I_DENT

  in G_EN 生成器中的~ 16

  markedness of ~的标记性 180, **228-229**

  in *SPE*《英语音系》中的~ 6-7, 153

  另见 autosegmental representation

distribution 分布

  complementary 互补~ 92-93, 95

  contrastive 对立性~ 91-92, 95; 另见 contrast

  only when needed 只在需要时 98, 102-103

domain of conjunction 合取的范域 见 local constraint conjunction

domain of constraint in lexicon 制约条件在词汇中的应用域 206-207

domination 统制 见 ranking

domination, transitivity of 统制传递性 见 transitivity of domination

do-support 助动词 *do* 95-103

Elementary Ranking Condition 元素性等级排列条件 见 ERC

Elsewhere Condition 别处条件 见 stringency

emergence of the unmarked 非标记
性隐现
  defined 定义 24-25
  not in parametric theories 参数理
论中没有～ 26
  in Timugon Murut 提姆冈姆律语
里的～ 251
epenthesis 增音，插音
  consonant 辅音：in Makassarese
望加锡语里的 171-172；in
Yawelmani 亚韦尔玛尼语里的
21, 113-115
faithfulness 忠实性 37, 197；另见
制约条件索引（Constraint
Index）中的 D_{EP}
  vowel 元音：not after voiced codas
不在音节浊尾音之后出现 275-
278；not in Norwegian 不在挪威
语里出现 271-272；triggering
of 触发～ 3；in Yawelmani 亚
韦尔玛尼语里的～ 2, 77, 90,
267-268
ERC 元素性等级排列条件 **125-
132**, 148-150, 167
  in typology 类型学中的～ 242-
250
E_{VAL} 评估器 **19-21**
  always finds a winner 总找到一个
优选项 271
  constraints that must be dominated
必须受到统制的制约条件 59
  cyclic application of ～的循环性

应用 269
minimal violation 最低限度违反
23-24
misconception about 关于～的误
解 70-71
not in constraint definitions 不在
制约条件定义中出现 175
and variation ～与变异现象 260-
263
exceptions 例外 见 domain of constraint
in lexicon

factorial typology 阶乘类型学 **235-
236**
  how to study 如何研究～ 239-246
  reveals problems with C_{ON} 用 C_{ON}
揭示问题 274-279
  to test new constraints 验证新的
制约条件 247-250
  universals via 经由～产生的普遍
现象 236-239
  when C_{ON} is incomplete 当 C_{ON} 不
完整时 250-254
faithfulness, positional 位置忠实性
见 positional faithfulness
faithfulness constraints 忠实性制约
条件 13
  at beginning of analysis 分析之初
时的～ 37-38, 55
  defining 定义 **195-208**
  and derivational economy ～与推
导的经济性 23-24

stringency 紧要关系 66
sufficiency of ～的充分性 274-277
syntactic 句法的～ 102-103
另见 correspondence theory; P_ARSE/F_ILL theory of faithfulness; positional faithfulness
family of constraints 制约条件家族 213
favoring (by constraint)（制约条件）青睐的 14
feature, distinctive 区别特征 见 distinctive features
filter 过滤器 4,8-9
foot, metrical 节律音步 见 stress
foot binarity 音步偶分性 226; 另见制约条件索引 (Constraint Index) 中的 F_OOT-B_INARITY
functionalism 功能主义 164-165, 216, **220-223**, 228, 229, 277

geminate 叠音 206-207, 219-223, 229
G_EN 生成器
  constraints inherent in ～中固有的制约条件 181,226
  cyclic 循环性 269
  defined 定义 **16-18**
  freedom of ～的任意性 267
  null output 零项 272
  role in correspondence theory 在对应理论中的作用 195
  role in P_ARSE/F_ILL theory 在 P_ARSE/F_ILL 理论中的作用 208
  in syntax 句法中的～ 101-102
general-specific relation 一般与具体的关系 见 stringency
generalization, descriptive 描述性概括 见 descriptive generalization
Government-Binding Theory (GB) 管辖与约束理论 4, 163-164
gradience 梯度 181-185, 226
Gradual Learning Algorithm 渐变学习演算系统 263
grammar 语法 17,31; 另见 ranking
guttural consonant 腭辅音 36-37, 212

harmonic alignment 和谐同界 **186-192**, 194, 255
harmonic bounding 和谐限定
  in analysis of variation 分析变异形式时的～ 262,276
  defined 定义 **80-83**
  entailment and 蕴含与～ 128-129, 133
  in syntactic analysis 句法分析中的～ 99
  in typology 类型学中的～ 252
  另见 factorial typology
harmony (OT concept) 和谐（优选论的概念）21
  threshold ～阈值 273-274
harmony (phonological process) 和谐（音系过程）见 assimilation

主题索引

Hasse diagram 哈斯图示 48-52,63, 99,104
hierarchy 等级体系,层级体系 见 ranking
historical linguistics 历史语言学 28,223

inconsistency 不一致性 见 ranking paradox; RCD, inconsistency detection by
infinite size of candidate set 体量无限的候选项集合 17-18
infixation 中缀 181-182,193
　reduplicative 叠音 250-254
initial position 起始位置 见 positional faithfulness
initial ranking 初始等级排列 264-265;另见 learning
input (to grammar)(语法的)输入项 见 Gen; Parse/Fill theory of faithfulness; underlying representation
inventory 总目 见 distribution

learning 学习
　constraint demotion 制约条件的降级 见 RCD
　gradual 渐变的 见 Gradual Learning Algorithm
　phonological acquisition 音系习得 264-265
　Subset Principle 子集原则 265
　lexical phonology 词汇音系学 见

stratal OT
lexicon 词库 见 richness of the base
lexicon optimization 词库优化 136
loan phonology 外来语音系 114-115;另见 domain of constraint in lexicon
local constraint conjunction 制约条件的局部合取 214-219
logic,ranking 等级排列的逻辑式 见 ERC
losing candidates 败选项
　constraints favoring 制约条件青睐的～ 45-46,59
　finding informative 找出信息量大的～ 72-79
　harmonically bounded 和谐限定的～ 见 harmonic bounding
　problematic 有问题的 见 Con, changing
　in ranking arguments 等级排列论证中的～ 41-42
　when checking analysis 核查分析时的～ 104-105

mark,violation 违反标记 见 violation mark
markedness constraints 标记性制约条件
　phonological 音系～ 223-233
　syntactic 句法～ 66,95-103
metathesis 换位音变 196,198-199, 212

447

metrical foot 节律音步 见 stress
minimal violation 最低限度违反 23-25, 26; 另见 EVAL
minimal word 最小词 见 制约条件索引（Constraint Index）中的 FOOT-BINARITY（音节）
module (of grammar) (语法) 模块 114, 209

nasality 鼻音性
　assimilation of ～的同化 91-93, 230-233
　neutralization of ～的中和化 91-92
neutralization 中和化 65, 91-92; 另见 contrast; distribution
nonuniformity 非一致性 32-33
null output 零项 272-274; 另见 ungrammaticality
null parse 零分析 见 null output

opacity (of processes) (音系过程的) 不透明性 见 derivation
optimality 优选 见 EVAL
organization (of a paper) (论文的) 结构安排 138-142
OTSoft OT 软件
　for factorial typology 阶乘类型学的～ 240-241, 246, 247-248
　Gradual Learning Algorithm 渐变学习演算系统 263; 另见 Praat
　for ranking 等级排列的～ 122-124

treatment of disjunction 析取问题的处理方法 50
output 输出项
　contiguity 邻接性 197
　evaluated by markedness constraints 由标记性制约条件评估的～ 13
　faithful 忠实性～ 87-88
　and GEN ～与生成器 见 GEN
　null 零的 见 null output
　role in positional faithfulness 在位置忠实性中的作用 207
　selected by EVAL 评估器选择的～ 19-20
output-output faithfulness 输出到输出的忠实性 269-270

Paninian ranking 帕尼尼等级排列 见 anti-Paninian ranking; stringency
paradox, ranking 等级排列中的悖论 见 ranking paradox
parameter 参数 26; 另见 emergence of the unmarked
PARSE/FILL theory of faithfulness PARSE/FILL 忠实性制约条件 27, 176, **208-210**; 另见 correspondence theory
perception 感知 见 functionalism
permutation, ranking 等级排列组合 见 factorial typology
phoneme 音位 见 contrast
phonetics 语音学 见 functionalism
phrase 短语 见 prosodic structure

主题索引

positional faithfulness 位置忠实性
  constraint family 制约条件家族 213
  devoicing 去浊音化 210,277-278
  effect on distribution ～对分布的影响 258,269-270
  explained 解释 **203-208**
  stringency 紧要关系 135
Praat 语音分析软件 122
prosodic structure 韵律结构
  alignment constraints 同界制约条件 226,228
  markedness constraints on 有关～的标记性制约条件 225
  prosodic hierarchy 韵律层级体系 177,180-181
  role in P$_{\text{ARSE}}$/F$_{\text{ILL}}$ theory of faithfulness 在 P$_{\text{ARSE}}$/F$_{\text{ILL}}$ 忠实性理论中的作用 208-210
  另见 stress

ranking 等级排列 **19-20**
  fixed 固定的～ 186-192
    另见 anti-Paninian ranking; disjunction (in ranking); ERC; E$_{\text{VAL}}$; factorial typology; ranking argument; RCD; ranking paradox; stringency
ranking algorithm 等级排列演算系统 见 RCD
ranking argument 等级排列的论证 **41-43**,47-48,55-63

candidates in ～中的候选项 72-79
checking 核查～ 104-105
constraints in ～中的制约条件 83-87
contradictory 矛盾的 见 ranking paradox
invalid 无效的 108-109
inputs in ～中的输入项 87-95
limits on 对～的限制 65-72
summarizing 汇总～ 104
in the write-up 在撰写论文时 145-152
ranking logic 等级排列的逻辑式 见 ERC
ranking paradox 等级排列中的悖论 104,**109-112**
  how to present in write-up 如何在论文撰写中提出～ 167-168
  resolving 化解～ 168-169,171-174,201-202
  另见 RCD, inconsistency detection by
ranking permutation 等级排列组合 见 factorial typology
RCD (recursive constraint demotion) 递归性制约条件降级演算系统
  computer implementation 计算机应用 见 OTSoft
  explained 解释 115-119
  inconsistency detection by 用～所做的不一致性查寻 119-121,131-132,167,240

449

limitations as analytic tool 作为分析工具的局限性 121-122
Recursive Constraint Demotion(RCD) 递归性制约条件降级演算系统 见 RCD
reduction (in unstressed syllables) (非重读音节中的)弱化 207-208,268-269
reduplication 叠音现象 250-254
repair 修补 35,278
representation, surface 表层表征 见 output
representation, underlying 底层表征 见 GEN; PARSE/FILL theory of faithfulness; underlying representation
research topics 研究课题 32-33, 162-165
retracted tongue root 舌根收缩性 见 RTR
rewrite rule 改写规则 见 rule
richness of the base 基础丰富性 88-95, 113-115, 136, 201-202, 237-238
rounding 圆唇性
    assimilation of ～同化 170, 199, **255-258**
    faithfulness to 对～的忠实性 199-200
RTR(retracted tongue root)舌根收缩性 216-217, 229
rule 规则 1-7
    compared with OT 与优选论的比较 35

Duplication Problem 重复问题 89
iterative stress assignment 反复重音指派 183
ordering 排序 266-267
rule ordering 规则排序 见 derivation
semantics 语义学 28
shading (in tableaux)(竞选表中的)阴影遮盖 44-45
shortening 缩短
    in Cairene Arabic 开罗阿拉伯语里的～ 207
    faithfulness constraint against 反～的忠实性制约条件 55, 62; 另见 制约条件索引(Constraint Index)中的 IDENT(长)
    markedness constraint favoring 标记性制约条件青睐的～ 224, 229
    in Yawelmani 亚韦尔玛尼语里的～ 53-57
Sound Pattern of English (SPE) 《英语音系》1-7, 30-31, 220, 266-267, 270
stratal OT 优选论的层级理论 269-270
stress 重音
    alignment constraints 同界制约条件 183-185, 228
    Danish 丹麦语 112
    Finnish 芬兰语 26
    Garawa 加拉瓦语 183, 194

markedness constraints on 有关～的标记性制约条件 226-227

metrical phonology 节律音系学 185-186

processes conditioned by 受～制约的音系过程 见 reduction (in unstressed syllables)

Yawelmani 亚韦尔玛尼语 78-79 另见 positional faithfulness

stringency 紧要关系 65-68, 111, 135, 187-192, 205

Subset Principle 子集原则 265

superset-subset relation 父集与子集的关系 见 stringency

support 佐证表 见 RCD

surface representation 表层表征 见 output

syllable, constraints on 音节制约条件 224-225

syncope 词中省略，词中删音 见 deletion

syntax 句法

  alignment constraints in ～中的同界制约条件 181, 183

  applications of OT 优选论的应用 28, **95-103**

  blocking effects in ～中的阻断效应 36

  candidate set 候选项集合 17

  faithfulness constraints in ～中的忠实性制约条件 37, 102, 103, 198；另见 制约条件索引 (Constraint Index) 中的 S$_{TAY}$

  functionalism in ～中的功能主义 222

  G$_{EN}$ in ～中的生成器 101-102

  implicational universals in ～中的蕴含型普遍现象 236

  input in ～中的输入项 101-102

  local constraint conjunction in ～中的制约条件局部合取 218

  markedness constraints in ～中的标记性制约条件 66, 154

  module ～模块 114

  optionality 非强制性，选择性 见 variation, within a language

  richness of the base in ～中的基础丰富性 89-90

  role of constraints in 制约条件在～中的作用 3-4

  role of lexicon in 词库在～中的作用 88-90

  theory and analysis combined in ～中相结合的理论与分析 1-2

tableau 竞选表

  2×2 2乘2 151-152

  combination 组合型～ **46-47**, 104

  comparative 比较～ **45-46**

  limitations of ～的局限性 48-50

  summary 汇总～ 63-65, 75, 100-101, 105, 143

  violation 违反～ **43-45**, 80-81

  which candidates to include 包含

  哪些候选项的～ 124-125,129
  which constraints to include 包含哪些制约条件的～ 57,62,**83-87**
  which to omit 略去什么的～ 109
  which type to use 使用哪种类型的～ **48**,114
  in write-up 撰写论文中的～ 145-151
term paper 学期论文
  finding topic for 为～找选题 见 research topics
  justifying constraints in ～中证明制约条件的合理性 212
  organization 结构安排 见 organization (of a paper)
  TETU 非标记性隐现 见 emergence of the unmarked
  Theory of Constraints and Repair Strategies 制约条件和修补策略理论 35
tie（between candidates）（候选项之间的）平局
  breaking 打破～ 68-70
  source of variation 变异现象的来源 20-21
tie（ranking）（等级排列中的）平局 70-71；另见 variation, within a language
too-many-repairs problem 过多修补问题 见 too-many-solutions problem
too-many-solutions problem 过多解决方案问题 274-277
topics 课题,选题 见 research topics
trace 语迹
  constraint against 反～制约条件 97；另见 制约条件索引（Constraint Index）中的 S<small>TAY</small>
  government of ～的管辖 66
  and syntactic faithfulness constraints ～与句法忠实性制约条件 102
  that-trace filter *that*-语迹过滤器 3-4
transderivational faithfulness 跨推导式的忠实性 见 output-output faithfulness
transformation, syntactic 句法转换 4；另见 trace
transitivity of domination 统制传递性 64
  in anti-Paninian ranking 反帕尼尼等级排列方式中的～ 190-192
entailment 蕴含 109
  and stringency ～与紧要关系 **67-68**
  when checking analysis 核查分析时的～ 104,258
triggering 触发 **3-5**,8,10,11,60-61
typology 类型学 见 factorial typology, harmonic bounding

underlying representation 底层表征 6-7,16,93-94,208-209；另见 G<small>EN</small>;

P<small>ARSE</small>/F<small>ILL</small> theory of faithfulness
underspecification 不充分赋值 88-94
undominated constraint 不受统制的制约条件 60,71,76-77,145
ungrammaticality 不合乎语法性
 in filter theory 过滤器理论中的 ~ 4-9
 in OT 优选论中的 ~ **20-21**,271-275
Universal Grammar (UG) 普遍语法 见 C<small>ON</small>
universality of constraints 制约条件的普遍性 见 C<small>ON</small>
universals 普遍现象 见 factorial typology
unmarked, emergence of the 非标记性隐现 见 emergence of the unmarked
unviolated constraint 未被违反的制约条件 见 undominated constraint

vacuous satisfaction 空满足 79

variation 变异现象,变异形式
 between languages 语言之间的 ~ 见 factorial typology
 within a language 语言内的 ~ 20-21,260-264,278
violability of constraints 制约条件的可违反性 7-11,13;另见 emergence of the unmarked; minimal violation
 on prosodic hierarchy 有关韵律层级体系的 ~ 177
violation mark 违反标记 13-14
violation, minimal 最低限度违反 见 minimal violation
voicing 浊音化 见 devoicing

wh-movement *wh*-移位 3-4,88,96-102
winner 优选项 见 E<small>VAL</small>
word 词 见 prosodic structure
word minimality 词的最小限度 84-85

图书在版编目(CIP)数据

学做优选论:从理论到语料/(美)约翰·J.麦卡锡著;马秋武译.—北京:商务印书馆,2016
(国外语言学译丛·经典教材)
ISBN 978-7-100-12618-2

Ⅰ.①学… Ⅱ.①约…②马… Ⅲ.①语音学—研究 Ⅳ.①H01

中国版本图书馆 CIP 数据核字(2016)第 240678 号

所有权利保留。
未经许可,不得以任何方式使用。

学做优选论
——从理论到语料

〔美〕约翰·J.麦卡锡 著
马秋武 译

商 务 印 书 馆 出 版
(北京王府井大街36号 邮政编码100710)
商 务 印 书 馆 发 行
北京市艺辉印刷有限公司印刷
ISBN 978-7-100-12618-2

2016年10月第1版　　开本 880×1230　1/32
2016年10月北京第1次印刷　印张 15¼
定价:42.00元